화폐

금속화폐에서
지폐와
디지털 통화까지
돈의 진화사

화폐

금속화폐에서
지폐와 디지털 통화까지
돈의 진화사

초판 1쇄 발행 2025년 8월 20일

지은이 문우식

펴낸곳 서울대학교출판문화원
주소 08826 서울 관악구 관악로 1
도서주문 02-889-4424, 02-880-7995
홈페이지 www.snupress.com
페이스북 @snupress1947
인스타그램 @snupress
이메일 snubook@snu.ac.kr
출판등록 제15-3호

ISBN 978-89-521-3949-8 03320

화폐

금속화폐에서
지폐와
디지털 통화까지

돈의 진화사

Evolving Money:
Past, Present, and
Future

문우식 지음

서울대학교출판문화원

감사의 글

최근 암호화폐와 빅테크 플랫폼 기업의 급성장을 배경으로 비대면 지급결제가 확대되고 지급수단의 디지털 전환이 급속히 진행되고 있다. 이에 따라 현금 없는 사회가 올 것이라는 전망 또한 나오고 있다. 이러한 시점에 과거부터 현재에 이르기까지 화폐를 역사를 살펴보고, 그 진화 과정에서 미래 화폐의 모습을 조망해 보는 일은 꼭 필요하며, 독자들이 화폐를 이해하는 데 조금이나마 도움이 되기를 바라면서 이 책을 쓰게 되었다.

이 책을 출간하기까지 도움을 주신 모든 분들께 감사드린다. 우선 이 책 3부의 암호자산에 관해 함께 연구를 한 서강대학교 허준영 교수에게 감사드린다. 다음으로 원고 심사 과정에서 매우 유익한 논평을 해준 두 분의 논평자께도 감사의 말을 전한다. 구성은 물론 주석까지 꼼꼼히 읽고 논평을 해준 두 분의 논평이 없었다면 이 책을 지금과 같이 개선할 수 없었을 것이라 생각한다. 혹시라도 남아 있는 오류가 있다면 이는 전적으로 저자의 책임이다. 마지막으로 본 연구는 2022년도 서울대학교 미래기초학문분야 기반조성사업으로 지원되는 연구비에 의하여 수행되었음을 밝혀 둔다. 이 연구를 지원해 준 서울대학교와 출판을 맡아 준 서울대학교출판문화원에 다시 한번 감사드린다.

2025년 7월

문우식

차례

2부

현재의 화폐: 지폐

3부

미래의 화폐: 디지털 지급수단

시작하는 글

화폐는 어떻게 출현하는가?

화폐는 경제에 대한 살아 있는 기록이다. 따라서 대부분의 중앙은행이 아카이브와 함께 화폐박물관을 두고 있다. 한국은행도 예외가 아니다. 그렇지만 한국은행의 화폐박물관은 이름에 걸맞지 않게 전시물이 너무 빈약하다. 과거 우리나라가 매우 가난했다는 점을 생각하면 놀랄 일도 아니지만, 가장 큰 이유는 화폐 발전사에 대한 우리의 관심이 너무 협소했기 때문이다.

다른 나라의 주화나 지폐도 화폐 발전사적으로 의미 있다면 인류 공통의 자산으로 여겨 적극적으로 수집할 필요가 있다. 나아가 미래의 경제나 화폐 모습을 보여 줄 디지털 지급수단이나 방법들도 소개해야 한다. 미래의 화폐와 관련해서는 우리나라도 이미 선진국이기 때문이다.

화폐는 어떻게 이해해야 하는가? 화폐는 국민복지와 국가경제 발전을 위해 중요한 역할을 해왔지만, 이를 정확하게 정의하기는 매우 어렵다. 왜냐하면 화폐는 시간과 공간에 따라 끝없이 변화하기 때문이다. 과거에는 금화나 은화 등 주화가 사용되었지만 현재는 지폐가 널리 이용되고, 최근에는 디지털 기술의 발달로 전자지급수단과 암호화폐가 출현하는 등 다양한 형태의 지급수단과 화폐가 유통되고 있다. 따라서 많은 사람에게 화폐는 주로 그 기능적 관점에서 이해되고 있다.

화폐는 교환수단 혹은 지급수단means of payment, 가격이나 가치가 표시되는 수단unit of account, 그리고 가치의 저장 수단store of value으로 기능한다. 따라서 화폐는 주화든 지폐든 전자지급수단이든 형태와 관계없이 재화와 용역의 대금 지급에서 일반적으로 받아들여지는 지급수단이다. 물론 화폐는 시대에 따라 지급수단 외에 가치의 계산 단위나 가치의 저장 수단으로도 기능했고, 때로는 이러한 기능이 더 중요하게 인식되기도 했다. 하지만 "화폐는 화폐가 수행하는 것Money is what money does"[1]이라는 이러한 기능적 정의는 구체적으로 화폐가 무엇인가에 대해 설명하지 못한다. 화폐는 그 기능 이상의 것이기 때문이다.

화폐는 경제발전을 지지하고 촉진하는 하나의 사회제도다. 화폐의 사회제도적 측면은 주화를 서구 사회에 본격적으로 유통시킨 고대 그리스에서 화폐를 뜻하는 단어 '노미스마nomisma'와 사회행동을 규정하는 법을 뜻하는 '노모스nomos'가 동일한 어원을 갖는 데서도 알 수 있다. 실제 고대 그리스의 철학자 아리스토텔레스는 다음과 같이 말했다.

> 화폐는 관습에 의해 수요를 대표하는 것이 되었다. 이것이 화폐nomisma란 이름을 갖게 된 이유다. 왜냐하면 화폐는 자연적으로 존재하는 것이 아니라 관습nomos을 통해 만들어지고 바꾸거나 폐지될 수 있기 때문이다.[2]

이 책에서는 화폐를 그 기능과 상관없이 한 사회가 만들고 폐지할 수 있는 모든 종류의 지급결제수단 및 방법과 관련된 제도, 즉 지급결제제도의 관점에서 파악한다.[3] 지급결제제도로서 화폐는 경제발전 과정과 밀접하게 관련되어 진화해 왔다. 특히 상거래의 형태와 관련하여 화폐의 발전을 살펴보면, 화폐는 크게 현물거래spot trade, 선물거래forward trade, 전자상거래e-commerce로 구분되는 상거래 시장의 발달을 지원해 주는 지급결제제도로 진화해 왔다. 현물거래는 경제가 미발달된 시대나 지역에서 나타났다. 그러나 경제가 발전하면서 대부분의 상거래가 선물거래로 변화했다. 현물거래는 선물거래의 특수한 경우에 해당한다. 오늘날에는 디지털 기술의 발달로 전자상거래도 크게 활성화되고 있다. 전자상거래는 현물거래나 선물거래 등 기존의 오프라인 시장도 대체하지만 새로운 온라인 시장을 창출하고 있다.

화폐는 어떻게 출현했는가? 화폐는 상거래의 형태 변화에 맞춰 소재가치(화폐 자체가 만들어진 재료가 갖는 본래의 경제적 가치)를 지닌 금속화폐인 주화에서 신용화폐인 지폐를 거쳐 디지털 지급수단과 방법으로 발전해 왔다. 이들 상거래의 특징을 보다 자세히 살펴보면 다음과 같다.

우선, 현물거래는 특정 시점에 판매자와 구매자가 만나 상품이나 서비스의 인도와 동시에 대금이 지급되는 거래 방식이다. 따라서 물물교환barter과 마찬가지로 시간적으로나 공간적으로 상거래를 확대하는 데 큰 제약이 있을 수밖에 없다. 물물교환에서는 한 상품의 판매자가 원하는 재화와 구매자가 판매하는 재화가 일치해야 하는 '필요의 동시적 만족double coincidence of wants'이 거래의 전제조건이다. 그러나 이러한 조건이 충족될 가능성은 매우 낮기 때문에 거래가 쉽게 성립할 수 없다. 금이나 은과 같이 일반적 지급수단으로 사용되는 상품, 즉 화폐가 존재한다면 한 상품의 판매자는 자기가 가진 상품을 판매한 대가로 화폐를 수취하고 상품을 구매하려는 수요자는 가지고 있는 화폐로 원하는 상품을 구입하기 때문에 필요의 동시적 만족이 이루어지지 않아도 거래가 성립한다. 그러나 물물교환에서는 상품의 수가 많으면 양자 간 거래 수가 무한히 늘어나 거래의 비효율성이 기하급수적으로 커진다. 내재적 가치를 지니는 금이나 은으로 된 주화가 상품화폐로서 필요한 것은 이와 같은 비효율성을 감소시키기 때문이다. 현물거래는 이러한 맥락에서 많은 경제학자들이 화폐의 본질에 주목하게 만든 거래 형태이지만, 특별한 지급결제제도가 필요 없는 단순한 거래 방식으로, 현실의 상거래에서는 흔하지 않은 형태다.

오늘날 상거래는 대부분 시간을 두고 이루어지는 선물거래다. 선물거래는 구매 후 대금지급이 진행되므로 이 과정에서 신용credit이 제공된다. 즉, 선물거래는 판매신용을 통해 지금 구매하지만 대금지급은 나중에 이루어지거나, 대금은 지금 지급하지만 구입 상품을 나중에 인수하는 거래다. 선물거래는 시간상으로 최적의 자원배분을 통해 비약적인 경제발전을 가능하게 한다. 상거래의 시간적 제약을 극복하여 투자와 생산을 확대할 수 있기 때문이다. 선물거래는 아무리 짧은 기간이라도 본질적으로 누군가로부터 신용을 제공받기 때문에 자금 조달 혹은 융통을 의미하는 금융finance이 필연적으로 수반된다. 금융이 발전하지 못하면 경제가 발전하지 못하는 것도 이 때문이다. 이 과정에서 지급을 약속promise to pay하거나 지급을 지시order to pay하는 채무증서IOU가 발행된다. 특히 은행과 같은 금융기관이 발행한 채무증서(신용 공여자 입장에서는 채권)를 거래 당사자 이외의 다른 사람들에게 양도negotiable하게 되면서 일반적인 지급수단, 즉 화폐로 발전했다. 최종적으로 대금이 지급되고 결제가 이루어지면 선물거래는 종결된다. 선물거래에서는 채권과 채무의 이전과 관련하여 법적으로도 잘 발달된 지급payment과 결제settlement 제도가 필요하다.

한편 전자상거래의 발달은 판매자와 구매자가 한 장소에서 직접 만나야 한다는 공간적 제약을 완전히 없앴다. 이에 따라 지구촌 어느 누구라도 시간은 물론 장소나 지역에 국한되지 않는 가상공간에서 쉽게 상거래를 할 수 있게 되었다. 가상공간에서는 각 기업이 자국 정부를 통해 보호받기 어려워 진정으로 국경 없는 경쟁이 이루어진다. 따라서 각 기업은 전 세계를 대상으로 상품이나 서비스를 24시간 내내 판매할 수 있게 되었다. 최근 가상공간을 기반으로 전자상거래 시장이 급성장하고 있다. 기업 간B2B에만 이용되던 전자상거래가 기업과 소비자 간B2C, 소비자와 소비자 간C2C에도 인터넷이나 스마트폰 등을 통해 급속히 확대되고 있다. 그러나 전자상거래가 이루어지려면 가상공간에서 지급결제가 가능한 화폐, 즉 전자 형태의 디지털 화폐digital money가 상용화되어야 한다. 이에 따라 삼성페이나 애플페이 등 모바일지갑은 물론 비트코인 등의 암호자산도 새로운 지급수단으로 등장하고 있다. 특히 이런 디지털 지급수단은 온라인 거래뿐 아니라 오프라인 거래에서도 사용되어 실물 화폐의 사용을 빠르게 대체하고 있다. 이러한 거래에 고도로 복잡한 정보통신 지급결제 인프라가 필요하다는 것은 두말할 필요도 없다.

상거래 시장의 이러한 변화에 맞춰 화폐는 두 방향으로 진화하고 있다. 첫 번째 발전은 화폐 발행 기술의 혁신이다. 발행 기술 측면에서 화폐의 형태가 주화, 지폐, 디지털 화폐로 변화하면서 점점 더 시공간적 제약을 벗어나 시장을 확대하고 있다. 두 번째 발전은 화폐 발행 주체가 다양화되면서 확대되는 계층화다.[4] 최초의 화폐는 공신력이 가장 좋은 정부에 의해 발행되고 유통되었고, 곧 신용도가 좋은 민간 상인들이 은행을 설립하여 은행화폐를 발행했다. 오늘날에는 비금융기업은 물론 개인도 신용도가 높으면 각종 전자지급수단이나 가상공간

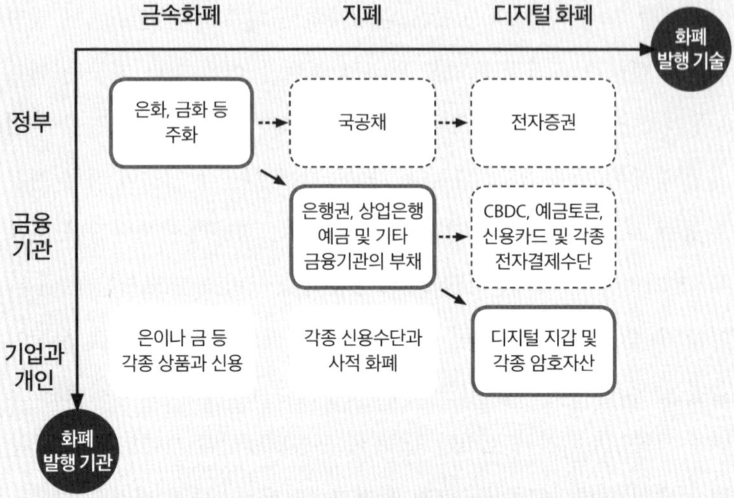

[그림 1] 화폐 발행 기술의 혁신과 계층화에 따른 화폐의 진화 과정

- 사각형 안의 지급수단은 발행 기술과 발행 주체별 가장 대표적인 지급수단이며 실선은 새로 창출된 화폐, 점선은 기존 화폐를 대신한 화폐를 표시.
- 주화는 정부가 발행하고 은행권은 중앙은행이 발행하는 것이지만 현재 우리나라에서는 주화와 은행권 모두 한국은행이 발행 권한을 가지고 있음.

의 플랫폼을 통해 디지털 화폐를 창출할 수 있다. [그림 1]은 화폐 발행 기술의 혁신과 계층화에 따른 화폐의 진화 과정을 요약한 것이다.

우선, 화폐 발행 기술이 금속화폐에서 지폐를 거쳐 디지털 화폐로 변화하는 과정을 보다 자세히 살펴보면 다음과 같다.

최초의 화폐로는 은이나 금과 같은 귀금속을 사용했다. 귀금속의 본질은 부wealth 혹은 자산으로, 사람들은 금이나 은을 중량을 달아 거래에 사용했다. 화폐가 귀금속인 한 화폐의 주요 기능은 가치저장 수단이었고, 정부는 이들 금속을 소재로 금화나 은화 등 주화를 발행했다. 다만 금속화폐제도하에서는 금속의 생산량이 제한되어 화폐의 공급이 고정될 수밖에 없었다. 정부는 조폐소mint를 독점하여 발행 주화의 명목가치를 조정하고 주조차익을 얻었다. 그 결과, 주화는 점차 소재가치보다 명목가치를 지닌 계산 단위로 사용되기 시작했으며, 이에 따라 화폐의 지급수단으로서의 기능이 중시되었다.[5]

한편 주화가 명목가치로 사용되면서 보다 가벼운 지급수단인 지폐가 주화를 대체하게 되었다. 처음 출현 당시 지폐는 예탁된 금속화폐의 가치를 보증하는 증권에 지나지 않았다. 그러나 점차 경제가 발전하면서 금속화폐의 보증 없이 발행되는 명령화폐fiat money로 변화했다. 예컨대, 중앙은행의 부채인 은행권도 처음에는 보유 은화나 금화를 보증으로 발행되었지만, 현재는 중앙은행의 신인도credibility만을 기반으로 통용된다. 또한 상업은행의 부채인 수표 혹은 요구불예금도 비교적 높은 신용도를 바탕으로 지급수단으로서 사용되었다. 이런 점에서 지폐는 은행권이든 수표든 모두 발행 기관의 신용을 바탕으로 발행된 신용화폐credit money이다.[6] 발행 기관이 탄력적으로 신용을 늘리면서 비약적인 경제발전이 가능해졌다.

최종적으로 컴퓨터와 통신기술의 발전으로 종이를 사용하지 않는paperless 전자지급수단이 비약적으로 발전하여 채권이나 주식 등 금융상품의 거래는 물론 상품이나 서비스의 구매활동에서 실물 지급수단의 사용을 빠르게 대체하고 있다. 예컨대 중앙은행은 동전이나 은행권과 같은 현금을 이른바 중앙은행디지털통화Central Bank Digital Currency, CBDC로 발행할 계획이며 은행이나 비금융 기업들은 각종 신용카드나 디지털 지갑digital wallet을 발급하고 있다. 이에 따라 디지털 지급수단을 이용하여 물품이나 서비스를 구입하는 소비자들이 점차 늘고 있다. 이들 디지털 지급수단은 고유 영역인 온라인 거래는 물론 오프라인 거래에서도 사용되면서 화폐의 사용 영역을 무한히 확장하고 있다. 특히 암호화폐(또는 암호자산)는 기존 신용화폐와 본질적으로 다른,

완전히 새롭게 창출된 화폐다. 예컨대 비트코인과 같은 암호화폐는 금융기관의 부채인 신용화폐와 달리 커뮤니케이션 네트워크상에서 이용자들이 스스로 창출한 자산이다. 화폐는 더 이상 정해진 발행 기관의 신용이 아니다. 화폐는 이용자들이 원하면 얼마든지 소통을 통해 창출되는 거래 기록financial records이다.[7]

화폐 발행 주체가 국가에서 은행은 물론 개인이나 비은행기업으로 다양해지는 화폐의 계층화 과정을 자세히 살펴보면 다음과 같다.

최초의 화폐는 신용도가 가장 높은 국가가 발행했다. 국가는 금이나 은과 같은 귀금속을 주화coin로 발행하고 이에 권위authority를 부여하면서 화폐의 유통을 확대해 왔다. 실제 인류 최초의 문명인 메소포타미아 사회에서 화폐는 왕궁이나 사원과 같은 공적 기관에 의해 발명되었다.[8] 이들 기관은 주화가 발행되기 수천 년 전부터 경제활동을 관리하기 위해 귀금속을 활용했는데, 이를 기초로 화폐가 발전한 것이다. 정부의 권위가 약할 때는 귀금속의 중량으로 가치를 측정해 지급수단으로 사용했다. 그러나 정부가 권위를 가지면서 순도나 중량을 보증하는 표준화된 주화가 명목가치로 유통되었다. 정부의 권위에 의존하는 최초의 지급결제 네트워크가 출현한 것이다. 영토 국가가 성립되면서 국가는 자신이 발행하는 화폐를 법화legal tender로 지정하여 통용의 강제력을 부과하기도 했다. 법화는 물품지급이나 채무변제 시 누구도 거부할 수 없는 이른바 명령화폐로, 화폐의 최상위 계층을 형성하게 되었다.

그러나 민간의 경제활동이 활발해지면서 상인들의 신용도가 높아짐에 따라 또 다른 신용수단이 창출되었다. 특히 금장인이나 환전상 등 신용도가 높은 상인들이 은행을 설립했고, 이들이 발행한 부채증서도 화폐로 유통되기 시작했다. 그중에서 국가로부터 독점적인 은행권 발행 권한을 얻은 은행이 중앙은행으로 발전했다. 중앙은행은 은행권 발행 권한을 특화하고 은행권 유통을 위한 지급준비제도를 확립했다. 중앙은행이 '정부의 은행' 역할을 떠맡으면서 정부는 은행권을 법화로 지정하여 지급수단으로서 통용력을 높였다. 대신 은행권 발행 권한을 상실한 상업은행은 예금을 보증으로 수표를 발행했는데, 이 수표가 지급수단으로 등장했다. 현재는 우리나라를 비롯하여 대부분의 국가에서 민간 상업은행이 발행하는 예금화폐가 중앙은행화폐보다 압도적으로 높은 비중을 차지한다. 나아가 금융혁신에 따라 저축성 예금도 예금화폐로 간주되었다. 최근에는 이른바 '그림자은행shadow banks'이라고 불리는 증권회사나 투자신탁회사 등 다양한 비은행금융기관의 채무도 은행의 예금과 지급수단으로서 차이가 거의 없는 신용도를 가지면서 화폐로 간주되었다. 금융기관의 부채는 화폐의 중간계층을 형성한다.

개인이나 기업도 정부나 은행의 중개 없이 스스로 사적 지급수단을 창출할 수 있다. 실제 사용자 간 사적 사용공간에 기반을 둔 다양한 디지털 지갑이나 암호자산이 관련 커뮤니티를 중심으로 그 어느 때보다 많이 창출되고 있다. 이러한 사적 결제수단 혹은 암호자산은 해당 커뮤니티에 대한 충성심을 끌어내는 것이 화폐로서 유통을 보장하는 전제조건이다. 따라서 해당 디지털 지급수단을 발행하는 개인이나 기관은 서비스 이용자에게 충분한 보상 등을 제공하여 이들의 충성심을 진작시키고 화폐가 유통될 수 있는 공간을 적극적으로 조성·관리하는 데 힘쓰고 있다. 화폐의 하부계층을 형성하는 사적 화폐들은 상대적으로 신용위험이 높아 금융 시장의 불안정성을 야기할 가능성도 있다.

이 책은 화폐의 역사적·제도적 발전을 소개하는 데 초점을 둔다.

이 책에서도 글린 데이비스Glyn Davies, 윌리엄 괴츠만William N. Goetzmann, 조너선 윌리엄스Jonathan Williams 등의 역사적 연구[9]를 활용했지만, 이들 연구는 주화나 지폐의 역사에만 초점을 두어 미래 화폐제도에 관해서는 다루지 않는다. 미래에는 디지털 통화가 등장하여 주화나 지폐가 사라지는, 이른바 현금 없는 사회cashless society가 도래할 수도 있다. 따라서 미래의 디지털 통화에 대한 관점에서 주화나 지폐의 발전을 평가하고 이해할 필요가 있다. 이 책에서는 과거에서 현재에 이르는 화폐의 역사를 살펴보고, 화폐의 진화 과정 속에서 미래 화폐의 모습을 그려 보고자 한다.

이 책의 구체적인 구성은 다음과 같다. 우선, 이 책은 화폐를 과거의 화폐인 주화, 현재의 화폐인 지폐, 미래의 화폐가 될 디지털 지급수단으로 구분한 후 화폐가 어떤 과정을 통해 발전하고 계층화하는지 살펴본다. 1부에서는 과거의 화폐인 금속화폐, 곧 주화의 발전 과정을 다룬다. 주화는 고대 그리스에서 발행되어 로마와 유럽, 그리고 세계 전역으로 확대되었다. 따라서 이들 지역을 대상으로 주화가 등장하고 퇴장하는 과정을 알아보고, 특히 주화의 발행을 독점한 정부의 정책을 중점적으로 살펴본다. 2부에서는 현재의 화폐, 즉 지폐의 출현과 발전 과정을 살펴본다. 서양의 경제발전은 르네상스의 진원지인 이탈리아 북부에서 시작되어 네덜란드 등 저지대 국가를 거쳐 영국과 미국에서 최고 수준에 이르렀다. 은행제도의 발전 없이는 이러한 서양의 경제발전을 이해하기 어렵다. 실제 오늘날 우리가 알고 있는 화폐금융제도의 대부분은 당시 서유럽과 미국에서 유래되었다. 따라서 이들 지역을 중심으로 화폐 발행 주체인 중앙은행과 상업은행의 역할을 집중적으로 다룬다. 3부에서는 미래 화폐로 사용될 각종 디지털 지급수단의 발전 과정을 살펴보고, 미래의 화폐경제를 조망한다. 디지털 지급수단의 발전은 정부나 은행이 아니라 민간 비금융기업이나 개인들이 주도하고 있다. 따라서 여기서는 이들이 발행하는 다양한 사적 디지털 지급수단의 발전을 중점적으로 다룬다. 특히 다른 선진국과 더불어 우리나라도 디지털 통화의 중심무대이므로 국내 시장을 중심으로 각종 전자지급수단과 디지털 지갑, 암호자산의 발전을 살펴본다. 마지막으로, 이 책의 최종 결론에서는 디지털 기술의 발전에 따라 향후 가장 중요한 화폐로 등장할 각종 디지털 통화가 주화와 지폐를 대체할 가능성에 대해 전망해 본다.

주

1 Bank of France(2018: 6-7).

2 Aristotle(1999: 80).

3 일반적으로 지급결제제도란 지급결제수단을 이용하여 채권·채무관계를 해소하는 활동과 관련된 제도로 정의된다.

4 이에 대해서는 Miller, Michalski and Stevens(2002: 11-30) 참고.

5 금속의 소재가치에서 화폐의 기원을 찾는 입장은 금속주의(metalism) 혹은 중금주의(bullionism)라고 불린다. 금속주의는 주화의 본질을 두고 화폐란 사회의 약속을 나타내는 증표에 불과하다는 증표주의(chartalism)와 오랫동안 대립해 왔다. 그러나 신용화폐의 발전으로 인해 오늘날 금속주의는 더 이상 의미가 없다.

6 이런 점에서 영국의 헨리 손턴(Henry Thornton, 1760-1815)은 1802년에 나온 저서에서 이미 "이러한 상업신용이 지폐의 근원이다(This commercial credit is the foundation of paper money)."라고 밝힌 바 있다(Thornton, 1965[1802]: 75).

7 Swartz(2020).

8 Hudson(2004: 99-127).

9 Davies(2002), Goetzmann(2016), Williams, Cribb and Errington(1997).

1부

과거의 화폐

금속화폐

귀금속과 주조minting

귀금속은 그 자체로 사용가치를 지니는 상품이다. 특히 귀금속은 내구성이 영원하고 휴대에 편리하며 쉽게 분할되어 표준화할 수 있다. 따라서 상거래, 특히 원거리 무역에서 가축이나 조개껍데기, 소금과 같은 상품보다 더 쉽게 화폐로 사용될 수 있었다. 귀금속 중에서 특히 은은 인류 최고의 문명인 메소포타미아의 수메르 문명 이래 가장 오랫동안 화폐로 사용되었다.

고대 메소포타미아에서 은은 경제활동의 필수품이었다. 구리와 같은 금속은 청동 제작에 꼭 필요했기 때문에 그 자체로 사용가치가 컸다. 구리가 없으면 청동을 제작할 수 없고, 무기를 제작할 수 있는 청동이 없으면 제국이 성립할 수 없다. 구리에 비해 은은 아름답고 가공하기 쉽지만 실제적 가치가 적은 금속이었다. 그럼에도 불구하고 메소포타미아에서 은은 상거래에서 지급수단으로 사용되었다. 특히 곡물이나 다른 주요 상품이 주로 지급수단으로만 사용된 데 반해, 은은 지급수단은 물론 계산 단위로서 고대 메소포타미아 지역의 무역과 경제활동의 중추 역할을 했다.

자원이 빈약한 메소포타미아는 은 생산지가 아니었다. 그럼에도 불구하고 은이 화폐로 사용되었던 것은 고대 메소포타미아의 정치적 구조가 방대한 영토를 지배하는 영토국가와 달리 서로 무역해서 필수적 상품을 획득해야 하는 상호 의존적인 도시국가들로 구성되어 있었기 때문이다. 도시국가 간 무역결제 네트워크가 존재하지 않는 상황에서 은은 이들 국가에서 계산 단위와 지급수단으로 폭넓게 인정되었고, 이후 긴 세기에 걸쳐 국제결제망을 구축했다. 즉, 무역상은 저울을 가지고 다니면서 무역 상대국의 은을 저울로 달아 국제결제를 수행했다. 또한 은은 다른 상품의 가치를 은으로 표시하는 계산 단위로 도시국가의 경제를 상호 연계하는 중요한 역할을 했다.

그리스 도시국가의 발전과 더불어 은화가 사용되기 시작하면서 은은 소재가치로서 사용되기보다 명목가치로 유통되었다. 국가는 은화를 정식으로 발행하기 시작했다. 국가가 화폐가치를 법으로 강제하면서 화폐는 곧 주화coin라는 인식이 확산되었다. 서양에서 사용하는 '코인'을 우리는 흔히 '동전'이라고 번역하지만, 원래 코인은 소매 거래에 쓰는 동전과 달리 가치가 높은 고액통화였다. 정부의 군비지출이나 무역 등을 위해 사용되었기 때문에 동양의 동전과는 다른 화폐였다.

주화는 이탈리아 자치도시의 발전과 더불어 서양에서 다시 유행되기 시작했다. 특히 15세기 이후 발행된 은 달러화는 19세기 말까지 세계통화로 발전했다. 은화는 유럽과 신대륙은 물론 중국이나 일본 등 아시아 국가들의 무역을 연결시키고 최종적으로 상거래의 결제를 완결짓는 결제화폐 역할을 했다. 그러나 근대 들어 경제 규모가 확대되면서 금이 은의 역할을 대체하기 시작했다. 서양에서는 금화를 본위화폐로 삼아 가치를 표시하기 시작했고 세계적으로 금본위제가 확립되면서 금이나 금화를 통한 국제무역 결제 네트워크가 구축되었다. 그렇지만 국내의 일상적인 상거래에서 사용하기에 금화는 너무 고액이었다. 20세기 들어 은화나 금화 등 주화는 은행의 발달과 지폐의 유통으로 사용이 급감했고, 1973년 미국의 금본위제가 폐지된 이후에는 국제무역결제에서도 퇴장하게 되었다.

이 책의 1부에서는 우선 고대 메소포타미아에서 화폐와 신용의 발전을 시작으로 고대 그리스와 로마, 그리고 중국에서 주화가 창출된 역사를 살펴본다. 이어 중세 유럽에서 주화의 발행과 유통 과정을 알아보고 최종적으로 은화와 금화의 세계적 확산과 쇠퇴 과정을 살펴본다.

1장

교환경제의 출현과 화폐

1.1 고대 메소포타미아에서 사용된 화폐와 신용

문자의 출현은 차용증서인 불라bulla로부터

오늘날 세계적으로 유명한 박물관에서는 고대 메소포타미아의 많은 유물을 찾아볼 수 있다. 이 유물들 중에는 관람객의 눈에 잘 띄지 않을 정도로 조그마한 점토 조형물들이 있다. 이러한 조형물들은 메소포타미아의 고대도시인 우루크Uruk를 비롯해 여러 도시에서 발견되는데, 대부분 1센티미터 내지 2센티미터 크기로 원추형, 구형, 원통형 등의 다양한 모양을 띠고 있다. 그 외에는 별다른 특징이 없는 이 평범해 보이는 작은 점토 조형물들은 문자가 출현한 기원전 3000년경보다 훨씬 이전인 기원전 7500년경부터 만들어진 것으로 추정된다. 이 조형물들은 왜 만들어졌을까?

이에 대해 오랫동안 연구해 온 드니스 슈망베세라Denise Schmandt-Besserat에 따르면 이 점토 조형물들은 회계 기록을 대용하는 물표token

였다. 예컨대 원뿔 모양의 점토는 빵, 계란 모양의 점토는 기름, 마름모 모양의 점토는 맥주를 나타내는 물표로 사용되었다.[1] 고대 메소포타미아 사람들은 물표를 이용해서 계산했다. 이러한 계산은 단순하다. 상품을 하나하나 셀 필요 없이 두 종류의 상품이 동일한지만 확인하면 되기 때문이다. 물론 후기에 발견된 물표는 상품의 수량까지 기록하기 위해 모양이 더 복잡하게 변했지만, 거래 상품과 수량을 기록하는 대용 물표라는 점에는 차이가 없었다.

점토 물표는 불라bulla라고 불리는 점토 봉투와 함께 사용되었다. 불라는 직경 5~9센티미터의 속이 빈 구형 점토 봉투인데, 이 안에 구멍을 뚫어 거래를 상징하는 물표를 넣고 봉인했다. 그리고 불라의 외부에는 계약 당사자들이 지불해야 할 상품을 포함하여 채무의 세부사항을 기록하여, 외면의 표시와 내부에 있는 물표가 일치하는지 확인할 수 있도록 했다. 불라는 문자가 발명되기 전에 이미 인류가 신용거래를 했다는 증표(신용 공여자 입장에서는 대출채권이고 차입자 입장에서는 채무 증서)였다.[2]

메소포타미아의 고대 도시 우루크는 인류 문명에서 가장 중요한 혁신인 문자를 발명한 도시다. 우루크에서는 기원전 3000년경부터 3차원 물표 대신 2차원 평면 점토판에 추상적인 기호를 새겨 상거래 내용을 기록하기 시작했다. 오늘날 설형문자로 불리는 추상적인 기호들은 바로 물표들에서 기원한 것이다. 가장 오래된 설형문자는 부드러운 평면 점토판에 단단한 점토 물표를 밀어 넣어 물표 자체를 인각한 것으로 밝혀졌다. 이후 우루크의 서기들은 날카로운 펜을 사용하여 물표 표식을 인각했는데, 설형문자는 바로 이들이 점토판에 새긴 물표 표식이었다.[3]

우루크의 문자 발명은 회계 시스템에 혁신을 가져왔다. 예컨대 초기의 단순한 회계 시스템에서는 33개의 기름 항아리를 기록하려면 계란 모양의 기름 항아리 33개를 새겨 넣어야 했기 때문에 매우 번거로웠다. 이보다 좋은 방법은 33이라는 숫자를 나타내는 기호와 기름이라는 상품 범주를 나타내는 기호를 분리하여 기록하는 것이다. 그러면 33개의 기호를 사용하지 않고 몇 개의 기호만으로 간단히 기록할 수 있다. 예컨대 숫자 10은 원으로, 1은 쐐기로 표시하면 33은 3개의 원(10+10+10)과 3개의 쐐기(1+1+1)로 나타낼 수 있다. 물론 숫자들은 항상 어떤 것의 수량을 가리키는 데 사용되어 숫자 '10'은 없었고 '10개의 기름 항아리'만 있었다. 그럼에도 새로운 회계 시스템은 수백, 수천 마리의 양(羊)을 표현하는 데 매우 효율적이었다.[4]

설형문자는 당시 메소포타미아 지역에서 가장 흔히 구할 수 있는 점토판에 주로 기록되었는데, 이러한 점토판이 오늘날 100만 개 넘게 발견되었다.[5] 대부분 가축이나 곡식, 기름 등 상품의 수입 및 지출과 관련된 상거래 내용이다. 상거래 계약을 기록한 점토판에서 계약의 구체적인 내용, 예컨대 계약이 사원에 내는 종교적 십일조에 대한 것인지, 국가에 내는 세금인지, 아니면 개인 간 채무인지는 분명하지 않다. 그러나 적어도 이러한 증표는 고대 메소포타미아 도시들이 상업적으로 매우 발전된 도시경제를 이뤘음을 시사한다. 이 도시들은 문자와 채무증표의 사용을 통해 경제적 번영을 이루고 문명을 열었다.[6]

한편 고대 메소포타미아에서는 불라 표면에 도장seal을 찍어 거래의 인증이나 소유자 확인의 수단으로 사용했다. 이는 계약 당사자들이 누군가 구멍을 내어 안에 있는 물표를 제거하거나 새로운 물표를 추가할 가능성에 대해 우려했음을 시사한다. 도장은 불라를 봉인하기 위해 처음 사용되었으나 점차 광범위하게 사용되었다. 지배계급에서부터 상인, 그리고 노예에 이르기까지 메소포타미아 사회의 모든 계

채무증서와 봉투. 오른쪽의 채무증서는 2/3 미나와 7¼ 세겔의 은을 채권자에게 지불할 것을 약속하고 있고 왼쪽의 봉투에는 증인과 채무자의 인장이 각인되어 있다.

층의 사람들이 도장을 점토판에 찍어 사용한 것이다.

도장은 현대의 서명과 같이 거래 사실을 확인하고 인증하거나, 상품 창고나 저장실에 대한 접근을 통제하기 위해 사용되었다. 또한 개인의 신분 또는 소속을 표시하기도 했다. 도장은 소중한 소지품이어서 분실하면 매우 심각한 일이 벌어졌다. 도장을 잃어버리면, "도장 소유자는 분실 날짜와 시간을 관청에 보고하고 그 후 이루어진 거래를 무효처리하도록 했다."라는 기록도 전해진다. 도장 분실은 고대 메소포타미아 사람들에게 오늘날 신분증이나 신용카드를 잃어버린 것과 같은 의미였다.[7]

금속화폐는 왕궁이나 사원의 필요에 의해 출현

과거 그리스인들이 티그리스강과 유크라테스강 사이에 있다고 해서 이름 붙인 메소포타미아Mesopotamia는 오늘날 이라크 남부 지역에 해당한다. 이 지역에 위치한 우루크는 기원전 3750년경 건설된 인류 최초의 도시로 알려져 있다. 기원전 9000년에서 기원전 6000년 사이의 신석기 시대에 여기서 농작물 재배와 동물의 가축화 등 농업혁명이 일어났다. 그 결과, 분업이 확대되고 인구가 폭발적으로 증가하면서 생산된 상품이나 서비스를 교환하는 상업활동이 활발하게 진행되었다. 곡물이나 가축이 교환수단으로 사용되고 도시화가 진행되면서 바퀴, 학교, 문자 등 인류 최초로 39개의 제도를 만들어 냈다는 수메르Sumer 문명이 발생했다.[8]

페르시아가 이 지역을 통일하기 전까지 메소포타미아에서는 우루크, 우르, 아수르, 바빌론 등 도시가 발전하고 수메르, 아시리아, 바빌로니아 왕국이 건설되었다. 그러나 기원후에는 이 도시들이 모두 폐허가 되어 대부분이 천 년 이상 진흙 속에 묻혀 있었다. 그러다가 18세기 들어 메소포타미아의 유적에 대한 관심이 증가하기 시작했고, 19세기 이후 영국, 프랑스, 독일 등 서양의 탐사단이 본격적으로 발굴에 나서면서 수메르 문명이 세상에 모습을 드러냈다. 한편 19세기 중반 헨리 롤린슨Henry Rawlinson이라는 영국 탐험가가 오늘날 이란에 위치한 베히스툰의 가파른 바위 꼭대기에서 고대 페르시아의 다리우스 왕이 페르시아어, 바빌로니아어, 엘람어 이렇게 세 언어로 새겨 놓은 긴 명문의 탁본을 떠 오는 데 성공해 설형문자를 해독할 수 있었다. 그리스어와 상형문자로 된 로제타석을 발견하면서 상형문자를 해독한 것과 동일한 상황이었다.[9] 2003년에 독일은 다시 발굴단을 꾸려 우루크 탐사에 나서 길가메시 왕의 것으로 추정되는 무덤을 발견했다. 길가메시 왕은 1862년 영국 고고학자에 의해 알려진, 세계에서 가장 오래된 서사시의 주인공이다.[10] 발굴단은 유프라테스강이 흐르는 사막 지하에서 서사시에 묘사된 것과 동일한 각종 구조물도 밝혀 냈다. 당시 발굴단장에 따르면 "발굴 유적 중 특히 정교한 운하 체계가 눈길을 끌었으며 길가메시가 통치한 우르크는 사막의 베네치아라고 부를 정도였다."[11]

우루크는 분업화가 잘 이루어진 도시로, 왕과 사제는 물론 농민, 장인, 상인 등이 있었다.[12] 왕궁과 사원의 살림을 관리하는 서기들도 있었는데, 이들은 국왕이나 사제들에게 고용되어 그들의 곡물이나 토지 혹은 가축의 거래를 기록하는 사람들이었다. 우루크의 경제활동은 바로 이 서기들이 기록한 점토판을 통해 전해졌다.

이러한 기록에 따르면 우루크의 시민들은 주변의 농촌마을에서 식량을 조달했다. 농부들은 자신들이 생산한 보리의 잉여분이나 가축을 도시의 시장에서 판매했다. 자연히 보리나 가축 등의 상품이 교환수단으로 사용되었다. 그러나 메소포타미아 평원은 금속, 목재, 석재와 같은 자연자원이 부족해, 우루크의 수메르인들은 오늘날의 레바논, 튀르키예, 이란, 바레인, 심지어 인도 북부 지역과도 일찍부터 무역을 했다. 특히 길가메시 서사시에서 언급된 레바논 지역과는 목재를 얻기 위한 원거리 무역이 활발했다. 왕궁이나 사원은 자신들만의 작업장을 두고 원거리 무역에 필요한 수출품을 생산하는 가장 중요한 경제주체였다. 따라서 이들을 위해 원거리 무역에 나선 상인들의 지위나 활동도 높게 평가되었다.[13] 원거리 무역에서는 국내 시장에서 사용되는 보리나 가축과 같은 교환수단들은 무겁고 부피가 커서 사용하기 불편했기 때문에 그 자체로 가치를 지닌 은이나 금과 같은 귀금속이 주로 사용되었다.

기원전 2000년경 아시리아[14]라고 알려진 메소포타미아 북부 지역에서 한 도시가 은 무역의 중심지로 등장했다. 아수르Assur라고 불리는 이 도시는 약 200년간 상인들이 통치한 상인도시였다. 중세 이탈리아 북부의 자치공화국에서와 같이 상인들은 도시위원회를 조직해서 도시를 통치했고, 이를 위한 지도자는 추첨을 통해 상인 중에서 선발했다.

이 상인도시의 경제활동에 대한 기록이 오늘날 튀르키예의 아나톨리아반도의 중앙에 위치한 고대도시 카네시Kanesh에서 발견되었다. 이 도시가 은 생산과 무역의 주요 거점으로 아수르와 밀접하게 연계되어 있었기 때문이다. 고대 메소포타미아에서 사용된 은은 대부분 아나톨리아반도에서 채굴되어 아수르의 중계를 거쳐 유입되었다. 아수르의 상인들은 메소포타미아 각 도시에서 생산된 섬유 제품을 아나톨리아 도시에 수출하고, 그 대가로 은을 들여와 메소포타미아의 도시들에 공급했다.[15]

고대 메소포타미아에서 은은 주로 고리 형태로 사용되었다. 은을 지급수단으로 이용할 때는 중량을 달아 해당하는 가치만큼 잘라서 사용한 것으로 알려져 있다. 소액의 소매 거래에서는 보리와 같은 곡물이 지급수단으로 사용되었고, 은은 왕궁이나 사원의 세금징수나 외국과의 무역 등 고액 거래에서 계산 단위이자 지급수단으로 사용되었다. 이처럼 고대 메소포타미아는 곡물과 은이 병행 유통되는 경제였다.[16] 한편 은은 지급수단보다는 계산 단위로 사용되는 경우가 많았다. 따라서 은의 순도는 기원전 1000년경에 이르러 사원이나 왕궁에서 순도를 보장하기 시작할 때까지 중요한 문제로 등장하지 않았다.

은의 기본적인 중량 단위는 명목상으로 보리의 일정 무게와 동일한 세겔shekel로 표시되었다. 세겔은 기원전 3000년 처음 기록에 나타나는데 '무게를 달다'라는 의미의 수메르어 'shaqalu'에서 유래했다. 화폐의 계산 단위로서 세겔은 다른 상품의 가치를 정의하는 데 폭넓게 사용되었다. 한편 [표 1-1]에서 보듯이 세겔보다 무거운 중량 단위로 미나mina와 달란트talent가 사용되었는데, 1미나는 60세겔에 해당하고 1달란트는 60미나와 같았다. 60진법 계산에 기초한 이들 중량 단위는 고대 그리스와 오늘날의 중동 지역을 포함한 넓은 지역에서 가

[표 1-1] 고대 메소포타미아, 중동 및 그리스 지역의 중량 단위

고대의 중량 단위			현대의 중량 단위
1달란트	60미나	3,600세겔	30킬로그램
	1미나	60세겔	500그램
		1세겔	8.333그램

자료: Van der Spek(2015: 29).

치를 측정하는 단위로 사용되었다.[17]

신용공여에 따른 이자의 출현

경제학자들은 물물교환에서 화폐의 존재 이유를 찾는다. 즉, 물물교환을 할 때는 상품의 수요자와 공급자 간에 '필요의 동시적 만족'이라는 조건이 만족되지 않으면 거래가 이루어지지 않기 때문에 경제학자들은 교환을 용이하게 하기 위해 화폐가 고안되었다고 설명해 왔다. 그러나 실제로는 거래와 동시에 결제되는 현물거래는 드물고 시간을 두고 결제되는 선물거래, 즉 지금 상품을 구입하고 대금을 나중에 지급하거나 지금 상품을 팔고 그 대금은 나중에 받는 형태의 거래가 더 일반적이다. 이러한 선물거래는 수메르 문명에서도 찾아볼 수 있는데, 선물거래에서는 언제나 신용 제공과 함께 화폐가 사용된다.

수메르 문명은 정착농업에 따른 잉여 곡물을 바탕으로 도시경제를 일으켰다. 사원이나 왕궁은 세금이나 소유 경작지에 대한 지대로 거둬들인 잉여 생산물을 저장했다가 농민, 장인 및 상인에게 대출하는 방식으로 전문적인 신용 제공 기관의 역할을 수행했다. 특히 사원은 잉여 곡물이나 은과 같은 귀금속을 저장했다가 필요할 때 과부나 고아는 물론 가난한 농민들에게 대출한 최초의 자본가라고 할 수 있다. 이러한 경제를 '왕궁경제palace economy'라고 부르기도 한다. 수천 년

동안 사원을 경영해 온 사제는 가난한 사람이나 상인들에게 대부해 왔기 때문에 기초적인 대금 업무에 익숙했다. 사제들은 사원 유지 관련 상품과 서비스의 수입 및 지출을 관리할 서기를 고용해 문자로 기록하고, 곡물이나 은과 같은 지급수단으로 채권과 채무를 정산했다.[18]

한편 일반 농민들은 종종 가뭄이나 홍수 등으로 인해 최저 소비 수준에도 못 미치는 곡물을 수확했다. 이때 사원에서 곡물을 대부받지 못한 농민이 삶을 꾸려 나갈 수 있는 제일 쉬운 방법은 잉여 곡물을 가진 다른 사람으로부터 곡물을 빌리는 것이었다. 조그만 마을공동체에서는 서로 잘 아는 사람들 사이에서 거래가 발생하기 때문에 차입과 대부를 문서로 기록할 필요가 없었다. 위기 시 자기도 상대방으로부터 도움을 받을 수 있다는 암묵적 상호성reciprocity을 전제로 거래가 이루어졌기 때문에 구두약속으로 충분했다. 그러나 우루크와 같이 커다란 도시에서는 거래 당사자들끼리 서로 잘 알 수 없었다. 그래서 공식적인 계약서를 만들어 채무를 기록하고 관리하게 되었다.[19] 이에 따라 대부를 전문으로 하는 상인도 출현했다.

고대 메소포타미아에서는 사원의 고액 채권·채무증서는 물론 개인 간 소액 금융거래에 대해서도 각종 채무증서가 무수히 존재했다. 이미 살펴보았듯이 불라와 이로부터 발전된 점토판은 곡식이나 가축 등을 빌리고 이를 변제하겠다는 약속을 담은 최초의 채무증서였다. 신용 제공의 권리와 의무를 기록하는 무수한 채무증서가 존재한다는 사실은 당시 우루크라는 도시국가가 공동으로 농산품을 생산하고 배분하기도 했지만, 사회적 분업이 잘 이루어지고 상거래 및 금융거래가 활발했음을 시사한다.[20]

한편 활발한 금융거래는 이자가 존재했음을 시사한다. 메소포타미아에서 이자 개념은 가축cattle[21]의 자연증식과 관련해서 유래되었다. 예컨대 고대 수메르인들이 이자를 지칭하던 마스mas는 본래 어린 염소를 뜻했으나 차차 출산 혹은 후손을 의미하는 단어로 사용되었다. 이집트에서도 이자를 ms로 표현하는데 '출산하다'라는 의미를 담고 있다. 고대 그리스어에서는 이자를 토코스tokos라고 했는데, 이 또한 가축의 새끼를 의미했다. 이는 이자율이 가축의 자연번식 현상으로부터 유래했다는 것을 시사한다. 고대 수메르 사회, 특히 우루크는 '목자의 도시city of sheepfolds'라고 불릴 정도로 많은 가축이 사육되었다. 가축은 내버려둬도 자연번식해 가축 소유자의 재산이 가축의 재생산에 비례해서 증식한다. 가축이 기준통화라면 가축 대출은 자연증식으로 가축의 수를 증식시킨다. 기원전 2300년경 발견된 한 점토판에는 가축이 복리 이자율로 증식되는 계산식이 새겨져 있었다. 이는 이자가 수렵·채취 사회에서 농경·목축 사회로 발전하면서 나타난 자연증식 과정의 산물임을 시사한다.[22] 그러나 경제가 발전하면서 이자율은 사원이나 왕궁이 상인에게 자체 소유 재화를 투자하고 그 투자에 대한 수익을 나타내는 것으로 변화했다.[23]

고대 메소포타미아에서 채무는 생존에 필요한 최저 소비를 지원하는 농업채무와 투자수익을 목적으로 한 상업채무로 구분되었다. 농업채무는 다음 수확 때까지 농민의 생존을 위한 최저 곡물 소비수요에서 비롯되었고, 곡물 임대료와 관련해 보리로 표시했다. 반면 상업채무에 대한 이자율은 왕궁이나 사원이 원거리 무역을 하는 상인에게 투자하고 상인이 수익을 거두면 그 보상을 공유하는 과정에서 생겨났다. 당시 메소포타미아에서는 60진법을 사용했다. 곡식이나 상품을 월별로 배분하는 데 편리했기 때문이다. 예컨대 정해진 양의 곡식을 하루에 두 번 30일간 소비하도록 분배하면 월간 60단위의 식량이 분배되는데, 이때 월 1단위 식량을 이자로 지급하면 1미나의 무게가

60세겔로 나눠지는 것과 같다. 즉, 은 기준으로 월 1/60의 이자율, 연 20퍼센트의 이자율도 이러한 60진법 체제에서 비롯되었다.[24]

고대 메소포타미아에서는 농업채무에 대해 채무사면, 즉 희년jubilee이 일상적으로 적용되었다. 다만 희년은 이윤 목적의 상업채무에 적용되지 않고 생존을 위해 어쩔 수 없는 농업채무에만 적용되었다. 농업채무는 상업채무와 달리 홍수나 가뭄, 전쟁이나 질병 등 개인이 통제할 수 없는 재해로 인해 발생한 것이어서 채무 상환이 어렵기 때문이었다. 특히 과거의 채무를 상환하면서 동시에 세금까지 납부해야 한다면 농민의 부담은 더욱 가중되며, 채무를 상환하지 못해 담보로 잡힌 토지의 권리를 상실한 농민은 노예로 전락할 수밖에 없다. 반면 채권자들은 점점 더 토지소유와 보유노예를 늘릴 수 있다. 이렇듯 농업채무는 경제양극화를 가져올 수 있기 때문에 희년을 통해 정치적 불안정성을 완화시킬 필요가 있었다.

이에 따라 고대 메소포타미아의 왕들은 희년을 통해 정기적으로 채무 기록을 삭제했다. 기록이 남아 있는 가장 오래된 채무탕감은 기원전 2400년경 수메르의 도시국가 라가시Lagash를 지배하던 왕에 의한 것이었다. 라가시의 사원에서 발굴된 점토에는 채무탕감이 수메르 언어로 아마르기amar-gi라고 기록되어 있다. '어머니'를 뜻하는 amar와 '돌려준다'는 의미의 gi를 합성한 단어로 '어머니에게 돌려준다'는 뜻이다. 즉, 채무를 탕감해서 노예신분의 농민을 자유인으로 만들어 준다는 의미였다. 한편 수메르를 이은 바빌로니아 왕국에서는 채무탕감을 misarum이라고 표기했는데, 이는 '정의를 실현한다'는 의미였다. 자유인은 전시에 군인으로 싸울 수 있고, 국왕이나 사원에 정기적인 부역을 제공하는 것은 물론, 운하나 제방 등 공공시설 건설에도 노동력을 제공할 수 있기 때문에 정치체제 유지에 꼭 필요한 존재였다. 따라서 고대 메소포타미아의 도시에서 희년의 관습은 수메르, 아시리아, 바빌로니아 왕조를 거치면서도 지속되었고, 심지어 성서에도 언급되어 있다. 다만 그리스 시대를 거쳐 로마 시대에 이르러서는 채무사면은 사라지고 채권자의 권한만 강화되었다.[25]

금융거래는 법치를 전제로 발전

선물거래는 먼저 신용을 제공하고 차후 결제해서 청산하는 거래제도다. 따라서 지급 약속이 지켜지지 않을 경우 분규를 해결할 절차와 지급을 법적으로 강제할 수 있는 제도가 필요하다. 그렇지 않으면 상거래 및 금융거래가 확대될 수 없다.

기본적으로 두 나라 간 원거리 무역거래에서는 지급을 강제할 법적·제도적 수단이 약하다. 따라서 두 나라의 공통적 지급수단인 은과 같은 귀금속의 즉각적인 이전을 통해 거래를 완결해야 불확실성이 줄어든다. 귀금속이 지급수단으로 사용된 것도 그 무게를 달아 사용하면 상거래 계약을 강제하기 위한 법적·제도적 장치가 필요없기 때문이다. 은이나 금과 같은 고가의 귀금속은 서로 다른 두 경제권을 하나로 엮는 일종의 국제결제 네트워크를 창출한다. 근현대에 들어 지폐와 같은 신용화폐가 유통되었음에도 국가 간 결제에는 금이나 은이 지속적으로 사용된 것도 바로 지급을 강제하는 제도가 없었기 때문이다.

우루크 이후 메소포타미아 각 지역에서 발전한 수메르와 바빌로니아의 도시국가들은 부채증서나 법적 계약, 사업 관행 및 사유재산과 관련된 법률을 갖추는 등 화폐경제의 기반을 마련하고, 우리가 오늘날 생각할 수 있는 가장 초기의 자유경제 시스템을 발전시킨 것으로 평가된다.[26]

고대 메소포타미아에서는 많은 법률이 제정되었다. 이러한 법률

중 가장 널리 알려진 것은 기원전 1760년경 바빌론에서 만들어진 〈함무라비 법전〉이다. 검은 현무암 석판 위에 새겨진 〈함무라비 법전〉은 바빌로니아 왕국의 여섯 번째 왕인 함무라비에 의해 제정되었는데, 오늘날 프랑스 루브르박물관에 보관되어 있다. 그렇지만 〈함무라비 법전〉이 물론 가장 오래된 법전은 아니다. 메소포타미아에는 이미 우르의 왕인 〈우르남무 법전〉(기원전 2050년경)을 포함해 〈에슈눈나 법전〉(기원전 1930년경), 이신의 〈리피트이슈타르 법전〉(기원전 1870년경) 등이 알려져 있었다.[27] 다만 〈함무라비 법전〉은 이들 법률보다 포괄적이고 통일된 법 체제를 제공하고 있어 유명하다.

〈함무라비 법전〉의 석판 위에는 함무라비 왕이 태양신인 샤마시shamash 앞에 서서 통치 권한을 받는 장면이 새겨져 있다. 성서에서 모세가 여호와로부터 계시를 받아 십계를 만들듯 왕이 법을 통해 정의를 실현한다는 상징적인 내용이다. 고대 메소포타미아 사회에서는 상업이 발달하고 상인이 중심적 역할을 했다. 따라서 당시 가장 중요한 사회적 문제는 상인 혹은 지주들과 같은 채권자가 농부와 같은 채무자의 곡식을 압류해서 이들이 궁정에 납부해야 할 세금을 내지 못하는 것이었다. 특히 당시 사회에서는 오늘날과 달리 인권보다 재산권을 더 중시하여 사람들이 그 자신이나 가족을 담보로 돈을 빌리거나 노예로 팔 수 있는 권리를 인정하고 있었다.[28] 이런 상황에서는 당연히 채권자들이 채무자에 대해 행사하는 물리력 남용이 심각했기 때문에, 왕이 가난하거나 채무를 진 사회적 약자를 도와줬다. 〈함무라비 법전〉의 서언과 결언에 잘 드러나 있듯이, 함무라비 왕이 법전을 제정하여 정의를 실현한다는 것은 바로 이러한 의미였다. 우선 법전 서언에는 "정의를 이 땅에 세워 악한 자들과 사악한 자들을 없애고 약자들이 강자에게서 상해를 입지 않도록" 하겠다고 밝히고, 결언에도 "억 울한 사람은 정의의 왕인 나의 입상 앞에 와서 나의 석판에 새겨진 법을 읽고, 석판에 의존하여 소송의 결과가 결정되도록 할 수 있다."라고 기술하고 있다.[29] 〈함무라비 법전〉의 282개 조항 가운데 경제활동과 관련된 조항은 194개로 전체의 약 70퍼센트를 차지하는데, 그 주요 특징을 살펴보면 다음과 같다.[30]

첫째, 〈함무라비 법전〉은 토지와 상품의 형태로 사적 재산을 인정했다. 토지는 형식상 신의 것이고, 시민들은 사용권만 보유했다. 그러나 실제로 신을 대리하여 통치하는 왕은 경작농민이 세금을 내고 국가에 노동력을 제공하는 경우 이들의 토지사용권을 그대로 인정했다. 따라서 왕이나 사원도 필요한 토지는 매입해야 했다. 한 연구는 왕이 자기 아들을 위해 기존 토지 보유자들에게 시장가격에 의복 등 귀중한 상품을 추가로 지불하여 대규모 토지를 구입했다고 언급한다.[31] 또한 사적 재산권과 관련해 재산의 판매, 임대, 교환이나 선물 제공, 대부나 담보 제공 등의 처분에서도 현금거래와 신용거래 등 다양한 거래 방법을 인정했다. 한편 사적 재산권 보호와 이의 집행은 사회질서 유지를 위해 매우 중요했는데, 특히 사적 재산권 침해는 중죄로 다루어졌다. 예컨대 도둑은 사형에 처하고 그 장물을 받은 자도 사형에 처한다고 규정되어 있다.

둘째, 자발적인 계약이 신성시되었다. 메소포타미아 사회는 기록과 계약문서에 근거해서 움직인 사회였다. 특히 보유재산은 바빌론 궁전의 등기소나 사원에 등록되었다. 등기 기록은 채권자가 임의로 부당한 물리력을 행사할 때 채무자가 이에 대항할 수 있게 했다. 나아가 채권자들이 채무 농민으로부터 마음대로 곡물을 약탈하는 것을 막고 왕이나 신전에 조세를 납부할 수 있도록 했다. 일반 시민도 개인간 상거래에서 기록하는 관행을 받아들이면서 계약서 사용이 민간에 널리 확산되었다. 계약 당사자들이 동의하면 계약서는 사원에서 공증을 거쳐 작성되고, "신과 왕에 의해서"라는 선서로 확정되었다. 그런 뒤 공적으로 증인을 세우고 도장을 찍어 봉인했다. 공증 또는 문서에 의해 입증되지 않은 계약은 인정되지 않았다. 이렇게 복잡한 과정을 거쳐야만 계약이 합법적인 것으로 간주되었다. 그리고 당사자 간에 분쟁이 생기면 판사는 우선 계약서를 기본으로 판결했다.

〈함무라비 법전〉과 수많은 점토판은 서면계약 없이 어떤 상거래도 유효한 것으로 간주되지 않았음을 보여 준다. 법전은 어떤 사람이 소유자의 동의 없이 곡물이나 은을 가져가면 "가져간 곡식 전부를 돌려주고 빌려 간 모든 것을 몰수당할 것이다."라고 규정하고 있다. 한편 계약 성립 후에는 계약의 모든 당사자가 의무적으로 그 조건에 따를 것을 규정하고, 이를 위반할 경우 처벌되었다. 예컨대 토지 임차인이 토지 소유자와 경작 계약을 한 후 그 의무를 다하지 않으면 임차인은 주변 토지의 생산량에 해당하는 곡식을 토지 소유자에게 지불해야 했다. 또한 계약을 부정하는 상인은 크게 처벌되었다. 투자자에게 빌린 돈을 부정하는 상인은 3배의 벌금을 지불하고, 상품이나 은을 위탁받은 무역상이 이를 부정하면 6배의 벌금을 지불해야 했다.[32]

셋째, 〈함무라비 법전〉은 화폐 이용 및 신용 제공을 활발하게 활용했다. 오늘날 〈함무라비 법전〉은 '눈에는 눈 이에는 이'라는 엄격한 법으로 알려져 있다. 그러나 이러한 조항은 '잘못'에 대한 배상이나 공식화된 법 위반에 대해 벌금을 내지 못할 경우에만 예외적으로 적용되었다. 실제 바빌로니아 경제는 금전적 보상을 통해 모든 사회적 갈등을 해결할 수 있는 매우 발전된 화폐경제였다. 따라서 무게나 부피 등 도량형의 표준을 유지하는 일이 매우 중요했다. 실제 〈함무라비 법전〉에 나오는 샤마시는 상업을 후원하는 신이자 공정한 도량형을 보장하는 신이기도 하다. 도량형의 통일은 상거래의 불확실성을 줄여 신용 확대와 금융 발전에 크게 기여하기 때문이다. 은의 무게를 고의로 저평가 또는 고평가해서 부당한 이익을 취하거나 불순한 은을 사용해서 가치를 속이는 행위는 중벌에 처해졌다. 함무라비 왕은 샤마시 신의 세속적 집행자로서 곡물이나 화폐의 중량 또는 크기를 속인 상인이나 대금업자들의 재산을 몰수할 수 있었다.

〈함무라비 법전〉은 오늘날 서양 사회의 기본적 법체제로 발전한 그리스나 로마의 법에 비해 채무자를 보호하는 데 중점을 둔 것으로 평가받고 있다. 예컨대 〈함무라비 법전〉은 채무자를 보호하기 위해 은과 보리의 복수통화 중 쉽게 확보할 수 있는 통화 어느 것이든 채권 상환이 가능하도록 하고, 이자율은 보리 기준이나 은 기준 모두 20퍼센트의 상한을 설정했다. 또한 〈함무라비 법전〉은 상인이나 중개인의 의무와 권리 등을 기술하는 것은 물론 법적 지불 수단과 채무증서의 유효 기간을 3년으로 한정하여 채권자가 채무를 갚지 못하더라도 노예가 되는 일을 방지하고자 했다. 최종적으로 왕은 이미 살펴본 바와 같이 채무탕감 권한을 보유하고 있었다.[33]

1.2 주화의 출현

역사상 최초의 주화는 금은 합금인 일렉트럼화

오늘날 튀르키예 남부의 해안 도시 에페수스는 성서에서 에페소 또는 에베소라고 알려진 고대 소아시아 도시다. 이 도시에 건설된 아르테미스 신전은 고대 그리스인들이 7대 불가사의로 꼽은 위대한 건축물로, 많은 사람이 찾아가 다양한 보석과 공물을 바쳤다. 그러나 불행하게도 신전은 파괴되어 현재 기둥 하나만 남아 있다.

1869년 영국의 엔지니어 존 터틀 우드John Turtle Wood는 대영박물관의 후원을 받아 신전 발굴을 시작했다. 발굴단은 신전 지하에서 이른바 '아르테미스 유물'을 발견했다. 현재 대영박물관에 소장되어 있는 이 유물 중에는 금은 합금인 일렉트럼electrum 주화 93개와 은 일곱 덩어리가 포함되어 있다. 발견된 일렉트럼 주화는 작은 타원형 형태였으며, 큰 일렉트럼화는 무게가 17.2그램, 16.1그램, 14.1그램에 달하고, 가장 작은 일렉트럼화는 가장 큰 주화 무게의 1/96에 불과했다. 오늘날 세계 여러 곳에서 일렉트럼화가 발견되고 있는데, 대부분 무게가 매우 적게 나가는 작은 주화다.[34]

고대 그리스에서 은이나 금은 소액이라도 상업적으로는 물론 사회적으로도 일반적인 지급수단으로 사용되었다. 다만 유일한 단점은 공급이 제한되어 있다는 것이었다. 따라서 고대로부터 금은 생산지나 광산을 보유한 지역에서 주화가 발행되기 시작했는데, 이들 지역은 대부분 후에 경제적으로나 정치적으로 강력한 세력으로 성장했다. 오늘날 튀르키예 서부에 있었던 리디아Lydia 왕국 역시 일렉트럼 생산지로 유명했다. 특히 '하얀 금'이라고 불리는 일렉트럼 금속은 리디아 왕국의 수도 사르디스Sardis[35]를 통과하는 팍톨루스Pactolus강에서 사금 형태로 많이 생산되었다. 팍톨루스강은 그리스 신화에서 손대는 것마다 모두 황금으로 변화시키는 '미다스의 손' 이야기에도 등장할 만큼 유명했다.[36] 팍톨루스강에서 생산되는 사금의 양이 리디아 왕국의 부를 결정할 정도로 많았기 때문이다. 리디아 왕들은 이를 바탕으로 고대 그리스의 많은 사원에 건설 비용을 대주고 에페수스나 델포이 등 주요 성지에 많은 재물과 귀금속을 봉헌했다. 그리스의 역사가 헤로도토스도 아폴로 신의 신탁이 있는 그리스 델포이 시민들에게 좋은 신탁을 받은 것에 대한 감사의 표시로 금화 선물을 제공한 리디아의 마지막 왕인 크로이소스Kroisos 왕에 대해 언급한다.[37]

리디아 왕국은 주화 발행의 선구자

리디아 왕국의 수도인 사르디스는 세계 최초로 일렉트럼 주화coin[38]를 주조했다. 주화가 주조되기 전에는 금이나 은이 중량을 달아 유통되었다. 그러나 금은의 자연합금인 일렉트럼은 모양과 크기가 다양해 소재가치가 크게 변동했다. 따라서 정확한 금 함량을 판단하기 위해서는 시금석을 이용해서 흔적선을 비교해야 했다. 다만 거래 때마다 시금석으로 금의 함량을 측정하면 상거래의 편의성이 감소하고 소액 거래에서 사용하기 어려웠다. 또한 금의 함량을 과장하거나 속이는 일이 끊임없이 일어났다. 이에 따라 소재가치의 변동과 관계없이 가치가 일정한 지급수단을 창출해 상거래가 발전할 수 있는 표준화된 지급결제제도를 구축할 필요성이 생겨났다. 이에 따라 리디아 왕국은 일렉트럼 주화의 표준 중량을 정하고 주화의 액면가를 소재가치가 가장 높은 일렉트럼 금속의 가치로 고정했다. 이는 발행 주화의 화폐 가치가 최초로 국왕의 신용을 통해 보장된 사례다.

리디아 왕국에서 주조된 초기 일렉트럼 주화의 금 함량을 조사해 보면 동일한 중량을 지닌 주화임에도 순도는 46~84퍼센트로 다양하다. 이는 리디아 왕국의 국왕이 의도적으로 금의 함량을 줄이고 은이나 구리 등의 함량을 늘려 주조했기 때문이다. 예컨대 자연 상태에서 얻어지는 일렉트럼의 평균 배합 비율은 금 73퍼센트, 은 27퍼센트인 데 비해 일렉트럼 주화의 평균 배합 비율은 금 54퍼센트, 은 44퍼센트, 구리 2퍼센트로 금의 함량이 20퍼센트 가까이 낮다. 따라서 일렉트럼 주화의 명목가치는 자연 상태의 일렉트럼 금속의 소재가치보다 약 15~20퍼센트 고평가되었다.[39] 최초의 화폐 주조차익seigniorage이 발생한 것이다.

일렉트럼화는 어디에 사용되었을까? 일렉트럼화는 크기가 작아 발행과 유통이 지역적으로 제한되었다. 이는 원거리 무역에는 이들 주화가 사용되지 않았음을 의미한다. 이미 살펴본 바와 같이 일렉트럼화가 대량 발견된 곳은 에페수스의 아르테미우스 신전이었다. 이는 리디아 왕국이 신에 대한 예물로 헌납하거나 선물과 같은 비상업적 용도로 이들 주화를 발행하기 시작했다는 것을 시사한다.

리디아 왕국이 주화를 발행한 이후 당시 소아시아의 많은 도시도 일렉트럼 주화를 발행했다. 이 주화들은 앞면에는 사자나 사슴 등 동물의 모습을 새겨 넣고 뒷면에는 아무런 디자인도 하지 않거나 간단히 사각형 각인만 새겨 넣었다. 한편 오늘날 발견되는 일부 일렉트럼 주화에는 발행 도시나 국가 이름이 아니라 유력한 상인이나 권력자의 명문도 새겨져 있다.[40] 명문에 있는 개인이나 권력자가 정확히 누구인지는 알 수 없지만, 대체로 이러한 명문이 도장과 같은 용도로 사용된 것으로 추정된다. 일렉트럼 주화를 화폐 사용 면에서 살펴보면 표준중량이 적용되었으며 다양한 형태의 디자인을 사용했다는 것 외에는 특별한 의미가 없다. 일렉트럼 주화가 발행된 후에도 이전과 마찬가지로 중량을 달아 주화의 가치를 정하는 관습은 크게 변하지 않았기 때문이다.

일렉트럼 주화는 소재가치의 변동성으로 인해 리디아에서만 사용되었고, 다른 지역에서는 거의 유통되지 않았다. 주화의 유통을 확대하기 위해서는 금이나 은 함량이 일정한 표준화폐가 필요했다. 따라서 6세기 중엽 이후 리디아 왕국은 일렉트럼화 발행을 중단하고 금과 은을 분리하여 순수 은화나 금화를 주조하기 시작했다. 기술의 발

직경 16밀리미터, 무게 10.76그램의 크로이세이드 금화. 전면에 사자와 황소가 마주보고 있고 뒷면에는 사각형의 홈이 파여 있다.

전도 일조했다. 금과 은의 합금을 내화 용기를 이용해서 가열한 뒤 납과 소금을 첨가해 금과 은을 분리하는 회취법cupellation이 개발되어 순은이나 순금을 사용한 은화나 금화가 역사상 처음으로 출현했다.[41]

리디아의 마지막 국왕 크로이소스는 금화와 은화를 본격적으로 발행했다. 주화 발행은 곧 고대 세계 전 지역으로 확산되었다. 역사가 헤로도토스는 "우리가 아는 한 리디아인들은 금화와 은화를 발행한 첫 번째 사람들이자 소매 거래에 사용하기 시작한 첫 번째 사람들이다."라고 기록했다.[42]

크로이소스 왕이 주조한 금화와 은화의 도안을 보면 정면 왼쪽에는 사자가, 오른쪽에는 황소가 서로 마주 보고, 뒷면에는 사각형의 각인이 새겨져 있다. 사자와 황소는 리디아 왕국의 수도 사르디스를 상징한다. 이는 이 주화들이 리디아 왕국의 공식적인 화폐로 통용되었음을 의미한다. 주화에 국가의 도장state seal을 새기고 국가가 그 주화에 공식적인 지급수단의 지위를 부여하는 방법은 이후 다른 국가나 지역에서 발행된 모든 주화의 모델이 되었다. 이렇게 발행된 금화와 은화는 크로이소스 왕의 이름을 따 크로이세이드croeseid 혹은 크로이소스 스테이터라고 불리기도 했다.

발행된 금화와 은화의 기본 단위는 [표 1-2]에서 보듯이 스테이터stater였다. 스테이터는 밀 220그레인grains에 해당하는 무게 단위로, 10.7그램이었다. 스테이터는 고대 메소포타미아의 무게 단위 세

[표 1-2] 스테이터화의 기본 단위와 금은의 교환 비율

시기	금화	은화	금은의 교환 비율
전기	고중량 1스테이터(10.7그램) 및 1/3, 1/6, 1/12스테이터	1스테이터(10.7그램) 및 1/3, 1/6, 1/12, 1/24스테이터	1 : 10
후기	저중량 1스테이터(8.1그램) 및 1/3, 1/6, 1/12스테이터	1스테이터(10.7그램) 및 1/2, 1/3, 1/6, 1/12, 1/24스테이터	1 : 13.3

자료: Cahill and Kroll (2005), Konuk (2012).

겔에서 유래한 것으로 추정되는데, 그리스어로 '저울의 균형을 맞춘다'라는 의미다.[43] 순금 10.7그램의 스테이터를 발행한 이유는 유통 중인 일렉트럼화를 회수하기 위해서였다. 이를 위해서는 당시 금 함량이 70~80퍼센트인 14.1그램의 일렉트럼화와 가치를 통일해야만 했다. 일렉트럼화의 회수가 충분히 이루어지자 리디아 왕국은 다시 1스테이터 금화의 중량을 8.1그램으로 하향조정했다. 이는 무엇보다 유통 중인 일렉트럼화의 금 함량이 54퍼센트(은 함량은 44퍼센트)로 떨어지면서 소재가치가 금 7.6그램과 은 6.2그램의 가치(0.46그램의 금과 동등)의 합인 8.1그램의 금 가치와 동일해졌기 때문이다. 한편 크로이소스 왕은 1스테이터화를 표준으로 1/3, 1/6, 1/12스테이터 등 더 작은 액면가치의 금화와 은화를 발행했는데, 1/12스테이터화는 훗날 영국의 12진법 실링shilling 체제로 계승되었다. 은화의 경우는 1/24스테이터의 소액 주화도 발행되었다. 이는 무엇보다 금화는 대외무역에서 지불수단으로 쓰인 반면, 은화는 나라 안에서 소액 거래를 위해 주로 사용되었기 때문이다. 한편 크로이소스 왕은 스테이터 금화와 은화의 교환 비율을 1:10으로 고정하여 역사상 처음으로 금은 복본위제를 도입했다. 스테이터 금화와 은화의 중량이 모두 10.7그램이기 때문에, 이는 금의 가치가 은의 10배라는 것을 나타낸다. 그러나 이후 스테이터 금

화의 중량이 8.1그램으로 감소하면서 8.1그램의 금화가 10.7그램의 은화 10개와 교환됨에 따라 금의 가치는 은의 13.3배로 절상되었다.[44]

크로이소스 왕은 은화나 금화의 주조가 외국, 특히 그리스에 대해 리디아 왕국의 영향력을 확대해 줄 것으로 믿었다. 실제 스테이터화는 소아시아와 에게해 서쪽 기슭에 있는 그리스 전체에서 광범위하게 유통되었다. 흑해와 에게해를 연결하는 보스포루스 해협 근처의 전략적 위치에 있던 리디아 왕국은 주화를 발행해 동서양과 무역하면서 번영했다. 19세기 한 역사가는 무역 중개를 하는 리디아인들의 역할을 페니키아인들과 비교하면서 "페니키아인이 바다를 통해 중개무역을 하는 것처럼, 리디아인은 그리스와 아시아 사이에서 육상무역의 중개자였다."라고 기술했다. 리디아 왕국은 상인들을 특별히 존중했다. 상인들은 "아고라이오스agoraios", 즉 "아고라agora[45]의 사람들"로 지칭되고 평민들보다 높은 사회적 지위를 누렸다. 리디아인들이 무역활동을 위해 화폐를 주조하고자 한 것도 이상한 일이 아니다.[46]

리디아 왕국은 기원전 547년 페르시아의 침공으로 멸망했다. 크로이소스 왕은 델포이에서 신탁을 구하면서 페르시아의 키루스Cyrus 대왕과의 전쟁에 대해 물었고, 신탁은 거대한 제국이 멸망할 것이라고 예언했다. 크로이소스 왕은 페르시아 제국이 멸망할 것이라고 생각했지만, 사실 신탁은 페르시아의 침략으로 리디아 왕국이 멸망할 것을 예언한 것이었다. 리디아 왕국은 전쟁에 패했지만 사르디스는 페르시아 제국의 중요 속주로 남았고, 크로이소스도 속주의 왕으로 복위되었다.[47]

리디아가 페르시아 제국에 병합된 후에도 크로이세이드 주화는 계속 발행되었다. 실제로 리디아 왕국 멸망 후에 키루스 대왕도 금은 크로이세이드 주화를 발행했다. 크로이세이드 주화는 실제 생산과 사용 측면에서 페르시아 제국의 화폐가 되었다. 이 동안 크로이세이드 주화의 모습은 물리적으로 변하지 않았지만, 사자와 황소 디자인의 예술적 스타일은 쇠퇴했다. 초기의 크로이소스 주화에서 나타난 동물들의 미묘하고 자연주의적인 모양은 사라지고 기계적이고 더욱 단순화되었다.

페르시아는 다리우스 대왕이 즉위하면서 리디아 화폐제도를 개혁하여 금은 복본위제도를 유지하는 한편, 새로운 도안과 중량의 페르시아 주화도 도입했다. 새롭게 도입된 금화는 다리우스 대왕의 이름을 따라 다릭Daric화 혹은 다릭 스테이터화라고 불렸다. 다릭화의 기본 중량은 기존 크로이세이드 스테이터화의 중량(8.1그램)보다 약간 무거운 8.4그램으로 정해졌는데, 이는 다시 고대 메소포타미아의 기본 중량인 금 1세겔과 일치한다. 한편 세겔의 셈족 방언인 세켈sheqel을 따라 시글로스siglos, siklos로 불린 은화의 기본 중량 단위는 변함없이 5.4그램으로 유지되었다. 그러나 도안은 크게 변화했다.

다릭화는 기존의 크로이세이드화의 도안 대신 활과 화살을 들고 있는 다리우스 전사 왕의 모습을 새겨 넣어 '궁수archer'라는 별칭을 얻었다. 다리우스 대왕 때 금은의 공식 교환 비율은 1:13이었고 금화(다릭화)와 은화(세켈 혹은 시글로스화)의 교환 비율은 1:20으로 정해졌다. 페르시아의 다릭화는 금의 순도가 높아 곧 세계통화로 등장했다. 현재 발견된 다릭화의 금 함량은 98퍼센트에 달한다. 이에 따라 소아시아 서부의 많은 상인은 페르시아 정부와 고액이 오가는 상거래에서 다릭화를 사용했다. 반면 시글로스 은화는 소재가치가 자주 변동해 발행지인 사르디스 주변에서만 유통되었다. 한편 소아시아 서부 지역의 많은 도시국가와 그리스 도시국가들도 소액 거래의 편의를 위해 은화를 발행했다.[48]

리디아의 금화와 은화는 주화의 기원에 대한 어떠한 논의에서도 비교가 되지 않을 만큼 중요하다. 세계 최초로 국가와 정치권력을 이용하여 화폐를 발행하는 효시 역할을 했기 때문이다.

2장

고대의 금속화폐

2.1 고대 그리스의 금속화폐

그리스 주화는 정치체제의 변화와 더불어 도입

기원전 7세기 그리스 아르고스Argos에 있는 헤라Hera 여신 신전에서 철 덩어리와 철침obelos 한 움큼이 발견되었는데, 이는 아르고스에서 철침 화폐를 사용했음을 보여 준다. 다른 곳에서도 유사한 철침 묶음이 발견되었다. 이는 당시 그리스인들이 일상적인 상거래를 위해 계산 단위를 도입하려 노력했다는 사실을 시사한다.[1] 한편 주화가 발행되기 수 세기 전부터 그리스인들은 25킬로그램 이상 나가는 무거운 구리괴를 달란트라는 무게 단위로 표시하고 화폐로 사용했다. 그러나 경제가 발전하면서 무겁고 값싼 구리나 철로 가치를 표시하는 것이 불편해졌다. 이에 따라 솥, 삼각대, 도끼 등 당시 공물이나 선물로 유통되던 물품의 가치를 금이나 은과 같이 가볍고 비싼 금속으로 표준화하기 시작했다.[2]

그리스 본토에서 은화가 발행된 것은 리디아에서 최초의 은화가 발행된 이후다. 리디아인이 그리스 국가들과 적극적으로 무역을 벌여왔다는 점을 고려할 때 그리스 도시국가들이 은화를 주조하기 시작한 것은 필연적인 과정이었다.

그리스의 첫 번째 은화는 아테네 남쪽의 도시국가 아이기나Aegina에서 발행되었다. 아이기나 은화는 철침 1그램의 중량을 갖는 오볼obol이다. 가장 오래된 아이기나의 오볼 은화는 앞면에 아프로디테와 관련된 거북이 새겨져 있고, 뒷면에는 사각형이 찍혀 있다. 아이기나가 해상에서 한창 우위를 점하던 기원전 7세기 후반에 발행된 이 은화는 펠로폰네소스반도에 위치한 코린토스와 아테네는 물론 에게해의 다른 지역으로도 널리 전파되었다. 오볼의 중량은 지역에 따라 많은 차이가 있었다. 예컨대 아테네에서는 0.72그램이었으나 코린토스에서는 0.42그램에 불과했다. 한편 두 도시국가 코린토스와 아테네도 자신들만의 은화인 드라크마drachma를 주조했다. 드라크마는 '한손 가득한'이라는 뜻으로, 드라크마 1개는 6개의 오볼에 해당했다. 이에 따라 코린토스에서 드라크마 1개의 무게는 약 3그램인 데 반해 아테네에서는 약 4.3그램이었다. 한편 아테네는 4개의 드라크마를 의미하는 테트라드라크마tetradrachma를 주조했다. 이 은화의 앞면에는 아테네의 수호신이자 지혜의 여신 아테나의 모습이 새겨져 있고, 뒷면에는 지혜를 상징하는 부엉이를 포함하여 아테네의 주요 수출품인 올리브 가지와 아

기원전 5세기에 발행된 테트라드라크마 은화. 직경 25밀리미터, 무게 17.04그램이며, 전면에는 아테나 여신상, 후면에는 올리브가지와 부엉이가 새겨져 있다.

테네를 뜻하는 문자가 새겨져 있다. 이른바 '부엉이 은화'라고 불리는 테트라드라크마 은화는 기원전 5세기부터 기원전 1세기까지 오랫동안 무역통화로 발행되어 지중해 전역에서 사용되었을 뿐만 아니라, 그리스의 다른 도시국가는 물론 이집트와 근동 등 여러 지역에서 모방 은화가 발행된 것으로도 유명하다.[3]

그리스에서 발행된 은화는 발행 지역이나 규모, 디자인 측면에서 리디아에서 발행된 일렉트럼화와 여러 면에서 차이가 있었다.[4] 첫째, 그리스 도시의 은화는 일렉트럼화보다 더 광범위한 지역에서 발행되었다. 그리스 본토와 마케도니아는 물론 이탈리아, 시칠리아 사이프러스, 에게해의 많은 도서 지역, 남부 프랑스, 소아시아, 북아프리카 등에서 광범위하게 발행되었다. 둘째, 그리스의 은화는 대규모로 발행되었고 지중해 각 지역에서 국제통화로 유통되었다. 셋째, 발행 장소를 확인할 수 있는 특정 형태의 디자인이나 명문을 삽입하는 관행이 정착되었다. 예컨대, 기원전 6세기에 발행된 아테네 주화를 살펴보면 종교적 신앙이나 신화 속 인물, 발행 도시의 이름을 새겨 넣는 등 주화에 국가의 권위를 상징하는 도안을 삽입했다. 이는 이후 수백 년 이상 그리스 도시에서 발행된 주화의 특징이 되었다.

그리스의 주화 발행은 도시국가의 정치적 발전과 밀접한 관계가 있었다. 주화 발행 전인 기원전 8세기경부터 그리스 사회는 부족사회에서 도시국가로 이행하는 구조 변화 과정에서 두 가지 중요한 혁신이 일어났다. 첫 번째 변화는 정치적 혁신이다. 그리스 사회가 부족 중심의 영웅시대에서 시민 중심의 민주사회로 이행하면서 도시국가가 정치적 권력을 집중화했다. 시민들은 점차 가족이나 부족 중심의 정체성에서 벗어나 국가에 대한 정체성을 형성하기 시작했다. 두 번째 변화는 국가가 정치적 권력은 물론 경제적 권력까지 행사하기 시작한 것이다. 고대 그리스 사회에서 이와 같은 정치적·경제적 권력의 국가 집중화 과정은 신전 건설과 화폐 주조coinage로 나타났다. 예컨대 아테네시가 아테네 여신을 모시는 파르테논 신전을 건설한 것이 정치권력의 국가 집중화라면, 아테네시가 아테나 여신의 모습을 인각한 은화를 발행한 것은 경제권력의 집중화로 화폐적 이익이 아테나 여신을 섬기는 아테네시로부터 나온다는 것을 모든 시민에게 상기시켰다.[5]

주화는 신전과 같은 공적 시설을 건설하기 위해 사용되었다. 특히 민주주의는 시민의 자치를 기반으로 하는 정치활동이기 때문에 시민의 정치적 참여가 필수적이지만, 시민들이 경제활동에 전념해야 하는 상황에서는 이러한 정치참여가 어려워질 수 있다.[6] 따라서 아테네 도시국가는 재판이나 정치참여 등 시민들의 자치활동을 장려하기 위해서 주화를 발행하기 시작했다. 예컨대 아테네 시민이 재판배심원으로 참여하면 당시 대략 하루 생계비에 해당하는 3오볼의 수당을 주었다. 또한 아테네 시민은 당시 직접민주주의를 유지하기 위해 의회 참석 의무가 있었는데, 이때도 수당을 지급했다. 용병이나 해군의 노꾼을 고용하는 등 군사비 지출을 위해서도 국가는 대규모로 화폐를 지출할 필요가 있었다. 결국 아테네와 같은 도시국가에서 정치적 자치를 위한 국가의 재정지출을 위해 화폐가 도입되었고, 이러한 공적 지출을 위해 주화가 사용되면서 아테네 경제의 화폐화도 가속화되었다.[7]

이에 따라 드라크마 은화는 높은 액면 가치를 지녔다. 예컨대 1드라크마는 고대 그리스에서 노예를 유지하는 데 드는 비용인 하루 2/3드라크마를 초과했다.[8] 이는 드라크마 은화가 이미 언급한 바와 같이 국가의 공적 재정지출을 위해 주로 사용되었기 때문이다. 한편 국제무역을 위해서는 고대 메소포타미아 시대 이래 중량 단위인 세겔이나 미나, 그리고 달란트가 계속 사용되었다. [표 2-1]은 고대 그리

[표 2-1] 고대 그리스의 주화 단위와 중량 단위

단위	오볼	드라크마	기타	은 (금 1그램 = 은 12그램)
1드라크마	6			4.3그램
1테트라드라크마	24	4		18그램
1스테이터	150	25		125그램
1세겔	10	1.66		8.33그램
1미나	600	100	60세겔	0.5킬로그램
1달란트	36,000	6,000	60미나	30킬로그램

자료: Roberts(2011: 127)로부터 저자 작성.

스에서 사용되었던 주화 단위와 중량 단위를 나타낸다.

그리스의 도시국가들은 주화를 발행하고 이른바 '시뇨리지'라는 주조차익도 얻을 수 있었다. 고대 그리스에서 은화의 가치는 은괴로서의 소재가치보다 높았다.[9] 다만 그리스의 도시국가들이 주조차익을 얻기 위해서는 국가가 충분한 법적 권위를 가지고 소재가치보다 고평가된 은화의 명목가치를 강제할 수 있다는 전제조건이 필요했다.

그러나 그리스의 많은 도시가 고전기까지 주화를 발행하지 않았다. 특히 아테네와 패권을 다투었던 스파르타는 기원전 3세기까지 주화를 발행하지 않았다. 스파르타는 아테네와 같이 개방적인 상업경제가 아니라 폐쇄적인 농업경제였기 때문이다. 더구나 스파르타는 금이나 은의 소유를 스파르타 전사의 윤리에 부정적인 영향을 준다는 이유로 경멸했다. 그러나 스파르타도 국제적 전쟁을 벌이면서 재정지출과 관련하여 화폐의 필요성을 인식하게 되었다.

한편 은화는 각 지역 상인들을 하나의 국제무역망으로 연결하는 매개 역할을 했다. 은은 고대 메소포타미아 시대부터 이미 국제적으로 통용되는 상품이었으며 주화를 통해 은의 중량과 함량을 표준화하면서 상거래의 편의가 증가했다. 따라서 상인들은 국제무역에서 표준화된 은화를 사용하기 시작했다. 또한 아테네 은화는 그 자체로 수출상품이기도 했다. 아테네시가 수입을 위한 수출 물품을 찾지 못해도 아테네 은화로 수입품을 결제하면 되었다. 아테네, 아이기나 등 개방적인 상업도시들이 주화 발행을 주도했다. 그러나 이미 언급했듯이 주화 자체는 원거리 무역을 위해 발명된 것이 아니다. 고대 메소포타미아나 페니키아 등 다른 지역에서는 은화를 주조하지 않고도 국제무역을 활발히 했기 때문이다. 또한 고대 그리스에서 은화가 주조되었다고 하더라도 은화와 더불어 은괴나 은파편이 발굴지에서 함께 발견되었다는 점에서 당시 은화가 명목가치를 지닌 화폐로 사용되었다기보다 고대 메소포타미아에서와 같이 중량을 달아 거래되었을 가능성이 크기 때문이다.

주화의 발행은 보편적인 계산 단위를 제공하고 소매 거래를 발전시키는 데 공헌했다. 이미 살펴보았듯이 드라크마 은화는 개별적인 소규모 거래에 사용하기에는 너무 높은 가치를 지니고 있었다. 따라서 별도로 소액 거래망을 구축할 필요가 있었다. 아테네와 같은 일부 도시국가에서는 1드라크마를 여러 조각으로 나눈 보조 화폐를 사용했는데, 가장 작은 단위인 오볼 은화는 1/6드라크마에 해당했다. 그러나 시장에서 이루어지는 일상적인 소액 거래를 위해서는 오볼도 고액 화폐였다. 이에 따라 기원전 4세기부터 그리스의 많은 도시국가가 값싼 청동을 사용하여 청동화를 주조해 사용했다. 청동화의 표시 단위는 드라크마가 아니라 오볼을 여러 조각으로 나눠 분수로 표시했는데, 가장 작은 화폐 단위는 1오볼의 1/8 혹은 1/12 가치를 지니는 찰쿠스chalkous였다. 따라서 유통 중인 가장 작은 화폐 단위는 1드라크마의 1/6 가치를 갖는 것이 아니라 1/48 혹은 1/72 가치를 지녔다. 아테네 아고라 발굴 시 약 1만 6,000개의 청동화가 발견되었는데, 이는 청동화가 기원전 4세기부터 아테네에서 일상적 소매 거래를 위해 사용되었음을 시사한다.

아테네 사회의 화폐화와 더불어 국가는 주조 통화의 가치를 유지하고 그 평판을 관리하는 역할을 강화했다. 기원전 375년 아테네에서는 국가에 의한 위조 주화 검사를 의무화하는 등 위조 주화 유통을 엄격히 통제하는 법을 제정했다.

아테네의 환전상이 은행의 원조

고대 아테네에서는 시민 간 금융거래를 위해 은행이 존재했다. 물론 당시 은행은 오늘날과 같은 은행은 아니었고 환전상이나 전당포업에 가까운 사적 대부업자였다. 일반 시민들은 친척이나 친구로부터 자금을 차입했고, 차입이 불가능할 경우 최후의 수단으로 은행을 이용했다. 은행들은 사적 영업을 하면서 국가의 규제를 받지 않았다.

그리스 은행들의 가장 대표적인 활동은 환전이었다. 기원전 5세기 말 1,000개 이상의 도시국가와 수백 개의 왕국이 주화를 발행했기 때문에, 그리스의 주요 항구에서는 서로 다른 지역에서 발행된 주화들로 넘쳐났다. 특히 주화 사용과 더불어 위조 주화나 마모되고 손상된 불량 주화가 함께 유통되어 주화 간 교환가격 변화가 커져 환전은 중요한 사업이었다. 환전은행은 아테네와 항구도시 피레우스Piraeus를 포함하여 최소 9개의 그리스 도시에서 활동했다. 외국인의 환전을 위해 광장에서 탁자를 누고 그 뒤에 앉아 외국 주화를 받고 국내 주화로 환전해 주었다. 오늘날 은행bank이란 단어는 그리스어로 트라페자trapeza, 중세 이탈리아어로 방크banc에서 유래되었는데, 모두 환전상들이 여러 주화를 쌓아 두고 영업하던 탁자를 의미했다. 환전상

은 환전 수수료로 대략 주화 가격의 5~6퍼센트를 수취했다.[10]

한편 현금 보관에 경쟁력을 가진 환전상들은 장기 여행을 하는 원거리 무역 상인들을 위해 귀금속이나 주화 보관 서비스를 제공하기 시작했다. 이어서 재산을 안전하게 보관하기를 원하는 아테네 시민들에게도 예금 보관소 역할을 했다. 환전상들은 예금을 받았으나 이자는 지급하지 않았다. 이러한 예탁금은 오늘날 요구불예금과 비슷했다. 상인들은 예탁증서인 파피루스 장부상에서 계좌 이전을 통해 간단히 상호 지급을 완료하는 방식으로 거래했다. 다만 제3자에게 양도할 수 없다는 점에서 수표나 어음의 출현은 아직 시기상조였다. 동시에 예탁된 주화로 대출 업무를 시작했다. 초기에는 소액 대출만 했으나 점차 거액 대출을 하면서 고객의 예금을 받아 다른 고객에게 대출하는 은행으로 발전했다. 고대 메소포타미아에서 은행 역할을 한 사원은 자기 소유 자산을 대출해 준 데 반해, 아테네에서 은행은 자기자본뿐만 아니라 타인이 예탁한 화폐를 대출했다는 점에서, 그리스의 환전상이 최초의 은행이라고 할 수 있다. 기원전 4세기 아테네의 정치가이자 웅변가인 데모스테네스Demosthenes는 "은행이란 다른 사람의 돈을 가지고 위험부담을 지면서 큰 수익을 창출하는 사업"[11]이라고 말했는데, 이러한 정의는 현대 은행에도 그대로 적용된다.

신용은 고대 메소포타미아에서와 같이 두 종류가 있었다. 하나는 농업채무와 같이 현재의 소비를 위한 소비신용이다. 소비신용은 토지 등을 담보로 소액 대출을 제공하는 것이었다. 다른 하나는 이익을 목적으로 상인에게 제공한 상업신용이다. 상업신용에서는 해상무역과 관련한 선박이나 선적 화물을 담보로 한 대규모 저당대출이 가장 중요했다.

아테네에서 은행은 상업대출을 통해 정기적인 이자 수입을 확보할 수 있었다. 은행의 대출금리는 연 12퍼센트 내외였다. 다만 해상무역 관련 저당대출의 경우 위험도에 따라 대출금리가 100퍼센트까지 올라가기도 했다. 기원전 4세기경 아테네에서는 30개의 은행 이름이 확인되는데, 당시 확인된 은행 중 가장 큰 은행으로 알려진 파시온Pasion은행은 50달란트의 상업대출금에 연간 9달란트의 수입을 거둔 것으로 알려져 있다. 아테네에서는 기원전 4세기부터 은행의 예금과 대출 활동이 본격적으로 이루어졌다. 그 결과 아테네에서 은행을 이용한 시민은 20명당 1명으로 추산되는데, 이는 중세 베네치아의 은행 이용 비율인 시민 30명당 1명이나 벨기에 브루게시의 35~40명당 1명보다도 크게 높았다.[12]

고대 그리스에서 금융거래는 전적으로 주화 발행에 의존해서 발전했다. 주화는 계산 단위이자 지급 및 가치저장 수단이었다. 따라서 경제가 원활히 작동하기 위해서는 충분한 양의 주화 발행이 요구되었고, 아테네도 지속적으로 주화를 발행했다.

국고의 출현

아테네 민주주의가 시작되면서 아테네시가 보유한 은은 왕이나 부족의 것이 아니라 시민의 재산, 즉 국가의 재산이 되었다. 이에 따라 재정관리란 바로 국가가 보유한 은을 관리하는 일이었다.

아테네시는 다른 그리스 도시국가와 마찬가지로 수출입품에 대한 관세나 벌금, 약탈 재물 판매 등을 통해 재정 수입을 확보했다. 그러나 아테네시의 주 수입원은 아테네 남쪽 50킬로미터 지점에 있는 라우리온Laurion 광산에서 받는 풍부한 광산 임대료였다. 아테네는 충분한 농토는 보유하지 못했지만, 최고의 은광을 소유하고 있어서 라우리온의 은광은 생산이 최고조에 달했을 때 매년 약 736달란트(22톤)

의 은을 생산했다고 전해진다. 특히 아테네시는 민간의 상인에게 은광을 임대해 개발하도록 했고, 대신 상인은 생산된 은의 1/24인 30달란트에 해당하는 광산 임차료를 시에 지불했다. 라우리온의 막대한 은 생산이 아테네시의 재정을 강화하여, 아테네 민주주의의 발전에 기여했다.[13]

기원전 493년 아테네의 집정관으로 선출된 테미스토클레스Themistocles는 라우리온 광산에서 얻은 아테네시의 은 수익을 해군 함선을 건조하는 데 사용하도록 시민들을 설득했다. 당시 아테네는 마라톤 전투에서 페르시아 원정군을 격퇴하는 데 성공했으나 페르시아의 재침에 대비해야 하는 상황이었다. 테미스토클레스는 라우리온의 은으로 200척의 함선을 건조해 해군력을 크게 강화했다.[14] 페르시아 제국의 재침 시 아테네는 페르시아의 황제였던 크세르크세스 1세가 이끄는 육군에 의해 점령되고 파괴되었다. 그러나 살라미스 해전에서 그리스 연합해군이 페르시아 해군에 결정적 승리를 거둬 페르시아 육군의 공급선을 파괴하면서 페르시아 제국은 아테네에서 퇴각했다. 이후 아테네는 에게해의 제해권을 장악하고 독보적인 해상세력으로 성장했다. 페르시아 제국의 퇴각 이후 그리스 도시국가, 특히 소아시아 및 에게해에 인접한 도시국가들은 동맹을 맺어 페르시아의 재침공에 대비했다. 동맹국들은 델로스Delos섬에 모여 이른바 델로스 동맹Delian League을 결성하고 같은 섬의 아폴로 신전에 화폐나 귀금속 등 분담금을 모아 보관했다. 그러나 아테네가 동맹국들에 함선 건조 비용을 전가시키고, 건조된 함선을 이용하여 해군력을 키우면서 점차 아테네의 패권이 확립되었다. 동맹국들은 실질적으로 아테네의 속국이 되었고, 자발적으로 내던 분담금도 의무적인 조공으로 성격이 변질되었다. 아테네는 동맹국에서 유입된 은을 기초로 은화를 발행했는데, 아테네의 대표적 화폐인 부엉이 테트라드라크마 은화는 대부분 이 시기에 발행되었다. 아테네는 은화 발행을 통해 군인 급여나 군비 지출을 신속하고 편리하게 지출하게 되었다. 물론 파르테논 신전과 같은 공공시설 건설 비용도 편리하게 조달했다.[15]

기원전 454년 아테네는 델로스에 있는 동맹국의 국고를 아테네로 옮겼다. 국고는 귀중품이나 화폐를 안치하고 보관하는 장소를 뜻하는데, 그리스에서는 국고가 거의 항상 신전과 같은 종교 건물에 설치되어 있었다. 왜냐하면 보관된 귀중품을 신전에 둬야 사람들이 신성한 것으로 간주하여 훔쳐 가지 않기 때문이었다. 특히 델피나 올림피아에 있는 신전은 고대로부터 공공 재산을 보관하는 국고로 유명했다. 아테네시의 언덕에 있는 아크로폴리스에도 오래전부터 수호여신인 아테나를 모시는 신전이 있었다. 페르시아의 침공으로 이 신전이 파괴되자 아테네 시민은 이 위에 새로운 신전을 건설했다. 새롭게 건설된 신전에는 과거와 같이 아테나 여신상을 모시지 않았다. 예식을 주관할 신녀도 없었고, 이를 위한 제단도 두지 않았다. 오직 신전의 본관 뒤쪽에 은화나 재물을 보관하는 방을 설치했을 뿐이다. 이 방을 파르테논Parthenon이라고 불렀다. 파르테논은 '동정녀 여신의 방'이란 의미를 지니는데, 이 명칭이 점차 신전 전체를 지칭하게 되었다. 한편 파르테논의 본관에는 금과 상아로 치장된 거대한 아테나 여신상을 설치하여 갑작스러운 재정지출이 필요할 경우 이를 녹여 사용할 수 있도록 했다. 파르테논은 아테나 여신의 금고였던 것이다. 파르테논 신전은 기원전 447년에 건설되기 시작해 기원전 438년에 대부분 완성되었다.[16]

고대 그리스에서 신전의 사적 재정은 국가의 공적 재정과 구분되었다. 신전의 재물은 신의 것이라서 없어지지 않게 보호하고 지켜야 하지만, 국가의 재산은 인간의 것이라서 사용할 수 있었다.[17] 신전은 고대 메소포타미아의 사원과 마찬가지로 국가와는 별도로 재산을 보유했다. 신전은 보유한 부동산으로 얻은 수입은 물론 개인이나 국가로부터 받은 공물 수입을 통해 재산을 축적할 수 있었다. 특히 신전 수입의 상당 부분은 고대 그리스인들이 전쟁을 통해 약탈한 재산을 바탕으로 바친 십일조였다. 신전은 전문적 관리인을 고용하고 필요할 때 재산을 대출하는 등 재산 증식을 도모했다. 아테네 교외의 한 신전에서 발견된 기록에 따르면 신전은 개인에게도 소액 대출을 해주었다. 그러나 무엇보다 신전은 국가에 대출해 주었다. 그리스의 도시국가에서는 정기적인 조세가 없어 일상적인 경상지출도 충당하기 어려울 정도로 재정 여력이 없었기 때문에, 갑작스러운 곡물 수입이나 군사비 지출과 같은 긴급 재정지출에 대비할 필요가 있었다. 파르테논 신전에 보관된 화폐나 재물은 거대한 국고라 할 수 있었다. 다만 신전의 재물은 아테나 여신의 신성한 재산이었기 때문에 아테네시가 신전에 보관된 재물을 사용하면 여신에게 다시 반환해야만 했다.

파르테논 신전이 보관한 재물은 아테네시의 경제적 흥망성쇠를 반영하여 변화했다. 그리스의 역사학자 투키디데스Thucydides에 따르면 아테네는 동맹국으로부터 매년 받는 600달란트의 은화와 파르테논 신전에 과거부터 보관되어 오던 9,700달란트에서 사용되지 않고 남은 은화 6,000달란트를 보유하고 있었다. 여기에 주조되지 않은 금은괴나 페르시아로부터 약탈한 재산 500달란트를 포함하고 다른 사원에 비축된 기금과 아크로폴리스의 아테나 여신을 장식하는 데 사용된 40달란트의 금까지 모두 포함하면, 그리스의 어느 도시도 아테네의 경제력에 필적할 수 없었다. 다만 아테네가 경제적 주도권을 유지하기 위해 치르는 전쟁 비용이 계속 증가하면서 아테네의 보유 재산도 고갈되기 시작했다. 동맹국들은 아테네에 바치는 조공을 거부하기 시작했으며,

최종적으로 펠로폰네소스 전쟁(기원전 431년~기원전 404년)에서 스파르타에 패배하면서 아테네의 정치적·경제적 패권도 종말을 맞았다.[18]

알렉산더 대왕의 주화 발행 확대와 통일

이미 살펴보았듯이 고대 그리스 사회에서 은화 발행은 기본적으로 국가의 역할 확대와 밀접하게 연관되어 있다. 도시국가들이 서로 경쟁하고 투쟁했던 고전기 그리스에서는 100개 이상의 도시나 왕국이 국가의 상징으로 주화를 발행했다. 조폐소는 아테네, 코린토스, 에게해의 도서 국가, 시칠리아 등 각 지역에 있었는데, 그중에서 아테네의 조폐소가 은화를 가장 많이 발행했다. 그러나 아테네 등 일부를 제외한 대부분의 도시나 왕국에서는 은화가 일상적인 상거래에서 사용되지 않아 유통이 제한적이었다. 은화 발행도 소규모이고 비정기적이었다. 더욱이 그리스의 도시국가에는 소득세나 재산세와 같은 직접적인 세금이 없었고, 전쟁과 같은 긴급 사태 때마다 시민들로부터 일시적으로 세금을 거둬 비용을 충당했다. 이에 따라 세금 납부를 위해 주화를 발행할 수도 없었다. 한편 분열된 정치적 상황으로 인해 도시국가들이 발행한 은화는 국제무역에 사용되지도 못했다. 따라서 은화 발행이 고대 그리스 사회의 가장 중요한 금융혁신이었지만, 그리스 경제의 본격적인 화폐화는 아직 이루어지지 못했다.

주화 사용이 확대되고 그리스 경제가 근본적인 전환을 맞은 것은 기원전 334년에 시작된 알렉산더 대왕의 세계 정복 이후다. 알렉산더 대왕은 오늘날 소아시아, 중동, 이란, 메소포타미아, 이집트 등 전 지역을 점령해 이른바 헬레니즘 시대를 열었다. 역사학자들은 마케도니아의 알렉산더 대왕이 세계 점령에 성공한 이유는 군비 지출에 필요한 충분한 양의 금과 은을 확보했기 때문이라고 보았다. 알렉산더 대왕의

[표 2-2] 알렉산더 대왕의 페르시아 정복에 따른 귀금속 약탈

도시명	약탈 귀금속의 원천	금액(달란트)
사르디스	페르시아 국고	NA
아스펜도스	벌금	100
솔리	벌금	200
다마스쿠스	페르시아 국고	3,100
티레/가자	3,000명의 시민을 노예로 매각	90?
멤피스	페르시아 국고	800
아르벨라	페르시아 국고	4,000/3,000
바빌론	페르시아 국고	NA
수사	페르시아 국고	50,000
페르세폴리스	페르시아 국고	120,000
파사르가다에	페르시아 국고	6,000
총계		**183,290(은 4,765톤) 이상**

자료: Meadows(2014: 172).

아버지 필리포스 2세는 마케도니아의 광산을 확보하고 막대한 양의 주화를 발행해 군비를 충당하고 강력한 군사력을 유지할 수 있었다. 알렉산더 대왕은 특히 동방 점령으로 많은 재물을 약탈해 더욱 막대한 금은을 확보했고, 이를 군사들에게 분배함으로써 제국을 이룩할 수 있었다. 알렉산더 대왕이 동방정복을 하기 전에는 불과 70달란트의 자산에 200달란트의 부채를 지고 있었으나, 정복을 통해 페르시아 왕으로부터 18만 달란트 이상의 막대한 부를 약탈했다([표 2-2] 참조). 이는 이후 지중해 세계를 정복한 로마 제국의 부도 초월할 정도였다.[19]

알렉산더 대왕은 약탈한 막대한 재물을 바탕으로 세 가지 주화를 발행했다. 우선 가장 고액의 주화로 앞면에 전사의 여신인 아테나의 얼굴을 새기고 뒷면에 승리의 여신인 니케Nike를 새긴 스테이터 금화gold stater가 발행되었다. 다음에는 주화 전면에 알렉산더 대왕의 조

상이라고 하는 헤라클레스의 얼굴을 새겨 넣고 후면에는 왕권의 상징으로 독수리와 홀을 들고 있는 제우스신을 그려 넣은 테트라드라크마 은화를 발행했다. 마지막으로, 가장 소액 화폐로 드라크마 은화를 발행했는데, 이는 무엇보다 주화가 군사들의 경비로 지출하기 편리했기 때문이다. 이미 살펴본 바와 같이 주화는 국제무역을 위해서가 아니라 전쟁 등 재정 지출을 위해 발행되어, 실제 주화 발행량은 군사활동과 높은 상관관계를 가지며 변동한 것으로 나타난다.[20] 더욱이 용병이나 군사들이 외국 원정 시 받는 급여로 자기 지역에서 유통될 수 있는 주화를 원했기 때문에 제국 전역에 걸쳐 중량이나 순도 등 표준화된 주화를 발행할 필요도 있었다. 실제로 알렉산더 대왕이 동방원정을 함에 따라 소아시아 지역에 25개의 조폐소가 새로 창설되었는데, 이들 조폐소에서는 모두 아테네 중량 단위로 표준화되고 디자인도 통일된 주화를 발행했다. 이로 인해 헬레니즘 기간 동안 통일화폐가 제국 전역에서 유통되었다.

알렉산더 대왕이 세계를 하나의 제국으로 통합하면서 그가 발행한 주화는 명실상부한 최초의 세계통화로 발전했다. 아테네 기준의 통일통화가 특정 왕국이나 도시에서만 제한적으로 유통되던 수많은 지역통화를 대체했기 때문이다. 특히 알렉산더 대왕의 동방원정에 따라 그리스의 통화는 소아시아 대부분 지역과 이집트에서 유통되던 기존의 지역통화를 흡수하고 대체했는데, 이는 알렉산더 대왕이 그리스 통화를 강제하고 그 지역의 통화를 억압했기 때문이 아니었다. 알렉산더 대왕이 발행한 주화가 조세나 기부금 등 각 지역에 필요한 통화 수요에 맞춰 충분히 공급되었고 무엇보다도 통일된 세계통화는 국제무역이나 일상적 상거래에서 모든 사람에게 편리했기 때문이다. 알렉산더 대왕이 발행한 주화는 재정지출을 위해서뿐만 아니라 국제무역을 위한 지급결제망도 창조한 것이다. 다만 세금징수를 위해서는 아직 주화가 사용되지 않았다. 주화가 세금징수에 사용된 것은 로마 시대에 이르러서였다.

2.2 로마 시대의 금속화폐

로마의 주화는 그리스의 주화를 본떠 발행

로마는 기원전 753년 이탈리아반도의 조그만 도시국가로 출발했다. 로마는 건국 초기부터 약 400년간 이탈리아 중부의 지역세력에 불과했다. 그 이유 중 중요한 하나는 주조 화폐가 부족했기 때문이다. 에게해를 중심으로 한 그리스 문명과 시칠리아 및 이탈리아반도 남쪽의 그리스 식민지에서 주화가 사용된 지 200년 이상 흐른 기원전 300년까지 로마는 만성적인 주화 부족에 시달렸다.

많은 학자가 초기 로마의 화폐는 양과 가축이었다고 추정한다. 화폐를 뜻하는 라틴어 pecunia가 가축을 뜻하는 pecus에서 유래되었기 때문이다. 그러나 로마에서 가축은 가치의 척도이긴 했으나 실제적인 지급수단으로는 사용되지 못했다. 오히려 초기 로마와 다른 이탈리아 도시는 청동괴를 무게를 달아 화폐로 사용했다. 청동은 상대적으로 값싼 금속이기 때문에 크기가 큰 청동괴가 유통된 것이다. 특히 주조되지 않은 상태의 청동괴aes rude와 철과 청동이 혼합된 청동괴ramo secco가 지급수단으로 사용되었다. 그러나 이 청동괴들은 로마뿐만이 아니라 이탈리아 북부에서도 사용되었기 때문에 로마 본래의 화폐라고 보기는 어렵다. 로마 초기 법전인 〈12표법Twelve Tables〉에 보면, 기원전 450년부터 각종 범죄 행위에 대한 벌금이 청동의 중량으로 측정되어 부과되었다는 기록이 있다. 거의 동시대에 로마 사회도 부의 소유 정도에 따라 계급화되었는데, 보유한 부의 크기가 청동괴의 중량으로 측정되었다. 한편 로마 군인에 대한 급료는 라틴어로 '스티펜디움stipendium'이라고 하는데, 이는 '측정된 무게'를 뜻했다. 급료도 청동괴의 무게를 달아서 측정했다. 로마 국가가 청동을 군인의 급료로 지급했다면 당연히 국가가 거두는 조세tributum도 청동괴로 수취했을 것으로 추정된다.[21]

로마의 주화는 그리스의 주화를 본떠 발행되었다. 로마는 기원전 300년경 당시 그리스의 식민지였던 이탈리아 남부에서 발행된 주화를 본떠 청동화와 은화를 발행하기 시작했다. 로마에서 주조된 첫 번째 청동화는 '무거운 청동aes grave'이라 불린 아스as화로, 중국의 동전과 같이 주물을 이용해 만든 주화[22]였다. 그 가치는 로마 중량 체계에 따라 1로마파운드libra와 같았는데, 이는 로마온스unicia로 12온스에 해당했다. 한편 은화는 당시 그리스 식민지였던 남부 이탈리아 도시에서 발행된 은화와 디자인, 중량, 은 함량이 모두 동일했다. 이들 화폐의 일부는 당시 그리스 식민지였던 네아폴리스Neapolis[23]에 사는 로마인을 위해 발행되기도 했고, '로마인의'를 의미하는 'ROMANO'라는 표시가 되어 있어 그리스 주화와 구분되었다.

그러나 로마가 본격적으로 그리스 주조 체제를 채택한 것은 카르타고와의 제2차 포에니 전쟁으로 국가재정이 크게 압박받았던 시기인 기원전 212년부터다.[24] 당시 로마는 예술이나 문화, 건축, 종교 등에서 선진국인 그리스의 세도를 열성적으로 수용했기 때문에 국가재정을 효율적으로 관리하기 위해 그리스의 주화제도를 도입하여 새로운 은화와 청동화를 발행한 것도 당연한 일이었다. 새로운 통화 시스템에서 그리스의 드라크마에 해당하는 본위화폐로 데나리우스denarius

은화가 도입되었는데, 그 가치는 청동화인 아스 10단위(1/72로마 파운드)에 해당했다. 또한 보조 화폐로 데나리우스화 가치의 1/2로 아스화 5개를 의미하는 퀴나리우스quinarius와 데나리우스화 가치의 1/4로 아스화 2개 반을 뜻하는 세스테르티우스sestertius가 발행되었다. 이렇게 발행된 은화는 새로운 디자인을 채택했다. 은화의 전면에는 투구를 쓴 로마 여신의 상을 새기고 후면에는 말을 타는 디오스쿠리Dioscuri[25]상을 새겨 넣었다. 순은의 데나리우스 은화는 기원전 133년 16단위의 아스(1/84 로마 파운드)로 한 차례 가치가 절하되었으나 그 후 400년 동안 가치가 유지되었다.[26] 로마에서 가치가 가장 오래 유지된 통화였다. 로마 공화국에서는 데나리우스 은화의 발행을 국가가 독점하지 않았기 때문에 로마 시민은 언제든 소유한 은을 조폐소에 가져가 은화로 만들 수 있었다.

한편 로마의 정치체제가 공화정에서 제정으로 변화하면서 로마의 주화 발행도 다시 큰 변화를 겪었다. 우선 주화에 제국을 다스리는 황제의 초상이나 황제 직계가족의 초상을 새기기 시작했다. 이는 주화를 사용하는 사람에게 모두 로마 제국의 신민이라는 메시지를 전달했다.[27]

또한 제정 시대에는 황동화가 새롭게 주조되었다. 우선 아스는 순수 구리로 주조되었다. 반면 이전에 은으로 주조되던 세스테르티우스화가 구리와 납의 합금인 황동화로 새롭게 주조되면서 아스를 대체해 소액 거래에 많이 쓰였다. 무엇보다 제정 시대에는 금화가 정규적으로 발행되었다. 카이사르Caesar는 처음으로 25데나리우스의 가치와 같은 아우레우스aureus 금화를 1/40 로마 파운드 무게(약 8그램)로 발행했다. 아우레우스는 라틴어로 금aurum을 뜻한다. 카이사르에 이어 황제가 된 아우구스투스Augustus는 1/41 로마 파운드 무게의 아우레우스 금화를 발행했다. 높은 가치를 지닌 금화가 정기적으로 발행되었다는

[표 2-3] 로마 주화의 상대 가치 평가(기원전 31년~기원후 69년)

	아우레우스	데나리우스	세스테르티우스	아스
아우레우스	1 (금 1/41파운드 =7.96그램)	25	100	400
데나리우스		1 (은 1/84파운드 =3.99그램)	4	16
세스테르티우스			1 (황동 1/13파운드 =25그램)	4
아스				1 (구리 1/30파운드 =11그램)

자료: Sutherland and Carson(2018: 3)으로부터 저자 작성.

것은 이 시대가 로마에서 평화와 번영의 황금기였음을 시사한다. 실제로 아우구스투스 황제 재위 시 통화량이 크게 증가해 경제발전을 이끌었다. 다만 가장 주요한 본위화폐인 데나리우스 은화는 제정으로 이행된 후에도 공화정 시대의 은화와 같은 무게(로마 파운드의 1/84 무게)로 계속 발행되었다. 이는 로마의 정치체제 변화에도 불구하고 통화가치에 큰 변화가 없었음을 시사한다. [표 2-3]은 제정이 시작된 이래 기원후 69년까지 로마에서 사용된 주화들의 상대 가치를 보여 준다.[28]

고도로 발달한 로마의 화폐경제

활발한 주화 발행은 로마 제국이 전례 없을 정도로 화폐화된 경제였음을 시사한다. 로마가 발행한 주화의 양은 고전기나 헬레니즘 시대 그리스는 물론 중근동 어느 국가보다 많았다. 수억 개 이상의 주화가 기원후 3~4세기에 발행되었는데, 이는 현대에 이르러서도 유례를 찾아보기 힘든 규모다. 물론 천문학적 규모의 주화가 발행될 수 있었던 것은 로마 제국의 방대한 재정지출에 힘입은 바가 크다. 기원후

2세기 중엽 로마 제국의 재정지출은 연간 약 2억 2,500만 데나리우스화(혹은 900만 아우레우스 금화)로 추산되는데, 이 중 3/4이 당시 40만 명에 이르는 로마군의 급료로 사용되었다. 한편 로마 제국은 토지세나 지대 등 세금납부에 주화를 사용할 수 있도록 함으로써 주화의 발행과 회수로 이어지는 지급결제 체제를 만들어 냈다.

로마 제국의 영토가 확대됨에 따라 로마의 주화는 중근동과 지중해 전역에서도 사용되었다. 신약성서의 3대 복음서인 「마태복음」, 「마가복음」, 「누가복음」은 로마 시대의 화폐 사용에 대해 풍부한 정보를 제공한다. 예컨대 「마태복음」에는 1데나리우스가 포도밭에서 일하는 노동자의 정당한 하루 임금이라는 언급이 나온다. 또 「누가복음」에서는 선한 사마리아인이 부상당한 사람들을 여인숙에 묵게 하면서 수일간 숙식 비용으로 2데나리우스를 지불한 이야기가 나온다. 그럼에도 불구하고 많은 사람에게 데나리우스는 고액의 통화 단위였다. 「마가복음」에서 예수는 한 가난한 과부가 전 재산인 2레프타lepta를 구호 상자에 넣은 것을 칭찬하는데, 레프타는 로마 시대의 청동화로 1/4아스의 가치를 지니는 소액 통화 단위였다.[29]

로마에서 화폐는 상거래를 넘어 정치적 영향력을 확보하기 위한 수단으로서도 광범위하게 사용되었다. 주화는 부의 축적 수단으로 사용되어 화폐를 많이 보유한 부자는 권력도 가졌다. 로마의 중추권력기관이었던 원로원의 회원이 되기 위해서는 25만 데나리우스가 필요했고, 귀족이 되기 위해서도 최소 10만 데나리우스가 필요했다.[30] 아프리카 북부에서 온 한 왕은 로마 원로원 매수를 포함하여 "로마에서 돈으로 살 수 없는 것은 없었다(At Rome everything was for sale)."라고 말하기도 했다.[31]

화폐가 가진 금력은 거대 제국의 군사력을 유지하는 데도 필수적이었다. 로마의 지도자들은 자신의 재산으로 군사를 유지해야 했다. 로마는 강력한 군사력을 바탕으로 알렉산더 대왕의 그리스보다 더 넓은 영토를 통치하면서 인구 100만의 거대 도시로 성장했다. 로마 인구는 18세기까지의 어느 유럽 도시보다 많았다. 금력은 공화정을 제정으로 바꿨다. 기원전 40~30년에 발생한 로마의 내전에서 승리한 아우구스투스 황제는 제국 내 가장 큰 부자로 로마 전역에 금전적 후원과 선물을 제공하여 황제가 될 수 있었다. 아우구스투스 황제의 비문에는 국가재산으로 기부하거나 로마 시민 및 퇴역군인에게 준 금액이 6억 데나리우스에 달한다고 기록되어 있는데, 이는 로마 제국 전체의 부를 사적으로 독점하지 않고는 조달할 수 없는 막대한 금액이었다.[32] 이처럼 로마 황제들의 부는 어느 누구도 경쟁할 수 없을 만큼 막대했고, 로마 지배를 가능하게 하는 필수 수단이었다.

로마는 아테네와 같이 은광은 없었지만 정복 활동을 통해 막대한 화폐를 확보했다. 특히 로마는 기원전 241년과 기원전 201년 카르타고와의 두 차례 전쟁에서 승리해 이베리아반도에 있던 카르타고의 금광과 은광을 획득하면서 지중해 세계를 지배하기 시작했다. 이어 알렉산더 대왕 사후 건립된 셀레우코스 왕국으로부터 걷은 전쟁 배상금이 9,000만 데나리우스에 달했고, 마케도니아 왕국을 패배시키고 얻은 전리품이 7,000만 데나리우스를 초과했다. [표 2-4]에서 보듯이 마케도니아는 당시 로마가 정복했던 그리스 왕국 중에서 가장 부유한 지역이 아니었음에도 이처럼 막대한 전리품을 획득한 것이었다. 전리품의 증가로 로마의 국부는 기원전 2세기까지 기하급수적으로 증가했고, 로마는 귀금속이 부족한 국가에서 풍부한 국가로 전환하게 되었다. 그런데 화폐가 유입되기 전에는 로마인들의 도덕의식이 높았으나 화폐가 유입되면서 로마 사회에서 개인의 사적 이익과 국가의 공

[표 2-4] 로마의 은 공급 원천

시기	원천	은 공급량
기원전 241년~기원전 232년	1차 카르타고 전쟁 공물	2,850만 데나리우스
기원전 201년~기원전 161년	2차 카르타고 전쟁 공물	6,000만 데나리우스
기원전 188년~기원전 168년	셀레우코스 왕국의 전쟁 배상금	9,000만 데나리우스
기원전 167년	마케도니아 약탈	7,000만 데나리우스 이상
기원전 201년~기원후 200년	스페인 은광에서 생산한 은	연간 1억 데나리우스 이상

자료: Roberts(2011: 236).

적 책임의 균형이 무너졌다. 그리스의 역사가 폴리비우스Polybius는 화폐 유입 전 로마인들의 도덕의식에 대해 다음과 같이 높이 평가했다.

> 그리스의 경우 정부 관리들에게 1달란트도 안 되는 돈을 위탁하면서 10명의 문서 보관자를 설정하고 그만큼의 보증과 2배 이상의 증인을 세우더라도 그들을 신뢰할 수 없다. 반면 로마의 경우 행정관이나 지방총독은 막대한 금전을 취급하는데도 서약을 준수하고 올바른 행동을 했다. 다른 곳에서는 정부의 돈에 손을 대지 않고 기록이 깨끗한 사람을 찾기 힘들지만 로마인 중에서는 이러한 행동을 하다가 걸리는 사람을 만나기 힘들었다.[33]

그러나 기원전 2세기부터 유입된 막대한 양의 화폐는 로마인의 공적 도덕성을 크게 약화시켰다. 후세 역사가들은 공적 도덕성 약화를 로마 쇠퇴의 원인으로 지적하기도 했다. 폴리비우스보다 150년 후에 활동한 로마의 역사가 리비우스Livius는 로마인의 도덕의식이 무너져 가는 현실을 다음과 같이 한탄했다.

> 탐욕과 사치가 그렇게 늦게 퍼진, 혹은 소박한 재산과 검소한 행동이 그렇게 높이 평가되고 오래 존중되던 국가보다 더 위대하고, 더 정의롭고, 더 선한 국

가는 있을 수 없다. 이는 부가 적으면 적을수록 탐욕도 감소하기 때문이다. 최근 부로 인해 탐욕이 생겨났다.[34]

신용과 은행

고대 로마에서 은행가는 보통 아르젠타리argentarri라고 불렸다. 로마 역사에서 이들은 기원전 4세기 중엽부터 활동을 개시했다. 아르젠타리라는 이름에서 알 수 있듯이 이들 은행가의 최초 업무는 아테네의 은행가와 같이 외국의 화폐를 국내 화폐로 바꿔 주는 환전이었다. 그러나 점차 단기신용을 공급하거나 예금을 받고 대출하는 등 업무 영역을 확대해 나갔다. 로마 포럼Forum은 고대 그리스의 광장Agora과 같이 공공건물이 입주해 있는 동시에 시장이 열리는 장소였다. 포럼의 첫 번째 길인 '사크라 길via Sacra'에는 이들 은행가의 유적이 남아 있다.[35] 로마에서 은행의 활동은 기원전 79년 베수비오 화산 폭발로 묻힌 고대 도시 폼페이와 그 인근에서 발굴된 두 개의 목판 기록을 통해 추측할 수 있다.

그중 하나는 1875년 폼페이 발굴 시 카이실루스 이우쿤두스Caecilus Iucundus라는 한 은행가의 집에서 발견되었다. 이 집에서 발견된 목판 더미에는 은행가인 이우쿤두스의 거래 기록이 담겨 있었다. 이우쿤두스는 폼페이에서 경매중개인으로 활동한 은행가였다. 로마에서 경매중개인은 경매품 판매자에게 우선 대금을 지급하고, 구매자에게는 단기대출을 제공했다. 그리고 구매자가 차입금을 상환할 때 이자와 수수료를 받아 수익을 확보했다. 일부 중개인은 동시에 채권추심도 수행한 것으로 알려져 있다. 이우쿤두스의 저택에서는 153개의 목판이 발견되었는데, 이 중 절대다수인 137개는 경매의 판매자에게 이우쿤두스가 대금을 지급했다는 영수증이고, 나머지는 이우쿤두스가 경매의 구매자에게 제공한 단기대출의 기록이었다. 이들 거래에는 경매 판매자와 이우쿤두스(혹은 그의 대리인)의 이름, 증인, 거래 날짜, 지급 금액이 기록되어 있었다. 한편 이들 거래를 금액별로 살펴보면 342세스테르티우스부터 3만 8,079세스테르티우스에 걸쳐 있고 그 중위값은 4,500세스테르티우스로 나타난다. 이 가운데 3건의 대금지급은 3만 세스테르티우스의 고액 거래였다.[36] 당시 로마 군인의 연봉이 900세스테르티우스인 점을 고려하면 이우쿤두스는 상당한 규모의 은행업자였던 것으로 보인다.

다른 하나의 목판 기록은 폼페이에서 약 1킬로미터 남쪽 해안선을 따라 난 고대 로마 도로의 교차로에 있는 건물에서 발견되었다. 1959년 나폴리와 남쪽의 살레르노를 잇는 고속도로 건설 중 고대 건물 유적이 나타난 것이었다. 건물 내 한 회의실에서 접을 수 있는 목판 다발이 발견됐는데, 이는 술피치Sulpicii라는 은행가 가문의 법률 서류들이었다.[37] 법률 서류는 수십 년에 걸쳐 이루어진 대출과 소송 및 기타 거래에 관한 기록이었다. 발견된 기록은 이집트와의 곡물무역과 관련하여 상인들의 투자 및 이를 지원하는 술피치 은행의 역할을 보여 준다.

당시 로마는 이집트로부터 곡물을 수입했다. 매년 수많은 상선이 이집트의 나일강 삼각지에서 생산한 밀과 다른 상품들을 싣고 이집트의 알렉산드리아 항구를 출발하여 고대 로마의 주요 수입항인 나폴리 지역의 푸테올리에 도착하면 작은 배를 이용해서 하역한 곡식이나 상품을 다시 로마로 이송했다. 수입 곡물은 로마 정부가 구매했다. 한편 원로원 의원들은 곡물무역사업을 후원했다. 이들은 주로 개인 투자자로서 이 사업에 자금을 지원해 사업이 성공하면 상인과 수익을 나눠 갖고 실패하면 위험을 분담했다. 로마는 원로원 의원들이 정치활동을 하면서 동시에 경제적 이득을 목적으로 상업활동을 벌이는 것을 금했다. 기원전 218년에 제정된 로마법은 로마 원로원 의원들이 소유할 수 있는 상선의 크기를 제한하여 무역이나 상업을 통해 돈을 벌기보다 농업이나 부동산에 투자할 것을 권장하기까지 했다. 그렇지만 원로원 의원들은 농업에만 투자해서는 의원 자격을 유지하는 데 필요한 충분한 재산을 확보하기 어려워 은행가 등 대리인을 통해 간접적으로 상업에 투자했다. 다만 원로원 의원이 아닌 귀족들은 직접적인 상업활동이 허용되었다.

목판의 기록을 보면 은행업은 노예나 해방노예가 담당한 것으로 나타났다. 실제 술피치 은행 사람들도 해방된 노예였다. 예컨대 한 목판에는 곡물 중개상인 에우누스Eunus라는 해방노예가 헤시쿠스Hesychus라는 노예로부터 밀을 담보로 1만 세스테르티우스를 차입한 데 이어 추가로 3,000세스테르티우스를 차입하는 내용이 있는데, 여기서 헤시쿠스도 술피치 은행에서 일하는 노예였다. 또 한 목판에는 정산되지 않은 차입금에 대한 이자가 한 달에 1퍼센트라는 기록이 있다.[38] 술피치 은행은 예대 업무는 물론 지급 업무, 투자 업무 등 오늘날 상업은행이 하는 모든 종류의 업무를 영위했던 것으로 보인다.

조폐소의 중앙화

이미 살펴본 바와 같이 최초의 주화가 리디아에서 주조된 이래 주화 발행 기술이 이웃한 그리스로 퍼져 나갔고, 많은 도시국가가 자체적으로 조폐소를 운영했다. 조폐소를 뜻하는 영어 단어 '민트mint'의 어원은 기원전 269년 로마의 유노 모네타Juno Moneta 신전에 있는 천국의 제단Altar of Heaven에서 은화를 제조한 데서 유래한다.[39] 모네타 여신은 화폐의 신이 되었고, 그녀의 이름은 돈과 제조 장소 모두에 사용되었다. 로마의 조폐소는 제국 전역으로 널리 퍼졌고, 이곳에서 발행된 주화는 선전 목적으로 사용되기도 했다. 사람들은 새 황제의 초상화를 새긴 주화가 등장했을 때 비로소 새로운 로마 황제에 대해 알 수 있었기 때문이다.

로마 제국 초기에 로마가 주화를 발행하여 사용했지만 제국 전역에서 단일주화체제가 성립된 것은 아니다. 로마가 발행한 본위화폐 데나리우스는 로마 제국에서 발행된 은화의 한 종류에 불과했다. 로마 제국은 점령지를 확대해 나가면서 정복한 속지에서 기존 주화가 계속해서 통용되도록 허용했다. 행정이나 재정제도와 관련해서 정복지역의 기존 주화체계를 유지하도록 하는 로마인들의 이 같은 실용적 자세는 다민족 제국을 경영하는 지혜에서 비롯되었다. 그 결과 각 지역의 주화가 로마의 주화와 나란히 통용되었다. 예컨대 기원전 133년 아시아의 속주로 로마에 편입된 페르가몬Pergamum 왕국과 기원전 30년 후일의 아우구스투스 황제에 의해 정복된 이집트 왕국에서는 데나리우스 은화보다 은 함량이 적은 은화를 주조했다. 두 나라의 왕들은 그들의 은화가 가벼워 왕국 밖에서 통용되지 않자 왕국 내 유일한 합법적 통화라고 선포하기까지 했다. 정복지에 대한 로마 제국의 통화정책은 '카르타고를 파괴하라Delenda est Carthago'라는 슬로건하에 도시를 완전히 파괴해 버린 카르타고를 제외하고는 현상 유지였다.[40]

그럼에도 불구하고 정복에 따른 전리품과 속주에서의 과도한 조세 부과로 인해 귀금속 유입이 증가하면서 로마는 주화 발행을 점차 집중화할 수 있었다. 반면 로마 속주에서는 은 유출로 경제활동이 축소되고 은화 발행이 중단되었다. 고대 그리스의 가장 중요한 도시 아테네도 기원전 146년 로마의 정복과 더불어 서서히 은화 주조가 축소되다가 기원전 1세기 중반경에 완전히 중단되기에 이르렀다. 당시 가장 부유했던 소아시아의 많은 그리스 도시에서도 은화 주조가 중단되었다.

로마 역사에서 정치제제의 변화는 주화의 주조에도 직접적으로 영향을 미쳤다. 공화정 체제에서 주화 발행인은 로마의 영광과 업적을 찬양하는 도안을 넣은 주화를 발행했다. 로마 공화정하에서 조폐소의 운영은 3명의 위원으로 구성된 3인 위원회tresviri가 책임지고, 주화 발행의 최종 권한은 원로원에 있었다. 그러나 로마가 제정으로 변화하면서 황제가 주화 발행 권한을 직접 행사하기 시작했다. 황제는 화폐 관리인을 임명하여 화폐 발행을 통제했으며 자신을 미화하는 도안을 넣은 주화도 발행했다. 한편 로마 제국 각 지역에 있는 조폐소에는 별도의 작업장 관리인을 두어 주화의 소재와 도안을 감독했다.

로마는 포럼의 카피톨리누스 언덕 기슭에 있는 사투르누스Saturnus 신전에 국고를 설치했다. 국고aerarium란 로마 청동화인 '아스를 보관한 곳aes + arium'이란 의미를 지니는데, 이곳을 통해 로마의 모든 재정 수입과 지출이 이루어졌다. 공화정 시대에는 국고를 원로원이 통제하고 2명의 재정관quaestor이 관리했다. 그러나 로마가 정복지를 확장하고 제정으로 변화하면서 초대 황제인 아우구스투스는 원로원이 관할하는 로마 속주에서 거둔 공물만 국고에 귀속시키고, 황제가 관할하는 속주의 공물은 지갑 혹은 바구니를 의미하는 황제의 개인 금고fiscus에 귀속시켰다. 이와 같은 이원화된 시스템이 처음에는 잘 작동했지만 점차 황제의 금고에 개인 재산뿐만 아니라 제국이 관리하는 모든 공공토지와 재정 수입이 포함되면서 황제의 개인 금고가 비대해지고 국고의 역할이 크게 축소되었다. 이에 따라 다시 3세기경부터 금고를 분리할 필요성이 제기되었다. 그 결과 금고에는 로마 정부의 수지만 납입 처리하고 황제 개인의 재산patrimonium, res privata은 별도의 회계로 분리하여 황제의 후계자에게 상속했다.[41] 당시 로마에서 국고 회계를 책임지는 재정관은 현재의 재무장관에 해당한다고 볼 수 있는데, 황제의 개인 재산을 책임지는 재정관과 함께 로마 제국의 재정을 담당하는 가장 높은 지위의 관리였다.

제정 로마에서 황제가 주화 발행권과 국고를 장악함에 따라 재정규율이 약화되고 주화의 가치절하가 심화되었다. 이에 따라 3세기 말부터 로마의 황제는 주화제도를 개혁하고자 했다.[42] 특히 서기 284년 로마의 정치혼란을 수습하고 즉위한 디오클레티아누스 황제는 제국 전체에 걸쳐 15개의 조폐소를 설치하고 새로운 은화를 발행하는 등 화폐재정 개혁을 단행했다. 조폐소의 위치는 대체로 행정 단위와 일치하도록 조정되었고, 로마 전역에 동일한 크기, 동일한 금속 함량, 동일한 도안의 주화가 발행되었다. 동시에 주화에 새겨진 황제의 초상도 특정 개인의 개성을 강조하기보다 동질성을 강조하는 도안으로 변화했다. 이는 황제의 초상이 단순한 개인의 초상이라기보다 로마 제국의 권위를 상징하는 의미로 간주되었기 때문이다.

디오클레티아누스 황제는 또한 중앙정부의 재정 통제를 강화하고 세제 개혁을 실시했다. 세제 개혁으로 인해 처음으로 현대적인 의미에서 예산편성이 가능해졌다. 과거에는 필요한 세금 수요를 속주나 지방 도시들에 통지하고 필요한 세금을 자율적으로 징수할 자치권을 허용했으나 세제 개혁 이후 중앙정부가 지방정부 차원의 조세징수를 포함한 전 과정을 통제하게 되었다. 디오클레티아누스의 화폐재정 개혁은 이후 콘스탄티누스 대제에 의해 계승되었다.[43]

화폐 발행권 남용과 인플레이션

로마는 데나리우스화를 본위화폐로 하여 400여 년간 주조제도를 유

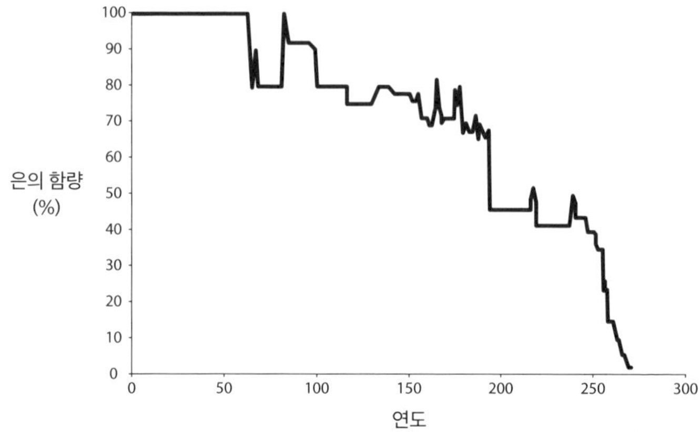

자료: Pegler(2016).

[그림 2-1] 로마 제국 은화의 평가절하

지해 왔으나 실제 발행된 데나리우스화의 은 함량은 지속적으로 감소하여 실제가치는 명목가치에 크게 못 미치게 되었다. 이를 주화의 가치절하debasement라고 한다. 고대 로마 시대에는 국채가 아직 이용되지 못했기 때문에 가치절하는 재정지출 확대 시 국가가 자금을 조달하는 유일한 방법이었다. 로마 제국의 화폐 가치절하는 1세기 중엽 네로 황제에 의해 시작된 이후 빈번히 이루어졌는데, 특히 2세기 중반 이후 군인의 급여가 증가하면서 데나리우스화의 가치가 지속적으로 하락했다. 이에 따라 [그림 2-1]에서 보듯이 2세기 중엽 순도 75퍼센트이던 은화가 3세기 말에는 순도가 2~3퍼센트 수준까지 떨어지면서 인플레이션이 발생했다.

로마 제국에서 발생한 인플레이션의 원인으로 보통 두 가지 요인이 지적된다. 첫 번째 요인은 로마 제국을 유지하기 위한 막대한 재정지출이다. 특히 스페인 등의 주요 광산에서 은 생산이 감소하고 계속된 외부 부족과의 전쟁 및 내란 등으로 인해 로마 군인에게 지급하는 급료와 군사비 지출이 급증했다. 당시 로마 군인들의 급료를 살펴보면, 기원전 46년 카이사르의 치세 기간에는 연간 225데나리우스였으나 기원후 81~96년에는 300데나리우스로 상승했고, 193~211년에는 600데나리우스로 상승했다. 군인의 급료는 카라칼라 황제 재위기인 211~217년에 다시 900데나리우스로 상승했고, 235~238년에는 1,800데나리우스로 2배 증가했다.[44]

두 번째 요인은 당시 로마 제국 인구의 약 20~30퍼센트를 사망하게 만든 전염병이었다. 특히 큰 영향을 미친 전염병은 오늘날의 천연두로 짐작되는 안토니우스 전염병Antonine plague이었다. 이는 시리아 주둔 로마 군인들이 귀국하면서 처음 발생했다고 하는데, 이 전염병으로 인한 심각한 생산 감소가 인플레이션을 더욱 악화시켰다.[45]

주화의 가치절하는 화폐 가치가 국가에 의해 통제되기 시작한 이래 처음으로 국가에 의한 체계적인 약탈이라고 할 수 있다. 민주주의를 채택한 그리스의 아테네나 공화정하 로마에서는 가치절하를 찾아보기 힘들었으나 제정으로 전환하면서 가치절하가 지속적으로 발생했다.

이러한 상황에 직면해 디오클레티아누스 황제는 화폐재정제도를 개혁하는 것은 물론 역사상 최초로 301년에 가격칙령Diocletian's Price Edict을 내려 모든 상품 가격의 상한선을 설정하는 극단적인 정책까지 동원했다. 그 결과 1로마파운드(약 325그램)의 소고기에 대한 최고 가격은 8데나리우스, 1로마파운드의 은에 대한 상한 가격은 6,000데나리우스, 농장 노동자의 하루 임금은 25데나리우스 등 모든 종류의 상품과 서비스에 대해 법적으로 최고 가격이 고정되었다.[46] 그러나 서민들의 경제적 불만과 사회적 곤경을 초래한 상인들의 폭리를 인플레이션의 원인으로 보고, 이에 대응하여 가격을 통제하는 정책은 과거는 물론 오늘날에도 성공하기 어렵다. 가격을 통제하면 장기적으로 상품 공급이 축소되고 경제 상황이 악화되어 오히려 서민의 어려움이 가중될 수 있기 때문이다. 로마 제국의 멸망을 가져왔다고 하는 인플레이션율은 추정 기간이나 방법에 따라 차이가 있지만 2세기 중엽에서 3세기 말 약 150년간에 걸쳐 연평균 약 3.5퍼센트 전후로 추정되어 사실상 오늘날 기준으로 특별히 높은 것은 아니다.[47] 인플레이션 자체가 아니라 가격칙령과 같은 잘못된 정책의 폐해가 더욱 심각한 것이다.

인플레이션은 로마 경제의 화폐화를 퇴보시켰다. 낮은 액면가치의 청동화를 발행하는 비용도 증가시켜 청동화 발행도 중단되었다. 고액 가치 금화의 경우 순도가 낮고 가벼운 여러 종류의 금화가 발행되어 금화 가치가 불안정해졌다. 이 시기에는 오랫동안 유지되어 온 금화와 은화 간 고정 교환 비율도 붕괴했다. 이에 따라 금화는 그 명목가치와 상관없이 금 무게로 가치가 결정된다는 조치가 발표되었다. 금화 가치를 금의 시장가격에 따라 변동하도록 한 이러한 조치는 사실상 금화의 탈화폐화를 의미했다. 로마 제국에서 주화는 명목화폐였다. 주화의 가치가 소재 귀금속의 순도나 중량에 따른 가치와 관계없이 결정되었기 때문이다. 인플레이션은 이러한 주화 시스템을 붕괴시켰다.[48] 다만 그리스의 영향하에 있던 동로마는 1453년 오스만 튀르크의 콘스탄티노플을 점령할 당시까지도 안정된 통화제도를 유지했다.

동로마에서는 콘스탄티누스 대제가 대량으로 발행한 금화 솔리두스solidus가 수백 년 동안 중량과 순도의 변화 없이 안정적인 가치를 유지했다. 솔리두스 금화는 1로마파운드의 1/72 무게로 발행되어 이전의 아우레우스 금화를 대체했다. 솔리두스 금화에는 신에게 기도하는 콘스탄티누스 대제의 초상화가 새겨져 있었다. 이런 초상화가 새겨진 주화는 그리스의 알렉산더 대왕이 발행한 주화로부터 유래했다. 솔리두스는 주변국과 후세 국가들에 이상적인 금화 모델로 받아들여져 왔다. 아랍 세계에서 디나르dinar로 알려진 금화도 솔리두스를 참조로 해서 주조되었다.[49] 한편 동로마에서는 그리스어가 라틴어를 대체했다. 라틴어 표현인 솔리두스는 그리스어 노미스마nomisma로 표기되었고 주화 표면에 명각되는 '아우구스투스Augustus'란 칭호도 그리스어 '바실레우스Basileus'로 대체되었다.[50] 솔리두스 금화는 '중세의 달러'라고 불릴 만큼 지중해 세계에서 가장 중요한 무역통화였다. 솔리두스 금화는 또한 유럽과 아시아 각국에서 베잔트bezant화로 더 잘 알려져 있는데, 유럽의 군주들은 종교적 공물로 이를 사용했다.[51]

동로마에서도 주화제도는 상업적 필요성보다 국가의 필요에 의해 유지되었다. 안정적인 금화의 존재는 국가재정 관리에 편리했기 때문이다. 금화로 군비를 지출하고 세금을 부과하면 국고 관리와 세금징수 등을 극도로 단순화할 수 있었다. 동로마는 솔리두스 금화를 재정지출에 사용하는 만큼 조세를 통해 환수하는 금화 유통채널을 만들었다. 다만 비잔틴 제국의 막대한 재정지출과 과도한 세금부과는 민간의 경제활동을 구축하는 부작용도 가져왔다.

2.3 중국의 화폐

은허의 청동기 유물

청나라 말기의 금석학자 왕의영(王懿榮)은 1899년 학질에 걸렸을 때 먹던 '용골(龍骨)'이라는 한약재에서 문자 부호가 새겨져 있는 갑골을 발견하고 이를 수집했다. 그가 사망한 후 그가 모은 약 1,500개의 갑골은 그의 친구인 유악(劉鶚)에게 전달되었는데, 유악은 이를 연구해 『철운장귀(鐵雲藏龜)』라는 탁본을 남겼다. 이는 갑골문을 보존 기록한 중국 최초의 책으로 알려져 있다. 하지만 유악도 타향에서 객사하면서 유악의 사돈인 나진옥(羅振玉)이 갑골 연구를 이어 갔다. 그는 골동품상에게서 갑골들이 어디서 출토되는지 추적해, 출토지가 하남성 안양시의 소둔촌이라는 사실을 알아냈다. 소둔촌은 북경에서 남쪽으로 500킬로미터쯤 떨어진 농촌 마을이었다. 고증을 통해 나진옥은 그곳이 바로 중국 고대 상(商) 왕조 후기 수도였던 은허(殷墟)라고 판단했다. 소둔촌은 10~14세기경 송원 시대부터 학자들의 관심을 끌었던 곳이다. 주변에서 청동기들이 자주 발견되었기 때문이다. 1928년부터 중국 정부는 대대적인 발굴에 나서 은허의 궁전과 조상의 성지, 왕릉 등 수많은 문화유적을 발견했다.[52]

상 왕조는 기원전 17세기경 상족이 하(夏) 왕조를 무너뜨리고 세운 중국 최고(最古)의 왕조다. 전설상 상 왕조 이전에 하 왕조가 존재했지만, 은허 같은 유적은 발견되지 않았다. 그 때문에 상 왕조는 존재가 확인된 중국 최초의 왕조라고 할 수 있다. 청동기 시대 동아시아의 강력한 국가였던 상나라는 기원전 13세기경 웅장한 도시를 지어 수도를 이전했다. 그것이 바로 은(殷)이다. 이때부터 250여 년간 상나라는 청동기 시대의 전성기를 누리다가 기원전 1046년경 주나라에 패해 막을 내렸다. 이후 그 도시는 폐허가 되었고, 역사서에는 '은'이 '은허'로 기록되었다. 은허에서는 16만 편이 넘는 갑골을 비롯해 다양한 청동기 유물이 출토되었다. 갑골문이란 귀갑과 동물 뼈에 새긴 글자를 말하며, 상나라 후기 왕실과 귀족이 점을 치거나 기록한 문서로, 한자의 원천이다. 한편 은허에서는 청동으로 만든 무기와 제기, 백자 등의 유물들도 함께 발견되었다. 특히 청동기에 새겨진 문양은 매우 정교하여, 중국 고대 청동기 문화에서 최고로 발전된 수준을 보여 주었다. 하지만 청동기는 제사나 의식 등의 용도로만 제작되고 농사 도구는 석기로 만들어져, 당시 청동기는 특권계급의 전유물이었다는 사실도 밝혀졌다.

한편 1976년에는 소둔촌 서북쪽에서 또 하나의 중요한 유적이 발굴되었다. 상나라 임금 무정(武丁)의 비(妃)인 부호(婦好)의 무덤이 발견된 것이다. 부호는 중국 역사상 최초의 여장군으로 알려져 있다. 이 무덤은 축조 연대나 피장자의 이름이 명확히 밝혀진 유일한 은 왕실의 유적이다. 수습된 유적에서는 청동기 400점, 옥기 590점, 골기 560점과 7,000점 이상의 조개껍데기가 발견되었다. 특히 조개 유물은 이미 상나라 시대부터 조개껍데기가 화폐로 유통되었음을 시사한다.[53]

고대 중국에서는 칭량화폐가 발행되지 않았다

조개껍데기는 주 왕조 초기까지 상 왕조에서와 같이 유통되었다. 조개껍데기는 귀금속과 같이 구하기 어렵고 모양과 크기가 비교적 일정하여 낱개로 셈하기에 편리했다. 따라서 조개껍데기가 오늘날 아시아나 아프리카 일부 지역에서 화폐로 사용되었듯이, 고대 중국에서도 화폐로 사용되었다. 예컨대 주 왕조는 관직을 임명하면서 조개껍데기를 하사했다. 그러나 조개껍데기 자체로 가치를 지니고 지급수단으로 사용되기보다 채무나 채권을 기록하는 수단으로 사용되었을 가능성이 높다. 왜냐하면 조개껍데기 자체로는 큰 가치가 없고, 금속에 비해 내구성도 약해서 분할하여 표준화할 수도 없기 때문이다. 따라서 상품의 가치를 나타내는 물표나 토큰token 통화로서 사용되었을 가능성이 크다.

중국에서는 서양에서와 같이 무게를 달아 사용하는 칭량화폐(秤量貨幣)가 주조되지 않았다. 특히 중국은 근대에 이르기까지 은이나 금을 중량으로 사용했지만 별도로 은화나 금화를 주조하지 않았다. 반면 그리스나 로마에서는 은화나 금화가 먼저 주조되었다. 이들 지역에서 주조 재료인 은이나 금의 공급이 부족한 경우 구리화나 청동화가 주조되기는 했으나 본위화폐는 대부분 은화나 금화였다. 흔히 '동전'으로 번역되는 서양의 주화인 코인은 은화나 금화 등 소재가치가 높고 정부 세금 납부나 무역 등 고액의 상거래에 널리 사용되었다. 코인은 결코 낮은 가치의 금속화폐를 의미하지 않았다. 이에 반해 중국에서 사용한 주화, 즉 한자어 그대로 '동전(銅錢)'은 자체 소재가치가 없는 구리화이고, 주로 소매 거래에서 사용되는 소액의 금속화폐를 통칭한다. 이는 중국에서 소매 거래를 위한 소액의 금속화폐를 제외하고 오랫동안 화폐, 특히 은화나 금화가 주조되지 않았던 것을 의미한다. 당연하지만, 중국에서 주화가 소액 거래를 위해 사용되어 위폐는 존재하지만, 서양의 주화 이용에서 흔히 나타나는 주화 가장자리를 절단하거나 주화를 마찰시켜 금이나 은가루를 얻는 등 훼손 행위는 거의 없었다.

중국은 기본적으로 농업경제였으며 개인 간 상거래 및 이를 지원할 사적 재산권이 발달하지 못했다. 국가는 시장을 통하지 않고서도 언제든지 개인의 재산을 약탈할 수 있었기 때문에 굳이 칭량화폐를 만들어 개인과 거래할 필요가 없었다. 실제 중국에서 압도적으로 많이 발견되는 청동 유물에 기록된 거래는 모두 왕이나 귀족 가문 간에 이루어진 것이다. 당시 중국 주 왕조의 경제적 기반은 선물분배경제gift economy였다. 왕은 신하인 제후와 왕실 관리들에게 선물을 하사했는데, 선물 중에는 토지와 부속 노동자가 가장 중요했다. 이는 귀족 가문의 독립적인 경제 기반이었기 때문이다. 그렇지만 토지의 경우 왕토왕권설에 따라 사적 소유가 허용되지 않았다. 토지 거래가 이루어지기는 했지만, 토지의 최종 소유권은 왕에게 남아 있었다. 이러한 사실은 거래의 최종 확인을 위해 작성된 청동문(금문)을 통해 추정할 수 있다. 한 중국 학자는 서주 청동문에 등장하는 토지 거래가 매매였다기보다 부채를 변상하는 것이라고 주장했다. 청동문에 사용된 어휘가 한쪽에서는 얻었다고[取] 하고, 다른 한쪽에서는 버렸다고[舍] 되어 있어 두 가지 거래가 동시에 일어난 것이 아니라 시간을 두고 이루어졌음을 알 수 있다. 즉, 거래의 지급[舍]으로 토지와 노동력이 이전된 것이고, 거래의 목적이 토지와 노동력을 취하는 것[取]은 아니었다.[54] 귀족이 처음 토지를 취득할 때는 왕의 허가가 필요했고, 신분과 관직이 계승되는 데도 왕의 허가가 필요했다. 재산은 세습을 통해 이전되었고, 시장을 통한 교환경제는 아직 출현하지 않았다.

기원전 6세기 주 왕조가 몰락하면서 점차 귀족 가문의 토지 관할을 기반으로 한 선물분배경제도 쇠퇴했다. 왕은 토지 소유를 집중화하고 직접적인 토지 통제를 시작했다. 왕은 농민에게 토지를 직접 수여하고 그 대가로 세금과 노역, 군역을 부과했다. 관직을 세습하던 귀족의 특권은 폐지되고 관료 중심의 정부가 구성되기 시작했다. 이에 따라 왕과 백성의 관계가 극적으로 변화했다. 국가의 군사력을 키우기 위해서는 백성이 중요하다는 인식이 확산되었다. 또한 백성 개인, 가구, 재산 등에 관한 정보를 종합적으로 관리해야 한다는 필요에 따라 기록문화도 크게 발달하기 시작했다. 그리고 화폐가 주조되었는데, 화폐 유형의 분포와 화폐 단위에 따라 춘추전국 시대에는 4개의 화폐 유통 구역이 있었다.[55]

우선 황하 중류 중원지역에서는 실생활에 사용되는 도구를 모방해서 삽 모양의 포전(布錢)을 제조하여 사용했다. 포전은 주로 구리를 재료로 한 금속화폐로, 머리 모양에 따라 공수포와 평수포 두 종류로 구분된다. 공수포는 춘추 시대 초기에 출현하여 전국 시대 후기까지 유통되었다. 공수포는 무게가 많이 나가는 것은 40그램 이상, 적게 나가는 것은 20그램 이하로 대체로 30그램 내외였다. 한편 평수포는 전국 시대의 화폐로 근(釿)을 단위로 삼으며, 두 근(22~30그램), 한 근(약 15그램), 반 근(7~8그램) 등 세 등급으로 나뉘었다.

둘째 지역은 오늘날 산둥 지역에 있던 연나라나 제나라 지역으로, 이들 지역에서는 기원전 500년경 칼처럼 생긴 도전(刀錢)을 제조해서 사용했다. 도전은 크기가 다양한데, 연나라의 도전 중 큰 것은 길이가 13.5~15센티미터이고 무게는 17.6~19.5그램 정도 나갔다.

셋째 지역은 오늘날 시안 지역에 있던 진나라다. 진나라에서는 둥근 모양에 가운데에 원 혹은 사각 구멍이 난 환전(環錢)을 주조했다. 환전은 지름이 대략 4.4~4.7센티미터 내외이며 무게는 14.8~18.5그램이었다. 진나라에서는 기원전 335년경 사각 구멍이 있는 이른바 반량전(半兩錢)을 주조했다. 반량전은 진시황의 화폐 통일에 의해 처음 출현한 것이 아니라 이전부터 존재했던 것으로 추정되고 있다. 그러나 반량전은 전국 시대 진나라 이외의 지역에서는 거의 출토되지 않아서 진시황의 화폐 통일에 의해 중국 전역으로 확산되어 사용된 것으로 추정된다. 진나라 유적이나 무덤에서 출토되는 반량전은 무거운 것은 10그램 가까이 되지만 가벼운 것은 2그램을 밑돌아, 무게 반량(약 7.8그램)의 기준을 충족하는 것은 얼마 되지 않는다. 진나라에서는 전국 시대 말부터 중국 통일까지 동전, 삼베, 황금이 병용되었고, 동전과 삼베 사이에는 '길이 8척, 폭 2척 5촌의 포=11전'이라는 환산율이 법률로 정해져 있었다. 이 금포율(金布律)에는 "인민이 상거래에 이용하는 화폐는, 양화와 익화를 혼용하고, 양화와 익화를 구별해서는 안 된다."라고 규정되어 있다. 이러한 규정은 반량전이 명목화폐로 사용되었음을 시사한다.[56]

마지막 지역은 양쯔강 중류 지역을 기반으로 세력을 확장한 초나라다. 초나라에서는 특히 황금으로 된 화폐를 발행했는데, 중국 전역에서 폭넓게 유통되었다. 초나라의 금화는 네모난 금판에 몇 개의 작은 사각형 모양을 인쇄하여 만들어졌는데, 이들을 절단해서 사용했다. 금화는 한나라 초까지 유통되다가 점차 사라졌다. 초나라는 또한 속칭 '귀신 얼굴의 돈(의비전)'이라는 조개 모양의 동폐(銅幣)를 주조했다. 이 동폐는 조개 크기 정도로 앞면은 볼록하고 뒷면은 평평하며 위나 아래에 구멍이 뚫려 있었다. 이 화폐들은 예외적으로 무게를 재어 사용하는 칭량화폐로 추정되고 있다.[57]

중국에서는 제나라의 도전과 진나라의 반량전이 가장 많이 유통되었지만, 유통 범위가 지역적 경계를 넘어 사용된 화폐는 없었다. 서양에서는 화폐가 무역 네트워크 형성에 기여했지만, 중국에서는 화폐가 이와 관계없이 소매 거래를 위해 주로 사용되었기 때문이다.

한 제국 수립 이후 화폐 이용은 한고조가 제정한 '산부(算賦)'라고 하는 인두세의 도입에 힘입었다. 산부는 인두세를 모두 동전으로 거두는 제도였는데, 15세 이상 성인 남녀는 매년 120전을 세금으로 납부해야 했다. 그렇지만 삼베와 비단도 세금을 납부하는 보조 화폐로 지속적으로 사용되었다. 한 제국의 화폐 정책은 시행착오를 거듭했다. 우선 처음에는 진나라의 반량전이 계속 사용되었다. 원래 '전(錢)'이란 진나라의 반량전 1매를 의미했다. 출토된 반량전을 살펴보면, 처음에는 '반량(半兩)=12수(銖)'(7.8그램)에서 점차 무게가 줄어들어 마지막에는 3수인 반량전(삼수전)도 발행되었다. 특히 한고조가 민간이 자유롭게 반량전을 주조하도록 하면서 삼수전보다 가볍고 크기도 작은 반량전이 많이 발행되었는데, 이는 전쟁으로 인한 생산 저하와 맞물려 엄청난 인플레이션으로 이어졌다. 그러자 곧 자유주조제가 폐지되고 국가가 주조를 독점하는 조치가 취해졌다.

또한 무게를 크게 늘린 팔수전도 발행되었다. 그러나 동전을 새로 주조함에 따라 일반 백성의 세금 부담이 늘어나고 주조 비용도 크게 증가했다. 이에 따라 다시 삼수전을 발행하는 등 화폐정책의 혼란이 지속되었다. 기원전 179년 황제로 즉위한 한문제는 다시 민간 주조를 허용하고 삼수전보다 무거운 사수전을 발행하도록 했다. 그러나 고조 때와 달리 국가 관할하에 품질 관리를 엄격하게 해서 발행했으므로 불량주화 발행에 따른 폐해를 줄일 수 있었다. 한 제국의 동전은 명목가치를 나타내는 명목화폐였으나, 실제가치가 그 중량에 좌우되었기 때문에 한 제국은 전을 개주해야만 했다.[58]

한 제국의 화폐 혼란은 기원전 140년 황제로 즉위한 한무제의 화폐 개혁을 통해 해결되었다. 이 개혁의 요점은 삼수전을 폐지하고 오수전(3.25그램)을 새로 주조하는 것이었다. 최초의 오수전은 기원전 118년에 발행되었다. 오수전의 발행 형태에 대해서는 통일된 규격이 있었고 그 중량도 적정하여 한 제국 이후 중국 역대 왕조들도 이를 주조해서 사용해 700년 이상 유통되었다. 오수전은 중국 역사상 발행량이 가장 많고 가장 오래 유통된 주화다. 오수전이 단일 표준통화가 되자 한 제국에도 신뢰할 수 있는 지급수단이 확보되었다.

동전 생산이 계속 증가했음에도 불구하고 한 제국의 화폐경제 비중은 로마 제국보다 훨씬 낮았다. 기원전 1세기 한 제국의 1인당 주화 수는 로마 제국 전성기의 절반 수준에 불과했다. 한 제국에서는 전체 동전 유통량 가운데 약 30퍼센트를 정부세금 납부에 사용한 반면, 로마에서는 징부세금 납부에 사용된 주화가 전체 주화 유통량의 10퍼센트 미만이었다. 더욱이 유통 주화의 구성비에서 한 제국은 로마 제국과 달리 유통되던 거의 모든 주화는 가치가 낮은 구리화 동전이었다. 한 제국에서 구리화 동전은 정부와의 거래에서 세금을 내는 수단인 반면, 로마 제국에서는 주화가 대체로 민간의 상거래에서 사용되었기 때문에 경제발전에 따라 금화와 은화가 폭넓게 지급수단으로 사용되었다. 따라서 구리화의 유통은 지역적으로 매우 제한되어 있었다.[59]

서양에서 상거래는 기본적으로 민간의 활동 영역인 반면, 동양에서는 정부가 민간의 활동 영역에 상시적으로 개입하여 통제하고자 했기 때문에 순수한 민간 영역이란 존재하지 않았다. 예컨대 중국의 진 제국에서는 민간인 간에 공식적인 대부를 하고 이자를 수취하는 것이 금지되어 있었고, 대신 정부가 대출을 해주었다. 정부는 종자, 농기구뿐만 아니라 동전, 곡식, 심지어 노비도 빌려주었다. 익명의 개인 간 민간신용이란 거의 존재하지 않고 정부신용만 허용되었다.

한 제국이 멸망한 후 중국은 정치적 혼란을 겪었다. 이러한 혼란을 수습하고 장기간 분열되었던 중국을 통일한 왕조가 수다. 그러나 곧 수나라도 백성들의 봉기로 혼란해지자 수나라 고위관료였던 당국공 이연(李淵)이 정권을 탈취해 당나라를 세웠다. 당은 중국 역사상 가장 강성했던 봉건왕조 중 하나다. 당나라는 621년 오수전 폐지를 선포하고 개원통보(開元通寶)라는 새로운 주화를 발행했다. 당나라는 연간 2억 개에 달하는 동전을 발행했지만, 그럼에도 진나라 이래로 정부와 민간의 거래에서 가장 간편한 유통 화폐는 삼베와 비단이었다. 당나라는 대부분의 세입을 직물로 거둬들여 병사의 제복을 만들 뿐만 아니라 병사나 관리의 급여도 직물로 지급했다. 개원통보의 발행은 진나라의 반량전, 한나라의 오수전과 같이 중국 통화 역사에서 손꼽히는 중요한 사건이다. 왜냐하면 이때부터 중량을 기준으로 삼았던 중량전제(重量錢制) 주화 체계가 종말을 고하고, 그 대신 통보(通寶), 원보(元寶), 중보(重寶) 등 '보(寶)'자가 들어 있는 주화가 통용되었기 때문이다. 또한 무게를 재는 방법으로 냥(兩) 아래 단위에 수(銖)를 사용하지 않고 새롭게 냥(兩), 전(錢), 분(分), 리(厘)의 10진법을 사용했기 때문이다. 즉, 당대의 개원통보가 1/10냥을 기준으로 주조되는 것을 시작으로, 질량의 단위는 종래의 '1냥 = 24수'의 24진법에서 '1냥 = 10전 = 100분 = 1,000리'가 되는 10진법 제도로 바뀌었다. 또한 1전은 무게가 3.75그램 나가는 개원통보 1개, 즉 1문을 말했다.[60]

개원통보는 크기와 무게가 적합하여 당나라의 주요 유통화폐였을 뿐만 아니라 그 후 천 년간 중국 주화의 본보기가 되었다. 따라서 명나라나 청나라 때 발행된 동전도 모두 그 형태를 채용했다. 또한 우리나라나 일본 등 다른 동양 국가들이 발행한 주화의 모델이 되었다.

중국에서 발행된 이들 고대 주화가 우리나라에서도 발견되고 있다. 한편 우리나라는 고려 성종 15년(996년)에 처음으로 당나라 숙종 연간에 발행된 건원중보를 모방하여 같은 이름의 철전 건원중보를 발행했다. 이후 고려 숙종 때는 돈을 만드는 주전도감을 두고 해동통보와 해동중보, 삼한통보, 삼한중보 등을 잇달아 제작했다. 고려 시대에는 철전이나 동전 외에 은병 등 귀금속화폐도 주조했다. 조선 시대에는 가장 대표적인 동전으로 상평통보가 숙종 4년(1678년)에 발행되었다. 이 동전은 돈을 만드는 틀이 나무여서 동전을 나무에서 나뭇잎을 떼어 내듯 한다고 해서 '엽전'이라는 이름으로 더 잘 알려져 있다.[61]

3장

중세 유럽의 주화와 조폐소

3.1 중세 유럽의 주화

페니 시스템의 정착

중세의 유럽은 로마 제국의 어두운 그림자에 뒤덮여 있었다. 특히 서로마 제국의 멸망은 로마 제국하에서 작동했던 재정 및 주조제도의 소멸을 의미했다. 로마 제국의 서부를 차지했던 게르만 부족 국가들은 로마 제국의 유지를 위해 높은 비용을 지불해야 했던 상비군의 유지와 이를 지탱하는 조세제도가 필요하지 않았다. 로마 주화의 발행과 유통을 위한 핵심 제도가 소멸하면서 주화 사용이 축소되었다. 특히 게르만이 지배하는 서유럽에서는 경제활동이 로마에서와 같이 도시 중심으로 진행되지 않으면서 지방 농촌 중심의 고립적 장원경제로 퇴조했다. 시장을 통한 상거래가 위축되면서 일상적인 경제활동에 사용되어 왔던 주화의 유통도 급감했다.

다만 귀금속은 로마가 멸망한 후에도 중세 유럽의 군주나 귀족들에게 매우 중요했다. 특히 금과 같은 귀금속은 군사비 지출, 사치품이나 선물 등의 구입, 하사품, 교회에 대한 헌금 등으로 수요가 높게 유지되었다. 또한 서유럽이 여러 국가로 분할되면서 관세나 통행세 등을 지불할 필요가 커지면서 금속화폐에 대한 새로운 수요가 창출되었다. 그럼에도 불구하고 귀금속은 로마 제국에서와 같이 정치활동을 통해 유통되기보다 각국 군주들의 사적 금고에 보관되거나, 왕권 강화와 더불어 새로운 세력으로 등장한 교회의 장식물로 사용되며 점차 퇴장했다. 이에 따라 중세에는 귀금속의 공급 부족 현상이 심화되었다.

로마 멸망 후 서유럽 대륙에 수립된 카롤링거 왕조의 첫 번째 왕이자 샤를마뉴 대제의 아버지인 피핀 왕(재위 751~768년)은 통화 개혁을 통해 새로운 데나리우스화, 즉 페니화를 발행했다. 이후 샤를마뉴 대제는 '1파운드=20실링=240페니'로 표현되는 유럽의 통화체제를 확립했다. 카롤링거 왕조의 통화 개혁은 또한 조폐소에 대한 왕실의 통제를 강화하고 주화의 균일한 디자인을 도입했다. 모든 주화에는 통치자의 이름, 약어, 직함이 새겨져 있었는데, 이는 동전의 품질을 왕실이 보장한다는 것을 의미했다. 한편 기독교의 전파와 더불어 신의 대리인으로 통치자의 권위를 나타내기 위해 십자가 문양이 새겨지기 시작했다. 카롤링거 왕조의 통화제도가 영국은 물론 서유럽 전역에 전파되었다. 통화 개혁 이후 3세기 동안, 페니 은화는 유럽에서 발행된 유일한 주화였다. 고액인 실링과 파운드는 실제 주조되지 않고 계산 단위로만 사용되었다.[1]

중세 유럽에서 가장 많이 유통된 페니 은화는 로마의 데나리우스화를 직접적으로 계승했다. '페니'라는 단어는 14세기 영국의 신학자 존 위클리프John Wycliff가 신약성서에서 로마의 데나리우스화를 peny로 영역하면서 처음 등장했으나 후에 철자가 penny로 바뀌었다. 따라서 1페니는 1데나리우스 은화를 의미했다. 이에 따라 영국에서는 페니(또는 펜스)의 옛 축약어로 데나리우스의 약어인 'd'를 사용했다. 프랑스어식 표현으로는 '드니에denier'라고 불렸다. 한편 실링은 카롤링거의 통화 개혁 이전에 유럽에서 계산 단위로 사용되었던 솔리두스와 동일한 단위였다. 솔리두스는 500년 이상 국제통화로 사용된 비잔틴 제국 금화의 통화 단위였다. 프랑스에서는 수sou 혹은 솔sol, 이탈리아에서는 솔도soldo로 표시했다. 그리고 파운드는 고대 로마의 무게 단위인 리브라에서 유래된 은의 계산 단위로, 1파운드의 순은은 샤를마뉴 대제에 의해 408/9그램으로 확정되었다. 파운드를 뜻하는 라틴어 리브라에서 프랑스 리브르livre와 이탈리아 리라lira가 유래되었다. 카롤링거 통화제도는 프랑스, 이탈리아 등 모든 유럽 국가에서 10진법에 근거한 미터법이 도입되기 전까지 사용되었다. 다만 영국의 경우 '1파운드=20실링=240페니' 제도가 20세기 후반까지 유지되었다. 중세 유럽 국가들은 자국의 언어로 카롤링거 통화 제도를 번역해서 사용했는데, 요약하면 [표 3-1]과 같다.[2]

카롤링거 왕조 붕괴 이후 페니의 가치절하가 계속되었다. 예컨대 잉글랜드에서도 페니가 가치절하되어 240페니에 해당하는 파운드화의 가치가 은 1파운드 무게의 가치보다 떨어지면서 결국 통화 단위로서 파운드는 중량 단위 파운드와 분리되었다. 페니의 가치는 남유럽에서 더 빠르게 하락했다. 특히 은 함량에 비해 구리의 비율이 높았던 페니화는 색깔이 검다는 의미에서 '검은 화폐black money'라는 오명을 쓰고 점차 유통에서 사라졌다.[3]

10~12세기에 들어서면서 프랑스 샹파뉴와 같은 지역에서 정기시장이 열리고 국내외 무역활동이 증가하면서 화폐의 발행과 유통

[표 3-1] 중세 유럽 각국의 페니 통화제도

국가	계산 단위	특징
영국	1 pound = 12 shilling = 240 penny	• 영국의 경우 무게 단위인 파운드로부터 통화 단위가 발전 • 통화 단위는 파운드 스털링(pound sterling)이라고 하는데, 스털링은 고대 영어로 '별이 붙은 것'이라는 뜻 • 당시 은화를 주조했던 스털링 가문의 문장
프랑스	1 livre tournois = 20 sols (혹은 sous) = 240 deniers	• 영국과의 백년전쟁 후 배상금을 지급하기 위해 기존의 루아얄(royal) 금화를 프랑(franc) 금화로 대체 • 루아얄 금화는 25수에 해당했으나 새로 발행된 프랑 금화는 20수의 금과 가치가 동등했고, 그에 따라 프랑은 이후 리브르와 동의어로 사용
이탈리아	1 lira = 20 soldi = 240 dinari	• 로마 교황청 지배 구역, 피렌체와 같은 토스카나 지역, 베네치아, 제노바에서 유통
저지대 국가	1 pound gros = 20 shillings = 240 deniers (groots)	• 오늘날 브루게, 안트베르펜, 암스테르담을 포함하는 벨기에와 네덜란드 지역에서 유통
스페인	1 pound = 20 sous = 240 deniers 1 ducado = 275 maravedis	• 스페인 아라곤 지역에서 유통 • 중북부 카스티야 왕국에서 유통
독일	1 Pfund = 20 Schilling = 240 Pfennig	• 신성로마 제국에서 유통 • 단, 이 지역에서는 마르크(mark)라는 중량 단위로부터 통화 단위가 발전해 나감

자료: Spufford(1988: 400-403)로부터 저자 작성.

| 영어의 penny는 프랑스어 denier, 이탈리아어 dinari, 라틴어 denarii, 독일어 Pfennig로 번역되고, 영어의 shilling은 sou, soldi, solidi, Schilling 등으로 번역됨. 영어의 pound는 프랑스어 livre, 이탈리아어 lira, 라틴어 libra, 독일어 Pfund 등으로 번역되지만 모두 동일한 의미를 지니는 단어임.

이 빠르게 증가했다. 이에 따라 다시 은 생산과 은화 발행이 증가했다. 주화 주조는 당시 서유럽을 지배했던 카롤링거 왕조의 왕들과 이 제국을 이어받은 왕국들의 군주가 독점권을 가지고 행사했다. 상업과 무역활동이 증가하기 시작한 12세기가 되면 대부분의 유럽 지역에서 화폐 주조가 일상적인 경제활동의 하나가 되었다. 한편 스칸디나비아 지역이나 동유럽과 같이 화폐 주조가 늦게 시작된 지역에서는 주조의 정부 독점 현상이 더욱 강화되었다. 정부가 화폐 주조를 관리하고자

한 것은 유럽 사회의 인구 증가 및 도시 발전과 더불어 국내외 교역이 팽창함에 따라 화폐 수요가 늘어나고, 이에 맞춰 화폐 공급을 조정할 필요가 대두했기 때문이다.

바이킹의 대두와 주화

바이킹은 8세기부터 서유럽에서 새로운 세력으로 등장했다. 이들은 오늘날 스웨덴과 노르웨이가 위치한 스칸디나비아반도와 덴마크가 위치한 유틀란트반도에 거주하던 게르만족인데, 인구가 늘어나면서 농토가 부족해지자 약탈에 나서거나 다른 지역으로 이주할 수밖에 없었다. 바이킹의 침략이 서유럽의 화폐 발전 역사에 끼친 영향은 부정적 측면과 긍정적 측면이 모두 있다. 우선, 부정적 측면으로 바이킹의 침략과 약탈은 기존 서유럽 국가들의 농업 및 도시의 상업을 크게 교란하여 경제발전에 악영향을 미쳤다. 그러나 이들에게 막대한 공물을 지급해야 했던 서유럽 국가들은 조폐소를 설치하여 주화 생산과 공급을 늘려야 했고, 그 결과 서유럽 국가에서 화폐경제의 발전을 촉진했다.[4]

초기 바이킹 경제에서 상품 교환은 금속의 무게와 순도에 기초하여 이루어졌고, 주화는 아직 유통되지 않았다. 그러나 9세기 후반 바이킹들이 북해와 아일랜드 지역은 물론 키이우와 콘스탄티노플까지 진출하여 국제무역을 시작하면서 외국의 주화가 유통되었다. 바이킹들은 11세기 말 지중해까지 진출해 시칠리아 왕국을 세우기도 했다. 바이킹들은 외국의 은화를 공물로 받거나 유럽 각 지역의 침략을 통해 노예를 획득하고 이를 수출하여 은화를 확보할 수 있었다. 예컨대 스웨덴에 살던 바이킹들은 동쪽의 이슬람 제국 및 비잔티움 제국에 모피나 노예를 수출하고 아라비아 디르함dirham을 확보해 사용했다. 그러나 스칸디나비아 지역의 바이킹들이 오늘날 덴마크, 스웨덴, 노르웨이 등의 국가를 건설하게 되자 이들도 국왕의 초상과 기독교의 상징인 십자가가 새겨진 자체의 은화를 발행했다. 다만 일부 은화는 토르의 해머나 뱀 등 북유럽 신화와 관련된 문양을 넣었다.[5]

한편 정복지에 정착한 바이킹들은 기존의 주화체제를 계속 사용하기도 하고 현지인이나 외지의 전문 장인을 고용하여 그들 자체의 주화를 발행했다. 예컨대 영국을 침략한 바이킹들은 영국 북동부에 데인로Danelaw라는 정착지를 건설하고, 당시 앵글로·색슨계인 알프레드 대왕의 페니화를 모방하여 자신들의 주화를 발행했다. 다만 이들 주화에는 새로운 정복자의 이름이 아니라 기존 주화에서와 같이 알프레드 대왕의 이름이 그대로 새겨져 있기도 했다.[6] 그러다가 프랑스 파리 북쪽에 정착한 이른바 '북쪽 사람들'이란 뜻의 노르만족Normans[7]을 이끌던 국왕 윌리엄 1세가 1066년 영국을 점령하고 앵글로·색슨 국가와 데인로로 나뉘어 있던 잉글랜드를 하나의 국가로 통합하면서 다시 주화가 발행되었다. 새로 발행된 주화도 과거 앵글로·색슨의 페니 주화 시스템을 그대로 계승했다. 특히 윌리엄 1세는 57개의 조폐소를 운영하면서 8종의 주화를 발행한 것으로 알려져 있다. 조폐소의 세부 운영 상황은 토지세를 포함해 당시 영국 경제 상황을 매우 세밀하게 조사한 토지대장 『둠즈데이Domesday』에 기술되어 있다. 이에 따르면 주화 발행은 국왕에게 매우 이윤이 남는 사업이었다. 국왕은 각 화폐 주조인에게 연 1파운드의 세금을 부과했으며 3년마다 주화의 문양을 변경하면서 또 1파운드를 부과했다. 조폐소는 평균 3명의 화폐 발행인을 두고 운영되었는데, 때로는 10명 또는 그 이상의 발행인을 두기도 했다.[8]

고액 은화와 금화의 발행

12~13세기 서유럽 대륙에서 새로운 광산들이 개발되었다. 특히 12세기 지금의 독일 작센 지방의 프라이베르크Freiberg에서 은광 개발이 시작되었다. 이를 필두로 이탈리아, 보헤미아, 알프스 지역 등에서도 은광이 개발되었다. 은 생산이 증가하자 당시 경제활동이 가장 활발하던 북부 이탈리아나 네덜란드 저지대 지역에서는 페니화 가치의 몇 배에 달하는 고액의 순은 페니 은화가 새롭게 주조되었다. 과거의 데나리우스(페니)화는 가치가 크게 하락하여 거액의 상거래를 처리하는 데 적합하지 못했기 때문이다.[9] 이에 따라 1172년 이탈리아 제노바에서는 4페니에 해당하는 은화를 주조하기 시작했다. 베네치아와 피렌체에서도 곧 거대한 페니화를 뜻하는 거대 데나리우스gross denarius화를 주조하여 유럽의 통화량 증가를 주도했다. 한편 보헤미아 지역의 쿠트나호라Kutna Hora에서 1294년 거대한 은광이 발견됨에 따라 오늘날 동유럽 지역에서도 은화 생산이 이루어지기 시작했다. 14세기에는 러시아에서도 은화가 주조되어, 오늘날 우크라이나에 해당하는 키이우 지역에서 사용된 은괴인 그리브나grivna나 루블ruble과 더불어 유통되었다.[10] 그러나 새로운 고액의 은화가 발행되었지만 경제발전을 지지하기에 충분한 정도로 공급되지 못해 금화 발행이 다시 시작되었다.

금화를 발행하려면 금이 충분히 공급되어야 한다. 금화 발행에 필요한 금의 일부는 유럽 내 광산에서 생산되었지만, 대부분은 아프리카에서 건너왔다. 13세기부터 제노바, 피렌체, 피사 등 북부 이탈리아의 무역 도시들은 북아프리카 지역과 금 무역을 통해 꾸준히 금 공급을 확대해 왔다. 유럽은 이집트나 북아프리카를 통해 오래전부터 아프리카를 알고 있었지만 금의 원천으로 알려진 검은 내륙에 대해서는 거의 정보가 없었다. 오늘날 가나, 말리 등을 포함하는 이 '검은 내륙'에서 생산된 금은 낙타를 타고 사하라 사막을 건너는 대상 집단에 의해 북아프리카 지역으로 운송되고, 이곳에서 무역을 통해 다시 유럽으로 유입되었다. 지금은 역사 속으로 사라진 도시가 되었지만 모로코 남부에 있던 시질마사Sijilmasa는 검은 내륙과 유럽 간 무역을 중계하는 대표적인 도시였다.

이탈리아 상인들은 일찍부터 '검은 내륙'에 직접적인 무역로를 개척했다. 제노바 출신 비발디Vivaldi 형제는 지중해에서 대서양을 돌아 아프리카 내륙으로 가는 해로를 발견했다. 이에 따라 이들은 중계무역을 거치지 않고 직접 아프리카의 금을 수입했다. 이들이 발견한 아프리카 대륙 서북단의 카나리아 제도는 200년 후 포르투갈의 바스쿠 다가마Vasco da Gama가 희망봉을 돌아 인도양으로 가는 해로를 개척하는 데 결정적 역할을 했다.[11]

풍부한 금을 바탕으로 북부 이탈리아 도시들은 금화를 발행하기 시작했다. 1252년 제노바와 피렌체는 각각 순금 3.49그램의 제노비노genovino와 플로린florin 금화를 발행했다. 특히 피렌체의 상징인 백합을 동전 전면에 새겨 넣은 플로린화는 14세기에 국제무역 통화로 발전했고, 유럽 전역에 금화 발행을 유행시켜 많은 모방 금화가 등장했다. 스페인 아라곤 지역과 발트해 연안의 한자동맹 항구인 뤼벡시에서 동일한 플로린 금화가 발행되었고, 네덜란드와 라인 지역의 여러 공국에서도 이를 본뜬 금화가 발행되었다. 네덜란드의 길더guilder화를 약자 'f'로 표시하는 것도 플로린화를 모방한 데서 비롯된 것이다. 또한 라인 지역의 공통화폐인 굴덴gulden화도 피렌체의 플로린화를 모방한 금화였다. 한편 베네치아에서도 플로린을 모방하여 1284년 두카트ducat화를 발행했다. 이 금화는 순도가 높고 상업 강국인 베네치아가 발행했기 때문에 스페인이나 프랑스, 신성로마 제국 등에서도 많이 사용되었다. 베네치아의 두카트화는 피렌체의 플로린화와 국제통화의 지위를 놓고 경쟁하면서 지중해 동쪽 지역과의 무역에서 널리 사용되었다. 한편 금화 사용이 확대되면서 많은 유럽 국가가 14세기 이후 금은화가 혼용되는 복본위제도bi-metalism를 채택했다.[12]

15세기 후반부터 유럽의 은 생산은 다시 날개를 달았다. 특히 오스트리아 티롤 지방의 슈바츠Schwaz와 독일 작센 지방의 슈네베르크Schneeberg에서 풍부한 은광이 발견되었다. 슈바츠 은광에서는 당시 이 지역을 지배하던 지기스문트 공작을 '부자 공작'이라는 별칭으로 부를 정도로 많은 은이 생산되었다.[13] 슈네베르크 은광의 은 생산은 작센 지역 귀족들 사이에서 은으로 만든 만찬용 식탁을 유행시킬 정도였다. 은의 공급이 홍수와 같이 늘어나면서 유럽 각국의 조폐소는 다시 새로운 은화를 주조했는데, 이 은화가 유럽 화폐제도를 획기적으로 변모시켰다. 변화는 독일과 밀접한 상업 및 금융 관계를 맺고 있던 북부 이탈리아 도시들에서 시작되었다. 이 도시들에 무역적자를 기록한 독일 도시들로부터 막대한 양의 은이 유입되었기 때문이다. 북부 이탈리아 도시들은 무겁고 두툼한 은화를 발행했다. 이들은 새로운 은화를 '리라lira'라고 명명했다.

예컨대 베네치아는 1472년에 처음으로 두툼한 은화를 주조했다. 그 전까지 주화는 매우 얇은 두께가 특징이었으나 베네치아의 주화는 그보다 예닐곱 배에 달하는 두께였다. 이어 1474년에는 밀라노에서도 베네치아 은화보다 몇 그램 더 무겁고 당시 밀라노의 지배자 스포르차 대공의 초상을 새긴 은화를 주조했다. 얇은 금속 원판을 두들겨 만든 중세의 은화나 금화는 별다른 힘을 주지 않아도 한 손의 엄지손가락으로 쉽게 구부릴 수 있었으나 새로운 은화들은 꽤 두꺼워 절대로 구부릴 수 없었다. 또한 이 은화들은 군주나 도제 등 도시 지배자의 초상을 실물과 똑같은 형태로 새겨 현실적인 인물상을 새긴 현대 주화의 모델이 되었다. 오늘날의 스위스나 남독일, 프랑스, 영국 등 지역에서는 이들을 모방한 주화가 널리 발행되었다.

한편 1512년 보헤미아에 있는 장크트 요아힘슈탈Sankt Joachimsthal에서도 대량의 은을 함유한 은광이 발견되었다. 이에 따라 광산 소유주인 슐리크 백작은 약 27그램에 달하는 거대 은화를 주조했다. 순도는 약 90퍼센트에 달하여 순은의 함유량은 24그램이 넘었다. 오스트리아 합스부르크 왕가의 막시밀리안 국왕이 이 거대 은화를 홍보 목적으로 사용하기 시작했다. 이 은화가 국제적으로 유통되면서 오늘날 달러의 기원인 달러dollar나 탈러thaler라는 이름을 쓰는 많은 새로운 은화가 출현했다. 오늘날 미국의 달러도 여기서 유래되었다.[14] 16세기 들어 은화 발행자들은 풍부한 은 공급을 바탕으로 플로린이나 두카트와 같은 작은 금화를 액면가치가 같은 커다란 은화로 대체했다.

3.2 중세 유럽의 조폐소와 법정화폐의 탄생

조폐소의 운영과 분권화된 화폐정책

중세 유럽은 조폐소의 전성시대였고, 중앙은행은 아직 출현하지 않았다. 신성로마 제국에서 황제는 주조권을 봉건영주나 도시, 교회에 나눠 주었다. 이에 따라 13세기 프랑스에서는 50개가 넘는 조폐소가 번창하면서 다양한 주화를 발행했다. 이들 주화는 주로 발행 지역의 경제를 지지하기 위해서 발행되고 유통되었다.[15]

중세법은 "자연은 금속을 생산하지만 국왕만이 주화를 발행한다."라고 규정했다. 따라서 중세 시대 국왕이나 군주는 화폐 발행을 중요한 정책으로 보고 최고 의사결정기관인 중추원에서 다루었다. 그렇지만 실제적인 화폐 발행 업무는 개인들에게 위탁했다. 국왕은 화폐 발행 업무를 경매했고, 귀금속 예탁자를 보호하기 위해 주로 돈 많은 상인이나 대토지 소유자에게 화폐 주조 업무를 불하했다. 대신 이러한 권한을 위탁받은 조폐업자들은 발행하는 주화의 최저 무게를 보장하고 국왕에게 화폐주조차익세seigniorage tax 납부를 약속했다. 조폐업자들은 화폐 발행이라는 공적인 역할을 수행했지만 기본적으로 사적 이익을 추구하는 민간의 상인이자 기업가였다. 조폐업자들은 예탁받은 귀금속의 무게만큼 화폐로 상환할 것을 선서하고 비밀 유지를 약속했지만, 발행된 화폐의 일정 부분을 수수료로 취하고 때로는 화폐 발행 업무를 세습하면서 사기 행위나 부정부패를 저지르기도 했다.

한편 국왕은 화폐정책을 중추원 대신이나 화폐 문제에 대한 전문지식을 가진 관리들과 상의했다. 특히 프랑스의 경우 13세기부터 전문지식을 가지고 국왕의 정책을 입안하는 관리들이 존재했는데, 이들은 14세기 설치된 통화재판소cour des monnaies의 재판관으로 활동했다. 통화재판소는 국왕이 통화 문제와 관련하여 운영하는 최고 사법기관으로, 주화의 발행과 금은의 사용은 물론 주화와 관련된 업무를 취급하는 모든 사람을 규제할 수 있는 법적 권한을 지녔다. 또한 통화재판소는 주화 유통에 관한 법적 조치들을 담은 국왕의 칙령이나 법령을 반포하고 그 내용을 광장이나 시장과 같은 공공장소에 게시했다.[16] 주요 결정 사항은 다음과 같았다.

우선, 주화의 발행량을 결정했다. 중세 시대에 화폐는 군주의 주권을 상징했다. 중세의 스콜라 철학에 의하면 화폐는 발행권자인 군주가 봉건적으로 관할하면서 주권을 행사할 수 있는 사적 권리였다. 따라서 주화 발행에 관한 군주의 일차적 관심은 주화 발행으로 얻는 주조차익(시뇨리지)을 극대화하는 데에 맞춰져 있었다. 왜냐하면 주조차익은 중세 군주들에게 가장 중요한 세금원이었기 때문이다. 그러나 그 외 조세수입이 증가하면서 혁명적인 발상의 전환이 일어났다. 예컨대 니콜 오렘Nicole Oresme[17]은 "군주가 공국 안에서 유통되는 화폐의 주인인 것은 아니다."라고 말하면서 화폐 발행은 공공 서비스 제공, 즉 공동체의 상업적 번영을 위해 사용되어야 한다고 주장했다.[18] 주화의 법적 명목가치를 낮추는 것이 군주의 주조차익 증대에 도움이 안 되더라도 한 지역이 화폐 부족으로 인해 상업활동이 위축된다면 공공의 이익을 위해 주화의 명목가치를 절하하고 주화의 공급을 늘려야 한다는 주장이었다.

둘째, 국내 주화의 법적 가치를 결정했다. 이에 따라 주화가 잘 유통될 수 있도록 국왕은 무게를 달아 주화를 이용하는 행위를 금지시키는 동시에 주화의 명목가치를 중량으로 측정한 주화의 소재가치 혹은 내재가치에 일치시키고자 했다. 예컨대 새로 발행된 1프랑 주화는 함유한 금의 중량과 관계없이 에퀴écu 금화보다 2배 이상의 명목가치를 가지는 것으로 공포할 수 있지만, 그 차이가 크면 유통되지 않고 퇴장된다. 따라서 1프랑 금화의 가치는 금 중량에 비례하여 결정되었다. 한편 주화의 법적 가치를 조정하는 데도 두 가지 방법이 사용되었다. 하나는 소재 금속의 양이나 순도를 변경하여 주화의 내재가치를 조정하는 것이고, 다른 하나는 내재가치를 변경하지 않고 주화의 계산 단위만 새로운 값으로 변경한다고 공표하는 것이었다.[19]

셋째, 발행 주화의 유통 조건을 규제했다. 중세에는 주화 변조가 횡행하고 동일한 주화라 하더라도 주조된 금속의 품질이나 중량이 일정하지 않았다. 가장 널리 행해진 주화 변조 방법은 주화 테두리를 자르는 '깎아내기clipping'였다. 이 외에도 주화를 가죽 부대 등에 넣고 마찰시켜 은이나 금가루를 얻는 '마찰시키기sweating', 주화의 한가운데에 구멍을 내고 망치로 두들겨 이를 메꾸는 '구멍 내기plugging' 등이 흔히 사용되었다. 이렇게 변조되고 훼손된 주화는 온전한 주화에 비해 가치가 떨어지지만 시장에서는 법적으로 동일한 가치로 유통되었다. 따라서 시장가치가 낮은 변조된 주화를 이용해 이익을 보는 온갖 행위가 만연했다. 시장에서 변조된 주화를 싸게 사서 조폐소에 비싸게 팔 수도 있었고, 온전한 주화는 보유하고 훼손된 주화만 유통되었다. 세금 납부 시에는 가장 품질이 떨어지는 주화만 사용되었다. '악화가 양화를 구축(驅逐)한다'는 그레셤의 법칙Gresham's law도 이러한 상황을 기술한 것이다.[20] 군주들은 주화 변조를 막기 위해 법적으로 주화를 훼손하거나 변조하면 주화를 위조하는 것과 동일한 행위로 간주해 사형으로 처벌하기도 했으나 별로 실효성이 없었다.

또한 국왕은 외국 주화의 유통 조건도 규정할 수 있었다. 유럽에서 화폐의 유통 공간은 중세 이래로 고정되어 있지 않았다. 외국에서 발행된 주화도 국내 주화와 같이 유통되었다. 특히 지방 자체의 주화가 없거나 지역 경제의 규모가 작아서 자체 주화 발행의 실익이 작은 경우 외국 주화가 중요한 국내 화폐 역할을 수행했다. 예컨대 16~17세기 아일랜드에서는 잉글랜드 주화, 스코틀랜드 주화, 스페인 주화가 다 같이 혼용되었다. 또한 많은 이탈리아 도시에서는 자체 지방 통화보다 베네치아 은화, 피렌체 은화, 교황청 은화 등이 더 많이 유통되었다. 각 지역의 군주는 외국 통화의 유통을 금지시키기도 했으나, 시간이 지나면서 외국 주화를 금지하는 대신 일정한 세금을 부과하고 그 유통을 허용하는 방식으로 전환해 갔다. 한편 많은 유럽 국가가 16세기에 들어서면서 직접적으로 주화 발행량을 결정하기보다 주화 규정만 명시하고 이를 준수하도록 했다. 그리고 조폐소를 통합하기 시작했다.

뉴턴과 로크

17세기 말 영국의 국가재정은 매우 열악한 상태였다. 영국 왕실은 빚을 갚을 수 없어, 왕실에 대출해 준 많은 상인이 파산했다. 1688년 네덜란드의 윌리엄 공이 영국 왕위에 올랐을 때, 영국 정부는 프랑스뿐만 아니라 스코틀랜드, 아일랜드의 가톨릭 지지자들과 싸우기 위해 막대한 군자금이 필요했다. 이런 와중에 주화의 신인도 하락 문제가 발생했다. 영국의 조폐소는 오랫동안 망치로 두드려 주화를 만들어 왔는데, 이렇게 주조된 화폐들은 불규칙하여 사람들이 쉽게 위조하거나 가장자리를 잘라내어 쉽게 이익을 얻을 수 있었다. 당시 영국 정부의 조사에 따르면 유통 은화 대부분의 은 함량이 최초 주조 시에 비해 절반에 그쳤다. 반면 온전한 은화는 은의 시장가격이 은화의 명목가격보다 높아 통화로 사용하기보다 녹여서 은괴로 팔면 그 가치가 25퍼센트 정도 늘어나 퇴장되었다. 영국은 신뢰할 수 있는 은화가 부족했다.

이에 따라 영국 의회는 당시 재무상이던 윌리엄 라운즈William Lowndes에게 의견을 구했다. 라운즈는 은화의 가치절하를 주장했다. 은화의 액면가치를 높인 새로운 통화를 발행해서 은화의 명목가치가 시장가격과 일치하도록 하면 은화 부족 문제를 해결할 수 있다는 것이었다.[21] 당시 영국의 유명한 두 자연철학자 존 로크John Locke와 아이작 뉴턴Issac Newton도 논쟁에 가세했다. 우선, 로크는 이것이 정부의 신용을 손상시킬 것이기 때문에 은화의 액면가치는 소재가치와 일치해야 한다고 주장했다. 로크는 정부가 가치절하된 은화를 발행하는 것은 강도질과 같은 것으로 은화 훼손을 묵인하는 것이라며 훼손된 은화를 복구해 공인된 온전한 무게의 은화를 발행할 것을 주장했다. 반면 뉴턴은 은화의 명목가치가 시장가격과 일치해야 한다는 라운즈의 주장에 동의했다. 다만 은화의 액면가치를 올리기보다 은의 함량을 줄인 은화를 발행할 것을 제안했다.[22]

로크는 영국과 네덜란드의 산물인 자유주의liberalism의 원조라 할 수 있다. 자유주의는 처음에는 종교적 관용을 대표했으나 점차 재산권 보호를 강조했다. 로크는 정부란 시민 간 사회적 계약의 산물이기 때문에 정부의 목적은 시민의 재산권을 보호하는 데 있어야 한다고 주장하며 개인들의 이기심을 인간 본성의 자연스러운 현상으로 여겼다. 따라서 군주가 자의적으로 시민들의 경제활동에 개입하는 것을 삼가고 화폐가 소재가치에 의해 유통되도록 하는 것이 자유 사회의 이상을 실현하는 것으로 보았다.

경제학의 아버지라 할 수 있는 애덤 스미스Adam Smith도 바로 이 점에서 로크의 자유주의를 발전시켜 이기적인 개인들의 자유로운 경제활동이 사회 전체로도 최고의 선을 가져올 수 있다고 주장했다. 로크는 단순한 학자가 아니었다. 미국 캐롤라이나주의 헌법을 제정하는 등 미국 민주주의의 기초를 닦은 실천적인 개혁가였다. 당시 정치적 영향 면에서 로크를 능가하는 학자가 거의 없었기 때문에 영국 의회는 로크의 주장대로 주화의 액면가치와 일치하는 은 함량이 높은 새로운 은화를 발행하게 되었다.[23] 동시에 영국 정부는 1696년 1월부터 훼손된 주화의 법정화폐 지위를 회수하겠다고 발표했다. 이로써 그 이전에 훼손된 주화를 사용하여 세금을 내거나 영국 국채를 산 사람들은 큰 이익을 얻었으며 훼손된 주화를 그대로 가지고 있던 사람들은 막대한 손해를 입었다.

한편 영국 경제는 급격한 은화 회수에 따라 디플레이션이 발생하고 경제가 수축하는 심각한 부작용을 겪었다. 그렇지만 이러한 정책은 역설적으로 영국이 금본위제로 이행하는 초석이 되었다. 영국의 금화가 은 함량이 높은 영국 은화와 연계되면서 다른 국가보다 영국 금화의 상대가격이 높자 금화가 유입되고 은화는 유출되는 상황이 발생했기 때문이다. 영국 정부의 은화 재발행과 관련한 로크의 주장은 오늘날 통화정책의 재량discretion과 규칙rule의 선택 문제와 관련해서 지나친 규칙의 부작용을 보여 주는 예로 제시되고 있다.

한편 뉴턴은 1696년 왕립조폐소 소장으로 임명되었다. 왕립조폐소는 근대 초기의 가장 중요한 정부기관 중 하나로, 1279년부터 런던탑에 위치해 있었다. 뉴턴이 임명되었을 때 은화 재발행으로 인한 주화 부족의 재앙은 이미 진행 중이었다. 왕립조폐소는 회수된 모든 은화와 은접시를 녹이고 눌러 은화를 열심히 재발행해야 했다. 노동자들이 새벽까지 열심히 일했지만 충분한 양의 새로운 은화를 신속히 늘리는 것은 거의 불가능해 보였다. 그러나 뉴턴이 주화 생산을 획기적으로 늘려 다행스럽게도 영국 정부의 은화 재발행 정책에 따른 경제에의 부정적 영향을 최소화할 수 있었다. 뉴턴은 주화 제조공의 기술과 작업 관행을 분석하여 주화 생산의 비효율성을 근절하고 생산성을 획기적으로 향상시켰다. 특히 그는 전략적으로 중요한 무역 도시와 항구에 있는 지역조폐소들의 주화 공급망을 활용해 주화 공급을 늘릴 수 있었다. 그리고 한편으로 뉴턴은 주화 위조범을 추적하고 기소하기 위한 정보감시망도 구축했다. 오늘날 뉴턴은 물리학자로서 큰 명성을 얻고 있지만 조폐소 소장으로서도 그 누구보다 훌륭한 관리자였다.[24]

3.3 주화 유통과 경제발전

미국 캘리포니아 대학교의 케네스 포메란츠Kenneth Pomeranz 교수가 2000년에 발간한 『대분기: 중국과 유럽 그리고 근대 세계 경제의 형성』이라는 책은 우리나라를 포함하여 많은 아시아 독자의 관심을 끌었다.[25] 유럽중심주의를 비판했기 때문이었다. 그는 이 책에서 유럽 경제를 선도했던 19세기 초 영국과 중국의 경제 중심지인 양쯔강 델타 지역의 경제를 비교하면서 당시까지 유럽인의 소득은 중국이나 일본과 같은 아시아인의 소득을 앞서지 못했다고 주장했다. 그에 의하면 유럽의 경제적 우위는 대략 산업혁명 이후부터 시작되었다.

산업혁명 이전의 경제는 농업이 중심 산업이었기 때문에 농업의 생산성만 본다면 그가 지적한 바와 같이 양 지역 간 경제수준에 큰 차이가 없을 수 있다. 다만 경제발전이란 경제성장이 지속되는 현상이므로 자유로운 상업활동이 무엇보다 중요하다.[26] 특히 무역을 하면 분업에 의한 특화 및 전문화로 규모의 경제를 달성하고 지속적인 성장을 실현할 수 있다. 이러한 측면에서 고대 그리스와 로마를 중심으로 한 유럽 경제는 통계가 부족해 정확히 알기 어렵지만, 일찍부터 중국 경제보다 높은 경제발전을 이룬 것으로 판단된다. 이는 이들 지역에서 상업과 무역이 발달했기 때문이다. 실제 경제사학자인 앵거스 매디슨Angus Maddison은 [표 3-2]에서 보듯이 로마 시대인 기원후 1년부터 20세기 말까지 2000년에 걸쳐 세계 각국의 장기성장률 데이터베이스를 편찬했는데, 이에 따르면 로마 시대 이탈리아인의 1인당 국민소득은 1990년 미국 달러화 기준으로 약 800달러로 나타나, 진한 시대 중국인의 450달러에 비해 약 2배 가까이 높았다.[27]

고대 그리스 및 로마의 경제를 중심으로 유럽 경제의 발전을 보

[표 3-2] 유럽의 경제 중심국과 중국의 1인당 GDP(1990년 달러 기준)

국가	1	1000	1500	1600	1700	1820	1900	2000
서유럽(A)	599	425	798	907	1,032	1,243	3,076	20,090
이탈리아	809	450	1,100	1,100	1,100	1,117	1,785	18,786
네덜란드	425	425	761	1,381	2,130	1,838	3,424	21,609
영국	400	400	714	974	1,250	1,706	4,492	20,159
중국(B)	450	466	600	600	600	600	545	3,421
A/B	1.3	0.9	1.3	1.5	1.7	2.1	5.6	5.9

자료: Maddison(2003), Maddison Project Database(2020).

I 서유럽은 이탈리아, 네덜란드, 영국 외에 프랑스, 독일, 스웨덴 등 서유럽 12개국의 평균치임.

다 자세히 살펴볼 필요가 있다. 우선, 몇몇 연구에 의하면 로마의 1인당 국민소득은 매디슨의 추정 결과보다 2배 가까이 높은 1,400달러로 추정된다.[28] 이렇다면 이는 1600년대 네덜란드의 1인당 국민소득과 같은 수준으로, 동시대 중국의 1인당 국민소득에 비해 최소 3~4배 높다. 한편 기원전 약 400년 고대 그리스인의 1인당 밀 소비는 기원후 2세기경 로마인보다 10~15퍼센트 이상 높았다. 당시 그리스인의 1인당 국민소득도 400년 후 로마인보다 이에 비례하여 높은 수준으로 추산된다. 실제 당시 보통 국가들이 연평균 0.1퍼센트 미만의 정체된 성장률을 나타내는 데 비해 고대 그리스는 세계 어느 나라보다 높은 연평균 약 0.4퍼센트의 성장률을 약 400년간 기록한 것으로 추산된다.[29] 이는 네덜란드가 세계 제일의 경제부국으로 대두되었던 1520~1820년의 약 300년간 기록한 경제성장률 0.2퍼센트보다 2배 높은 수준이다.

물론 이들 고대 경제는 오늘날의 경제와 달라 직접적으로 추산하기는 어렵다. 따라서 간접적으로 추산해 볼 필요도 있다. 근대 이전 경제에서는 은화나 금화가 가장 중요한 화폐였고, 화폐가 없다면 이윤 축적과 투자를 통한 본격적인 경제발전이 어려웠다. 화폐경제가 아닌 물물교환 경제에서는 상품의 가치를 표준화할 수 없어 시장이 발전할 수 없기 때문이다. 따라서 통화량은 경제활동 수준을 나타내는 좋은 지표가 될 수 있다. 실제로 이는 통화량과 국민소득이 일정한 관계에 있다는 화폐수량설 이론으로 지지된다. 이미 살펴본 바와 같이 고대 그리스나 로마는 일찍부터 높은 가치의 은화나 금화가 많이 유통되었다. 이는 이들 나라에서 무역이 발전했음을 시사한다. 예컨대 아테네의 드라크마화는 하루 임금의 2배에 해당하는 높은 가치의 은화로, 주로 무역에 사용되었다.[30] 또한 로마에서도 금화나 은화가 사회적·지리적으로 폭넓게 유통되었다. 예컨대 폼페이의 발굴 결과 당시 유통되던 화폐로 금화가 60퍼센트, 은화가 30~35퍼센트, 구리동전이 5~10퍼센트를 차지한 것으로 조사된다. 또한 세금도 화폐로 지불되었는데 유통 화폐의 약 10퍼센트가 세금 지급에 사용된 것으로 추산된다.[31] 이러한 사실은 고대 그리스 및 로마의 경제가 국민소득 수준이 매우 높은 화폐경제였음을 시사한다.

다만 유럽 경제 전체는 중세에 들어서면서 주화 부족과 더불어 침체되었다. 유럽 경제가 발전하기보다 퇴보한 것은 정치적 혼란에도 원인이 있지만 무엇보다 로마 말기부터 토지 획득에 의한 지대 획득과 정치적 지위 획득이라는 사회적 가치가 상업과 무역에 의한 이윤 획득 기회를 제약한 데 기인한다.[32] 이에 따라 유럽 경제는 고립된 농업경제로 후퇴하여 기원전 1000년 1인당 국민소득도 중국의 약 90퍼센트 수준으로까지 하락한 것으로 추산된다. 중세 이후 제노바나 베네치아, 피렌체 등 이탈리아 자치 도시들을 중심으로 상업혁명이 시작되면서 유럽 경제가 다시 부흥하기 시작했다. 이 도시들은 정치적 자치권을 가지고 무역과 금융을 중심으로 높은 경제성장을 달성했다. 이어 무역과 금융을 통해 이탈리아와 긴밀히 연계되어 있던 네덜란드가 발전했고, 17~18세기 들어서는 네덜란드와 연계된 영국이, 그리고 20세기 들어서는 영국과 연결되어 있던 미국이 높은 성장률을 달성할 수 있었다. 이들 경제는 화폐제도의 발전을 선도하면서 모두 세계의 경제 중심지로 부상했다.[33]

이에 반해 중국 경제는 송나라 시대에 접어들어 농업기술 혁신 등으로 1인당 소득이 크게 늘어 유럽 경제를 따라잡을 수 있었지만, 이후 명나라에서 청나라에 걸쳐 금융발전과 경제발전이 대체로 정체되었다. 특히 명나라 중엽 이후 은화가 사용되었지만 소매 거래를 대상으로 가치가 낮은 구리화가 주로 유통되었다. 이러한 결과는 포메란츠의 주장과 달리 유럽의 중심 경제국은 중세 시대를 제외하고 전 시대에 걸쳐 적어도 중국보다 높은 생활 수준을 누렸음을 시사한다. 물론 두 지역의 경제 격차는 산업혁명을 계기로 더욱 심화되었다.[34]

4장

최초의 세계통화인 은달러화

4.1 은달러화의 세계적 확산

포토시와 아메리카 은 생산

16세기 초 지리상의 발견 이후 스페인은 신대륙에서 두 개의 광대한 영토를 획득했다. 하나는 에르난 코르테스Hernán Cortés가 아즈텍 제국을 점령하고 건설한 오늘날의 멕시코에 해당하는 뉴스페인 부왕령이고, 다른 하나는 프란시스코 피사로Francisco Pizarro가 잉카 제국을 멸망시키고 오늘날의 페루, 칠레, 볼리비아 등을 포함하는 지역에 세운 페루 부왕령이다. 이 새로운 영토에서 막대한 양의 은이 발견되었다.

1545년은 스페인에 축복의 해였다. 남아메리카의 해안 도시 아리카의 남동쪽에 있던 포토시Potosí 지역에서 대규모 은광이 발견되었다. 포토시는 당시 페루 부왕령의 일부로 오늘날 볼리비아에 속한 지역이다. 은광 발견 당시 포토시는 해발 4,000미터의 고산 지대에 있는 빈한하고 황량한 진흙투성이 땅이었다. 다만 이곳의 산 정상에는 약 400미터 높이의 이상한 돌기처럼 생긴 작은 구릉이 솟아 있었는데, 바로 이 구릉에서 엄청난 양의 은이 발견되었다. 풍부한 은광의 명성을 듣고 무수한 사람과 가축이 몰려들고 광산 투자가 이루어졌다. 이에 따라 이 구릉 아래에 도시가 건설되었다. 17세기 초 포토시에는 원주민, 아프리카 노예, 스페인 정착민 등 16만 명이 은광을 채굴하면서 살았는데, 이는 당시 런던의 인구보다 많은 숫자였다. 포토시는 세계 각국에 국제무역의 생명선인 은을 공급하면서 자본주의의 첫 번째 도시로 성장했다.[1]

포토시의 은 생산은 1570년 초부터 급증했다. 1565년 페루 남부의 우앙카벨리카Huancavelica 지역에서 수은 광산이 발견되면서 1550년대 중반에 개발된 새로운 아말감 공정을 통해 은이 추출되었기 때문이다. 전통적으로 은은 용광로를 이용한 용해법을 사용해서 분리해 효율이 낮았다. 새로운 아말감 공정은 수은과 소금을 이용하여 은 함유량이 낮은 광석에서도 은을 쉽게 추출할 수 있도록 했다. 전성기에 포토시 광산은 세계 은 생산의 60퍼센트를 담당한 것으로 알려져 있다. 포토시의 은광과 우앙카벨리카의 수은광은 스페인을 세계적인 부국으로 만들었다.[2]

한편 은을 채굴하기 위해서는 많은 채굴 노동자가 필요했다. 처음에는 채굴업자에게 은광 채굴 허가권을 주고 이들이 노동계약을 맺고 원주민을 고용했다. 그러나 채굴 조건이 가혹해지면서 페루의 부왕 프란시스코 데 톨레도Francisco de Toledo는 은 생산량을 늘리기 위해 인니언 촌락에서 일정 수의 인원을 강제노역으로 동원했다. 이를 미타mita라고 하는데, 이러한 체제하에서 채굴 광부는 형식적으로는 자유인이지만 실질적으로는 노예만도 못한 대우를 받으면서 은을 채굴했다. 특히 수은 생산을 위한 미타 제도는 위험한 노동조건으로 인해 원주민의 건강에 치명적인 폐해를 미치고 많은 원주민 마을의 인구를 급감시켰다. 광산 표면과 갱도 내부의 온도와 습도 차이로 인해 원주민 광부들은 폐렴과 각종 호흡기질환에 시달렸다. 한 광산 관리인은 "20명의 건강한 원주민이 월요일에 갱도 안으로 들어가면 토요일에는 그 반수가 병자가 되어 나온다."라고 기록하기도 했다.[3]

스페인은 또 다른 축복을 맞았다. 포토시 은광이 발견된 지 1년도 안 된 1546년 후안 데 톨로사가 현재 멕시코시티 북서쪽으로 800여 킬로미터 떨어진 사카테카스Zacatecas라는 곳에서 풍부한 은맥을 발견한 것이다. 사카테카스의 은 생산은 1570년부터 증가하기 시작하여 1620년대에 정점을 찍고 이후 감소세로 돌아섰다. 사카테카스는 멕시코 은의 1/3을 생산한 것으로 알려져 있다. 포토시와 사카테카스는 16~17세기 스페인의 힘과 부의 주요한 두 원천이 되었다.[4]

유럽으로의 은 유입과 스페인 은달러 8레알의 발행

15세기 말 스페인 카스티야 왕국의 이사벨 여왕과 아라곤 왕국의 페르난도 국왕이 결혼하면서 몇 지역으로 분리되어 있던 스페인은 통일을 이루고 이슬람국가에 빼앗겼던 남부 스페인도 수복했다. 스페인을 공동 통치한 페르난도 왕과 이사벨 여왕은 1497년 메디나 델 캄포Medina del Campo 칙령을 발표하고 화폐 개혁을 추진했다. 당시 스페인의 통화 상황은 매우 혼란스러웠다.

스페인 왕국에는 11세기 이래 계산 단위로 마라베디maravedi가 사용되고 있었다. 공동 왕은 레알real을 계산 단위로 하여 1레알을 34마라베디로 정했다. 레알은 페드로 1세(재위 1350~1369년) 시기에 처음 발행된 전형적인 중세 화폐로, 무게가 3.434그램(순은 중량 3.195그램)인 가볍고 얇은 은화였다. 메디나 델 캄포 칙령에 의해 스페인이 주조 화폐

1739년 스페인 국왕 필립 5세가 발행한 8레알 은화(직경 38mm)

의 무게와 순도 등 화폐 규격을 확정하면서 레알은 본위화폐가 되고 마라베디는 레알의 분수로 표시되었다. 이어 합스부르크 왕가 출신으로 스페인 국왕이 된 찰스 1세는 1537년 2레알과 4레알 은화와 더불어 탈러화와 동일한 중량의 8레알 은화를 발행했다. 당시 1레알은 약 3.4그램의 은화에 해당했기 때문에 8레알 은화는 탈러화와 동등한 27~27.5그램의 무게를 지니고 있었다. 순도는 93퍼센트여서 순은 중량은 약 25.2그램에 달했다. 8레알화는 두께가 약 3밀리미터이고 지름이 40밀리미터인 대형 은화였다.[5] 이후 8레알 은화는 스페인어로 페소peso, 영어로 스페인 달러Spanish dollar 혹은 8조각piece of eight, 그리고 프랑스어로는 피아스트르piastre란 이름으로 국제무역 거래에서 기축통화 역할을 하면서 세계 각지로 전파되었다. 특히 스페인 달러는 스페인 식민지였던 많은 국가와 필리핀 등에서 '페소'라는 이름으로 사용하면서 오늘날에는 이들 국가의 통화 단위가 되기도 했다.[6]

한편 스페인의 아메리카 식민지에서는 화폐 부족 상황이 발생했다. 16세기 아메리카에서 생산된 은의 대부분이 스페인으로 유출되면서 아메리카 식민지에서 주화를 발행할 수 없었기 때문이다. 아메리카 식민지 어디서나 공통적으로 금리가 60~65퍼센트에 육박했다. 그 결과 스페인은 아메리카에서 생산된 은으로 화폐를 주조하여 다시 식민지로 보내기로 결정했다. 그러나 스페인에서 유입되는 화폐의 양이 너무나 제한적이어서, 식민지 경제에 충분한 도움이 되지 못했다. 이에 따라 1535년 스페인 정부는 금화를 제외하고 은화를 주조할 권한을 가진 조폐소를 멕시코시티에 설립했다. 멕시코 조폐소는 아메리카 식민지 최초의 스페인 조폐소였다. 멕시코 조폐소는 1레알화와 더불어 레알의 배수와 약수, 즉 3레알, 2레알, 1/2레알, 1/4레알 은화를 주조할 권한을 부여받고 2년 후에는 2/3레알, 1레알, 4레알과 더불어 8레알 은화를 주조할 수 있었다. 이어 스페인 정부는 포토시와 리마에도 조폐소를 설립하고 8레알화를 발행했다.

16세기 8레알화가 처음 발행될 때는 수작업으로 제작되었기 때문에 몇몇 드문 경우를 제외하고는 형편없어 쉽게 부서졌다. 그럼에도 불구하고 신대륙의 은 수입에 따른 막대한 주화 발행으로 탈러화의 경우와 같이 상대적으로 짧은 시간 내에 수요가 크게 확대되고 유럽의 중심적인 국제화폐로 부상했다. 이에 따라 국제금융의 지배권이 이탈리아의 주화에서 스페인의 은화로 이동했다. 이어 영국, 네덜란드는 물론 동유럽 각 지역에서 스페인 은화가 유통되기 시작했다. 18세기에 들어 주화 발행이 기계화되면서 품질이나 순도가 표준화된 8레알화가 발행되기 시작했다. 또한 발행량도 수작업 시에 비해 3배 이상으로 증가했다. 따라서 8레알화 혹은 스페인 달러화는 미 대륙은 물론 아시아와 세계 전역에서도 유통되는 기축통화로 발전했다.[7]

아메리카 발견 후 유입된 은의 양은 얼마나 될까? 스페인 세관의 자료를 이용하여 추정한 한 연구에 의하면 스페인 은은 16세기 중반부터 유입되기 시작하여 1600년에는 최대 2,700톤에 이르렀다. 17세기 들어 은 유입이 감소하기 시작했지만, 1531년부터 1660년까지 1세기 넘는 기간에 걸쳐 총 1만 6,000톤 이상 유입되었다.[8] 그러나 이 수치는 은 유입을 크게 저평가한 것으로 보인다. 이는 무엇보다 다음과 같은 두 가지 이유 때문이다. 첫째, 해적들에 의해 많은 수입 은이 약탈당했다. 해적질은 칼끝으로 하는 무역이라 할 수 있다. 유럽에서는 지중해 무역이 시작된 이래 해적질이 아주 오랫동안 존재해 왔다. 대서양 무역 시대가 열리면서 해적질은 왕실이나 국가로부터 허가받아 합법적으로 벌이는 약탈 사업으로 변화하기도 했다. 이러한 공인된 약탈 행위를 사략privateer이라고 하는데, 이를 위해 해적들은 사적으로 경비를 마련하여 약탈에 참여하고 약탈한 수익의 일부를 국가에 상납했다. 아메리카 은을 싣고 스페인으로 운송하는 상선을 약탈한 가장 유명한 사략해적으로는 영국의 프랜시스 드레이크Francis Drake를 꼽을 수 있다. 그는 해적사업 경비를 지원한 투자자에게 70퍼센트의 이자를 지급했는데, 영국의 엘리자베스 여왕도 그에게 투자한 투자자 중 한 명으로 알려져 있다. 1587~1592년에 영국 해적이 약탈한 은의 양은 스페인에 유입된 은의 15퍼센트에 달했다는 기록도 있다. 둘째, 스페인에 무사히 도착한 은 중 많은 부분이 밀수로 반입되었다. 스페인의 상인과 선원은 물론 호송을 책임진 군인들을 포함하여 대부분의 스페인 사람이 상당수의 은을 신고하지 않고 은밀히 들여왔다. 1555년 호송선단의 선박 한 척이 난파되었는데, 등록부에는 15만 레알의 은화가 실려 있었다고 기록됐으나 실제로는 그 2배의 은이 실려 있었다.[9] 스페인의 은 수입은 당시 인적 자원이나 물적 자원 측면에서 보잘것없던 스페인을 순식간에 세계 최강국으로 만들었다. 한 신학자에 따르면 "세비야와 대서양 연안 스페인은 예전에 세상의 끝이었으나 이제 중심이 되었다."[10]

스페인은 아메리카에서 은을 대량 유입하여 대부분 8레알 은화, 즉 스페인 달러화를 발행했다. 스페인 달러화는 스페인의 통화제도는 물론 세계 경제에 큰 영향을 미쳤다. 우선, 새롭게 주조된 은화는 독일 지역에서 발행된 은화의 액면가치를 크게 떨어뜨리면서 독일 지역의 경제적 번영을 종결시켰다. 또한 16세기부터 17세기 초에 걸쳐 유입된 스페인 달러화는 유럽 전역에 인플레이션을 전파했다. 그 이유는 당시 스페인을 다스리던 합스부르크 왕가가 전쟁 비용을 충당하거나 사치품을 사기 위해 지출을 늘리면서 스페인 달러화가 유럽 각국으로 유입되었기 때문이다. 은이 빠른 속도로 유입되면서 인플레이션은 스페인 본국뿐만 아니라 유럽 각국에서도 큰 사회적 불안 요인이 되었다.[11] 16세기부터 17세기 초까지 이른바 가격혁명price revolution 시기에 유럽의 물가는 약 3~4배 상승했다.[12] 최종적으로 스페인 달러화와 다른 유럽 지역으로 유출된 스페인 달러화가 아시아로 유출되면서 세계경제를 하나로 연결시켰다.

미국의 은달러화

식민지 초기 미국 정착민들은 영국에서와 같이 파운드, 실링, 펜스 시스템을 사용했다. 그러나 미국 식민지에서도 화폐 부족은 항상 문제였다. 미국이 독립하기 전 영국은 미국 식민지에 충분한 주화를 공급하지 않았고, 미국 식민지가 자체적으로 주화를 발행하는 것도 금지했다. 초기 미국 정착민들은 유럽에서 주화를 가지고 왔지만 이 주화를 유럽으로부터의 보급품 대금을 지급하는 데 사용하면서 빠르게 유출되었다. 화폐가 충분하지 않아 미국 식민지 정착민들은 물물교환에 의존하거나 조개 구슬wampum이나 담배와 같은 상품화폐를 이용하여 상거래를 했다. 미국 정착민들은 가능한 한 모든 종류의 주화를 사용했다. 특히 미국과 서인도 제도 간 무역이 증가하면서 이른바 포르투갈 레알화나 스페인 페소화가 미국에서도 유통되기 시작했다. 특히 스페인 달러화는 일정한 무게와 순도를 가진 신뢰할 만한 은화여서 17세기 이후 미국의 대표적인 유통 화폐로 등장했다.

독립 후 미국 의회는 전쟁으로 고갈된 국가재정을 회복하기 위해 주화발행제도를 도입했다. 1778년 미국 의회는 주정부와 주의회에 주조권을 부여했다. 그러나 미국 독립 지도자들은 곧 미국 주권을 보호하기 위해 연방 전체에 통일된 주화를 발행하는 것이 긴요하다는 것을 깨닫고, 1787년 미국 연방의회에 주화 발행 독점권을 부여했다. 한편 1792년 미국 의회는 주화법을 통과시켰다. 이에 따라 미국 달러화는 당시 유통 중인 스페인 달러화와 가치가 같은 화폐로 정의되고, 새로운 은화의 중량은 순은 24.057그램(371.25그레인)으로 고정되었다.

새로운 미국 달러화의 가치는 스페인 달러화의 가치인 25.2그램에 약간 못 미쳤으나, 이는 실제 유통 중인 스페인 달러화의 마모를 감안한 평균 가치와 일치하는 것으로 간주되었다.[13] 또한 주화법에 따라 금화와 은화를 법화로 하고 금화와 은화의 가치는 1:15로 하는 복본위제가 도입되었다. 은화는 달러를 본위로 하고 1/2달러, 1/4달러, 1다임, 1/2다임의 통화 단위를 채택했다. 금화의 경우 10달러의 가치를 갖는 1이글eagle을 기본으로 1/2이글, 1/4이글의 통화를 발행할 수 있었다. 구리화의 경우는 1센트와 1/2센트를 발행할 수 있었으나 이들 주화에는 법화의 자격이 주어지지 않았다.

한편 당시 미국의 수도였던 필라델피아에 연방조폐소가 설립되었다. 연방조폐소는 귀금속을 들고 오는 누구나에게 주조차익 없이 표준주화를 교환해 주었다. 연방조폐소는 처음에 국무부 관할하에 속한 기관으로 설치되었다가 1799년 독립기관으로 바뀌었다. 그리고 1873년 남북전쟁 후 주화법이 개정되면서 나시 재무부 산하기관으로 지정되었다. 오늘날 미국의 연방조폐소 본부는 워싱턴에 있으나 실제 주화를 발행하는 곳은 필라델피아, 덴버, 샌프란시스코, 뉴욕 등의 지역조폐소들이다.[14]

미국에서 달러화는 1794년부터 실제로 주조되기 시작했다. 그러나 1달러화와 1/2달러화만 정기적으로 발행되었고, 이보다 소액의 주화는 수요가 있을 때만 비정기적으로 발행되었다. 금화는 1795년 처음 발행되었다. 그러나 미국에서 은에 비해 금의 가격이 저평가되어 금이 유출되었고, 이에 따라 금화 발행은 제한되었다. 미국이 발행한 최초의 은달러화 앞면에는 미국 대통령이 아니라 자유를 상징하는 여신의 상이 있고, 뒷면에는 독수리의 상과 '유나이티드 스테이츠 오브 아메리카United States of America'라는 명문이 각인되어 있다.[15] 미국의 은달러화는 스페인 달러화와 나란히 유통되었고, 외국 무역에 대해 동가의 지급수단으로 사용되었다. 그러나 은화 유출이 계속되면서 1803년 미국 은달러의 발행이 중단되었다. 다만 외국 무역을 위해 사용되지 않는 1/2달러화만 발행되어 미국 국내에서 주로 유통되었다.

한편 1821년 독립 이후 멕시코는 순은의 함량이 24.44그램에 달하는 페소화를 발행했다. 따라서 급증하는 아시아 무역, 특히 중국과의 무역을 위해서는 미국도 유럽 제국이나 멕시코의 은화와 경쟁할 수 있는 미국 은화를 발행해야 했다. 왜냐하면 당시 중국은 유럽이나 신대륙에 수출할 상품은 많지만 수입할 상품이 거의 없었고, 많은 중국 상인은 스페인 달러만 결제통화로 선호했기 때문이다. 이에 따라 미국 정부는 1873년 순은 24.49그램의 중량으로 무역달러trade dollar를 만들어 아시아 무역에서 사용했다. 중국이나 일본 등 아시아 상인들은 이들 무역 은과 유럽 은화의 진위를 확인하기 위해 구멍을 뚫거나 각인하여 표시했다. 무역달러는 처음에는 미국에서 유통되지 않았지만 최대 5달러 한도 내에서 유통될 수 있는 법정통화였다. 그러나 1876년 은 가격 폭락에 따라 소재가치보다 명목가치가 더 커지면서 무역달러가 미국으로 대량 유입되기 시작했다. 이에 따라 미국 의

1873년 발행된 미국 무역은 1달러화

회는 무역달러의 법정통화 지위를 취소하고 수출용으로만 발행하도록 했다. 그러나 미국 은달러화는 지폐 사용이 확대되면서 19세기부터 유통이 줄어들기 시작했다.[16]

4.2 동양의 은달러화[17]

원의 탄생

스페인 은달러화는 아시아에서도 대량 유통되기 시작했다. 스페인 달러화는 두 개의 무역로를 따라 아시아에 유입되었다. 우선 신대륙에서 유럽에 유입된 은달러화가 대서양과 인도양을 거쳐 동아시아에 들어왔다. 포르투갈 상인들은 이렇게 신대륙에서 유입된 은달러화를 아시아에 처음으로 들여왔다. 그들은 아프리카 희망봉을 돌아 남중국해와 동남아시아를 거쳐, 일본으로 가는 무역로를 개척했다. 다음으로 신대륙에서 직접 태평양을 거쳐 아시아로 은달러화가 들어왔다. 이를 위해 스페인은 현재의 필리핀 마닐라를 건설하여 아시아의 무역 거점으로 삼았다.[18] 태평양 노선은 1521년 페르디난드 마젤란Ferdinand Magellan이 이끄는 스페인 탐험대가 멕시코를 출발하여 무역풍을 타고 서쪽으로 항해하면서 발견되었다. 마젤란은 필리핀에서 원주민에 의해 살해당했지만, 그가 이끌던 선단의 하나인 빅토리아호가 계속 서쪽으로 항해해서 스페인에 복귀해 이 노선이 알려졌다. 그러나 필리핀과 아메리카 간 무역로가 개설되기 위해서는 마닐라에서 출발하여 멕시코로 귀환하는 노선도 발견되어야 했다. 마젤란 선단의 기함인 트리니다드호는 동쪽으로 항해하여 멕시코로 귀환하려다가 실패했다. 몇 차례 실패 끝에 스페인의 탐험가들은 이러한 귀환노선을 찾아냈다. 이들 스페인 탐험가들은 태평양의 무역풍도 대서양에서와 같이 환류할 수 있다고 생각해 일본 동쪽 해안 바깥에서 북위 38도에 이를 때까지 계속 북쪽으로 항해한 후 편서풍에 의해 오늘날의 캘리포니아 해안에 도착한 뒤 해안선을 따라 멕시코로 복귀했다. 이러한 탐험 결과 멕시코의 아카풀코와 필리핀의 마닐라를 잇는 무역로가 개설되었다.

은달러화는 포르투갈에 의해 개척된 전통적인 대서양 무역로와 마닐라를 통한 스페인의 태평양 무역로 노선을 통해 비단이나 도자기, 향신료 등 아시아에서 생산된 상품을 수입하는 데 사용되었다. 그 결과 18세기경에 이르러 은달러화는 유럽은 물론 아메리카와 아시아에서 널리 사용되는 가장 보편적인 지급수단으로 등장했다. 유통된 스페인 은달러화나 멕시코의 은달러화는 조폐소나 기간에 따라 순도와 중량에 약간 차이가 나지만 대체로 순도 93퍼센트에 중량 25.46그램이었다. 스페인 혹은 멕시코의 은달러화는 중국에서 은원(銀圓)으로 통용되기 시작했고, 곧 '원(圓)'이라는 통화 단위가 중국은 물론 한국, 일본의 기본적인 통화 단위가 되었다. '원'은 달러에 대한 한자식 표현이라고 할 수 있다. 원의 등장으로 전통적인 동양의 주화제도는 종말을 맞았다. [표 4-1]은 한·중·일 동북아 3국의 통화 단위를 정리한 것이다.

[표 4-1] 한·중·일 3국의 통화 단위

구분	중국	일본	한국
전통적 통화 단위	兩(Ryo)	兩(Ryo)	兩(Yang)
현대의 통화 단위	圓, 元(Yuan)	圓(Yen)	圓(Won), 圜(Whan, Won)
약칭	元	円	圓

자료: 문우식(2018).

원의 등장과 중국의 은본위제

중국에서 은은 이미 16세기 중엽부터 널리 사용되었다. 상업과 산업의 발달로 유통수단에 대한 수요가 증가함에 따라 당시 명 왕조는 모든 조세를 은으로 수취하는 법(일조편법)을 통과시켜 은과 동전이 함께 통용되는 사실상 동은 복본위제가 시행되었다. 그러나 중국에서은 생산이 수요를 따라가지 못해 금에 비해 은 가격이 고평가되어 있었다. 금에 대한 은의 고평가는 외국 은의 중국 내 유입을 촉진시켰다([그림 4-1] 참조).

중국은 은의 최종 유입지였다. 일본은 중국에 은을 수출한 가장 중요한 국가였다. 일본에서는 15세기 후반부터 은 생산이 급격히 확대되면서 중국에 비해 금에 대한 은의 상대 가격이 하락했다. 이에 따라 일본의 은은 대중무역에 지출되어 중국으로 유출되었다. 아시아 해로를 처음 개척한 포르투갈인들은 당시 일본과 중국 간 가장 중요한 무역중개상이었다. 한편 스페인은 아시아에 가장 중요한 은 수출국이었다. 신대륙을 손에 넣은 스페인의 은은 이미 지적한 바와 같이 16세기 초부터 인노양을 거쳐, 16세기 후반부터는 태평양을 거쳐 중국에 유입되었다. 17세기 이후에는 영국과 네덜란드에서 막대한 양의 은이 중국으로 유입되었다. 이는 이 국가들이 포르투갈과 스페인에 대해 큰 무역흑자를 기록하면서 획득한 은화를 중국의 차, 비단, 도자

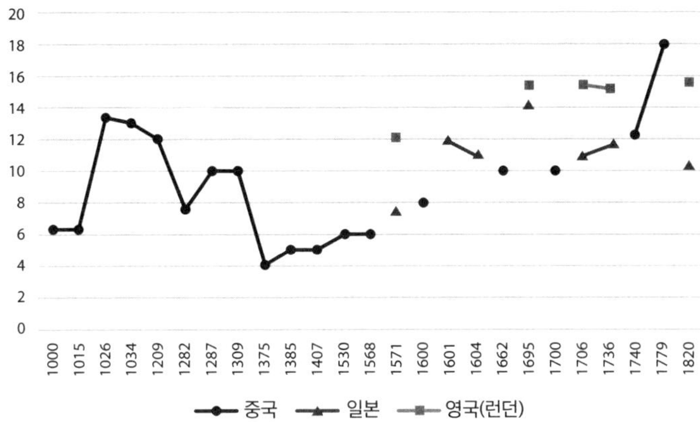

자료: Hiroshi Shinjo(1962), Yang(1952), 叶世昌(2002).

[그림 4-1] 중국과 일본의 금은 상대가격

기 등을 수입하는 데 사용했기 때문이다.

중국에서 유통된 외국 은화, 즉 은원을 대표하는 것은 본양(本洋)이라는 스페인 은화와 '응양(鷹洋)'이라 불린 멕시코 은화였다. 스페인 은화는 19세기 초까지 중국의 대서양 무역 흑자로 인해 중국에 대량 유입되었고 광둥(1853년까지)이나 상하이 지역(1857년까지)에서 표준은화로 사용되었다. 그러나 1840년대 이후 스페인이 은화 주조를 중단함에 따라 1850년대부터는 멕시코 은화가 중국의 대표적인 은화로 등장했다. 멕시코는 1821년 스페인에서 독립한 이후 자체 은화를 생산했는데, 1853년 이후 홍콩 지역의 표준은화로 채택된 후 중국 각지로 급속히 확대되면서 스페인의 은화가 지배적이던 광둥 지역에서도 표준은화로 사용되었다.[19] '은원'이라 불린 서양 은화는 곧 전통적인 통화 단위인 '양(兩)' 체제와 경쟁하게 되었다. 전통적으로 중국에서는 '양'[20]이란 무게 단위를 사용하여 거래에 사용했는데 포함된 은의 순도가 지역별로 큰 차이를 나타내는 등 거래의 불편성으로 인해 사

1904년 발행된
중국 1은원(광서원보)

용이 제한되었다. 그에 반해 은원은 중량과 순도 면에서 표준화되어 있었기 때문에 점차 은량을 대체해, 중국의 표준화폐 단위로 정착되었다.

중국에서 원의 사용은 19세기에 접어들면서 급격히 확대되었다. 원은 상거래 외에 정부 관료의 급료나 조세 등 공적 거래에도 사용되기 시작했다. 이에 따라 중국 정부도 스페인 혹은 멕시코 은화와 등가인 원 표시 은화를 주조하기 시작했다. 공적으로 주조된 최초의 원화는 광둥성 정부에 의해 주조되었다. 20세기 초인 1903년에는 중앙정부도 원화 표시 은화를 주조했다. 동시에 원화 표시 지폐도 각 지방정부와 중앙정부에 의해 발행되었다. 최종적으로는 1910년 칙령에 의해 순도 90퍼센트에 무게 0.72량의 고평은(庫平銀)을 기준으로 하는 원화가 표준은화로 채택되어 공적 거래에서 양을 대체했다. [표 4-2]는 1910년 당시 중국에서 유통되던 화폐의 종류와 수량을 보여 준다.

은량은 사적 거래 등에서 계속 사용되었으나 국민당 정부의 수립과 더불어 추진된 폐량개원(廢兩改元, 1928년)에 의해 통화 단위의 가치를 완전히 상실했다. 이후 중국은 원화를 기준으로 하는 은본위제로 이행하게 되었다. 그러나 1934년 미국의 은 매입 정책 이후 대량의 은 유출 사태가 벌어지면서 1935년 국민당 정부는 중국의 중앙은행인 중국중앙은행을 설립하여 불환지폐인 법폐(法幣)를 발행하고 신용을 본

[표 4-2] 중국 화폐의 종류와 수량(1910년)

화폐의 종류			수량(백만)	원 가치	비중(%)
구화폐	은량		250(兩)	347	14
	동전		500,000(개)	373	15
	구화폐 소계			720	29
신화폐	은화	중국 은원	240(元)	240	9.6
		외국 은원	1,080(元)	1,080	43.4
		소계		1,320	53
	동전		200,000(개)	149	5.9
	지폐	은량표	30(兩)	42	1.7
		은원표	50(元)	50	2
		동전표	134(표)	100	4
		외국 지폐	110(元)	110	4.4
		소계		302	12.1
	신화폐 소계			1,771	71
합계				2,491	100

자료: Hao(1986).

위로 하는 관리통화제도로 이행했다.[21]

엔과 일본의 은본위제

한편 일본은 아시아에서 가장 일찍 엔(원화의 일본식 발음)을 통화 단위로 채택했다. 일본의 경우 스페인 은화나 멕시코 은화가 이미 오래전부터 무역항을 중심으로 유통되었으나, 엔화가 일본의 통화 단위로서 공식적으로 채택된 것은 메이지 유신으로 서양식 통화제도가 도입되면서부터다. 메이지 유신 직후 일본의 신정부는 각 번(藩)이 발행한 지방정부 지폐의 정리를 비롯하여, 도쿄에서 사용되던 금화와 오사카 지역을 중심으로 사용되던 은화 간 통일, 불환지폐(태정관찰)의 가치하락, 국내외 금은가의 차이로 인한 금 대량 유출 문제, 금은전의 위조

1874년(메이지 7년)에 발행된 일본 1은엔

등 많은 문제를 안고 있었다. 따라서 중앙집권적인 국가를 건설하기 위해서는 에도 시대의 문란한 통화제도 정비가 시급했다. 이에 따라 1871년 신화조례(新貨條例)가 제정되었는데 그 내용은 다음과 같다.[22]

우선 일본의 통화 단위는 엔(圓, 円)으로 전환되었고, 보조 단위로 전(錢)과 리(厘)가 도입되었으며, '100전=1엔, 10리=1전'이라는 서양식 10진법 통화제도가 채택되었다. 한편 본위화폐를 금화로 하고 1엔 금화는 순금 2푼=1.5그램으로 미국 1달러에 상응하도록 했으며 20엔, 10엔, 5엔, 2엔, 1엔의 일본 최초 서양식 금본위화가 주조되었다.[23] 동시에 무역을 위해 1엔 은화도 새로 발행했다. 멕시코 은화가 1엔 은화의 모델로 사용되었다. 처음에는 1엔 은화를 무역결제에만 사용하는 제한법화로 규정했으나 금준비금 부족으로 인해 은화의 사용이 확대되자 1878년부터는 통용 구역에 대한 제한이 해제되어 일반 통용 화폐로 사용되었다. 또한 멕시코 은화도 신화조례의 제정과 관계없이 1868년부터 유통이 합법화되었다. 일본의 화폐제도는 법적으로 금은 복본위제도였다. 그러나 계속되는 수입 증가 및 서남전쟁, 청일전쟁 등에 의해 불환지폐 및 은행권이 남발되고 이에 따른 금 유출로 금본위제가 기능을 하지 못했다. 실제로는 멕시코 은화와 동가의 1엔 은화가 본위화폐로서 기능을 수행했기 때문에 일본의 통화제도는 은본위제라고 할 수 있다. 이는 당시 발행된 일본 은행권이 본위금화가 존재하는 것과 관계없이 태환은권이었다는 점에서도 잘 드러난다. 1897년 일본이 다시 화폐법을 제정하여 금본위제로 이행할 때까지 이런 상황이 지속되었다.

제1차 세계대전으로 금 수출 및 태환이 중지되는 등 금본위제가 정지되었다. 종전 후 혼란을 거쳐 1930년에 금 수출이 자유로워지고 금본위제도를 부활시키는 조치를 취했지만, 1931년에는 금 수출 및 태환이 다시 금지되고 금본위제가 붕괴되어 일본은 관리통화제도로 이행되었다.

원의 사용과 한국의 통화제도 개혁

한국은 1876년 개항을 계기로 쇄국정책을 폐지하고 외국과의 무역을 시작했다. 개항 전까지 우리나라에 유통되던 화폐는 이른바 엽전이라 부르는 상평통보였고, 우리나라의 기본 화폐 단위는 '냥(兩)'으로 '1냥(兩)=10전(錢)=100문(文)'이었다.[24] 한편 개항과 더불어 외국인이 자국 화폐나 자국에서 유통되는 화폐를 가지고 개항지에 들어왔다. 일본인은 1엔 은화와 일본은행 태환권, 중국인은 은량 및 멕시코 은화를 가져왔으며, 북부 국경지방에서는 러시아 루블 은화가 유입되기도 했다. 특히 강화도조약(조일수호조규)으로 일본 화폐가 한국 내에서 합법적으로 유통되자 1엔 은화가 가장 널리 유통되었다. 서양식 은화에 비해 우리나라의 엽전은 소재가치가 작고 부피가 커서 운반하기 어려울 뿐만 아니라 가치변동이 심했다. 또한 품위(品位)와 중량에도 여러 차이가 있어 외국과의 교역에 사용하기가 매우 불편했다. 따라서 우리나라는 서양식 은본위제를 채택하여 근대적인 화폐를 유통시키고자 했다. 첫 번째 시도는 1891년 작성된 신식화폐조례다. 이 조례가 공표되지는 못했으나 이에 의거하여 본위화폐로서 5냥 은화

[표 4-3] 1900년 당시 한국의 통화 유통량

(단위: 만 원)

한국 화폐		일본 화폐		중국 화폐	
5냥 은화 및 1냥	5	구은화	10	민간 지폐	15~16
백동 및 적동	130	지폐	200~250		
황동화 및 엽전	700	보조화폐	20~30		
계	835	계	230~290	계	15~16

자료: 이석륜(1994: 304, 311).

| 1원 = 1엔이며 민간 지폐는 당시 우리나라에 와 있던 중국 회사인 동순태(同順泰)에서 발행한 돈표.

와 1냥 은화, 그리고 보조화폐로서 백동, 적동, 황동의 세 종류 동화가 주조되었다. 특히 5냥 은화는 대외거래를 위해 발행되었는데, 당시 개항장에서 유통되던 1엔 은화나 멕시코 은화와 동일한 가치를 지니도록 주조되었다. 은본위제도는 3년 후인 1894년 신식화폐장정 공포를 통해 정식으로 채택되었다. 신식화폐장정은 또한 5냥 은화와 동량·동질의 외국 화폐의 통용을 합법화했다. 신식화폐장정 공포를 계기로 공공부문에서 원(元)이라는 중국 통화 단위를 사용했다. 이에 반해 민간 부문에서는 종래와 같이 냥을 사용했다.[25] [표 4-3]은 1900년 당시 한국의 통화 사정을 보여 준다.

표에서 보듯이 본위화폐인 5냥 은화의 유통은 매우 미미했다. 당시 우리나라는 공식적으로 은본위제로 이행했다고 하더라도 충분히 은 준비금을 확보하지 못했기 때문에 동화(銅貨)가 주요 유통수단이었다. 따라서 실질적으로 우리나라의 통화제는 동본위제도라 할 수 있었다. 그럼에도 불구하고 1900년대 들어 한국 정부는 세계적인 조류에 따라 기존의 은본위제도에서 금본위제도로 이행하고자 했다. 한국 정부는 1901년 금본위제 채택을 주 내용으로 하는 화폐조례를 제정하고 순금 2푼(0.75그램)을 기준으로 하는 환(圜)[26]이라는 새로운 화폐 단위를 도입했으며, 그 가치는 일본 엔과 동가로 했다. 그러나 동 조례는 구화 회수에 관한 조항이 없어 명목상 조례에 불과했다. 최종적으로 러일전쟁 후인 1905년 화폐조례를 다시 제정하여 금본위제를 확립하는 동시에 냥, 원, 환이 혼용되어 복잡한 양상을 보이던 화폐 단위를 환으로 단일화하고 '1환=100전'이라는 화폐 산식을 확립했다. 이어 환과 전 단위의 신화를 발행하고 구화와 신화 간 교환 비율을 '구화 2원=신화 1환'의 비율로 환산하고 엽전 및 백동화를 비롯한 구화폐를 회수했다.

5장

금본위제와 주화의 퇴장

영 파운드화와 금본위제

이미 살펴본 바와 같이 최초의 금화는 기원전 600년경 소아시아에서 발행되었고 로마 시대에 이르러 널리 사용되었다. 특히 중세 시대에는 비잔틴 제국에서 발행된 금화가 솔리두스 또는 베잔트라는 이름으로 지중해 지역에서 널리 사용되기도 했다. 그러나 금을 유일한 통화와 계산 단위로 하는 국가는 18세기 이전까지 존재하지 않았다.

과거 수천 년 동안 은화가 세계경제를 지탱하는 진정한 화폐였다. 일상적인 소매 거래와 임금 지불 등에 모두 은화를 사용했다. 다만 금은 대규모 무역 거래를 하는 데 편리했기 때문에 13세기부터 상업혁명의 중심지인 이탈리아에서 유통되기 시작해 다른 유럽 국가로 확대되있다. 19세기 이전에는 유럽의 많은 나라가 금화와 은화의 주조 및 유통을 모두 허용하는 복본위제를 채택하고 있었다. 특히 프랑스는 1803년에 통화법을 제정한, 유럽에서 가장 대표적인 복본위제 국가였다. 프랑스의 조폐소는 은이나 금을 가져오는 개인에게 누구든 법정주화를 공급했는데, 이때 금과 은의 교환 비율은 1:15.5였다. 영국의 경우도 동일했다. 그러나 금화와 은화가 동시에 유통되는 복본위제를 유지하기는 매우 어려웠다. 예컨대 국내에서 금의 (은화 표시) 가격이 세계 시장에서 금의 가격보다 비싸다고 하면 재정거래arbitrage가 발생하여 금이 유입되고 은화는 유출된다. 그리고 은 유출은 금의 국내 가격이 국제가격과 동일해질 때까지 지속된다. 반대 경우라면, 금이 유출되고 은화는 유입된다. 결국 은 유출로 더 이상 은화를 발행할 수 없게 된 영국은 금본위제도로 이행했다.

당시 영국이 발행하고 있었던 기니 금화는 가격이 21실링 은화로 고정되어 있어 다른 나라에서보다 가치가 높았다. 이에 따라 외국으로부터 금이 유입되고 중량이 온전한 은화는 유출되었다. 특히 브라질로부터 많은 금이 유입되어 은이 부족했지만 금화를 찍어 내기에 충분한 금준비금을 확보할 수 있었다. 영국은 1774년 25파운드를 초과하는 고액 거래에는 은화의 법화 자격을 폐지하고 금본위제로 이행하기 시작했다. 그러나 금화가 경제 전반에 걸쳐 유통된 것은 아니었다. 가격은 명목상 금화로 표시되었지만 실제 거래에서 금화로 지급되지는 않았고, 특히 소액 거래에는 은화가 계속 법화 자격을 유지했다.

영국은 1816년에 나폴레옹 전쟁이 끝나면서 금태환 재개와 더불어 새로운 화폐법을 도입하고 은 21실링의 기니 금화를 폐지하고 20실링의 소브린sovereign 금화를 새로이 발행했다. 소브린 금화는 1917년까지 약 100년 동안 금화에 포함되는 순금의 양을 일정하게 유지하여 파운드 지폐의 가치를 보장하는 데 크게 기여했다. 이어 1821년에는 영란은행이 발행하는 파운드 지폐를 언제든 소브린 금화와 태환이 가능하도록 했고, 금화는 필요하면 녹여서 금괴로 사용할 수도 있게 했다. 동시에 소액 거래에서도 은화의 법화 자격을 폐지했다. 이로 인해 영국은 완전한 금본위제도로 이행했고 금화와 태환되는 영란은행 지폐의 신용도도 상승했다. 한편 19세기 중반 미국 서부 캘리포니아와 호주에서 대규모 금광이 개발되면서 세계 전체적으로 금 생산이 10배 이상 급증했다. 이에 따라 금의 시장가격이 하락하면서 금은 복본위제도 국가인 프랑스로 유입되고 프랑스로부터는 은이 유출되어 중국으로 유입되었다.

19세기 후반 영국은 세계무역의 주요 품목인 면직물 시장을 지배하며, 파운드화를 기반으로 한 세계적 무역결제망을 구축했다. 또한 세계 최고 자금조달 능력을 바탕으로 전 세계 금융 시장을 지배했다. 이에 더해 해군력과 정보 수집 능력을 통해 세계경제를 지배하는 패권국으로 등장했다. 영국과 거래하는 나라들은 금화를 기준으로 결제하면서 금본위제도를 채택하기 시작했다. 1854년 포르투갈이 금본위제도로 이행했다. 결정적으로 새로운 경제대국으로 등장한 독일 역시 영국과의 무역이 무엇보다 중요해짐에 따라 보불전쟁 후 프랑스로부터 받은 배상금을 기초로 1871년 금본위제로 이행했다. 당시 프랑스는 50억 프랑에 이르는 엄청난 배상금을 지불했는데, 이는 독일이 금본위제로 이행하기에 충분한 양이었다. 이후 독일과 긴밀한 무역관계로 엮여 있던 북유럽 국가들이 금본위제로 이행했다. 외부 효과로 인해 미국, 러시아, 일본 등 주요국들은 모두 금본위제로 이행했다. 특히 일본은 청일전쟁 배상금으로 받은 금을 준비금으로 하여 금태환지폐를 발행하고 금본위제로 이행했다. 그 결과 20세기 초에는 은본위제를 고수하던 중국을 제외하고 대부분의 국가가 금본위제로 이행했다. [표 5-1]은 20세기 초에 각국에서 채택한 통화제도를 요약한 것이다.[1]

[표 5-1] 20세기 초 국제 금본위제도의 구조

		국내 통화	
		금화	금, 은화 및 지폐
국제 통화	금	미국, 영국, 독일, 프랑스	벨기에, 스위스
	외환	러시아, 호주, 남아프리카	오스트리아-헝가리 제국, 일본, 필리핀 등 기타 경제

자료: Eichengreen(1996).

미국 달러화의 대두와 금의 퇴출

제1차 세계대전 전후로 세계경제의 패권이 바뀌었다. 영국을 대신하여 미국이 세계경제의 패권국으로 대두했다. 전쟁으로 인해 각국 정부가 국내 통화로 금태환을 중지하는 한편, 각 개인은 금을 수출하거나 수입할 수 있는 자유를 상실하면서 금본위제가 작동할 수 없었다. 전쟁물자를 해외에서 구입하기 위해 금이 필수품이었기 때문이다. 많은 나라가 신용화폐인 지폐를 발행하면서 전비를 조달할 수밖에 없었고, 금과의 환율이 크게 변동했다. 제1차 세계대전 후 세계경제 상황은 하이퍼인플레이션hyperinflation[2]과 변동환율제floating exchange rate system로 요약될 수 있다. 제1차 세계대전 후 각국은 서서히 금본위제로 복귀하기 시작했다. 1924년 스웨덴이 금본위제로 복귀했고, 1925년에는 영국이, 그리고 1926년에는 프랑스가 금본위제로 복귀했다.

1929년 대공황이 발생함에 따라 미국의 산업생산은 1932년에 48퍼센트까지 하락했고 독일은 37퍼센트 감소했다. 미국의 실업률은 1932년 24퍼센트까지 상승했고 독일의 실업률은 1933년 34퍼센트까지 증가했다. 대공황으로 각국은 국내 경제의 안정화를 위해 확장적인 재정정책이나 통화정책을 동원하여 총력을 기울여야 했다.[3] 이에 따라 금본위제도는 다시 폐기되었는데, 이는 금본위제가 근본적으로 경기수축적인 제도이기 때문이었다. 즉, 정부 지출이 증가하거나 금리를 낮추는 등 확장적인 경제정책을 펼치면 금이 유출되어 금태환을 유지할 수 없었다. 따라서 1931년 오스트리아를 비롯하여 독일, 영국 등 많은 국가가 금본위제에서 이탈하기 시작했다. 특히 영국의 금본위제 폐기로 인해 파운드화는 결제를 위한 세계통화의 지위를 상실했다.

제2차 세계대전이 발발했을 때까지도 세계경제는 대공황의 충격으로부터 아직 회복하지 못했다. 종전 직전인 1944년 브레턴우즈Bretton Woods라는 미국 뉴햄프셔의 작은 마을에서 새로운 국제통화체제를 논의하는 회의가 열렸다. 금은 이미 국내 거래에서는 퇴장하고 국가 간 거래에서만 사용되었는데, 국제 거래에서도 이미 외환이 많이 사용되어 국제통화로서도 금의 역할은 축소되고 있었다. 브레턴우즈 회의에서 미국은 자국 달러화를 온스당 35달러 가격에 금과 연동시켰지만, 다른 나라는 자국의 통화가치를 달러화에 고정시키는 금환본위제를 채택하기로 합의가 이루어졌다. 이에 따라 국가 간 결제에서도 대부분의 국가가 미국 달러화 계정을 보유하고 달러화를 사용하면서 달러화가 금을 대체했다. 금은 많은 국가가 준비금으로 보유하고 필요시 국가 간 최종적인 결제화폐로서 제한적으로만 활용되었다. 그리고 각국이 고정환율제도를 유지하기 위해 필요한 국제수지 조정을 지원하기 위해 1946년 국제통화기금IMF이 창설되었다. 브레턴우즈 시스템하에서 국제수지 조정은 세계적 디플레이션을 피하기 위해 국제수지 적자국에 신용 제공을 통해 이루어졌다. 과거 환율이 고평가된 국가에서는 국제수지 악화로 금이 유출되어 디플레이션을 경험할 수밖에 없었다. 이를 방지하기 위해 국제수지 적자국은 IMF에서 돈을 빌릴 수 있었다. 다만 국제수지 적자가 구조적 혹은 근본적인 요인으로 발생할 경우에는 환율의 평가변동이 허용되었다.

한편 회원국들은 준비금과 환율을 보호하기 위해 외환거래를 제한했다. 대부분의 국가에서 통화는 기본적으로 태환이 불가능하고 오직 미국 달러화만 금에 고정되어 국제적인 금융결제수단으로 기능했다. 달러화에 기초한 금환본위제는 이후 25년간 매우 성공적으로 운영되었다. 유럽과 일본에서 전후 재건사업이 시작됨에 따라 세계경제는 높은 성장률을 나타냈고, 이를 지원하기 위한 미국 달러화의 공급이 급속히 늘었다. 모든 국가가 달러화를 원했고, 언제든 달러화를 금과 교환할 수 있었기 때문에 달러화를 보유하는 데 만족했다. 그러나 1960년대 들어 미국 경제의 국제경쟁력 약화에 따른 국제수지 적자가 지속되고 금 유출이 시작되자 미국도 더 이상 금과의 고정환율을 유지할 수 없게 되었다.

닉슨의 금본위제 포기

1971년 닉슨 미국 대통령은 그의 경제 참모들을 캠프 데이비드에 불러 모아 3일간 비밀리에 회의를 진행했다. 8월 15일 미국은 더 이상 달러를 금으로 태환하지 않겠다는 일방적인 선언을 발표했다. 역사상 처음으로 금이 화폐의 지위에서 내려오는 엄청난 사건이었다. 20세기 초 독일의 하이퍼인플레이션 발생에서 보듯이 전례 없는 신용 확대의 시대가 도래한 것이다.

1970년대에 들어서면서 미국은 19세기 이래 처음으로 국제수지 적자를 기록했다. 미국 달러화는 다른 나라의 화폐에 비해 가치가 과대평가되었다. 미국은 더 이상 세계경제를 홀로 끌고 가는 기관차가 아니었다. 더구나 미국 경제는 베트남전쟁 등으로 인해 높은 인플레이션이 시작되고 있어 미국 달러화는 과거보다 실제가치가 하락했다. 미국은 더 이상 달러의 금에 대한 고정환율을 유지할 힘이 없었다. 금본위제하에서 금의 공급이 늘어나지 않으면 달러 자체도 늘어날 수 없었다. 그러나 미국이 국제수지 적자를 메꾸기 위해 금의 공급이 변하지 않았는데도 달러를 찍어 내기 시작하면서 미국의 태환 약속에 대한 신뢰에 금이 가기 시작했다. 1960년대 말 유통된 미국 달러화는 금 준비금보다 4배 많은 것으로 나타났다. 프랑스 등 몇몇 나라는 약속한 대로 미국에 금태환 요구를 하기 시작했다. 미국 행정부는 다른 나라의 금태환 요구를 충족시키지 못하면 국가적 수치라고 생각했다. 미국은 달러의 가치를 절하해야 했지만 그 가치가 금에 고정되어 있는 한 금과의 태환을 중지하는 것 이외의 방법은 없었다. 금태환 중지는 금과 달러의 연결고리를 끊어 버림으로써 그간 금과 태환될 수 있다고 믿어 온 달러와 또 그 달러에 연동되어 있던 전 세계 화폐에 대한 믿음을 일거에 모두 저버리는 것이었다.

닉슨 대통령은 과감한 결정을 내리는 지도자라는 이미지를 부각시키고자 했다. 1971년 8월 15일 일요일 저녁 닉슨 대통령은 당시 미국 국민이 애청하는 드라마 〈보난자Bonanza〉 방송 직전 특별담화를 통해 달러화의 금태환을 폐지하겠다고 선언했다. 더불어 인플레이션을 통제하기 위해 임금과 물가를 90일간 동결하고 미국 수입품에 대해 10퍼센트의 관세를 부과하겠다고 발표했다. 선언은 일방적이고, 비밀스럽고, 강력했다. 닉슨 대통령은 정치적 효과를 극대화했기 때문이었다. 캠프 데이비드 회의에 당시 미국 연준의장이던 아서 번스Arthur Burns와 후일 연준의장이 된 폴 볼커Paul Volker 재무부 차관 등 경제 참모들만 소집하고 다른 나라와의 사전 협의를 중시하는 외교 참모들을 소집하지 않은 것도 이 때문이었다. 많은 미국 시민이 이 정책에 찬성한 것으로 나타나 국내정치적 측면에서는 성공적이었다. 그러나 세계 경제는 이러한 정책을 예상하지 못해 큰 혼란을 겪었다.[4]

닉슨 대통령의 일방적인 선언은 국가 간 금융이나 무역, 에너지 문제 등에서 경제정책의 협력 필요성을 높였다. 닉슨의 선언 후 미국을 비롯한 주요 10개국은 국제환율제도를 개선하기 위한 논의를 시작했다. 이들은 그해 12월 미국 스미스소니언 박물관에서 모여 기존 브레턴우즈의 고정환율체제하에서와 같이 달러화에 환율을 고정하기로 다시 합의했다. 동시에 닉슨 대통령이 선언한 바와 같이 달러화의 평가절하와 각 주요국 통화의 평가절상이 이루어졌다. 이에 따라 달러화는 기존 금 1온스에 대해 35달러에서 38달러로 절하되었고, 일본 엔화는 16.9퍼센트, 독일 마르크화는 13.6퍼센트, 프랑스 프랑화는 8.6퍼센트, 영국과 이탈리아 화폐는 7.5퍼센트의 절상이 이루어졌다. 그렇지만 환율 절하가 미국의 국제경쟁력을 개선시키지 못하는 한 고정환율제도 자체가 지속될 수는 없었다. 결국 미국의 경상수지 적자가 지속되고 달러화 발행이 증가하면서 달러화의 가치는 금 1온스에 대해 42달러까지 하락했다. 1976년 자메이카의 킹스톤에서 주요 국가들이 다시 만나 고정환율제도를 포기하고 각국은 자국의 상황에 따라 자유롭게 환율을 변동하도록 하는 변동환율제도를 채택했다. 오늘날 우리가 보듯이 금은 통화로서 완전히 퇴출되었다.

그럼에도 불구하고 미국 달러화는 계속 국제통화 역할을 담당했다. 특히 석유 수입에서 결제통화로 사용되면서 각국은 금 대신 달러화를 보유하고 사용하게 되었다. 한편 각국은 변동환율제로 이행하면서 자국의 경제 상황에 맞는 관리통화정책을 전개하게 되었다. 변동환율제도는 자본 이동이 자유로운 상황에서 각국이 재량적으로 통화정책을 실시할 수 있기 때문이다. 1997년 외환위기 이후 우리나라도 변동환율제도로 이행했다. 돌아보면 우리나라 정부도 환율이 자유롭게 변동하면 한국 경제가 망할 것처럼 오랫동안 국민을 호도해 왔으나 외환위기 이후 막상 변동환율제도로 이행해도 큰 문제는 발생하지 않았다. 환율 변동은 경제의 탄력성을 높이고 위기 대응력을 높이는 긍정적인 효과도 있는 것으로 보인다. 오히려 우리나라의 진정한 위기는 1997년 외환위기에서와 같이 환율을 고정하는 데 지나치게 집착하다가 발생한 것이다.

결론

지폐로 대체되는 금속화폐

현물거래는 가장 오래되고 가장 간단한 상거래다. 구매자가 판매자를 직접 만나서 상품과 화폐를 교환하면 바로 구매와 판매활동이 이루어져 결제가 완결되기 때문이다. 금속화폐는 내재 가치로 인해 이러한 현물거래에 가장 적합한 화폐다. 금속화폐를 사용하면 지급payment과 동시에 결제settlement가 이루어지기 때문이다. 정부는 이러한 금속화폐의 시대에 가장 중요한 화폐 발행자였다. 어느 국가든 국왕이나 정치권력은 화폐 주조소를 두고 화폐 발행에 대한 특권을 누렸다. 그러나 주어진 시간과 공간에서 구매자와 판매자가 만나야 한다는 제약으로 인해 주화를 사용하여 지급을 완료하는 현물거래는 상거래의 극히 일부만 차지한다. 상업이 발달하려면 구매와 판매활동 간에 시간 차이가 있는 선물거래가 필요하다. 선물거래에서 구매자는 지급을 약속하고 판매자는 이런 약속하에 신용을 제공한다. 구매자가 지급을 약속한 신용증서는 바로 상거래의 시간적 제약을 극복하는 수단이다.

최초의 선물거래는 고대 메소포타미아의 불라까지 거슬러 올라간다. 그러나 선물거래가 본격적으로 활성화된 것은 15세기 이후 유럽이었다. 사실상 유럽이 일찍부터 상업과 산업혁명을 일으킬 수 있었던 것도 신용제도의 발전으로 선물거래가 쉬워졌기 때문이다. 신용제도의 발전은 저축과 투자의 분리를 통해 저축 없이도 투자를 가능하게 만들기 때문이다. 14~15세기 영국의 한 농촌 마을에서의 상거래를 살펴보면 이미 중세 시대부터 유럽은 지급과 결제가 잘 분리된 신용화폐 사회였음을 알 수 있다.

한 상품을 구입할 때 상품을 인도하는 일과 대금을 지급하는 일이 동시에 이루어지는 일은 드물었다. 둘 중 하나는 구두나 문서로 이행을 약속한 날짜까지 이연되었다. 같은 방식으로 임금 지급도 종종 이연되었다. 상품이나 현금을 인도해야 하는 일들은 누적되어 비공식적이지만 마을의 거의 모든 사람을 포함하는 정교한 신용거래 시스템으로 발전했다.•

선물거래에서는 지급과 결제가 분리된다. 이에 따라 17세기 중반부터 채권과 채무를 청산하고 결제하는 은행이 출현했다. 이들이 종이에 지급을 약속한 채무증서가 바로 은행권이나 수표로 발달했고, 이들은 이른바 신용화폐라는 오늘날의 화폐가 되었다. 신용화폐는 상업의 확대에 따라 급팽창하는 선물거래에 대한 수요를 충족시키기 위한 필연적인 수단이었다. 따라서 상업의 발전함에 따라 금속화폐의 사용은 더욱더 급격히 위축될 수밖에 없었다. 신용화폐의 발달로 서양의 경제는 급속히 발전했다. 한편 금속화폐는 국제결제를 위한 목적으로만 사용되었다. 그러나 국제거래에서도 국가 간 신용 제공이 보편화되면서 금속화폐는 다시 퇴장했다. 오늘날 주화는 국내의 소액 거래에서 아직 사용되지만 내재가치에 근거한다기보다 신용화폐로서 사용되고 있어 실질적인 의미에서는 유통 공간에서 사라진 셈이다. 신용화폐의 확대와 더불어 화폐를 발행하는 역할도 점차 정부의 조폐소에서 은행으로 이전되었다. 다만 정부는 은행권 발행에 대한 독점권을 부과한 중앙은행을 통해 화폐 발행에 대한 통제력을 유지하고자 했다.

• Kohn(2001: 2)에서 재인용.

주

1장

1 이에 대해서는 텍사스 대학(오스틴)에 개설된 슈망베세라(Schmandt-Besserat)의 홈페이지 및 Schmandt-Besserat(2014) 참고.

2 Goetzmann(2016: 19-26).

3 Schmandt-Besserat(2014); Goetzmann(2016: 19-26) 참고.

4 Schmandt-Besserat(2013).

5 Michel(2021: 89-114).

6 Goetzmann(2016: 19-26).

7 Mark(2015) 참고.

8 Kramer(1988).

9 조르주 루(2013a: 36-43).

10 길가메시는 기원전 28세기 우루크를 지배한 전설적인 왕으로, 그가 여행하면서 겪은 이야기를 엮은 서사시는 오늘날 인류 최초의 서사시로 평가받는다. 자세한 내용은 제임스 B. 프리처드(2016) 참고.

11 BBC News, "Gilgamesh tomb believed found," April 29, 2003. http://news.bbc.co.uk/2/hi/science/nature/2982891.stm

12 Goetzmann(2016: 33).

13 Hudson(2010: 8-39).

14 오늘날 시리아(Syria)라는 국명도 여기서 유래했다.

15 Goetzmann(2016).

16 Hudson(2004: 111-115). 한편 메소포타미아 지역과 달리 이집트에서는 금이 교환수단으로 사용되었다. 다만 이집트에서 금이 국제무역을 위해 사용된 것은 아니다.

17 Van der Spek(2015).

18 Hudson(2018: 21-22).

19 헝가리 태생의 경제학자이자 인류학자 칼 폴라니(Karl Polany)는 선물경제(gift economy)와 시장경제를 구분하고, 선물경제에서 시장경제로 이행했다고 보았지만, 두 경제가 동시에 존재하는 것으로 보는 것이 더 타당해 보인다. 이런 점에서 최근에 폴라니의 관점을 비판하고 고대 경제를 현대 경제와 같은 관점에서 볼 수도 있다는 견해가 대두했다(Svizzero and Tisdell, 2019).

20 이에 대해서는 Garfinkle(2004: 1-30) 참고.

21 자본(capital)이란 말은 가축(cattle)에서 유래되었다고 한다. 실제 고대 농경사회

에서 가축의 소유 여부는 오늘날 자본의 소유 여부와 같이 생산과 소득격차를 발생시키는 원천이었다. Kohler et al.(2017: 619-622) 참고.

22 Goetzmann(2016: 37-42).

23 이자율이 가축의 생산력이 아니라 수학적 계산의 편리성에 따라 사원에 의해 결정되었다는 주장은 Hudson(2018) 참고.

24 Hudson(2018: 59).

25 이에 따라 고대 메소포타미아의 경제를 오랫동안 연구해 온 허드슨과 같은 학자는 여기서 동서양의 갈림길이 시작되었다고 주장한다. Hudson(2018) 참고.

26 이런 점에서 고대의 법률은 개인 간 관계를 다루는 사법이라기보다 공적 기관과 개인 간 관계를 규율하는 공법에 가까웠다.

27 이들 법전에 대해서는 제임스 B. 프리처드(2016) 참고.

28 Goetzmann(2016: 52).

29 〈함무라비 법전〉의 내용은 제임스 B. 프리처드(2016) 참고.

30 Bohigas(2021: 1-14).

31 C. H. Walter Johns (1910-1911), "Babylonian Law: The Code of Hammurabi," Encyclopedia Britannica. https://cdn.britannica.com/primary_source/avalon/ancient/hammpre.asp

32 이에 관해서는 Nagarajan(2011: 108-117)과 Hudson(2018: 136-138) 참고.

33 Hudson(2018: 138-141) 참고.

34 이에 대해서는 Kerschner and Konuk(2020: 83-190), Williams, Cribb and Errington (1997) 참고.

35 사르디스는 오늘날 튀르키예 서부 마니사(Manisa) 지방의 도시로, 유네스코 세계문화유산으로 지정되어 있다.

36 이 이야기는 다음과 같다. 고대 그리스의 왕 미다스는 주신으로 알려진 디오니소스로부터 손대는 것이 무엇이든 황금으로 변화시킬 수 있는 능력을 선물로 받았다. 그가 탁자에 손을 대면 탁자가 황금으로 변했고 먹으려고 음식에 손을 대면 음식이 황금으로 변했다. 그러나 자신의 딸을 껴안아 황금 덩어리로 만드는 실수를 저지르면서 미다스 왕은 다시 디오니소스에게 그 능력을 취소해 달라고 빌었다. 이에 디오니소스가 팍톨로스강의 발원지를 찾아가 머리와 몸을 씻으라고 알려 주었다. 미다스 왕은 알려 준 대로 해서 황금으로 변화시키는 능력을 잃었다. 대신 팍톨로스강 자체가 미다스왕의 능력을 물려받아 최초의 주화인 일렉트럼화의 원천이 되었다고 한다. 이 내용은 펠릭스 마틴(2019: 200-204) 참고.

37 Williams, Cribb and Errington(1997: 25).

38 일반적으로 서양의 고인(coin)은 금속을 누늘겨 압착해서 제조하는 반면, 동양의 동전은 주물에 넣고 찍어서 만든 값싼 주화다. 따라서 '코인'이라는 용어는 '동전'으로 번역될 수 없지만, 본문에서는 편의상 제작 방법을 구분하지 않고 이들 금속 화폐를 모두 '주화'라고 칭한다.

39 Konuk(2012: 44).

40 예컨대 아르테미스 사원에서 발견된 일렉트럼 주화의 일부에는 파네스(Phanes)

라는 상인으로 추정되는 개인의 명문이 새겨져 있고 가장 많은 주화를 발행한 사르디스 왕국의 일렉트럼화에는 사자 얼굴과 함께 왈웻(Walwet)이나 쿠칼림(Kukalim)과 같은 권력자의 명문이 새겨져 있다. Goetzmann(2016) 참고.

41 Greenewalt(2010: 49).

42 Konuk(2012)에서 재인용.

43 스테이터와 세겔은 그리스어와 고대 메소포타미아어로 모두 무게를 의미하고 그 중량도 대체로 일치한다(1스테이터는 시대별·지역별 편차가 있지만 대체로 7.5~14그램이고 1세겔은 7.5~11.5그램). 그뿐만 아니라 더 큰 무게 단위인 달란트와 미나 모두 메소포타미아에서 유래된 것으로 알려져 있다. 그리스인은 미케네 시대부터 고대 메소포타미아의 무게 단위에 익숙했다. Kroll(2012: 40) 참고.

44 Cahill and Kroll(2005: 589-617).

45 고대 그리스에서 물리적으로 시민이 모이는 장소인 아고라(agora)는 정치 지도자가 시민들에게 연설하는 광장 또는 시민들이 필요한 상품을 일상적으로 사고파는 시장을 의미했다. 시장이 발달하면서 현대 그리스어의 광장은 전적으로 시장을 가리키는 말로 변천했다.

46 World History of Encyclopedia, "The Importance of the Lydian Stater as the World's First Coin." https://www.worldhistory.org/article/797/the-importance-of-the-lydian-stater-as-the-worlds/

47 Cahill(2010).

48 이에 대해서는 Konuk(2012), Kroll(2010) 참고.

2장

1 Schaps(2015: 101-104).

2 Williams, Cribb and Errington(1997).

3 Goetzmann(2016: 96-98). 한편 이 은화의 부엉이 도안은 그리스의 유로화 가입 이후 그리스가 발행하는 1유로화에도 채택되었다.

4 Williams, Cribb and Errington(1997: 25-27).

5 Neer(2018: 210-211).

6 정치적 자치는 경제적 자립을 달성할 수 있을 때만 작동한다. 가족의 부양 등 자기 스스로 영위하는 경제 활동이 보장되지 않고는 공동의 행동, 즉 폴리스(polis)의 일인 정치 활동에 종사하기 어렵다. 그럴 경우 경제적으로 윤택한 시민만 정치에 참여하게 되면서 민주주의의 위기가 생길 수 있다.

7 그리스 도시국가들이 은화를 주조한 이유가 국가의 공적 지출을 위해서였다는 주장에 대해서는 Martin(1996: 257-283), 특히 군비 지출과 관련해서는 Orrell and Chlupatý(2016: 20-23) 참조.

8 당시 노예 유지 비용을 오늘날 미국의 최저임금과 동일하다고 가정하면 2006년 기준으로 시간당 5.15달러, 하루 8시간 기준으로 41.2달러에 해당한다. 따라서 1드라

크마는 2006년 기준 미국 노동자의 하루 최저임금의 1.5배인 61.8미국 달러에 해당한다. Roberts(2015: 127).

9 고대 그리스에서는 은화를 녹여 은을 소재가치로 이용하는 경우도 거의 없었다. 또한 은화는 발행 국가 이외의 지역에서는 명목가치보다 소재가치로 무게를 달아 사용되었다. 이 두 가지 사실은 주조차익의 존재를 시사한다. Peacock(2006: 637-650).

10 Roberts(2015: 72).

11 Schaps(2014: 42)에서 재인용.

12 Roberts(2015: 73-75).

13 Davis(2014: 257-277).

14 실제로는 100척이라고 한다. Aperghis(2013: 1-24) 참고.

15 Kampmann Ursula, "Empire of the Owl: Athens' Rise to Superpower with the Treasure of the Delian League and its Defeat against Sparta," Money Museum, Zürich. https://www.moneymuseum.com/en/archive/athens-rise-to-superpower--382?&slbox=true

16 Neer(2018).

17 조반니니에 따르면 델로스의 아폴로 사원에는 두 개의 독립적인 금고가 설치되어 있었다. 하나는 신에 속한 신성한 금고(hiera kibotos)이고 다른 하나는 국가의 공공지출을 위해 마련된 금고(demosia kibotos)였는데, 양자의 회계는 분리되었다. Giovannini(2008: 164-184).

18 Giovannini(2008: 164-184).

19 Meadows(2014: 171).

20 Meadows(2014: 171-181).

21 Williams, Cribb and Errington(1997: 39-40).

22 서양의 금속화폐는 대체로 두들겨서(strike) 만든 것인 데 반해 동양의 금속화폐는 주물에 넣어(cast) 찍은 주화였다. 본서는 이를 구분하지 않고 서양의 코인(coin)을 주화로 번역한다. 그러나 엄밀히 말해 동양에서는 역사적으로 두들겨 만든 화폐, 즉 코인이 존재하지 않았다.

23 '신도시'라는 뜻으로 현재의 나폴리(Napoli)를 말한다.

24 제1차 포에니 전쟁에 따른 전쟁 비용을 충당하기 위해 로마는 은화를 발행했으나 과잉 발행으로 은화의 은 함량이 36퍼센트까지 떨어지는 등 가치절하 문제가 심각했다. 이에 따라 제2차 포에니 전쟁 시 새롭게 은화를 발행했다. 이에 대해서는 Woytek(2014) 참고.

25 디오스쿠리는 그리스 신화에서 제우스의 쌍둥이 아들로 선원과 여행자의 수호신이자 인류의 구원자로 간주된다.

26 Woytek(2014: 211-214), Williams, Cribb and Errington(1997: 41-44) 참고.

27 새로운 주화가 미친 영향은 신약성서의 예수의 말에서도 확인할 수 있다: "세금 낼 돈을 내게 보이라 하시니 데나리온 하나를 가져왔거늘/ 예수께서 말씀하시되 이 형상과 이 글이 누구의 것이냐/ 이르되 가이사의 것이니이다. 이에 이르시

되 그런즉 가이사의 것은 가이사에게, 하나님의 것은 하나님께 바치라 하시니"(마태복음 22:19-21). Kampmann Ursula, "Money in the New Testament," Money Museum, Zürich. https://www.moneymuseum.com/en/archive/money- in-the-new-testament-129?&slbox=true

28 Sutherland and Carson(2018).

29 Williams, Cribb and Errington(1997: 44-45) 참고.

30 Goetzmann(2016: 105).

31 Williams, Cribb and Errington(1997: 48).

32 Williams, Cribb and Errington(1997: 50).

33 Williams, Cribb and Errington(1997: 47)에서 재인용.

34 Williams, Cribb and Errington(1997: 48)에서 재인용.

35 Goetzmann(2016: 112).

36 Cooley and Cooley(2014: 181-191).

37 나중에 발견된 나폴리 근처의 고대 항구 푸테올리(Puteoli)에서 발견된 배의 유품을 통해 이 건물이 항구의 폼페이은행이었다는 것도 밝혀졌다. Goetzmann(2016: 114).

38 Goetzmann(2016: 115-118).

39 이곳은 로마 포럼의 서쪽 위 카피톨리누스 언덕 밑에 있는데, 현재 성 마리아 교회가 들어서 있다.

40 Williams, Cribb and Errington(1997: 45-46).

41 Sutherland(1945: 151-170), Jones(1950: 22-29).

42 Williams, Cribb and Errington(1997: 57).

43 Mattingly(1921: 254-264).

44 Williams, Cribb and Errington(1997: 54).

45 Pegler(2016), Temin(2013: 84-86).

46 이는 물가 폭등이 방만한 재정지출보다 상인들이 불법적인 폭리를 취하고 있기 때문이라고 보기 때문이었다. 이러한 인식은 이 칙령의 서문에 잘 나타나 있다. "공동의 안전을 위해 우리 군대가 필요한 어느 곳에서도 폭리를 취득하는 상인들이 도시와 마을뿐만 아니라 곳곳의 도로에서 뻔뻔하고 은밀하게 공공의 복지를 공격하고 있다는 것을 누가 알겠는가? 이들은 단지 4배나 8배 가격을 요구한 것이 아니라 그 이윤과 관행을 표현할 말을 찾을 수 없을 만큼 터무니없이 높은 가격에 상품을 판매했다. 단 한 번의 소매 거래만으로 한 군인의 하사금과 급료가 사라지는 일도 때때로 발생했다. (중략) 이를 바로잡기 위해 우리는 상품의 최고 판매가격을 고정하기로 했다." Williams, Cribb and Errington(1997: 59) 참고.

47 Temin(2013: 70-91).

48 Williams, Cribb and Errington(1997: 58-61).

49 디나르의 명칭 자체는 디나리우스 아우레우스(dinarius aureus)로부터 유래했다.

50 이에 따라 동로마로 불러 로마와의 연속성을 강조하는 대신 별도로 비잔틴 제국으로 부르기도 한다.

51 Williams, Cribb and Errington(1997: 74-76) 참고.

52 이성규(2017).

53 Goetzmann(2016: 147-149).

54 리처드 폰 글란(2020: 93).

55 리처드 폰 글란(2020: 132), 루지아빈·창후아(2016).

56 雨宮建(2012).

57 초나라의 금화에는 '영칭(郢稱)' 혹은 '영원(郢爰)'이라는 명문이 새겨져 있는데, '영'은 초나라의 도읍 이름이고 '칭'이나 '원'은 모두 무게 단위를 뜻한다. 루지아빈·창후아(2016: 32-33), 日本銀行(2013) 참고.

58 雨宮建(2012: 12-15).

59 리처드 폰 글란(2020: 226).

60 루지아빈·창후아(2016: 67-69). 한편 중국의 '전(錢)'은 일본에 전래되어 사용되다가 '돈'이라는 명칭으로도 사용되었다. 그리고 일제 강점기에 우리나라에 전해져 사용되었다. 전이나 돈은 일본의 메이지 시대 도량형법에 따라 '1전=3.75그램'으로 규정되었다.

61 한국은행(2006: 8-24).

3장

1 피핀 왕은 1파운드로부터 22실링 이상의 실링을 발행할 수 없다는 칙령을 발표했다. 이에 따라 1파운드는 264페니(22실링×12페니)로 환산할 수 있었다. 당시 로마 파운드는 1파운드당 327.45그램이었기 때문에 1페니의 무게는 1.24그램에 지나지 않았다. 그러나 샤를마뉴 대제는 도량형 개혁으로 1파운드의 무게를 408/9그램으로 통일하고 1페니의 무게를 240페니로 나눈 1.7그램으로 정했다. 이에 따라 '1파운드=20실링=240페니'가 확립되었다. Rovelli(2018: 81).

2 Feliu(2018: 26), Spufford(1988: 34).

3 Williams, Cribb and Errington(1997: 79-80).

4 잉글랜드나 프랑크 왕국에서는 평화를 구하기 위해 바이킹 침략자들에게 막대한 양의 은을 바쳤다. 예컨대, 당시 잉글랜드 국왕이었던 에델레드 2세는 바이킹과의 전투보다는 화해와 협상을 위해 공물을 바치는 정책을 사용했는데, 이때 바친 공물은 '덴마크인의 돈(Danegeld)'이라는 이름으로 잘 알려져 있다. Williams(2011).

5 Kilger(2008: 253-325).

6 Williams(2011).

7 '북의 길(Norreweg)'은 스칸디나비아반도 서해에 있는 겨울에도 얼지 않는 항로를 나타내는데, 이것의 영문 표기가 노르웨이(Norway)의 국명이다.

8 Davies(2002: 139).

9 예컨대, 12세기 말 베네치아에서 데나리우스화는 통상 은 무게가 1.7그램이어야 하지만 0.1그램에도 미치지 못하는 가치를 지녔다. 가치가 하락한 데나리우스화는

'작은(piccoli)' 데나리우스라는 이름으로 계속 발행되면서 '거대(grosso)' 데나리우스와 구분되었다. Spufford(2014: 232-233).

10 루블(ruble)은 그리브나라고 알려진 은 막대기의 한 부분을 의미한다. 오늘날 루블은 '자른다'는 뜻을 가진 rubl에서 유래한 것으로 알려져 있다. 이에 대한 자세한 설명은 Anton Seljak, "The Russian Monetary System from the Kievan Empire to 1897," Money Museum, Zürich. https://www.moneymuseum.com/en/intent/publications-on-the-history-of-money/therussian-monetary-system-225?slbox=true 참고.

11 Vilar(1976: 46-52).

12 Williams, Cribb and Errington(1997: 80-81).

13 반면 그의 아버지는 '무일푼(penniless) 공작'이라고 불렸다. Williams, Cribb and Errington(1997: 162).

14 현재 체코 동남부 보헤미아 지방의 성 요아힘(St. Joachim)의 한 골짜기에서 16세기 초 양질의 은광이 발견되면서 사람들이 몰려들어 산골 촌락을 이루자 이 지역은 '요아힘의 골짜기(Joachimsthal)'라고 불렸다. 그리고 이 지역에서 생산된 은으로 은화를 주조했는데 이를 간단하게 '요아힘스탈러(Joachimsthaler)' 혹은 간단히 '탈러(taler)'로 불렸다. 이 은화가 유명해지고 세계 각지로 퍼지면서 네덜란드어로는 daalder, 스칸디나비아로는 daler, 그리고 영어로는 dollar로 번역되었다. 한편 1519년 스페인의 카를로스 1세가 신성로마 제국의 황제로 즉위하면서 독일과 네덜란드에서도 페소가 발행되었다. 이에 따라 모양과 가치가 유사한 페소화와 달러화가 동일시되었다. 특히 영국에서는 페소화를 스페인 달러로 부르기 시작했다. Shaw(1958: 77-79).

15 Naismith(2019).

16 Boyer-Xambeu, Deleplace and Gillard(1994: 47).

17 니콜 오렘(Nicole Oresme)은 당시 프랑스의 소르본 대학과 경쟁하던 나바르 대학의 학장이었다. 나바르 대학은 프랑스 대혁명을 겪으면서 폐쇄되었고 학교 건물은 나폴레옹이 1805년 새로 세운 폴리테크닉(École polytechnique)으로 이전되었다.

18 펠릭스 마틴(2019: 121-126).

19 Boyer-Xambeu, Deleplace and Gillard(1994: 51-53).

20 그레셤의 법칙이 성립하는 환경에 대해서는 Selgin(1996: 637-649) 참조.

21 펠릭스 마틴(2019: 162-170).

22 Iliffe and Mandelbrote(2025) 참고.

23 Appleby(1976: 43-69).

24 Iliffe and Mandelbrote(2025) 참고.

25 Pomeranz(2001).

26 경제발전이 농업에 의존하는 경우 일시적으로 소득이 높아져도 곧 정체되어 장기적 경제성장이 있을 수 없다. 장기발전은 오직 지속적 성장을 가능케 하는 상업에 의해 주도된다.

27 Maddison(2003). 2018년까지 데이터를 포함한 자료는 네덜란드 흐로닝언 대학이

편찬한 Maddison Project Database(2020) 참고.

28 예컨대, Temin(2013) 참고.

29 Bresson(2015: 205).

30 이에 반해 우리나라는 조선 말까지 세금을 쌀로 납입하고 병사의 임금도 쌀로 지급하는 물물교환 경제수준에 머물렀다. 높은 가치를 지닌 고액 주화를 사용할 수 있는 시장이란 거의 존재하지 않았다. 이런 상황에서는 명백히 경제발전을 기대할 수 없다.

31 Scheidel and Friesen(2009: 61-91).

32 Hudson(2010: 8-39) 참고.

33 이들 국가의 금융발전은 2부 지폐의 발전에서 따로 다룬다.

34 이에 대한 자세한 논의는 문우식(2021: 1-31) 참고.

4장

1 포토시의 개발에 관해서는 Vilar(1976: 119-133) 참고.

2 Irigoin and Millmore(2021: 42).

3 본문의 인용은 Greenfield(2016) 참고.

4 카를로 M. 치폴라(1996).

5 Sumner(1898: 607-619).

6 8레알은 해적 이야기를 다룬 유명한 소설 스티븐슨의 『보물섬』에도 나오는 은화다. Pond(1941: 12-16).

7 Irigoin and Millmore(2021: 41-46).

8 Hamilton(1934: 11-45).

9 Vilar(1976: 141-143).

10 카를로 M. 치폴라(1996: 83).

11 프랑스의 철학자 보댕(J. Bodin)은 경제학 최초의 화폐 이론인 화폐수량설을 기초로 신대륙으로부터 금은 유입을 인플레이션의 원인으로 지적했다. 이에 관해서는 Vilar(1976: 181-185) 참조.

12 예컨대 1525~1618년간 영국과 프랑스의 물가는 약 4배 증가했고 스페인의 물가는 3배 증가했다. 이를 연평균 기준으로 하면 영국과 프랑스의 물가는 1.5~1.6퍼센트 증가하고 스페인의 물가는 1.19퍼센트 증가한 것이다. 오늘날 기준으로 보면 이는 특별히 높은 증가율은 아니지만 당시로는 미증유의 증가율이었다. Fisher(1989: 883-902) 참고.

13 Shaw(1958: 79).

14 US Mint(2025a).

15 US Mint(2025b).

16 Garnett(1917: 91-97).

17 이 내용은 문우식(2007)을 기초로 작성되었음.

18 Flynn and Giraldez(1994: 71-90).

19 Yen-P'ing Hao(1986).

20 '은량' 혹은 '은정'이라 불렸으며 주로 중량을 달아서 사용했다. 일본에서는 그 형태를 기준으로 말발굽형의 은(마제은)이라고 했다.

21 Young(1971).

22 조례의 내용은 Hiroshi Shinjo(1962) 참고.

23 당시 일본은 금 유출로 인해 금준비금이 부족했고, 요코하마와 같은 무역항에서는 멕시코 은화를 통한 거래가 일상적이었기 때문에 금은 복본위제가 고려되었지만, 미국을 방문 중인 이토 히로부미의 건의에 따라 금본위제를 채택하게 되었다고 한다.

24 당시 유통되던 상평통보는 약 1,000만 냥으로 추정된다. 이석륜(1994: 206) 참고.

25 원을 사용하게 된 이유와 관련해서 이석륜은 5냥을 계산 단위로 사용하는 데 생기는 불편으로 동가의 외국 화폐, 특히 중국 원을 사용했을 것으로 추측한다. 더욱이 엔 대신 원을 사용한 이유와 관련해서는 우리와 중국의 전통적인 관계나 배일사상 등이 영향을 주었을 것이라고 추측한다. 이석륜(1994: 273).

26 圜은 '환'이라고도 읽히고 '원'이라고도 읽히나 구분의 편의를 위해 '환'으로 읽는다.

5장

1 Eichengreen(1996).

2 하이퍼인플레이션은 1920년대 독일에서 발생한 것이 가장 유명하지만, 역사적으로 볼 때 물가상승률이 가장 높았던 사례는 제2차 세계대전 후 헝가리에서 발생한 하이퍼인플레이션으로, 헝가리의 통화는 1년도 안 되는 동안 3.81×1029로 가치하락했다.

3 이와 관련하여 가장 유명한 경제학자는 존 메이너드 케인스(John Maynard Keynes)이며 이로부터 거시경제학이 탄생했다. 문우식(2018: 17-19) 참고.

4 Garten(2021).

2부

현재의 화폐

지폐

서론

종이와 인쇄

동양에서는 고대로부터 비단이나 나무를 이용해 기록을 남겨 왔는데, 비단은 너무 비싸 일반 나무를 사용한 목간(木簡)이나 대나무를 사용한 죽간(竹簡)이 일반적으로 사용되었다. '책(冊)'이라는 한자어는 대나무 조각을 길게 잘라 이어 붙인 모양에서 유래되었다. 목간과 죽간은 기원전 8세기 무렵부터 행정 문서, 재산상속 문서, 개인적 편지 등에 사용되다가 기원후 1~2세기에 닥나무(뽕나무의 일종)를 이용해 종이가 발명되면서 종이가 가장 중요한 기록 수단이 되었다. 종이는 15세기 말 아랍 사회를 거쳐 서양 사회에 전파되었다.

페이퍼paper의 어원이 파피루스papyrus에서 온 것처럼 서양에서는 파피루스가 기록 수단으로 사용되었다. 고대 이집트에서 발명된 파피루스는 나일강 주변에 많던 갈대 식물로, 줄기를 잘라 껍질을 벗겨 내고 가로와 세로로 배열하고 평평하게 만들어 그 위에 기록했다. 하지만 고대 이집트 사람들은 혁명적인 기록 매체인 파피루스를 발명하고도 이를 종이로 발전시키지 못했다. 파피루스는 그리스와 로마 시대에 걸쳐 널리 이용되었으나 구하기 어렵고 장기적으로 보관이 어려웠다. 이를 대체하기 위해 양피지parchment가 발명되었는데, 양피지는 양이나 소 등 짐승의 가죽을 석회수에 담갔다가 건조 처리한 것이다. 이는 기원전 190년경 이집트의 파피루스 수출 금지를 계기로 소아시아의 페르가몬 왕국에서 개발된 것으로 알려져 있다. 이런 이유로 양피지를 일명 '페르가멤템Pergamemtem'이라고도 한다. 양피지는 보관성이 우수하고 오류 수정도 가능했지만, 양 한 마리에서 얻을 수 있는 양피지의 양이 너무나 적었고 가격도 비쌌다. 성서 한 권을 기록하는 데 양 500마리 분의 가죽이 필요했다고 전해진다.* 상업이 발달하고 상거래 계약서나 회계장부 등 기록 수요가 증가하면서 저렴한 기록 수단이 필요했는데, 종이의 발명은 이러한 수요를 만족시켰다.

정보 전달에 편리하고 저렴한 종이의 전파는 인쇄술의 발전과 결합되면서 사회 전반에 혁명적인 변화를 가져왔다. 15세기 중엽 독일의 구텐베르크는 목판인쇄술을 납과 주석 합금으로 만든 금속활자 인쇄술로 대체하고 이를 활용해 종이에 성서를 찍어냈다. 구텐베르크의 금속활자 인쇄술은 이탈리아, 프랑스, 영국 등에 빠른 속도로 전파되면서 유럽의 산업발전에 크게 기여했다. 또한 종이의 보급은 화폐의 형태에도 변화를 가져와, 기존의 금속 주조 방식에서 벗어나 인쇄 방식의 지폐가 등장하는 데 중요한 역할을 했다.

종이화폐는 12세기 중국에서 처음 사용되었다. 서양에서는 1661년 스웨덴에서 처음으로 종이를 사용하여 은행권을 발행했고, 이는 대단한 성공을 거뒀다. 곧 다른 유럽 국가들도 스웨덴의 성공에 고무되어 자신들만의 은행권을 발행하기 시작했다. 그러나 모든 국가가 스웨덴처럼 정교한 인쇄 기술을 갖추고 있었던 것은 아니었으며, 은행권에 대한 정화(正貨) 준비도 부족하여, 은행권 남발과 신뢰도 하락 문제가 발생했다. 위폐를 방지하고 은행권 사용이 정착되기 위해서는 세련된 디자인과 정교한 화폐 인쇄 기술이 필요했다. 서양에서 이러한 기술은 19세기 산업혁명 이후 확립되었고 이어 동양에도 도입되었다.

2부에서는 종이화폐의 발전 과정 및 관련 제도의 정착 과정을 살펴본다. 우선, 정부지폐의 발달 과정을 살펴보고, 이어서 중앙은행 통화인 은행권의 발달과 상업은행의 통화인 예금화폐의 발전 과정을 살펴본다. 다음으로, 비은행 금융기관이 발행한 각종 지급수단의 화폐적 역할을 살펴본다. 마지막으로, 공식적인 통화량 통계에서 제외되어 있으나 공적 통화와 병행된 주요 사적 통화의 사례를 살펴본다.

---

* 파피루스, 양피지 등 고대 기록 수단의 발전에 대해서는 김병남(2004: 251-274), Bülow-Jacobsen (2011: 3-29) 참조.

6장

정부지폐

6.1 최초의 정부지폐

원나라는 지폐왕국

수 세기 동안 실크로드는 유럽, 중동, 아시아를 연결하는 무역망으로 여러 문명의 접촉점 역할을 했다. 13세기 몽골 제국은 중국은 물론 오늘날의 튀르키예, 이란, 메소포타미아 지역을 포함하여 동유럽에 이르기까지 광대한 지역을 지배하며 이 무역망을 장악했다. 이에 따라 상인이나 외교사절단, 수도사 등 수많은 여행자가 안전하게 이 길을 따라 이동했다. 이들 중 가장 유명한 여행자가 베네치아 출신 상인 마르코 폴로Marco Polo다. 마르코 폴로는 1271년 당시 로마 교황이던 그레고리우스 10세의 서신을 몽골 제국의 황제 쿠빌라이 칸에게 전달하기 위해 이탈리아 베네치아에서 출발하여 오늘날의 이스라엘에서 페르시아만으로 이동한 후 다시 북쪽으로 올라가 이란으로 들어간 뒤 파미르 고원과 고비사막을 지나 중국에 도착했다. 당시 원나라 황제였던 쿠빌라이 칸은 마르코 폴로 일행을 환대했고, 마르코 폴로를 자신의 개인 사절로 임명하는 등 총애했다. 마르코 폴로는 17년간 황제의 사절로 중국 각지와 주변국을 방문하면서 외교 업무를 수행했으며, 이후 동남아시아 해로를 따라 1295년 베네치아로 귀향할 수 있었다.

『동방견문록』은 마르코 폴로가 1271년부터 1295년까지 여행하는 동안 원나라를 포함한 세계 여러 나라를 여행하며 경험한 내용에 대해 그가 구술한 것을 중세 작가 루스티켈로 다 피사Rustichello da Pisa가 기록한 책이다.[1] 이 책은 오늘날의 서아시아와 중앙아시아, 쿠빌라이 칸이 생활하던 상도와 대도, 중국 북부와 당시 '만지'라고 불리던 양쯔강 남쪽의 남송 지역, 그리고 베네치아로 귀환하면서 들른 인도양 등 세계 각지의 사정을 기술하고 있다. 특히 마르코 폴로는 쿠빌라이 칸의 궁정과 통치정책에 대해 서술하면서 원나라를 '종이로 경제를 움직이는 놀라운 제국'이라고 소개한다. 『동방견문록』에 기술된 정부지폐의 발행 방법은 다음과 같다.

우선 종이는 "나무—비단을 만드는 누에가 그 잎을 먹는 뽕나무—의 껍질을 벗기고, 나무의 겉껍질과 속살 사이의 얇은 껍질을" 이용하여 만든다. 지폐는 이를 이용하여 "큰 것과 작은 것으로, 또 길이를 폭보다 더 긴 사각형의 형태로" 자르고 나서 그 위에 황제의 인장을 찍어 "순금이나 순은인 것처럼 강력한 권위와 절차"를 부여하여 발행된다. 따라서 만약 누군가가 그것을 위조하면 그는 황제의 권위에 도전한 것으로 간주되어 극형으로 처벌된다. 원나라 황제는 이렇게 발행된 지폐를 강제로 유통시켰다. 마르코 폴로에 의하면 "황제는 지폐로 모든 것을 지급하게 하고 그가 통치하는 모든 지역과 지방, 그리고 왕국들 사이에 통용되도록 명령했다. 목숨이 아까워 아무도 그의 명령을 감히 거역하지 못했다." 마르코 폴로는 종잇조각으로 무엇이든지 살 수 있는 원나라의 화폐 시스템을 매우 경이로운 것으로 받아들였다. 마르코 폴로는 지폐 발행으로 원나라 황제가 누구보다 많은 재물을 소유할 수 있었다고 보았다. "1년에 여러 차례 수많은 상인이 진주와 귀금속과 금, 은 혹은 다른 것들을 갖고 황제를 찾아와서는 그것들을 황제에게 바친다. 황제는 이런 일들을 처리하기 위해 선발된 12명의 현자를 불러 그들에게 상인들이 가지고 온 물건들을 살펴보게 한 후 응당한 가격을 책정하여 지폐로 지불해 주라고 명령한다. 상인들은 이러한 명령을 매우 기쁘게 받아들이는데, 그 까닭은 그들이 황제 지배하의 어떤 지방에서나 그것으로 물건을 구입할 수 있기 때문이다. (중략) 그러면 그들은 실제로 셀 수 없을 만큼 물건을 많이 가지고 와서 모두 지폐로 보상받는다. 이렇게 해서 황제는 전국의 금과 은과 진주와 귀금속을 모두 소유"할 수 있었다.[2]

원나라의 지폐 인쇄 기술은 페르시아 왕국(오늘날의 이란)에 전해졌다. 페르시아 왕국은 1294년 원나라 지폐인 교초(交鈔) 또는 초(鈔)를 뜻하는 차오chao 라는 이름으로 지폐를 발행하고 통용을 강제했다. 이러한 실험은 두 달 만에 실패로 끝났으나, 서양은 이를 통해 중국의 인쇄술과 지폐에 대한 지식을 접했다.[3] 중국의 (정부)지폐는 15세기 말 유통에서 사라졌지만, 서양에서는 은행이 발행하는 은행권으로 발전하면서 오늘날 은행권은 어느 나라에서나 가장 대표적인 화폐로서 인정받고 있다.

최초의 종이화폐는 송나라에서 발행

최초의 종이화폐는 정부가 발행한 정부지폐government note였다. 은행이 출현하기 전에는 가장 신뢰할 수 있는 화폐 발행 주체는 정부였다.

특히 서양에서는 정부가 일찍부터 은화나 금화 등을 발행하면서 일부 주조차익을 얻기도 했다. 역사상 알려진 최초의 정부지폐는 중국에서 발행되었다. 송나라 때부터 지폐를 발행하기 시작한 것으로 알려져 있고, 명나라 때인 1374년에는 현존하는 세계 최대 크기의 지폐인 대명통행보초(大明通行寶鈔)를 발행하여 민간 거래는 물론 관원의 급여를 지급하는 데도 사용되었다.

송대(960~1127년)에는 중국의 강남 지역이 활발히 개발되었고, 밀보다 생산력이 훨씬 높은 쌀이 중심 산업이 되면서 경제가 급팽창했다. 그러나 상거래를 위한 동전이 크게 부족해지자, 쓰촨성의 청두 지역에서 종이로 만든 어음이 유통되기 시작했다. 청두 지역은 10세기 중후반부터 송 제국에 편입된 후 중국 서부의 상업중심지로 발전했다. 쓰촨 지역은 구리광산이 많지 않아 동전이 특히 부족했으나, 철이 많이 생산되어 구리로 만든 동전 대신 철전을 사용했다. 당시 동전 1관의 무게는 약 5근에 해당했고 동전과 철전의 중량 비율은 1:13이었다. 따라서 동전 1관의 가치에 해당하는 철전의 중량은 65근까지 나갔다. 그렇지만 철전의 가치는 동전의 1푼 정도로 구매력이 낮아서 철전으로 비단 한 필을 사려면 130근에 달하는 철전 2만 개를 지급해야 했다.[4]

쓰촨 상인들은 이런 불편을 해결하기 위해 종이로 된 이른바 교자(交子)를 발행하기 시작했다. 교자는 철전과 태환이 가능한 약속어음으로, 태환 수수료는 1관당 30문[5]이었다. 그러나 실제로 교자의 태환이 보장되지 않자 청두 지역의 부자 상단 16곳이 모여 공동으로 태환을 보증하는 이른바 교자포(交子鋪) 혹은 교자호(交子戶) 결제망을 만들었다. 참여 상단은 자체 철전 창고를 설치하고 고객들로부터 철전을 예탁받았다. 고객이 철전을 예탁하면 상단은 예탁 금액을 닥종이에 기입한 후 예탁 고객에게 영수증을 발행해 주었다. 영수증은 통일된 규격과 재질의 종이로 만들어졌고, 그 위에 고유한 도안, 비밀번호, 수결(手決), 도장 등이 인쇄되었다. 상인들은 이 영수증을 지급수단으로 사용할 수 있었으며, 영수증을 받은 사람은 누구든지 참여 상단의 지점에 가서 실물 철전으로 태환할 수 있었다. 상단의 철전 창고에 보관된 철전이 발행된 교자의 가치를 담보하는 준비금 역할을 하면서 영수증은 오늘날의 예금화폐처럼 유통되었다.

쓰촨 지역에서 교자는 20여 년 동안 성공적으로 유통되었다. 그러나 일부 상단이 교자를 남발한 뒤 영업을 중단하거나 예탁금을 다른 사업에 투자했다가 파산하여 교자를 태환해 주지 못하는 사태가 발생했다. 그러자 쓰촨 지역의 청두 관청은 민간 상인이 발행하는 사교자(私交子)를 금지하고 관청에서 발행하는 관교자(官交子)로 대체했다. 1023년 관교자를 발행하는 교자무(交子務)가 설치되어 교자가 발행되었는데, 이것이 바로 세계 최초로 발행된 정부지폐라 할 수 있다.

관교자는 초기에 1관부터 10관까지의 등급으로 발행되었다. 그러나 곧 5관과 10관 두 종류 교자만 발행되었고, 이후 1관과 500문 교자가 추가로 발행되었다. 교자 발행은 엄격히 관리되었다. 관교자의 인쇄와 유통을 책임지는 교자무는 청두 지역 관찰사가 직접 감독했으며, 교자무는 발행되는 교자에 대해 철저하게 기록하고 철전과 대조하는 검사를 수행했다. 교자무는 교자의 태환 요구를 만족시킬 충분한 준비금을 확보하고 태환 시에는 사교자와 마찬가지로 1관당 30문의 수수료를 부과했다. 한편 교자를 2년마다 새로 발행하여 오래된 교자와 교환했으며 회수한 교자는 즉각 폐기처분되었다. 관교자의 최대 발행 한도는 125만 6,000관이고 준비금은 36만 관으로 고정되었기 때문에 준비금 비율은 28퍼센트에 달했다.[6] 교자는 발행 초기에 수요가 많았다. 교자무가 충분한 준비금을 확보하여 교자의 가치를 안정적으로 유지했기 때문이다. 교자무는 교자의 가치가 하락하면 교자를 회수하여 철전 공급을 늘리고, 교자의 가치가 지나치게 상승하면 추가로 발행해 가격을 안정시켰다. 이처럼 교자무는 현대의 중앙은행과 같이 관교자의 공급을 조정하여 교자의 가치를 관리한 것이다. 이에 따라 교자는 세금 납부나 전매대금 지불은 물론 상인 간 거래에서도 지급수단으로 널리 사용되었다.

그러나 송나라 정부가 전쟁으로 인해 교자 발행을 남발하면서 교자의 가치가 점차 하락했다. 1105년 송나라 정부는 거액의 재정적자를 메우기 위해 교자 발행을 전국으로 확대하고 새로운 양식의 지폐인 전인(錢引)을 발행하기 시작했다. 송나라의 재정지출이 모두 전인으로 대체되면서 전인 발행량이 당해에만 540만 관 증가해 2,656만 관으로 늘어났고, 1107년에는 다시 554만 관이 추가로 발행되었다. 그 결과 지폐의 총유통량이 관교자 최대 발행 한도의 20배를 초과해, 지폐 1관의 가치가 10여 문으로 하락했다.[7]

1127년 송나라는 북방의 금나라에 의해 멸망했다. 이후 지폐제도는 남송을 거쳐 몽골이 세운 원나라(1271~1368년)로 계승되었다. 원나라는 동전 사용을 금지하고, 교초(交鈔)라는 지폐로 화폐를 통일했다. 원나라의 교초는 중국 전역은 물론 몽골고원과 중앙아시아에서 모두 통용되는 국제화폐로 발전했다.

원나라는 1260년 지폐관리기구인 평준고(平準庫)를 세우고 이른바 중통교초(中統交鈔)라는 정부지폐를 발행했다. 중통교초는 발행 초기 동전과 등가로 유통될 만큼 가치가 안정되었다. 교초의 발행 준비금으로 충분한 양의 금은(주로 은)을 적립하고 민간의 금은 거래를 금지했기 때문이다. 교초는 '냥(兩)'을 기본 단위로 하여 발행했다. 이에 따라 원나라에서는 '관'과 '냥'을 통용하는 관습이 정착되기 시작했다. 즉, 1관은 1냥에 해당하고, 그 이하는 전(100문), 분(10문), 리(1문)로 구분했다. 또한 은 50관에 해당하는 교초 50관을 1정(錠)이라 칭했다.[8] 중통교초는 액면가가 5문에서 20문, 50문, 100문, 1관, 2관 등 총 10종류가 발행되었다. 교초에는 액면 금액과 더불어 발행일, 관직의 명칭 등과 더불어 위조한 자는 사형에 처한다는 경고문까지 인쇄되어 있었다.[9]

원나라 초기에 화폐 발행은 엄격하게 관리되었다.[10] 우선 교초 발행 시 교초 2관은 백은 1냥, 교초 15관은 황금 1냥의 가치로 고정했고 교초에 대한 민간의 신용을 보장하기 위해 교초 발행량을 엄격히 통제하고 발행되는 교초에 대해 금이나 은을 준비금으로 두었다. 그리고 교초의 가치가 하락하면 준비금을 사용해 시장에서 교초를 매입했다.

이에 따라 교초의 가치는 안정적으로 유지되었다. 그러나 원 말기 재정 압박으로 인해 준비금제도가 폐지되고 '지원통행보초(至元通行寶鈔)'라는 새로운 지폐가 대량 남발되었다. 그 결과 물가가 10배 이상 상승했으며,[11] 결국 1368년 원나라는 멸망하고 명나라가 들어서게 되었다.

명나라를 건국한 태조는 1374년 지폐의 발행 및 유통에 관한 초법(鈔法)을 제정하고 지폐인 대명통행보초를 발행했다. 명나라가 발행한 대명통행보초는 액면이 100문, 200문, 300문, 400문, 500문, 1관 등 총 6종류로 나뉘는데, 화폐가치는 1관이 1,000문 혹은 은 1냥과 같고 4관은 금 1냥과 같았다. 발행된 보초 가운데 1관 보초는 길이 32센티미터, 폭 21센티미터에 달하는 중국 역사상 가장 큰 지폐였다. 대명통행보초는 명나라 존립 기간 동안 사용된 유일한 지폐로, 중앙정부가 통일적으로 인쇄·발행했다.[12]

명 태조 주원장이 지폐를 발행한 이유는 매우 간단했다. 구리로 만든 동전은 주조 원가가 높기 때문에 금이나 은을 준비금으로 두지 않고 다만 조정의 정치적 권위에 의지해 가치를 보증하는 지폐를 발행하여 이른바 시뇨리지 이익을 극대화하고자 한 것이다. 이런 이유로 명나라는 원나라 지폐인 교초를 모방해 전국에 금은의 사용을 금지하고 대명통행보초만 사용하도록 강제했다. 또한 보초의 독점적 권위를 유지하기 위해 금은은 물론 비단과 같은 보조화폐의 사용도 전면 금지하고, 최종적으로는 동전의 사용까지 금지시켰다. 정부권력을 통해 지폐의 가치를 결정하고 민간의 부를 수탈할 수 있다는 자신감은 전제군주 사회의 특징이다. 그러나 통화를 정부의 강제만으로 유통시킬 수는 없었다. 명나라가 발행한 대명통행보초는 제대로 유통되지 않아 가치가 계속 하락했다. 보초 발행 16년째인 1390년에는 원래 400문 가치의 보초가 250문으로 가치절하되었다. 이어 1397년에는 처음 발행 시점 가치의 1/10인 40문까지 하락했다. 상인들은 보초가 아니라 금은을 사용하여 일률적으로 상품가격을 결정했으며, 정부도 세금을 징수할 때 자기가 발행한 보초를 거의 받지 않고 식량으로 거뒀다. 이로써 대명통행보초는 화폐 유통에서 퇴출되었다.[13]

우리나라도 조선 시대에 정부지폐를 사용했다. 태종 2년(1402년) 닥나무를 원료로 한 우리나라 최초 저화(楮貨)가 발행되어 법화로 사용되었다. 조선은 관리의 급여 일부를 저화로 지급하고 이를 쌀로 태환해 주었다. 그러나 정부가 저화의 태환성을 보장하지 않고 정책에 일관성이 없어 가치가 계속 하락하여 결국 사용되지 않게 되었다. 최초의 저화는 세계에서 가장 큰 지폐로 간주되는 대명통행보초보다 규격이 컸다고 한다. 다만 용지의 소비가 많고 사용이 불편해 이후 작게 만들었다는 기록이 있다.[14]

6.2 유럽의 국채와 정부지폐

국채는 이탈리아의 도시국가들이 처음으로 발행

로마 멸망 후 중세 유럽의 발전은 제노바, 베네치아, 피렌체와 같이 작고 공격적이며 중상주의적인 이탈리아의 도시국가들에 의해 시작되었다. 특히 제노바와 베네치아 간에 경쟁이 심했다. 14세기 말 두 도시국가 간 전쟁으로 베네치아는 중동이나 아시아 등과의 동방무역에 특화되었고, 제노바는 지중해 서쪽으로의 무역에 특화되었다. 한편 피렌체는 고품질 모직물 및 비단 산업을 바탕으로 이 두 도시보다 늦었지만 무역과 금융의 중심지로 부상했다. 세 도시국가는 모두 공화제와 법치를 바탕으로 정치가 발전해 국채를 발행할 수 있었다.[15]

물의 도시 베네치아에는 대운하를 건널 수 있는 리알토 다리가 있고, 다리 남쪽에는 대운하를 마주 보는 시정부의 여러 관청이 들어서 있었다. 이 가운데 중요한 관청 중 하나는 오늘날 재무부에 해당하는 대부금고Camera degli imprestiti였다. 당시 베네치아 시정부의 예산 및 차입 결정은 산마르코 광장에 있는 궁전에서 이루어졌지만, 차입을 관리하고 집행하는 기관은 대부금고였다.[16] 대부금고는 1164년 시의 미래 수입을 담보로 1,150마르크의 은을 12명의 저명한 상인으로부터 차입했다. 이보다 15년 전인 1149년 제노바에서도 미래의 조세 수입을 담보로 원리금 상환을 보증하는 차입이 실행되었다. 당시 베네치아나 제노바의 시정부는 모두 미래 조세 수입이나 보유 재산으로부터 나오는 현금흐름을 담보로 차입증서를 발행했는데, 이를 제노바에서는 콤페레Compere, 베네치아에서는 몬티Monti라고 불렀다.[17] 특히 제노바에서는 1214년 정부 부채를 100리라 단위로 분할하여 팔기 시작했는데, 이 증권은 표준화되어 있었고 제3자에게 이전 가능하다는 점에

서 현대 국채의 전신이라고 할 수 있다.[18]

1172년 베네치아는 재정자금을 공모(公募)했다. 당시 베네치아는 비잔틴 제국과 지중해 제해권을 둘러싸고 전쟁을 벌이고 있어 군함 건조 등 군사비를 조달해야 했으나 미래 재정 수입이 담보로 제공하기에는 충분하지 않았다. 따라서 베네치아 시정부는 모든 시민에게 공평하게 재정 부담을 지우는 차입 방식을 고안했다. 이러한 맥락에서 시정부는 시민의 재산을 평가한 뒤 그에 상응하는 대부금을 산정하여 징수했다. 이러한 대부금은 강제적으로 부과된다는 점에서 기존의 세금과 같았지만, 시정부가 시민에게 연 5퍼센트의 이자를 지급했다는 점에서 기존의 세금과는 달랐다. 또한 광범위한 시민층이 시정부와 채권-채무 계약 관계를 맺었다는 점에서 몇몇 상인만 시정부에 대부를 제공하는 이전의 차입과 구분되었다. 그 결과 모든 베네치아 시민이 채무자인 동시에 채권자가 됨으로써 시민과 정부가 대등하게 협력하는 민주정치 제제가 발전할 수 있었다. 특히 정부 부채의 재조정과 관련하여 모든 시민에게 동의를 구하는 절차는 참여정치를 확산시켰다. 그러나 베네치아 시정부는 이때 진 부채에 대해 이자는 지급했지만 원금은 상환하지 못했다. 이에 따라 부채는 영구채consol로 전환되었다. 역사상 이자만 상환하고 원금은 상환하지 않는 영구채가 탄생한 것이다.[19]

한편 1262년 베네치아 시정부는 전쟁 등의 필요에 따라 임시로 차입한 모든 부채를 통합하여 하나의 기금을 설립하고 영속적으로 관리하기 시작했다. 기금에 대한 출자증권인 국채가 발행되어 연 5퍼센트의 이자가 일 년에 두 차례 분할 지급되었다. 베네치아 정부는 이를 통해 국채 유통 시장을 발전시킬 수 있었다. 기금 출자증권인 국채 유통 시장의 발전은 두 가지 면에서 획기적이었다.

첫째, 국채가 투자자 간에 이전가능해 정부가 반드시 원금을 상환해 부채를 청산할 필요가 없었다. 이전가능하면 국채를 강제로 구매해야 하는 시민이 다른 사람에게 이를 팔아 그 부담을 회피할 수 있기 때문이었다.

둘째, 베네치아 시정부가 국채를 매입해 환수할 때까지 국채는 보유자에게 중요한 투자 자산이었다. 특히 국채는 모든 시민이 의무적으로 보유했다는 점에서, 그리고 원금을 상환하지 않는 영구채의 경우는 고리대금을 금지하는 교회의 가르침과 어긋나지 않는 훌륭한 투자 수단이었다.[20]

따라서 베네치아 시민은 물론 외국인들도 자발적으로 이를 보유하려 했고, 낮은 금리로 조달된 자금은 경제발전에 기여했다. 이후 수세기 동안 베네치아는 지속적으로 기금에 의존하여 군사 지출 등 재정자금을 조달했다. 베네치아 시정부의 부채상환 능력은 시가 발행한 국채의 시장가격을 살펴보면 알 수 있다. 1262~1376년 베네치아 시정부의 국채는 액면가의 80~100퍼센트 수준에서 거래되었는데, 이는 투자자들이 베네치아 시정부의 부채상환 능력을 신뢰하고 있었음을 시사한다. 그러나 그 후 베네치아 시정부의 재정조달 능력에 대한 투자자들의 불신이 커지면서 국채 가격은 액면가의 40~60퍼센트 수준까지 하락하기에 이르렀다. 이에 따라 1454년 베네치아시는 시민들에게 직접세를 부과하여 조달한 자금으로 이 기금을 청산하고 다시 새로운 기금이라는 뜻의 신기금Monte Nuovo[21]을 조성해서 국채를 발행하기 시작했다. 베네치아는 1404년부터 1535년까지 약 130년 중 81년 동안 전쟁을 벌였으나, 기금을 통해 정부 부채를 성공적으로 관리할 수 있었다.[22] 그러나 무역 축소 및 산업 쇠퇴 등으로 경제 상황이 악화되면서 베네치아시도 재정조달 능력 악화를 피할 수 없었다. 실제 국채 수요는 점점 더 감소했고, 1797년 나폴레옹이 베네치아 공화국을 점령한 후 베네치아의 국채 발행은 중단되었다.

제노바에서는 1274년부터 정부부채를 통합관리하기 시작했고, 1407년에는 정부부채를 관리하기 위해 카사 디 산 조르조Casa di San Giorgio를 설립했다. 산 조르조는 기존의 정부채무 증서인 콤페레를 통합하고 출자자에게는 연 7퍼센트의 이자를 지급하는 출자증권인 산 조르조 증권을 발행하여 지급했다. 이 증권도 이전가능한 채권으로 광범위한 시민들을 대상으로 판매되었다. 한편 정부채무를 담보로 출자증권을 발행하는 산 조르조의 시스템은 1694년에 설립된 영란은행에 의해 모방되어 계승되었다.[23]

영국의 국채 시장은 민주주의와 더불어 발전

유럽에서는 일찍부터 군주가 민간 상인으로부터 대부를 받는 것이 빈번했다. 이는 정부 혹은 국왕과 민간의 관계가 수평적인 계약에 기초했기 때문이다. 중세 시대 이래로 군주나 영주들은 전쟁 등에 대비하여 스스로 은이나 금과 같은 귀금속이나 주화 등을 축적하고 보관하기 위해 이른바 '전쟁금고war chest'를 설치해야 했다. 가능한 한 많은 귀금속을 축적하고 외국으로의 유출을 막아야 한다는 중금주의bullionism가 발전한 것도 예상치 못한 재정수요 때문이었다. 그러나 국왕 개인이 축적한 재산만으로는 왕국의 재정수요를 충당하기 어려웠고, 따라서 국왕이나 정부는 점차 민간으로부터 차입에 의존하게 되었다. 다만 오늘날의 정부채무sovereign debt와 달리 과거 국왕의 부채crown debt는 채권자의 권리가 미약했기 때문에 일부 부유한 상인이나 지주만 채무불이행 위험에도 불구하고 특권 획득을 목적으로 자금 제공에 참여했다. 이들은 국왕이 전쟁에서 승리하면 전쟁 배상금 등을 통해 원금과 이자를 회수할 수 있었지만, 전쟁에서 패할 경우 국왕의 채무불이행으로 투자금 전액을 잃을 위험도 있었다.[24] 따라서 국왕에 대한 대출은 민간 상인에 대한 대출보다 신용위험이 매우 높았다.

영국에서 국왕은 종이가 발명되기 오래전부터 나무에 금이나 홈을 파서 기록하는 엄대tally 제도를 사용해서 자금을 차입했다. 나무는 값이 싸고 다루기 쉽기 때문에 숫자나 문자를 새기기에 편리했다. 책을 뜻하는 영어 단어 book이 너도밤나무beech와 관련되어 파생된 바와 같이, 엄대의 영어 단어 tally의 어원인 라틴어 talea가 나뭇조각이나 막대기를 뜻하는 것도 이 때문이다. 영국에서 엄대는 종이 사용이 확대되기 시작한 후에도 오랫동안 사용되다가 19세기 중반이 되어서야 비로소 종이 증서로 대체되었다.

영국에서 사용된 엄대는 개암나무를 잘라 20~23센티미터 길이의 막대기로 만들었는데, 기록 금액이 클수록 그 길이도 늘어났다. 또한 거래 금액에 따라 눈금 표시 방식도 차이가 났다. 1,000파운드의 엄대는 손바닥 정도의 폭으로 직선 눈금을 새겼고, 100파운드는 엄지 크기의 곡선 눈금을 새겼다. 가장 많이 사용된 20파운드의 엄대는 새끼손가락 크기로 V자 홈을 새겼고, 1파운드는 보리 낟알 크기로, 1실링은 가는 선으로 표시했다. 세부 지급 사항은 막대기 측면에 기록했다. 기록을 마친 후에는 막대기를 둘로 쪼개어 거래 당사자들이 동일한 표시를 나눠 가지게 해서 위조를 방지했다. 채권자가 보관하는 것을 스톡stock이라고 했는데, 이는 오늘날 영국에서 '국채'라는 의미로 사용되고 있다. 한편 채무자가 보관하는 것은 '포일foil'이라고 불렀다.[25]

영국에서는 12세기에 왕실재정과 국가재정이 분리되고 재무성이 설립되면서 엄대를 본격적으로 사용했다. 영국의 재무성은 세입국

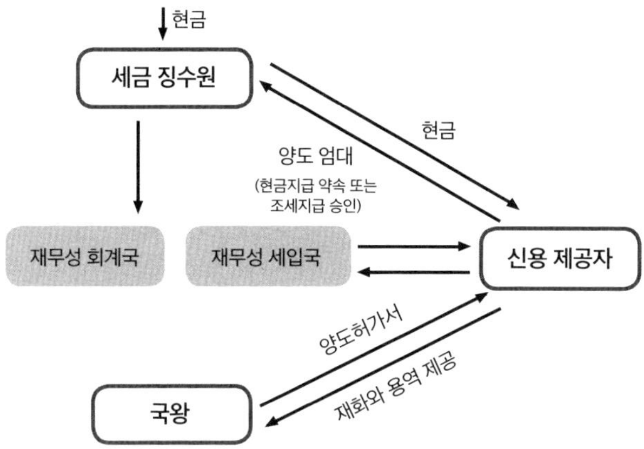

자료: Tye(2019).

[그림 6-1] 엄대의 발행과 유통 과정

과 회계국으로 구성되었다. 세입국은 세금징수원으로부터 세금을 수납하고 그 영수증으로 엄대를 사용하기 시작했다. 엄대를 반으로 쪼개어 세금징수원에게 스톡을 주고 포일을 세입국에 보관한 것이다. 한편 회계국은 세금징수원이 정해진 세금을 정당하게 납부했는지 검사하면서 세입국이 보관하고 있던 포일과 세금징수원이 지닌 스톡이 서로 부합하는지 체크check했다. 오늘날 영국의 재무성을 익스체커Exchequer라고 부르거나 수표를 영어로 cheque 혹은 check라고 부르는 것은 바로 이러한 검사활동과 관련이 있다. 그러나 점차 국왕이 상인이나 채권자에게 돈을 빌리면서 세금납부 영수증으로 사용될 수 있는 엄대 스톡을 담보로 제공하고 채권자는 국왕으로부터 받은 엄대 스톡을 세금징수원에게 제시해서 대출금을 회수하거나 세금 납부에 사용했다. 이에 따라 엄대는 지급수단으로 발전했다. [그림 6-1]은 엄대의 발행과 유통 과정을 요약한 것이다.

　한편 엄대는 국왕의 재정지출이 급증한 14세기부터 미래의 특정한 조세수입 흐름을 담보로 하여 국왕이 상인이나 채권자에게 발행한 부채증서로서 사용이 확대되었다. 이러한 엄대는 채권자의 이름을 기록하지 않아 지정된 제3자에게 양도assignable[26]할 수 있었고, 실제로 시장에서 거래되었다. 엄대를 양도한 상인이 부도가 나더라도 엄대를 가진 사람은 누구든지 이를 세금징수원에 가져가 액면가만큼 현금으로 교환할 수 있었다. 따라서 엄대는 민간 상인 간 지급수단으로 사용되면서 일종의 무이자 약속어음 혹은 채권으로 기능하게 되었다.[27]

17세기 들어 영국의 재무성은 엄대와 더불어 종이로 된 지급지시서Exchequer Orders to Pay를 발행했다. 이 지급지시서는 엄대와 같이 제3자에게 양도가능할 뿐만 아니라 이자 지급을 명시했다. 이런 특성으로 인해 지급지시서는 상인이나 상업은행과 같은 투자자에게 인기가 높았다. 특히 영국의 국왕들은 투자자를 늘리기 위해 8~10퍼센트의 높은 이자를 지급했다. 그러나 이러한 지급지시서가 남발되면서 지급불능 상태에 빠진 영국 재무성은 1672년 지급 중지Stop of the Exchequer를 선언했다. 이로 인해 정부에 집중 투자한 영국의 상업은행은 큰 손해를 입었고 정부의 신인도(信認度)도 대폭 하락했다. 대규모 예금인출 사태가 벌어지고 많은 은행이 파산했다.[28] 영국 정부의 신인도가 유지되었다면 이러한 지급지시서는 정부지폐로 발전할 수도 있었을 것이다. 그러나 재무성의 지급 중지는 국왕의 은행 지배에 대해 시장 불신을 초래하여, 결국 이 사태 이후 정부지폐는 영국에서 발행될 수 없었다.

영국에서 광범위한 투자자를 대상으로 한 국채 시장은 1688년 명예혁명 이후 시민이 국왕의 채무를 통제하고 재정 규율을 부과할 수 있는 의회민주주의가 정착되면서 급속하게 발달했다. 의회가 국가의 재정지출을 통제하면서 국가의 신용위험을 대폭 낮췄기 때문이다. 이미 살펴본 바와 같이 베네치아나 제노바 같은 이탈리아의 도시국가들이 국채를 발행할 수 있었던 것도 시민이 국가의 주인으로 법의 지배를 받는 공화국republic이었고 네덜란드, 영국 등 국채 시장이 발달한 영토 국가들도 모두 민주주의 기초가 잘 닦여 있었기 때문이다. 영국에서 첫 번째로 발행한 국채는 1694년 막 설립된 영란은행에서 인수했는데, 이렇게 조달된 경비는 프랑스와의 전쟁을 위해 사용되었다. 이후 다른 유럽 국가도 국채 발행을 시작했다.

프랑스의 아시냐는 국채인가 지폐인가?

유럽에서는 중국보다 몇백 년 늦게 정부화폐가 발행되었다. 주변 국가들과의 끊임없는 전쟁에 시달려 온 유럽 국가들은 전비 마련이 중요했다. 그럼에도 정부지폐를 발행하지 않은 것은 국왕의 권위가 절대적이지 않았고 민간 상인으로부터 전비 차입이 가능했기 때문이다. 이로 인해 유럽에서 정부지폐는 일반적으로 정부나 국왕이 민간으로부터 자금을 조달할 수 없는 극히 어려운 상황에서만 발행되었다.

1789년 프랑스 혁명 후 혁명정부가 발행한 아시냐Assignat는 우리에게 가장 잘 알려진 초기 정부지폐 중 하나지만, 처음에는 연 5퍼센트의 금리를 지급하는 국채로 발행할 계획이었다.[29] 프랑스 혁명 후 구성된 제헌의회는 두 가지 과제에 직면했다. 하나는 구체제의 사회개혁이고, 다른 하나는 재정 위기 극복이었다. 재정 위기는 과거 수십 년 동안 계속되어 온 전쟁과 사치에 따른 방만한 정부 지출, 지방마다 다른 조세 체제로 인한 혼란이 누적된 결과였다. 혁명 후에도 이러한 문제는 해결되지 않았다. 오히려 제헌의회는 염세나 판매세 폐지 등 인기 영합적인 정책을 추진해 프랑스 정부의 재정 기반을 더욱더 약화시켰다. 한편 많은 프랑스 국민은 혁명의 결과로 세금을 내지 않아도 된다고 생각하고 있었기 때문에 세금 징수가 더욱 어려웠다.

국가 파산이 임박한 상황 속에서 제헌의회는 급히 국고를 채워야 했다. 이를 위해 제헌의회는 처음에 스위스 은행가 자크 네케르Jacques Necker에게 의견을 구했다. 네케르는 영란은행과 같은 공공은행을 설립하고 제한된 양의 은행권을 발행해서 단기 채무를 상환하라고 제안했다. 이러한 제안은 제헌의회 의원들 다수의 지지를 얻지 못했다. 근본적으로 이들은 혁명으로 얻은 정치적 권력을 네케르와 같은 자본가에게 넘기는 것에 반대했기 때문이다. 또한 프랑스인들은 루이 15세 시대에 존 로John Law가 세운 공공은행이 은행권을 남발하고 파산하면서 생긴 금융혼란을 잘 기억하고 있었기 때문에 기본적으로 은행권을 불신했다.[30] 이러한 이유로 네케르의 제안은 폐기되었다.

그 대신 인권선언문 작성에 기여한 샤를 탈레랑Charles Talleyrand의 제안에 따라 당시 20~30억 리브르로 추정되는 가톨릭교회의 재산을 국유화하고 이를 매각하여 정부부채를 상환하기로 결정한 뒤, 1789년 12월 국유 재산 매각을 위한 특별기금을 설치했다. 그러나 당장 부채를 상환할 국고는 비어 있는 데 반해 국유 재산을 매각하려면 최소 1년 이상 걸리는 것이 문제였다. 이에 따라 특별기금 설치와 동시에 채권을 발행하되 발행된 채권의 가치는 혁명정부가 가톨릭교회로부터 몰수한 4억 리브르(프랑스 파운드) 상당의 국유 재산으로 '지정보증assignation'하는 방안을 채택하고, 금리 5퍼센트에 액면가 1,000리브르 40만 장, 총 4억 리브르에 달하는 아시냐 공채를 발행했다.[31] 최초의 아시냐는 국유 토지와 같은 재산을 매입할 수 있는 태환권으로, 프랑스 정부에 대한 채권을 보유하고 있던 사람들에게 우선적으로 상환되었다. 이들은 보유한 아시냐를 사용하여 직접 국유 토지를 매입하거나 다른 사람들에게 액면가로 팔 수 있었다. 따라서 아시냐는 금속화폐와 같이 영속적으로 시중에서 유통되는 것이 아니라 국유 토지

[표 6-1] 아시냐 발행 추이와 가치 변동

구분	1789년	1790년	1791년	1792년	1793년	1794년	1795년	1796년
발행액 (백만 리브르)	400	1,200	900	1,000	3,500	3,000	20,000	15,000
누적 발행액 (백만 리브르)	400	1,600	2,500	3,500	7,000	10,000	30,000	45,000
100리브르 아시냐의 가치 (연말 기준)	100	90	75	65	50	30	5	0

자료: Grandjean(2003).

구입을 위한 지급수단이어서 국유 토지가 모두 판매되면 회수 및 폐기될 운명에 처해 있었다. 혁명정부는 기업이 주식을 발행하여 자본을 모으듯 아시냐를 발행하여 거액의 국유 토지를 소액으로 분할·매각해서 자금을 조달하는 데 성공을 거뒀다.

그러나 곧 제헌의회는 아시냐를 강제적으로 유통시켜야 했다. 재정위기를 해결하기 위해 더 많은 아시냐를 발행해야만 했기 때문이다. 1790년 3월 의회는 아시냐를 법화로 지정하고 금속화폐와 고정된 가격에 4억 리브르의 아시냐를 추가로 발행했다. 다만 이때는 금리를 3퍼센트로 하향조정했다. 아시냐의 성격이 국채에서 정부지폐로 변화한 것이다. 다만 정부지폐이면서 이자를 지급하여 최초의 이자지급부 정부지폐라 할 수 있다. 그러나 정부지폐로 바뀌면서 아시냐 발행이 남발되었고, 프랑스 경제는 다시 한번 큰 혼란을 겪었다. [표 6-1]은 1789년부터 아시냐가 퇴출되는 1796년까지 아시냐의 발행량과 가치 변동을 나타낸 것이다.

아시냐는 1790년 3월에 4억 리브르, 9월에 8억 리브르, 총 12억 리브르로 발행량이 증가했고, 가치는 10퍼센트 하락했다. 그럼에도 불구하고 세금은 걷히지 않고 재정지출이 증가하면서 아시냐가 과도하게 발행되기 시작했다. 혁명정부는 회수되는 아시냐를 폐기하지 않고 다시 사용하는 것은 물론 국유 재산으로 보증되는 양 이상의 많은 아시냐를 발행한 것이다. 그러자 아시냐의 가치가 급속히 하락하기 시작했다. 금화나 은화와 같은 금속화폐는 퇴장하고 악화가 양화를 구축한다는 그레셤의 법칙에 따라 시중에는 아시냐만 유통되었다. 이에 따라 아시냐의 실질가치는 더욱 하락했으며 가치가 급락한 아시냐를 가지고 국유 재산을 매입한 사람들만 큰 이익을 얻었다. 1792년 들어 혁명정부가 오스트리아·프로이센과 전쟁을 벌이면서 아시냐의 발행은 더욱 급증했다. 10억 리브르의 아시냐가 신규로 발행되면서 아시냐의 누적 발행량은 35억 리브르로 증가했다. 당시 유통 중인 금속화폐의 총량이 20억 리브르에 불과했다는 점을 고려하면 프랑스의 통화량이 1년 사이에 50퍼센트 증가한 것으로, 아시냐는 그만큼 가치를 상실했다.[32]

프랑스의 농민들이 생산 농산물에 대한 지급수단으로 아시냐를 거부하기 시작하면서 일부 지역에서는 식량 부족과 기근도 발생했다. 당시 상황은 "나는 우리나라에서 비참함, 자부심, 그리고 종이 외에는 아무것도 볼 수 없었다."라는 말로 요약되고 있다.[33] 1793년 한 해의 아시냐 발행량은 35억 리브르까지 증가했다. 아시냐의 가치를 보증하는 국유 재산 수입이 30억 리브르 정도였기 때문에 보증한도가 5억 리브르를 초과했다. 이에 따라 의회는 망명 귀족들이 소유한 토지는 물론 점령지의 귀족이나 교회재산까지 약탈하기 시작했다. 이러한 약탈이 어느 정도 국고를 채우는 데는 도움이 되었지만 근본적인 재정위기를 해결하기에는 역부족이었다. 아시냐의 남발은 계속되었다. 프랑스 의회는 아시냐의 가치하락을 막기 위해 심지어 아시냐가 거래되는 주식 시장을 폐쇄했다. 또한 임금과 가격을 통제하고 아시냐의 수취를 거부할 경우 사형에 처한다는 법령까지 공포했다. 그럼에도 불구하고 로마 시대의 디오클레티아누스 황제의 가격칙령에서 보듯이 그 정책의 효과는 거의 없었다. 1795년 액면가 100리브르의 아시냐는 그 가치가 5리브르까지 하락했다. 1796년 누적 발행량이 450억 리브르에 달하면서 아시냐는 거의 가치를 잃어버려 마침내 유통 시장에서 퇴출되었다. 한편 1793년 말, 영국 정부를 비롯하여 유럽 각국은 프랑스의 전쟁 수행 능력을 무력화하기 위해 수백만 장의 위조 아시냐를 프랑스 전역에 유통시켰는데, 이 또한 아시냐가 퇴출되는 주요 원인 중 하나가 되었다.[34] 이에 프랑스의 의회는 1795년 10진법 체계에 기초하여 순은 4.5그램의 새로운 프랑화 체제(1프랑=10데심décime=100상팀centime)를 도입하고 프랑franc을 프랑스의 본위화폐로 채택했다.[35]

6.3 미국의 국채와 정부지폐

남북전쟁의 승패를 가른 그린백과 그레이백

1860년 11월 에이브러햄 링컨이 제16대 미국 대통령으로 선출되었다. 그러자 사우스캐롤라이나주를 포함하여 남부의 7개 주가 미국 연방으로부터 분리독립을 선언하고 아메리카연합Confederate States of America이라는 새로운 연합정부를 수립했다. 이어 연합정부의 군대가 1861년 4월 사우스캐롤라이나주의 찰스턴 항구에 있던 북부군의 섬터 요새Fort Sumter를 공격함으로써 '남북전쟁'이라고 불리는 내전American Civil War이 시작되었다.

전쟁 전 이미 미국 북부와 남부의 정치·경제 상황은 크게 달랐다. 북부는 상업과 도시가 발달하고 산업화가 크게 진행되고 있었다. 북부의 매사추세츠주 한 곳만 보더라도 남부연합 7개 주 전체의 생산능력을 초과할 정도로 북부는 남부에 비해 제조업 생산 능력이 월등했다. 반면 남부는 목화 재배 등을 위해 노예노동에 의존하는 전형적인 농촌 지역이었다. 북부는 인구의 60퍼센트가 상공업에 종사한 반면, 남부는 인구의 80퍼센트가 농업에 종사하고 있었다. 따라서 양 지역 간에는 이미 경제적 격차가 상당했다. 또한 북부와 남부는 연방정부의 역할에 대해서도 입장이 크게 달랐다. 남부는 주정부의 자율성을 중시하고 연방정부의 개입을 꺼렸던 반면, 북부는 연방정부의 개입과 공공투자의 역할을 적극적으로 수용했다.

북부와 남부는 군사적 측면에서도 큰 차이를 보였다. 남부는 북부에 비해 상대적으로 더 우수하고 더 잘 훈련된 군인 인력을 보유하고 있었다. 당시 남부의 인구는 약 900만 명으로, 미국 전체 인구의 1/3에도 못 미쳤지만, 전쟁을 지휘하는 우수한 장군은 남부 출신이 북부 출신보다 2배나 많았다. 이는 남부의 엘리트 계층은 상공업에 종사하기보다 군인으로 일하는 것을 더 명예롭게 여겼기 때문이다.[36] 이에 따라 전쟁 초기 전황은 남부연합군에 유리했다. 그러나 1863년 게티즈버그Gettysburg의 승리를 계기로 전세가 북부 쪽으로 기울기 시작했고, 결국 1865년 남부연합 정부가 항복하면서 전쟁이 종결되었다.

그런데 북부연방이 승리할 수 있었던 중요한 이유 중 하나는 무엇보다 전쟁이 장기화하면서 군수물자나 군인의 급여 등 필요 전쟁경비를 조달하는 능력이 뒷받침되었기 때문이다. 일반적으로 전비는 세금을 증대시키거나 재정 차입으로 조달하고, 그래도 부족할 경우에는 화폐 발행을 통해서 충당한다. 당시 전비 조달 구성을 살펴보면 북부는 총전비 34억 달러 중 21퍼센트를 세금이나 관세 인상으로 조달하고, 차입을 통해서 66퍼센트를 충당했으며, 지폐를 발행하여 조달한

1869년 발행한 1달러
미정부지폐(그린백)

것은 약 13퍼센트인 4억 5,000만 달러였다. 반면 남부연합은 전비의 약 6퍼센트를 세금 등으로 조달했고 차입을 통해 37퍼센트, 그리고 약 57퍼센트를 지폐를 찍어 마련했다. 특히 전쟁 말 남부연합 정부는 전비의 대부분을 지폐 발행으로 조달했다. 그 결과 북부연방이 발행한 불환지폐인 그린백Greenback은 전쟁 말에도 액면가의 70퍼센트에 해당하는 가치를 유지했지만 그레이백Grayback이라 불린 남부연합의 지폐는 모든 가치를 상실하여 군비 조달을 위해서도 쓸 수 없게 되었다.

북부연방은 자금을 성공적으로 차입하여 지폐 남발로 인한 폐해를 줄일 수 있었다. 이와 관련해 가장 중요한 역할을 한 것은 전시공채의 성공적인 판매였다. 당시 북부연방의 전비 조달은 후일 대법원장까지 역임한 정치가 새먼 체이스Salmon Chase 재무장관이 이끌었다. 그는 미국 역사상 가장 고액권인 1만 달러 지폐에 인쇄된 인물이자 지폐에 '우리는 신을 믿는다In God we trust'라는 문구를 새겨넣은 사람이기도 하다. 체이스 재무장관은 금융 경력이 일천했기 때문에 전비조달에서 당시 필라델피아의 투자은행 사장이었던 제이 쿡Jay Cooke의 도움을 받았다. 쿡은 연방정부의 전시채권War bond을 성공적으로 매각하는 데 큰 공헌을 했다. 당시 국채의 주요 투자자는 월스트리트의 금융기관이나 유럽의 도매투자자 혹은 기관투자자들이었다. 당연히 이들은 위험이 큰 전시채권 매입에 소극적일 수밖에 없다. 특히 전황이 불리할 경우 전비조달 역할이 더욱더 중요한데, 이들 기관투자자들은 투자위험이 커지면 거꾸로 투자를 줄이기 때문이다. 따라서 그는 개인과 같은 소매투자자들을 대상으로 국채 판매 기반을 넓히고자, 전국에서 2,500곳의 채권판매 대리점을 모집하고 대대적인 신문광고를 통해 채권 판매를 홍보하기 시작했다. 또한 액면가 1,000달러의 기존 국채를 50달러 단위로 분할하여 개인들이 채권을 손쉽게 구입할 수 있도록 했다. 그 결과 300만 명의 투자자를 모집했는데, 그중 90퍼센트가 개인투자자였다. 적절한 금전적 보상은 물론 애국심에 호소하는 효과적인 마케팅으로 채권 판매는 폭발적으로 증가했다. 그 결과 국채 12억 달러가 금리 6퍼센트 수준에서 조달되었다.[37]

남부에서는 면화채권Cotton bond이라는 전시채권을 발행했다. 이 채권은 목화를 기초 자산으로 하여 유럽의 화폐로 발행해 유럽 투자자들을 대상으로 판매되었다. 유럽 투자자들은 원하는 시점에 채권을 면화로 태환하면 파운드당 6펜스에 교환하여 당시 면화의 국제 시세인 파운드당 24펜스에 판매하면 큰 차익을 거둘 수 있었기 때문에 면화채권은 초기에 인기가 높았다. 남부연합 정부는 이를 통해 300만 파운드를 조달했으나 북부연방이 조달한 전비에 비하면 미미한 수준이었다.

북부연방이 국채를 시장에서 소화한 또 하나의 중요한 방법은 1863년 국법은행제도National Banking Act 도입을 통해 이루어졌다. 남북전쟁 이전에 미국에서는 금화나 은화 등 주화와 각 지역 주정부로부터 은행허가를 받은 주법은행State Bank들이 발행한 은행권만 유통되었다. 주법은행들이 발행한 은행권은 해당 주 내에서만 통용되었다. 체이스 재무장관은 국채의 수요 기반을 확대하기 위해 미국 전역에서 영업할 수 있는 국법은행National Bank 설립을 허가해 주고 대신 이들 은행들에 필요자본의 1/3을 국채로 보유하고, 은행권 발행 시에 반드시 국채를 담보로 삼도록 했다. 새로 설립된 국법은행들은 국채를 보유해야 국채가치의 90퍼센트(이후 100퍼센트로 상향 조정) 수준에서 은행권을 발행할 수 있었기 때문에 자연스럽게 국채 매입에 참여했다. 또한 주법은행에 대해서는 은행권 발행 시 10퍼센트의 부과금을 내도록 함으로써 이들의 은행권 발행을 억제하고 국법은행으로의 이행을 유도했다. 그 결과 북부연방은 불환 정부지폐를 더 이상 찍어 내지 않고도 막대한 전쟁 경비를 조달할 수 있었고, 최종적으로 남부와의 전쟁에서 승리했다.

미국의 지폐는 연방준비은행권이 발행되고 나서야 통일

영국으로부터 독립하기 전까지 미국의 주정부는 많은 지폐를 발행했다. 미국에서 처음으로 발행된 정부지폐는 1690년 매사추세츠 주정부가 발행한 것으로, 이 지폐는 종이 위에 '나중에 지급한다pay later'라는 조항을 인쇄한 일종의 차용증과 같은 태환권이었다. 매사추세츠 주정부가 발행한 지폐는 영국의 화폐 단위인 실링으로 표시된 6실링 지폐였다. 그러나 인플레이션으로 인해 1737년에는 그 가치가 약 75퍼센트 하락했다. 다른 주정부들도 매사추세츠 주정부를 따라 지폐를 발행하기 시작했으나 모두 가치가 크게 하락하여 유통 시장에서 사라졌다. 한편 미국 독립전쟁이 벌어지면서 대륙의회는 1775년 콘티넨털Continentals이라고 알려진 미국 연방의 첫 번째 정부지폐를 발행했다. 이 지폐는 액면가치가 1/6달러부터 80달러까지 다양했다. 그러나 전쟁이 끝날 무렵 인플레이션으로 인해 지폐의 가치는 최초 액면가의 1/5에서 1/7 수준으로 크게 하락하여 지폐로서 가치를 거의 잃었다. 이에 따라 미국 의회는 1780년에 발행을 중단했다.[38]

오늘날 미국에서 가장 잘 알려진 정부지폐는 남북전쟁의 전비를 조달하기 위해 미국 재무부가 발행한 '미국정부권United States Notes'이다. 미국은 제일미국은행The First Bank of the United States과 제이미국은행The Second Bank of the United States의 허가가 종료된 이후 1913년 연방준비제도가 설립되기 전까지 오랫동안 중앙은행이 없어서 가장 늦게까지 정부지폐를 발행한 나라였다. 미국정부권의 최초 발행 한도는 3억 4,668만 달러로 설정되었다. 미국 연방정부가 남북전쟁 시기에 발행한 미국정부권은 뒷면이 녹색이어서 그린백Greenback으로 불렸다. 또한 뒷면에 "이 지폐는 공적·사적 모든 채무에 대한 법화다This note is legal tender for all debts, public and private."라는 문구가 새겨져 있어 '법화권Legal Tender Note'이라도 불렸다. 이로 인해 미국정부권은 금이나 은과 같은 지급수단과 동일한 가치로 유통되면서 20세기 중반까지 미국의 가장 핵심적인 통화로 발전했다. 그러나 미국정부권은 금이나 은을 담보로 하는 것이 아니라 법에 의해 가치를 보증하는 명령화폐fiat money라서 논란이 벌어졌다. 당시 미국헌법은 금과 은만 법화로 규정해 지폐를 법화로 하는 것은 미국 헌법에 위배될 수 있었기 때문이다. 최종적으로, 1871년 미국 대법원이 합헌으로 판결 내림으로써 논란이 마무리되었다.

한편 미국정부권을 둘러싸고 또 하나의 논란이 벌어졌다. 1873년 미국 경제가 불황에 빠지면서 농민을 비롯하여 일부 사람들이 불황의 원인으로 재무부의 미국정부권 상환정책을 비난한 것이다. 이들은 금본위제도를 채택하기 위해 시중에 유통되는 미국정부권 1달러를 1달러 금화로 상환하는 재무부의 결정이 통화(정부권)긴축을 가져와 불황이 시작되었다면서 정부권의 유통 확대 정책을 요구했다. 그러나 이들에 대해 당시 공화당 의원과 민주당 일부 의원들을 포함한 이른바 골드버그Goldbugs라고 하는 보수주의자들이 금본위제를 밀어붙였다. 그 결과 미국정부권 총유통량은 약 3억 4,000만 달러로 고정되었고, 미국정부권은 금으로 교환될 수 있는 태환권으로 변화했다.

그럼에도 불구하고 미국정부권의 위상은 점차 축소되었다. 특히 1913년 연방준비제도가 설립됨에 따라 연방준비은행이 발행한 은행권이 자리를 잡으면서 정부권 발행을 대체했다. 1960년에는 미국정부권이 통화량의 1퍼센트에도 미치지 못했다. 이에 따라 재무부는 1966년부터 미국정부권을 퇴출하기 시작했고, 1971년 이후에는 유통이 완전히 중단되었다.[39]

미국 재무부는 모든 종류의 지폐를 발행한 것으로 유명하다. 불환지폐와 동시에 태환지폐도 발행했기 때문이다. 첫 번째로 발행한 태환권은 1863년 은행법 개정 후 재무부에 금을 예탁하고 이에 대한 예탁증서로 발행된 금증서gold certificate였다. 발행 목적은 남북전쟁 당시 금화 부족을 해소하고 국고에 금화를 축적하기 위해서였다. 금증서는 거액의 화폐 이전 수단으로, 화폐 수송에 불편을 겪던 은행이나 대상인들에게 인기가 많았다. 그러나 1933년 루스벨트 대통령이 금본위제를 폐지하면서 금증서는 퇴출되었다. 이어 1934년에는 금준비법Gold Reserve Act이 통과되어 민간의 금증서 보유를 금지하고 과거에 발행된 금증서를 모두 연방준비은행권으로 상환해 주었다.[40]

또 하나의 태환권은 1878년 재무부가 매월 200~400만 달러 규모의 은을 매입하면서 발행한 은증서silver certificate였다. 은증서 1달러는 은화 1달러와 가치가 동일했다. 은증서는 금증서와 똑같이 법적 효력

1905년 발행된
20달러 금증서

을 지니고 모든 공공채무와 개인채무의 지급에 사용할 수 있었다. 재무부가 발행한 은증서는 오랫동안 유통되다가 1968년에 이르러 발행이 중단되고 연방준비은행권으로 대체되었다.[41] 그럼에도 불구하고 미국에서 유통된 모든 종류의 지폐는 통일된 도안으로 되어 있었는데, 이는 1862년 설립된 미국 조폐국Bureau of Engraving and Printing이 우리나라 조폐공사와 같이 연방준비은행권을 포함하여 모든 미국 화폐의 도안과 인쇄를 전담하고 있기 때문이다.

한편 민간은행이 발행한 국립은행권도 정부채무를 담보로 발행되었기 때문에 근본적으로는 정부지폐와 다름없었다. 실제로 미국의 저명한 경제학자 밀턴 프리드먼Milton Friedman은 국립은행권에 대해서 "한 다리 건너 볼 경우 연방정부의 채무일 뿐만 아니라 그 최대 발행량이 연방정부의 법적 또는 행정적 조치에 의해 결정된다는 점에서 정부지폐와 다름없었다."라고 지적한 바 있다.[42] 국립은행권은 연방준비은행권과 함께 유통되다가 1935년 루스벨트 대통령이 은행권 발행의 담보였던 약 6억 5,000만 달러의 국채를 연방준비은행권으로 상환

1914년 발행된
10달러 연방준비은행권

하면서 역사 속으로 사라졌다. 이후 미국에서 국립은행권은 사라지고 연방준비은행권만 남게 되었다.

6.4 아시아의 국채 시장

아시아에는 국채 시장이 없었다

중국을 비롯한 아시아에서는 근대 서양 문물이 유입되기 전까지 민간과 정부의 관계는 기본적으로 명령과 복종이라는 위계적 구조였다. 정부가 민간에 돈을 빌려줄 수는 있어도 민간이 정부에 돈을 빌려준다는 것은 상상도 할 수 없었다.

전통적으로 중국이나 우리나라에서 토지는 국가의 소유라는 왕토사상이 지배했다. 국민은 국가가 나눠 준 토지를 경작하며 생계를 유지했고, 국가는 필요시 나눠 주었던 토지나 이로부터 유래된 재화에 대한 권리를 주장할 수 있었다.[43] 민간의 재산을 공식적으로는 임의적 세금부과 혹은 많은 비공식적인 수단을 통해 쉽게 몰수하거나 징발하여 약탈하는 것이 가능했다. 이와 같이 민간의 재산권 보호가 미약한 상태에서 개인은 정부에 대해 권리를 주장하거나 채무 이행을 요구할 수 없었다. 개인들은 모두 국가로부터 은혜를 받은 사람들이었기 때문이다.[44] 따라서 국가는 개인에게 대출해 줘도 개인이 정부에 대출해 준다는 개념은 존재하지 않았다. 사고파는 시장경제market economy가 아니라 주고받는 선물경제gift economy였다. 이러한 상황에서는 채권·채무관계가 성립하기 어렵다. 이에 따라 국가가 서민에게 대출하는 관영 전당포는 존재해도 시민이 국가에 자금을 빌려주는 국채시장은 존재할 수 없었다.

중국에서는 과거 선혜청, 의창, 사창이라는 창고를 두어 곡식을 비축했다가 민간에 대출해 주었다. 우리나라에도 조선 시대에 정부가 전쟁과 기근에 대비하여 쌀을 비롯한 각종 곡식을 저장하는 의창제도가 있었다. 이를 이용하여 정부는 봄에 곡식을 민간에 대여한 후 가을에 이자를 더하여 환수하는 환곡제도를 운영했다. 곡식 창고에 대략 30퍼센트의 곡식만 남겨 두고 나머지는 민간에 대여했으며, 그 이자율은 10퍼센트였다. 중국에서는 이런 제도가 곡물가격을 안정화하는 데 초점을 두고 운용되었지만, 우리나라에서는 시장의 기능을 약화시키고 사람들로 하여금 국가의 식량배급에 의존하게 만들었다.

조선은 인구대비 세계 최대 규모의 환곡을 운영한 것으로 알려져 있다. 비축된 곡식은 조선 초부터 증가하기 시작하여 18세기 후반에는 1,000만 석에 이르렀다가 이후 감소했다. 특히 19세기 중반부터는 관리가 부실하여 장부에 기록된 환곡의 절반 정도가 허수였다고 한다.[45] 민간에 대한 실제적 대부는 이루어지지 않고 곡식의 환수만 이루어지는 경우도 많아 정부가 은혜를 베푸는 것이 아니라 실질적으로 민간의 재산을 수탈하는 수단으로 변질되었다. 백성들에게 은혜를 베풀어 사회불안을 방지하고 정치적 안정을 달성하기 위해 이러한 제도가 도입되었음은 두말할 나위가 없다. 그러나 상시적으로 농민들에게 매년 종자와 곡식을 나눠 주기 위해 국가는 농민을 고용하고 농업생산을 하는 어마어마하게 큰 지주 혹은 국유기업이 되었다. 농민들은 국가가 제공한 곡물을 임금으로 받아 모두 소비하고 수확철에는 국가에 변제하는 임금 노동자가 되었다. 당연히 스스로 재산을 축적하고 생계를 꾸릴 자영 농민에 대한 공간은 없었다. 조선은 이미 공산주의 국가였다. 더욱이 전통적인 유교사상은 민간의 이익을 정부가 통제해야 한다는 국가주의 사상을 특징으로 한다.[46] 개인이 정부에 돈을 빌려줄 정도로 재력을 축적하는 경제활동은 비난을 받았다. 재산이 있는 사람에게서 돈을 거둬 어려운 사람에게 배분하는 것이 국가의 의무로 간주되었다.

한편 당시 가장 중요한 재산은 토지와 같은 비유동성 자산이었다. 세금을 물품으로 납부했고 화폐경제가 충분히 발달하지 않았기 때문에, 은화나 금화와 같이 쉽게 보유하거나 빌려줄 수 있는 유동성 자산이 태부족했다. 결국 민간의 부는 충분히 축적될 수 없어 국가가 돈을 빌릴 상인의 수는 극히 적었다. 민간은 국가로부터 차입해도 국가가 민간으로부터 차입하는 것은 대체로 가능하지 않았고 바람직하지도 않았다.[47] 국내에 국채 시장이 존재하지 않았기 때문에 갑작스러운 재정수요가 발생할 경우 정부는 세금을 인상하는 방식으로 대응할 수밖에 없었다. 이는 국민들의 불만을 고조시켜 정치적 불안정을 가져왔다. 특히 중국의 경우 역대 왕조에서 세금 인상은 항상 농민반란을 불러일으켰고, 이를 진압하기 위한 군사비 지출은 재정압박을 심화시켜 결국 군인의 급여 지급 중단 등 극단적인 결과로 이어져 왕조

의 멸망을 초래했다.[48]

다만 19세기 후반에 들어서면서 아시아 국가들은 외국의 상인이나 시장에서 돈을 빌릴 수 있었다. 중국에서 정부의 외국 차관은 청나라 말기 태평천국의 난과 각 지역의 반란을 진압하기 위한 군비 지출과 더불어 시작되었다. 최초의 차관은 1853~1854년 소도회(小刀會)라는 상하이 비밀결사체가 일으킨 봉기를 진압하기 위해 중국 세관의 관세수입을 담보로 상하이의 외국 상인으로부터 빌린 12만 7,000냥[49]이었다. 이어서 지방정부가 군사적 목적으로 외국 상인들로부터 차입하기 시작했다. 청나라 정치가 좌종당(左宗棠)이 신장 지역 반란을 평정하기 위해 빌린 서정차관(西征借款)은 1867년부터 1881년까지 여섯 차례에 걸쳐 총 1,500만 냥이나 되었다. 이는 당시 군사비의 15퍼센트에 해당하는 거액이었다. 청 정부의 조달금리는 1년 미만 단기차입은 월 1.5퍼센트, 3년 이상 장기차입은 연 9.75~15퍼센트였다.[50]

이러한 해외 차입은 청나라의 생명줄이었다. 좌종당은 "정부가 전비를 조달하기 위해 돈을 빌리는 것은 서양에서 흔한 일이다. 중국 상인은 정부에 돈을 빌려주길 꺼려하는 데 비해 외국 상인들은 우리 정부에 쉽게 돈을 빌려준다. 더욱이 더 많은 돈을 빌릴수록 이자도 싸진다. 이는 돈을 더 많이 빌리면 더 많은 이자를 요구하는 중국 상인의 관행과 대조된다."라고 말했다.[51] 이에 청나라는 지방정부는 물론 중앙정부까지 앞장서서 외국으로부터 자금을 빌리기 시작했다. 청나라 정부의 부채는 청일전쟁 전까지 약 40년간 총 4,600만 냥으로 증가했고, 청일전쟁의 패배로 1895년에는 전쟁 배상금으로 2억 3,000만 냥을 지불하기 위해 거액의 외채를 빌려야 했다. 1911년 신해혁명 이후 외채는 정부재정 조달의 일상적인 수단으로 등장했다.

일본은 개항 이래 서구 열강의 제도를 적극적으로 도입하고 부국강병정책을 추구했다. 이를 위해 일본 정부는 서양으로부터 기계와 무기를 사와야 했다. 국내에서 생산하기에는 아직 일본의 기술 수준이 미흡했기 때문이다. 그러나 당시 일본은 만성적인 국제수지 적자를 기록하고 국제 금융 시장에서 신용도 역시 열악했다. 따라서 일본 정부는 외국에서 차관을 조달하기 힘들었고, 차입 조건도 매우 불리했다. 일본 정부가 외국에서 빌린 최초의 자금은 1870년 철도개설을 위해 런던에서 빌린 100만 파운드(488만 엔)의 차관이었다. 이 차관은 일본 전체 관세수입과 조달자금으로 건설된 철도 사업에서 발생할 이익을 담보로 했다. 발행 조건은 파운드화로 상환되며, 액면금리는 9퍼센트이고 발행가격은 액면의 98퍼센트였다. 만기는 13년으로 3년 거치 후 10년에 걸쳐 균등상환하는 조건이었다. 당시 일본은 높은 신용리스크로 런던 금융 시장에서 가장 높은 금리를 지불하는 국가 중 하나였다.[52]

우리나라에서 최초의 정부 차입은 1882년 일본에서 조달한 자금 17만 원(圓)이다. 1880년대 조선은 만성적인 재정난에 허덕였다. 개항 이후 국가의 재정지출은 날로 늘어났으나 수입을 증대시킬 만한 재원이 없어 정부화폐를 찍어 낼 수밖에 없었다. 이에 국가의 재정난을 타개하기 위해 차관 도입이 검토되었다. 일본은 처음에 우리나라의 정치 상황이 불안정하다는 이유로 차관 제공을 꺼렸으나 청일전쟁 이후 태도를 바꿨다. 이에 따라 이자는 연 8퍼센트이고, 2년 거치 후 10년 동안 매년 원금 1만 7,000원씩 상환하는 조건으로 17만 원을 조달했다. 부대 조건으로는 원금과 이자의 상환이 약정대로 실행되지 못하고 지연되는 경우 부산해관의 수입금과 함경도 단천 금광에서 공동으로 채굴하여 거둬들인 금으로 대신하기로 했다.[53]

일본국채의 성공적 판매가 러일전쟁의 승리로 이어져

1904~1905년에 벌어진 러일전쟁에서 일본이 승리를 거두자 전 세계가 크게 놀랐다. 그러나 국제 금융 시장에서 일본국채의 매각 성공이 전쟁의 승패를 가르는 가장 큰 요인으로 작용했다는 사실은 잘 알려져 있지 않다. 일본 정부는 메이지 유신 이후 군함이나 무기를 외국에서 집중적으로 수입하여 해군력을 강화해 왔다. 해군력은 국제 금융 시장에서 자금조달 능력과 비례했다. 일본 정부의 해군력 강화는 바로 성과로 나타났다. 1894년 청일전쟁에서 일본 함대가 중국 함대를 괴멸시킨 것이다. 그 결과 시모노세키 조약을 통해 타이완을 할양받고 이미 살펴본 바와 같이 2억 3,000만 냥(약 3억 5,000만 엔)[54]의 배상금을 금으로 받았다. 이는 개항 이후 일본에서 유출된 정화의 약 60퍼센트에 달하는 거액이었다.

당시 일본 정부는 전쟁을 위해 세금이나 국내 군사공채로 조달한 2억 엔을 지출했기 때문에 청일전쟁은 일본에 많은 이윤을 남기는 사업이었다. 이러한 배상금을 기초로 일본 정부는 1897년 일본 엔을 금 0.75그램에 고정시키는 금본위제로 이행할 수 있었고 국제 금융 시장에서 자금 조달 능력도 제고되었다. 1897년 일본 정부는 440만 파운드화 국채를 발행했는데, 만기가 53년으로 늘어나고 조달금리도 4.9퍼센트까지 하락했다.[55]

1904년 일본 함대가 뤼순에 있는 러시아 극동함대를 공격함으로써 러일전쟁이 시작되었다. 러일전쟁은 청일전쟁에 비해 거의 10배인 10억 달러의 전비가 소요될 것으로 예측되었다. 그러나 일본이 당장 쓸 수 있는 외환 보유고는 4,000만 달러에 불과해 전쟁경비를 조달하는 것이 급선무였다. 일본 정부는 국제 금융 시장에서 5,000만 달러의 전시외채를 발행하기로 하고 당시 일본은행 부총재였던 다카하시

고레키요(高橋是清)에게 자금조달 책임을 맡겼다. 다카하시는 1904년 런던에서 전시공채 투자자를 모집하며 본격적인 외자 유치에 나섰다. 당시 런던 국제 금융 시장은 연간 약 8억 달러의 국공채가 판매되어 세계에서 가장 큰 시장이었기 때문이다. 처음에 런던의 투자가들은 일본 정부의 전쟁 승리 가능성이나 일본 정부의 지불능력이 낮다고 생각하여 일본의 국채에 투자하는 데 주저했다. 그러나 다카하시는 미국 뉴욕의 영향력 있는 투자회사 쿤로브Kuhn, Loeb & Co의 대표였던 제이컵 시프Jacob H. Schiff의 도움을 받아 1904년 5월 5,000만 달러의 공채매각에 성공했다.

이후 일본 정부는 1904년 11월 다시 5,800만 달러, 그리고 1905년에는 1억 5,000만 달러의 국채를 두 차례 성공적으로 매각했다. 물론 이때도 제이컵 시프가 일본 국채 인수에 결정적 역할을 했다. 후에 알려진 바에 의하면 그가 일본 정부에 자금을 지원한 이유는 유대인으로서 당시 러시아의 반유대주의를 반대했기 때문이다. 결국 일본 정부는 총 4억 800만 달러(순수취액 약 3억 4,000만 달러)의 자금을 외채로 조달하여 전쟁 경비로 사용했다. 이러한 해외 차입은 일본이 전쟁에서 승리하는 발판이 되었다. 〈표 6-2〉는 러일전쟁 당시 일본 전시외채의 조달 상황을 요약한 것이다.

일본 전시외채 매각의 특징을 정리하면 다음과 같다. 첫째, 전쟁 상황은 일본 정부의 성공적인 국채 매각 및 자금 조달과 비례했다. 예컨대 1904년 11월 국채 발행에서와 같이 전쟁이 장기화되고 러시아군의 방어가 잘 이루어지는 경우에는 일본 정부의 자금조달 능력이 하락하여 실제 지급 이자율이 높아졌다. 반면 1905년 이후에는 일본이 전쟁에서 승기를 잡아 조달 국채액은 증가하고 조달금리는 하락했다. 특히 1905년 7월 네 번째 국채 발행에는 일본의 해군제독 도고 헤

[표 6-2] 러일전쟁 시 일본 전시외채 조달 상황

구분	1904년 5월	1904년 11월	1905년 3월	1905년 7월
발행 금액	5,000만 달러	5,800만 달러	1억 5,000만 달러	1억 5,000만 달러
일본 정부 순수취액	4,500만 달러	5,000만 달러	1억 2,400만 달러	1억 2,400만 달러
투자자 구성	1/2 뉴욕 1/2 런던	1/2 뉴욕 1/2 런던	1/2 뉴욕, 1/2 런던 이 중 70%는 유럽 투자자에게 재판매	1/3 뉴욕 1/3 런던 1/3 독일
미국의 인수자	쿤로브 외 2개 뉴욕 은행	쿤로브 외 뉴욕 신디케이트론	쿤로브 외 미국 전역의 신디케이트론	쿤로브 외 미국 전역의 신디케이트론
상환일	1911년	1911년	1925년	1925년
만기	7년	7년	25년	25년
조기 상환 옵션	없음	없음	5년	5년
명목이자율	6%	6%	4.5%	4.5%
발행가격 (액면가격 대비)	93.5%	90.5%	90%	90%
수수료	3.5%	3.75%	3.25%	3.25%
실제 이자율	7.72%	8.65%	6.49%	6.47%
담보	일본 관세	일본 관세	일본 정부의 담배 독점	일본 정부의 담배 독점
담보 커버율	233%	387%	237%	236%
응모율	500% (뉴욕) 3,300% (런던)	500% (뉴욕) 1,300% (런던)	700% (뉴욕) 1,100% (런던)	500% (뉴욕) 1,000% (런던) 900% (독일)
전쟁 상황	일본의 기습 공격으로 러시아 함대 격파, 일본 육군의 만주 진출	전쟁의 장기화, 러시아는 뤼순 방어	뤼순 함락과 선양전투에서의 일본 승리	쓰시마 해협에서 러시아 발틱 함대 전멸

자료: Miller(2005).

Ⅰ 일본 정부의 국채는 모두 파운드화로 표시되었으나 미국 투자자들은 1파운드 = 4.87달러의 고정환율로 투자하고 수익을 받음.

이하치로(東郷平八郎)가 러시아의 발틱 함대를 전멸시켰다는 소식이 나오면서 세계 각국 투자자들의 공채응모가 쇄도하는 등 일본국채에 대한 수요가 크게 늘면서 조달금리도 대폭 하락했다.

둘째, 미국의 투자회사 쿤로브가 전체 조달금액의 절반 가까이를 인수하는 등 미국 금융회사가 국채 발행에서 결정적 역할을 했다. 이는 미국이 처음으로 국제 금융 시장에서 런던에 필적하는 주도국으로 등장하기 시작했음을 의미한다. 실제 미국이 러일전쟁 당시 1억 3,000만 달러의 일본국채를 인수한 것은 10년 후 제1차 세계대전 중 영불전시공채를 인수할 때까지 월가에서 이루어진 가장 큰 규모의 국제투자였다.

셋째, 외채의 매각 상황과 자금조달 능력은 일본 정부의 전쟁수행과 평화협상 전략에 큰 영향을 미쳤다. 예컨대 평화협상에서 일본은 한국에 대한 전적인 지배권과 뤼순항 및 만주철도의 통제, 만주의 중립화 등 영토지배권과 더불어 청일전쟁 시와 같이 전쟁배상금을 요구한 반면, 러시아 입장에서는 영토지배권은 양보 가능한 사항이었으나 배상금 지급은 받아들일 수 없는 조건이었다. 러시아는 나폴레옹 전쟁 때도 적국에 한 번도 배상금을 지급한 적이 없었기 때문이다. 따라서 평화협상은 결렬될 상황이었다. 이에 미국의 루스벨트 대통령이 평화협상을 중재하면서 배상금을 포기하도록 일본 정부를 설득하여 결국 러시아가 일본에 전쟁배상금을 지불하지 않는 조건으로 평화협정이 최종 타결되었다. 루스벨트 대통령은 향후 전쟁 목적으로는 일본에 더 이상 돈을 빌려주지 않겠다고 압력을 가하면서 일본 정부의 양보를 끌어냈다고 한다.[56]

7장

중앙은행 통화로서 은행권

7.1 공공은행의 출현

암스테르담은행은 가장 성공적인 예금은행

상업이나 산업이 발전함에 따라 신용수요가 증가하면서 예탁된 금속의 양을 초과하여 은행권이 발행되었고, 초과 발행분만큼 신용발행이 되면서 예금은행deposit bank과 발권은행issue bank을 구분할 필요가 생겼다. 예금은행은 기본적으로 대출 기능이 없어 신용발행이 필요없는 은행으로, 100퍼센트 지급준비은행이라고 할 수 있다. 이에 비해 발권은행은 신용발행이 있는 대출은행이다.

예금은행의 효시는 17세기 초 네덜란드에서 설립된 암스테르담은행이다. 암스테르담은행은 금속화폐로 예금을 받고 이에 대한 보관증서로 은행권을 발행했으나 무준비 신용발행은 원칙적으로 금지했다. 이해 비해 영란은행은 신용발행을 하는 발권은행이었다.

암스테르담이 있는 저지대 국가는 발트해, 북해, 지중해와 연결되는 교통요충지여서 일찍부터 유럽 화물의 집산지이자 국제무역의 거점이었다. 저지대 국가의 발전 초기에는 브루게나 안트베르펜이 가장 중요한 무역 및 금융의 도시였으나 16세기 말 네덜란드 독립전쟁 후 안트베르펜의 신교도와 유대인들이 암스테르담으로 이주하면서 암스테르담이 새로운 중심지로 부상했다. 암스테르담에서는 여러 나라의 다양한 주화가 유통되면서 통화질서가 점점 더 혼란스러워졌는데, 특히 17세기에는 지방정부가 운영하는 14개의 관립 조폐소와 40여 개의 민간 조폐소가 난립해 주조차익을 얻기 위한 주화변조coin debasement 문제가 심각했다. 이에 따라 암스테르담 시의회는 주화변조 등에 따른 화폐제도의 신인도 하락을 해결하기 위해 청산 및 결제 업무를 전담하는 교환은행Wisselbank으로 1609년에 암스테르담은행을 설립했다.[1]

암스테르담은행은 16세기 말 설립된 베네치아의 예금은행을 모델로 삼아 탄생했다. 당시 연이은 금융위기로 민간은행의 파산이 계속되자 베네치아 의회는 대출을 취급하지 않고 수취한 예금을 전액 지급준비금으로 금고에 보유하면서 주화의 예치 및 이에 따른 지급결제 업무만 전담하는 예금은행을 설립했다. 예금은행은 대출을 하지 않았기 때문에 누구든 항상 예금한 만큼 인출할 수 있었다. 당시에 예금을 통한 지급거래는 원칙적으로 거래 당사자들이 은행에 직접 방문하여 요청해야 처리되었기 때문에 은행은 상인들이 쉽게 접근할 수 있는 번화가나 항구, 정기시장 등에 자리 잡고 있었다. 베네치아에서는 은행이 주로 번화가인 리알토 다리 부근 광장에 밀집해 있어 새로운 은행을 '리알토광장은행Banco della Piazza di Rialto'으로 불렀다.

베네치아 의회는 1593년부터 모든 환어음 업무를 은행계좌를 통해서만 청산하도록 의무화했다. 물품을 구입한 상인과 판매한 상인이 은행에 계좌를 가지고 있다면 물품을 구입한 상인이 자기 예금계좌에서 판매한 상인의 계좌에 판매 금액을 '이체'하면 돈은 그대로 은행 금고 속에 안전하게 보관되고 장부상 소유권 이전book transfer만 일어난다. 이러한 방식을 지로giro 거래라고 하는데, 이를 통해 예금인출의 위험은 물론 주화 사용 시 제기되는 주화변조 문제를 피할 수 있었다. '회전'을 의미하는 그리스어인 γύρος에서 유래된 지로는 어음청산과 동일한 기능을 했다.[2] 한편 리알토은행은 1619년 베네치아 시정부가 또 다른 공공은행인 지로은행Banco del Giro을 설립하면서 독점적 지위를 잃고 1638년 폐쇄되었다.

암스테르담은행도 대출 없이 모든 자산을 100퍼센트 지급준비금으로 보유하여 청산 업무에 특화되어 있었다. 이 은행은 시중에 통용되는 모두 주화를 예치받고 태환 시에는 변조가 없는 온전한 주화만 지급했다. 품질이 확인되지 않은 주화를 예치할 때는 주화의 순도 등을 측정하여 소재가치 기준으로 예금액을 기재했다. 그리고 상인이나 민간 금융업자들의 예금에 근거한 계좌이체 방식의 지급결제 서비스를 제공했다. 은행 설립 후에는 베네치아의 리알토은행의 모델을 따라 600플로린 혹은 길더[3] 이상의 거액을 거래할 때는 모두 예탁한 은행예금을 통해서만 결제하도록 했다. 이처럼 암스테르담은행은 오늘날 중앙은행이 담당하는 거액결제 시스템의 핵심 역할을 담당하고 있었다. 다만 일상적인 소액 상거래에서는 주화 결제가 이루어졌다.

한편 암스테르담은행은 통일된 계산 단위로서 '뱅크길더bank guilder'를 창출했다. 즉, 다양한 주화를 예금으로 받은 후 그 가치를 뱅크길더로 환산하여 계정에 기입하는 방식이었다. 은행에 예금을 가지고 있는 사람이 예금을 인출할 경우 월 1.5~2퍼센트의 보관 수수료를 지불해야 했기 때문에 직접 주화 인출을 요구하기보다는 시장에서 예금을 매매하는 방식이 선호되기 시작했다. 이에 따라 예금 거래 시장이 형성되었고, 은행예금은 양질의 온전한 주화를 인출할 수 있다는 장점 때문에 주화가격보다 더 높은 가격에 거래되었다.

그리고 1683년 예금자들에게 양도가능한 예금보관증서receipt를 발행하고 이 보관증서 없이는 주화로 인출할 수 없도록 하는 법이 암스테르담 시정부에 의해 제정되었다. 이후 보관증서는 주화보다 높은 유동성을 가지는 실질적인 은행권으로 발전했다. 뱅크길더 표시 예금증서의 주화 대비 프리미엄을 아지오agio라고 하는데, 아지오는 오늘날 외환 시장에서 환율과 마찬가지로 예금 거래 시장에서 예금증서의 수요에 따라 변동했다. 1653~1780년 암스테르담은행의 아지오를 살펴보면 약간의 변동이 있지만 대략 5퍼센트 수준에서 유지되었다. 암스테르담은행은 아지오가 너무 높으면 뱅크길더로 주화를 매입하고, 반대 경우에는 뱅크길더를 매각해 은행의 독립적 회계 단위인 뱅크길더의 가치를 안정적으로 유지했기 때문이다. 동시에 은행의 준비금도 1억 5,000만에서 2억 뱅크길더 수준에서 안정적으로 유지되었다. 암스테르담은행의 성공은 다른 유럽 국가에서 유사한 은행의 설립을 불러왔다. 그중 하나가 독일의 함부르크은행이다. 독일의 극심한 주화위변조를 다루기 위해 1619년에 설립된 함부르크은행은 독일 제국이 출범한 후 1875년에 독일제국은행Reichsbank으로 통합되어 발전했다.

암스테르담은행은 18세기 후반 네덜란드가 영국과 전쟁을 벌이면서 자금압박을 심하게 받고 있던 암스테르담 시정부와 동인도회사에 예금은행으로서의 원칙을 벗어나 대출을 해주었다. 본래 설립 당시에는 거의 대출을 하지 않았으나 이때는 전비 마련을 위해 낮은 이자율로 지급준비금 이상의 신용화폐를 발행하여 대출했던 것이다. 영국과의 전쟁에서 패하자 암스테르담은행의 예금에 대한 수요가 급감하고 준비금인 금과 은의 보유량도 70퍼센트가 감소하여 총준비금이 2,000만 뱅크길더에서 600만 뱅크길더로 줄었다. 자산 부실화로 인해 은행의 신뢰도가 하락하고 주화 인출 요구가 증가하면서 아지오도 마이너스로 전환되었다. 1814년 중앙은행인 네덜란드은행De Nederlandsche Bank이 설립되어 암스테르담은행의 역할을 떠맡으면서 암스테르담은행은 1819년에 청산되었다.[4]

영란은행, 대출은행으로 출범

1661년에 설립된 세계 최초의 중앙은행인 스웨덴의 릭스방크Riksbank나 1694년에 세워진 영국의 영란은행은 대표적인 발권은행이다. 발권은행은 보통 정부의 부족한 재정자금을 지원하는 대가로 은행권 발행이라는 특혜를 받았다. 정부가 이들과 거래한 이유를 보면 전쟁 등으로 막대한 재정자금이 필요했으나 조세제도가 미비해 수요를 충족시키기 어려웠기 때문이다. 정부의 은행으로서 중앙은행의 역할이란 결국 정부 재정의 지원이었다. 이들 발권은행은 이에 대한 특권으로 은행권 발행 권한을 얻어 어음할인 등 민간에 대해서도 대출 업무를 할 수 있었다.

스웨덴의 릭스방크는 1661년 유럽에서 처음으로 은행권을 발행했다. 초기에는 은행권 남발을 염려하는 사람이 많았고, 이에 따라 스웨덴 정부는 은행권 발행 시 저명한 관리 16인이 개별적으로 손으로 배서하도록 하여 정화태환을 보증하도록 했다. 스웨덴의 이 실험은 큰 성공을 거뒀고, 1668년에 국유화되면서 릭스방크는 현존하는 가장 오래된 중앙은행이 되었다.[5] 릭스방크의 성공적인 은행권 발행은 영국 등 다른 유럽 국가에 영향을 미쳤다. 영란은행이 설립된 1694년 당시 영국은 프랑스나 스페인과 왕위 계승, 영토 상속, 대서양 무역의 해상패권 등을 둘러싸고 끊임없이 전쟁을 벌였으며, 영국 정부는 계속되는 대내외 전쟁으로 재정파탄에 허덕이고 있었다. 특히 17세기 말에는 영국 국왕인 찰스 2세Charles II가 금장인goldsmith이나 민간은행으로부터 많은 자금을 차입했으나 재정 상황이 어려워지자 채무이행을 거부하고 런던탑에 예치된 금장인들의 금준비금마저 몰수해 버렸다. 이에 따라 많은 금장인과 은행의 파산이 이어지고 정부의 신용이 크게 손상되었다. 그 후 명예혁명으로 새로운 정부가 등장했으나 정부의 신용은 충분히 회복되지 못했다. 더욱이 프랑스와의 9년 전쟁(1688~1697년)으로 정부의 재정악화는 더욱 심각한 상황이었다. 예컨대 1685년에서부터 1700년까지 15년 동안 영국의 조세수입은 5,500만 파운드로, 그전 15년간의 조세수입(2,400만 파운드)에 비해 약 2배 증가했으나 정부 차입은 1,300만 파운드로 증가하여 이전의 80만 파운드에 비해 무려 17배나 증가했다. 따라서 영국 정부는 신속하게 새로운 장기차입 자금원을 발굴해야 했다.

한편 금장인들이 은행 사업을 확장하면서 이들의 고리 대출에 대한 상인들의 불만도 커졌다. 예컨대 어음할인의 경우 현금이 부족하거나 어음의 상환 가능성이 낮다고 판단된 차입자에게 은행들이 20~30퍼센트의 높은 금리를 요구하는 경우가 있었는데, 런던의 상공인들은 이러한 독점적인 금리 결정을 비난하고 공공은행 설립 필요성을 제기했다. 당시 네덜란드의 암스테르담은 이미 국제 금융의 중심지로서 이탈리아 제노바를 대체하고 있었기 때문에 영국의 상인들이나 정치가는 암스테르담은행의 역할과 활동에 대해 잘 알고 있었다. 따라서 암스테르담을 모델로 하여 런던에도 공공은행을 설립해야 한다는 제안을 포함해 수많은 제안이 제시되었다. 영국 의회는 이러한 요구를 반영하기 위해 스코틀랜드 출신의 패터슨William Paterson이 제안한 안을 채택했다. 패터슨의 방안은 영란은행을 설립하고 그 자본금으로 120만 파운드를 조달한 후 이를 정부에 대출해 주는 대신, 영국 정부는 이에 대해 8퍼센트의 이자율을 지급하고 정부 대출의 대가로 영란은행에 120만 파운드에 달하는 은행권을 발행하여 상공인들에게 대출할 수 있도록 하는 것이었다. 영란은행은 정부에 신용을 공급하는 동시에 상공인에 대한 무준비 신용을 공급하는 업무를 떠맡았다.

1694년 영국 의회는 '재정수입방안법Ways and Means Act'을 제정하고 영란은행 설립을 허가했다. 이 법의 주요 목적은 선박이나 주류에 대한 종량세 부과 등을 통해 조세 수입을 확보하고 새로운 차입 수단을 발굴하여 프랑스와의 전쟁을 지원하는 것이었다. 이 법에서 영란은행의 설립은 재정자금을 조달하기 위한 부차적인 수단에 불과했다. 영국 의회는 정부가 총 150만 파운드의 재정자금을 조달하는 것을 승인했는데, 이 중 30만 파운드는 연금채권annuity을 발행하여 조달하고, 나머지 120만 파운드는 패터슨의 제안대로 신설되는 영란은행의 납입자본금을 통해 조달했다. 대신 영국 정부는 영란은행 투자자들에게 8퍼센트의 이자와 연 4,000파운드의 경영지원금 지급을 약속했다. 자본금은 빠르게 모금되었고 영란은행은 당시 '영란은행의 총재 및 회사Governor and Company of the Bank of England'라는 이름으로 설립되었다. 영란은행은 많은 투자자가 주주로 참여하는 주식회사joint-stock bank로 계획되었고, 주식 분산을 위해 단일 주주가 보유할 수 있는 최대 지분은 1만 파운드로 제한되었다. 당시 영국 국왕이던 윌리엄 3세와 메리 여왕이 지분에 투자한 것은 물론, 패터슨을 포함하여 민간 부문의 많은 상인이나 은행가들이 주요 주주와 경영진으로 참여했다.[6]

영란은행 설립 당시 금장인은행goldsmith bank과 같은 민간은행은 영란은행에 적대적인 태도를 보였다. 자신들이 발행한 은행권과 영란은행권이 서로 경쟁 관계였기 때문이다. 그러나 금융위기 시 민간은행에 긴급자금을 공급하는 최종 대부자로서 영란은행의 역할이 커지면서 이러한 의구심은 사라졌다. 이에 따라 민간은행은 점차 은행권 발행 업무를 그만두고 영란은행권을 예치하여 이를 기반으로 대출에 나서기 시작했다. 초기에 영란은행의 가장 큰 과제는 정부부채 인수였다. 당시 프랑스와의 전쟁에 필요한 자금을 마련하기 위해 영국 재무부는 앞에서 본 바와 같이 재무증권인 엄대를 발행했는데, 이를 소화해 줄 시장이 없었다. 따라서 영국 의회는 전비 마련을 위해 영란은행에 의지해야만 했다.

1697년 영국 의회는 영란은행의 자본금을 100만 파운드 추가 확대하기로 결정하고 주주들이 납입 자본금의 80퍼센트까지를 엄대로, 나머지는 영란은행권으로 납입할 수 있도록 법을 개정했다. 그 결과 영국 정부는 원금과 이자를 정해진 기간 내 여러 투자자에게 상환해야 하는 단기 차입 대신, 영란은행이라는 단일 채권자에게 원금은 상환하지 않고 이자만 갚아 나가면 되는 장기 차입을 통해 안정적으로 재정자금을 확보할 수 있었다. 한편 이에 대한 대가로 영란은행은 자본금을 확충하고 그만큼 추가적인 은행권을 발행하게 되었다. 그뿐만 아니라 몇 가지 특권을 부여받았는데, 국왕의 주화 위조범과 동일하게 은행권 위조범을 사형에 처할 수 있는 권한, 은행의 이익에 대한 면세 특권, 잉글랜드의 유일한 주식회사은행으로서의 독점권이 그것이다. 이러한 특권은 영란은행의 발전에 중요한 영향을 미쳤다. 당시 은행업 이외 산업 분야에서는 주식회사가 활발히 등장하기 시작했으나 은행업에서는 6인 이하 출자금으로 설립되는 민간은행을 제외하고, 영란은행 외에 주식회사 형태의 은행 설립이 허용되지 않았다.[7]

나폴레옹 전쟁 기간에 영란은행은 늘어나는 전비 조달을 위해 준비금 없이 신용발행fiduciary issue을 했다. 1797년 영국 의회가 금태환중지법Bank Restriction Act을 통과시키면서 영란은행권은 불태환권으로 바뀌었다. 그리고 1833년 최종적으로 영국 의회는 영란은행권에 법화 지위를 부여했다.

7.2 은행권과 정부지폐

정부지폐와 달리 은행권은 태환증서로부터 시작

어음이란 금전 지급을 약속하는 문서로, 일반적으로 두 가지 종류가 있다. 하나는 발행인이 직접 지급을 약속하는 약속어음promissory note이고, 다른 하나는 발행인이 제3자에게 지급을 지시 혹은 명령하는 환어음bill of exchange이다. 정부지폐나 은행권은 약속어음에서 발전한 것이고, 상업은행의 수표는 다음 장에서 보듯 환어음에서 발전해 나왔다.

중앙은행이 발행한 은행권banknote은 같은 약속어음에서 발전했지만 정부지폐와 구분된다. 중앙은행이 발행하는 은행권은 당초부터 태환에 대한 약속이 잘 보장되어 있었다. 이에 반해 정부지폐 혹은 정부어음은 태환 의무가 매우 약했다. 은행권과 정부지폐의 이러한 차이를 처음으로 명확히 구분한 사람은 존 로John Law였다. 스코틀랜드 금장인의 아들로 태어난 그는 토지나 금으로 보증한 은행권 발행을 주장했다. 당시 프랑스에서는 태양왕 루이 14세가 죽고 루이 15세가 다섯 살의 나이로 왕위를 계승하자 필리프 2세가 섭정을 하게 되었다. 로는 프랑스의 막대한 정부부채 문제로 고심하던 필리프 2세에게 영란은행과 같이 은행권을 발행하는 은행을 설립하여 정부부채를 인수하게 하는 것을 제안했다.

은행에 대한 로의 생각은 당시 극심한 재정 궁핍을 겪던 영국과 프랑스의 금융 상황을 비교해 보면 알 수 있다. 영국은 1694년 영란은행을 설립하고 정부대출을 담보로 은행권을 발행한 반면, 프랑스는 1701년 비예데타billet d'État라는 정부지폐 혹은 정부어음을 발행하여 재정자금을 조달했다.[8] 결과적으로 영국 정부는 영란은행 설립 이후 정부채무가 크게 증가했음에도 불구하고 훨씬 용이하고 좋은 조건으로 재정자금을 조달할 수 있었다. 반면 프랑스에서는 정부지폐의 가치가 급격히 떨어져 재정자금 조달에 어려움을 겪었을 뿐만 아니라 국민의 불신과 적대감만 불러일으켰다.

결국 프랑스는 1711년 정부지폐를 폐기하게 되었다. 로는 이러한 결과가 나타난 이유를 지폐 발행과 보증 방식의 차이에서 찾았다. 우선, 정부가 직접 지폐를 발행한 프랑스의 경우 투자자는 정부지폐에 대해 정화교환을 요구할 수 있었다. 그러나 정부지폐 발행량이 증가하면서 지폐의 가치가 하락하자 화폐로서 보유 매력을 상실했고 정부채권으로 전환되면서 유통수단으로서 기능을 상실했다. 이에 반해 영국의 경우는 투자자의 자금이 우선 영란은행에 주식으로 투자되고 영란은행은 이렇게 조달된 자금을 정부에 대부하여 간접적으로 정부의 재정자금 조달에 기여했다. 한편 영란은행은 이에 대한 반대급부로 은행권을 발행할 특권을 획득하고 어음할인을 통해 민간 부문에 신용을 제공함으로써 은행권을 공급했다. 영국과 프랑스의 지폐 발행 방식의 차이는 [그림 7-1]의 대차대조표에 나타난다.[9]

로에 따르면 영란은행에서와 같이 민간신용을 통해 발행된 은행권은 은행 자체는 물론 경제 전체의 성장을 높인다. 동시에 정부대출로 인한 이자소득뿐만 아니라 민간에 대한 신용공급으로 발생한 이자

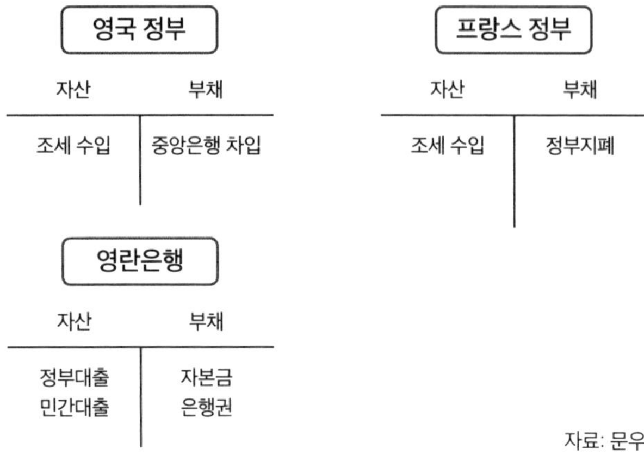

자료: 문우식(2018).

[그림 7-1] 영국과 프랑스의 지폐 발행 방식 차이

소득으로 인해 투자자의 이익이 증가된다. 이러한 이익의 증가는 다시 영란은행의 주식에 대한 매력뿐만 아니라 영란은행이 발행하는 은행권에 대한 신뢰도 크게 높였다. 로 자신이 지적한 바와 같이 "영국은 영란은행 설립을 통해 재정자금을 조달하는 동시에—관계된 투자자의 이익은 차치하더라도—국가와 상업 모두에 커다란 이익을 가져다준" 반면 "프랑스는 국가가 재정자금을 직접 차입하는 신용체제에 의존함으로써 상업을 파멸시켰다."[10]

프랑스는 로의 제안에 따라 1716년 이른바 '일반은행Banque générale'이란 주식회사은행을 설립했다.[11] 일반은행은 4퍼센트 금리의 국채를 인수하고 이를 담보로 주식을 공모했으며, 영란은행과 같이 은행권을 발행하여 상업어음을 할인하는 특권을 획득했다. 일반은행의 은행권 소지자들은 일반은행과 거래를 하는 은행들 어디서나 정화 태환 요구가 가능해 이를 외환거래 수단으로 활용할 수도 있었다. 또한 프랑스 각지의 세금징수원들에게 정화태환을 요구하거나, 세금 납부에 사용할 수 있었다. 따라서 일반은행의 은행권은 법화와 같이 국내외에서 유용한 지급수단으로 널리 사용되었다. 일반은행의 은행권은 처음에 은을 예탁 혹은 보관하는 증서로 태환권의 성격을 띠었지만, 이후 법화로 지정되고 금화나 은화 담보를 초과하는 신용발행이 늘면서 점차 불환지폐로 변화했다.[12] 불환권은 지나치게 발행되면 발행 기관에 대한 신뢰를 손상시키고 결국 환매된다는 점에서 정부지폐와 실질적으로 큰 차이가 없다.

한편 일반은행의 성공에 고무된 로는 영국의 동인도회사나 남해회사South Sea Company와 같은 독점적 무역회사를 모델로 서방회사Compagnie d'Occident[13]를 세웠다. 이 회사도 일반은행의 경우에서와 같이 정부부채를 인수하고 이를 담보로 주식을 공모하는 부채-주식 스왑debt-equity swap 방식을 활용했다. 최종적으로 프랑스의 모든 정부부채와 수입을 관리하고 경제성장을 지원할 수 있도록 1720년 로는 일반은행과 서방회사를 합병하여 프랑스의 모든 금융과 무역을 독점하는 미시시피회사Mississippi Company를 설립했다. 미시시피회사는 국채인수나 어음할인은 물론 식민지 무역과 관련된 각종 특권에 투자했으며, 이러한 투자자산을 담보로 은행권과 주식을 발행하여 필요한 자금을 조달했다.[14] 그러나 합병 당시 주가가 시장가격보다 높게 고정되면서 대량의 주식이 환매되고 은행권으로 교환되었다. 한편 대규모 은행권 발행이 이루어져 인플레이션이 발생하면서 정화에 대한 은행권의 교환 가치가 1720년 7월에는 액면가의 60퍼센트 수준으로 하락했다. 이에 정화로의 태환이 가속화되어 은행권의 가치는 같은 해 9월 액면가의 44퍼센트, 10월에는 19퍼센트까지 하락했다. 이러한 은행권의 가치하락은 로의 시스템에 대한 신뢰를 급속히 하락시켜 미시시피회사의 주가 폭락으로 이어지면서 정화가치와 주식가격 간 폭락의 악순환

이 발생했다. 결국 프랑스 정부는 은행권 유통을 금지해야 했다.[15]

역사적으로 볼 때 은행권의 발달은 금장인이나 상인 혹은 환전상이 예탁받은 금에 대해 발행한 보관인수증에서 비롯되었다고 볼 수 있다. 특히 이들은 금 예탁을 받고 예금자에게 요구 시 예탁된 금속화폐를 지급하겠다는 약속어음을 발행해 주었다. 이러한 약속어음은 지급인이 정해져 있고 양도가 불가능하여 처음에는 일반적인 지급수단으로 사용될 수 없었다. 그러다가 17세기 들어 약속어음이 이전 혹은 양도 가능해지면서 이러한 어음이 은행권으로 발달한 것이다. 예컨대 영국에서 발행된 최초의 은행권은 런던의 금장인이 발행한 약속어음인데, 이 은행권에 '소지자bearer' 조항이 삽입되어 누구에게나 양도 가능한 약속어음으로 발전했다. 결국 은행권이란 은행이 '소지자가 요구 시 즉시 지불을 약속하여 발행하는 약속어음a promissory note payable to the bearer on demand issued by a bank'으로 누구에게나 양도 가능한 증서라고 볼 수 있다. 따라서 기본적으로 태환이 가능한 증서였다. 즉, 은행권은 최초에는 같은 가치의 은화나 금화로 태환할 수 있는 약속어음에 불과했기 때문에 금준비금에 비례하여 발행되어 남발이 억제되었다. 또한 정부지폐와 비교할 때 은행권은 정부와 독립적인 은행이 민간의 신용수요에 응해서 발행한 은행의 채무라는 점에서 정부채무로서 통화 남발이 우려되는 정부지폐에 비해 민간에서 높은 신뢰를 얻을 수 있었다. 즉, 은행권의 가치는 정부에 대한 신뢰보다 은행에 대한 신뢰에 달려 있었다. 다만 현대에 와서는 은행권이 불태환되었다는 점에서 정부지폐와 실질적 기능의 차이가 없다. 그럼에도 불구하고, 정부지폐는 정부가 필요에 따라 직접 발행할 수 있는 구조이기 때문에, 여전히 통화 남발의 위험성이 더 크다고 할 수 있다.

통화 논쟁과 필의 영란은행법 개정

1844년 당시 영국 수상이던 로버트 필Robert Peel은 잉글랜드의 은행제도 개혁에 착수했으며, 1년 후에는 스코틀랜드에서도 동일한 개혁을 추진했다.

당시 영국에서는 부분준비제도fractional reserve system가 보편화되면서 많은 은행에서 금준비금의 충분한 보증 없이 은행권이 초과 발행되었다. 이에 따라 무엇이 화폐인가를 두고 이른바 통화학파와 은행학파 간에 논쟁이 벌어졌다. 당시 통화학파는 고전경제학의 태두인 데이비드 리카도David Ricardo에 의해 대변된 반면, 은행학파는 은행의 실무에 밝은 경제이론가 토머스 투크Thomas Tooke가 이끌었다. 이러한 논쟁은 무엇보다 재정자금을 조달하기 위해 발행된 정부지폐와 상업어음 할인을 통해 발행되는 은행권의 차이를 혼동한 데서 비롯되었다.

우선, 통화학파에 따르면 은행권이든 정부지폐든 모두 교환수단이고 통화였다. 따라서 화폐수량설에 입각하여 통화량이 증가하면 물가가 상승한다고 보고 은행권 발행을 금준비금에 비례해 엄격하게 제한할 것을 주장했다. 특히 리카도는 나폴레옹 전쟁으로 금태환을 중단했던 영국이 금본위제로 복귀하기를 희망했으며, 영란은행이 임의로 은행권을 발행하는 것에 반대했다. 그는 암스테르담은행과 같은 예금은행이 이상적이라고 보았다. 이에 따라 리카도는 은행권을 보유준비금에 일대일 대응하여 발행하기 위해 정부로부터 독립된 통화위원회Currency Board 설치를 주장했다.[16]

이에 반해 은행학파에 따르면 은행권은 통화가 아니라 화폐의 유통을 도와주는 신용수단에 불과하므로 정부지폐와 구분되어야 했다. 특히 투크는 은행권이 재정상 필요에 의해 발행되는 정부지폐와 달리 상업활동의 필요needs of trade에 따라 내생적으로 공급된다고 주장했다.

즉, 은행권은 실물 거래를 기반으로 하는 진성어음 할인을 통해 발행되기 때문에 이를 인플레이션의 원인으로 간주하는 화폐수량설은 원인과 결과를 혼동한 것이라고 비판했다. 또한 그에 의하면 은행권에는 정부지폐와 달리 이른바 환류의 법칙law of reflux이 적용된다. 즉, 은행권의 경우 단기어음을 담보로 발행되는 한, 만기 시 다시 은행으로 환수되기 때문에 통화량이 일정하다는 이론이다. 따라서 은행권은 금에 의해 보증되지 않는다고 하더라도 과도한 통화 공급이란 있을 수 없고 물가상승을 야기하지 않는다는 것이다. 결국 투크는 은행권 발행이 인플레이션의 원인이 아닌 한 은행권 발행을 제한할 필요가 없다고 보았다.[17]

고전적 자유주의자였던 필은 영란은행이 은행권 발행을 독점하도록 하고 은행권 발행을 금준비금에 연동시켜 신용발행을 줄일 것을 주장한 통화학파의 주장을 신봉했다. 필은 영국 의회에 세 가지 대안을 제시했다. 첫째는 현행 제도의 유지이고, 둘째는 리카도가 주장한 바와 같이 독립적인 통화위원회 설치이며, 셋째는 영란은행을 발권부와 은행부로 분리하여 발권부가 통화위원회와 같은 역할을 담당하는 절충안이었다. 영국 의회의 선택은 세 번째 대안이었다. 그 이유는 불필요한 논쟁이나 영란은행의 반대를 피할 수 있었기 때문이다.[18] 그 결과 영란은행 발권부는 당시 1,400만 파운드에 해당하는 정부채권을 인수한 후 이를 담보로 영란은행권을 발행했고, 이를 초과하는 은행권 발행은 반드시 금 또는 은 준비금으로 보증되어야 했다. 은행부는 발행된 은행권 한도 내에서 어음할인 업무에만 전념하도록 했는데, 이러한 기능은 오늘날 은행의 은행으로서 중앙은행의 최종 대부자 역할로 발전했다.[19] 또한 지방은행의 경우 새로운 발권은행 설립이 중지되고 기존 은행들에는 현 발행량 이상의 은행권 발행을 금지했다. 또한 기존 은행들이 합병하는 경우 은행권 발행 권한을 영란은행에 반납하도록 했다. 이에 따라 지방은행들은 그들이 발행하는 은행권을 금이나 은으로 보증한다고 해도 1844년 수준 이상으로는 발권이 불가능해지면서 발권은행으로 성장할 수 없었다. 이에 따라 발권 기능은 자연스럽게 영란은행이 독점하게 되었다. 당시 280개의 지방은행이 발행한 은행권은 모두 합쳐 860만 파운드에 불과했던 반면, 영란은행이 단독으로 1,900만 파운드를 발행하여 영란은행 은행권이 압도적인 비중을 차지했다.[20] 한편 중앙은행이 은행권 발행을 독점하면서 정부지폐와 은행권을 구분할 필요가 없어졌다. 중앙은행이 정부의 부채를 인수하고 이를 담보로 독점적으로 은행권을 발행함에 따라 정부의 부채도 중앙은행 대차대조표상 부채로 기입되었기 때문이다. 오늘날 중앙은행 대차대조표에서 은행권은 정부에 대한 대출과 민간에 대한 신용공여라는 두 가지 통화 공급 경로로 공급되는데, 정부지폐와 은행권은 이 경로의 차이에 따라 기능적으로만 구분될 뿐이다.

한편 필의 영란은행법 개정에도 불구하고 이 법의 제정에 주도적 역할을 한 통화학파의 의도는 실현되지 못했다. 법 제정 이후 영국에 닥친 세 차례의 금융위기(1847, 1857, 1866년)를 통해 신용발행의 한도가 탄력적으로 상향조정되면서 통화량을 금준비금과 일치시키고자 한 원칙이 파기되었기 때문이다. 그러나 필의 영란은행법 개정은 제1차 세계대전 때까지 영국의 금융제도를 규율하면서 세계 각국의 중앙은행 제도에 큰 영향을 미쳤다. 다른 나라에서 중앙은행을 설립하거나 법을 개정할 때 1844년의 영란은행법을 모델로 삼았기 때문이다. 우선, 미국이 1861년 도입한 국법은행제도는 물론 일본이 1872년에 도입한 국법은행제도도 간접적으로 필의 영란은행법 개정에 의해 영향을 받은 것으로 평가된다. 한편 1875년 독일 제국의 은행법도 영향을 받았다. 독일제국은행법에서 영란은행법 개정에서와 같이 금 보증 없이 신용발권할 수 있는 은행권 발행에 상한을 설정하고 이를 초과할 경우 금과 일대일로 대응하여 발권하도록 했기 때문이다. 다만 실제에서는 발권한도가 자주 상향조정되었을 뿐만 아니라 5퍼센트의 세금을 납부하면 언제든지 초과 발권할 수 있었다.

근본적으로 은행권을 대체하여 요구불예금(수표)의 사용이 증가하면서 통화량을 금준비금과 연동시키려는 시도는 더 이상 의미가 없어졌다. 요구불예금은 처음엔 화폐가 아니라 단순한 신용수단으로 간주되었으나 오늘날에는 수표를 통해 은행권과 그 기능 면에서 동일한 역할을 한다. 실제로 영국의 경우 지방은행들은 은행권 발행을 포기하더라도 예금을 통해 성장할 수 있었기 때문에 지방은행들의 은행권 발행 중지가 영국 경제에 큰 영향을 미치지 못했다. 이와 동시에 중앙은행권은 정부에 의해 법화로 지정되고 불태환화폐로 변화했다. 따라서 중앙은행이 은행권 발행을 전적으로 책임졌으며 일부 중앙은행은 정부의 조폐소가 담당하던 동전 발행도 책임졌다. 오늘날 동전과 은행권은 현금 혹은 본원통화라고 불리는 중앙은행통화central bank money로서 은행통화bank money인 요구불예금과 함께 어느 나라에서나 가장 신뢰성 높은 통화로 자리 잡았다.

인플레이션은 무준비 신용화폐의 병폐

오늘날에는 경제가 성장하고 물가가 오르는 것을 당연하게 받아들인다. 그러나 이는 20세기 경제의 특징이다. 인류의 과거 역사에 비춰 볼 때 20세기에는 전례 없이 높은 인플레이션이 발생했다.

인플레이션은 물가가 지속적이고 연속적으로 상승하는 현상이다. 물가수준이 비연속적으로 한두 번 상승하는 것은 인플레이션이 아니며, 연속적이고 지속적으로 상승하는 경우에만 인플레이션으로 간주된다. 그런 점에서 인플레이션은 통화량이 지속적으로 증가할 수 있는 신용화폐경제에서만 나타나는 현상이다. 20세기 이전까지는 로마 은화의 가치절하나 유럽대륙의 은 유입에 따른 가격혁명을 제외하고 특별히 주목할 만한 인플레이션이 없었다. 물가가 오르기도 하고 내리기도 하면서 변동성은 컸으나, 전반적으로 지속적인 물가상승 현상은 매우 드물었고 오히려 약간의 디플레이션이 일반적이었다. 통화공급이 보유한 금이나 은 준비금에 연동되어 있었고, 따라서 지속적으로 증가할 수 없었기 때문이다. 그러나 20세기 들어 무준비unbacked 신용화폐인 불환지폐가 남발되었고, 이 점에서 인플레이션은 현대만의 병리적 현상이다.

무준비 신용통화 증가가 인플레이션을 가져오는 가장 극단적인 예가 하이퍼인플레이션hyperinflation이다. 보통 물가가 월별 기준으로 50퍼센트 이상 상승할 경우 하이퍼인플레이션이라고 정의된다. 역사적으로 가장 잘 알려진 사례는 1920년대 독일에서 발생한 하이퍼인플레이션이며, 이 외에도 중동부 유럽 국가는 물론 제2차 세계대전 후 중국, 그리고 1980~1990년대에 중남미는 물론 러시아 등 많은 체제전환국에서도 발생했다.[21]

기본적으로 하이퍼인플레이션은 '통화증발(通貨增發)' 때문에 발생한다. 1920년대 독일의 하이퍼인플레이션도 마구 찍어낸 통화 때문이었다. 독일제국은행은 1921년부터 은행권 발행을 급속히 늘려서 1923년 1월 10억 마르크였던 화폐 발행고가 같은 해 11월에는 40경 마르크까지 급격하게 증가했다. 이에 따라 1923년 1월에는 1913년 대비 약 400배였던 물가가 12월경에는 약 1조 배 상승했다. 동시에 독일 마르크화로부터 탈출이 가속화되면서 마르크화의 대외 가치도를 나

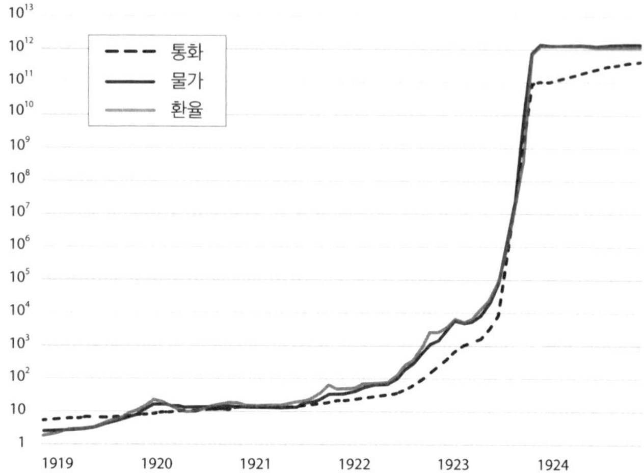

자료: Sargent(1982), Graham(1930).

[그림 7-2] 1920년대 독일의 통화증가율에 따른 물가와 환율 변동

타내는 환율도 급속히 하락하기 시작했다. 1923년 12월경에는 독일 마르크화의 환율이 화폐가치의 하락에 비례하여 약 1조 배 가까이 절하되었다.

그런데 통화증발은 제한되지 않은 정부의 재정지출과 이로 인한 재정적자 때문에 발생한다. 따라서 하이퍼인플레이션의 원인은 결국 재정적자라고 할 수 있다. 2011년 노벨경제학상을 수상한 토머스 사전트Thomas Sargent는 독일을 비롯하여 폴란드, 헝가리, 오스트리아 등 유럽 중동부 4개국의 하이퍼인플레이션을 분석하면서 4개국의 인플레이션이 모두 재정적자 때문이라고 지적했다.[22] 세금이나 차입으로 재정적자를 메꿀 수 없기 때문에 통화증발이 일어나고 이러한 통화증발이 하이퍼인플레이션을 초래한 것이다. 중앙은행이 통화발행을 확대하기 위해 일반적으로 사용하는 수단으로 보통 금(혹은 외환)의 매입, 민간(금융기관)에 대한 대출(재할인), 정부에 대한 대출(국채인수)을 들 수

있다. 그런데 금매입이나 민간금융기관에 대한 대출은 통제될 수 있지만 정부에 대한 대출은 통제될 수 없는 경우가 많다. 특히 중앙은행이 정부에 종속되어 있는 경우 정부 스스로 재정지출을 제한하지 않는 한 중앙은행이 정부에 대한 대출을 거부하기란 매우 어렵다.

따라서 하이퍼인플레이션을 잡기 위해서는 두 가지 조치가 필요하다. 첫째는 재정 개혁을 통한 재정적자 감축이다. 실제 독일의 경우 1923년 10월 1조 구(舊)마르크화를 1마르크화의 신화폐로 평가 변경하는 동시에 공무원의 25퍼센트를 해고하는 등 적극적인 재정긴축 조치를 단행하여 국민들의 신뢰를 회복했다. 둘째는 정부에 대한 대출이나 국채 인수 제한이다. 금은 매입할 수 있는 양이 제한되어 있고 민간금융기관도 자율적으로 운영되는 한 중앙은행을 통한 차입은 일시적이다. 특히 민간은행이 중앙은행에 상업어음 재할인을 요구한다고 하더라도 은행학파가 주장하듯이 환류의 법칙이 적용되어 영속적인 통화증발이나 인플레이션으로 귀결되지는 않는다. 실제 독일의 경우 은행권 발행은 재정 개혁 이후에도 수개월 지속되었으나 물가는 안정적으로 유지되었다.[23] 따라서 정부에 대한 대출이나 국채 인수를 거부할 수 있도록 중앙은행의 독립성을 보장하는 통화 개혁이 핵심 요소라고 할 수 있다.

7.3 자유은행과 발권독점

스코틀랜드는 중앙은행에 의한 발권독점이 없었다

영국은 잉글랜드, 스코틀랜드, 북아일랜드 등으로 구성된 연합왕국 United Kingdom이다. 이는 영국 국기가 흰색 바탕에 빨간색 십자가 모양의 잉글랜드 국기 위에, 파란색 바탕에 흰색 X자 모양의 스코틀랜드 국기, 흰색 바탕에 빨간색 X자 모양의 북아일랜드 국기가 중첩되어 만들어진 데서도 알 수 있다. 잉글랜드와 스코틀랜드의 정치적 연합은 1603년 공동군주제와 1707년 의회 통일로 시작되었다. 그럼에도 불구하고 스코틀랜드는 자체 법과 제도를 유지해 왔다. 특히 스코틀랜드는 중앙은행의 역할과 관련하여 잉글랜드와 정반대되는 정책을 시행한 것으로 유명하다. 스코틀랜드는 특별한 통화정책도 없고 중앙은행도 존재하지 않으며 은행 개설이나 은행권 발행에 규제가 없는 이른바 자유은행제도free banking system를 채택했지만 높은 금융 안정성을 유지할 수 있었고, 이러한 전통하에 오늘날까지 스코틀랜드은행이나 스코틀랜드왕립은행 등 민간은행이 영국의 중앙은행인 영란은행과 더불어 파운드화 은행권을 발행하고 있다. 이들이 발행하는 은행권은 스코틀랜드를 포함하여 영국 어느 지역에서도 법화가 아니다. 스코틀랜드의 법에 따라, 영란은행권을 포함하여 어떤 은행권도 법화로 인정되지 않기 때문이다. 법적으로 은행권은 은행의 약속어음에 불과하기 때문에 발행금액에 해당하는 가치의 영란은행권 또는 금을 보증으로 발행되어야 하며 상인은 이를 수취하지 않을 권리를 가진다.

스코틀랜드에서 최초의 은행은 영란은행 설립 1년 후인 1695년 스코틀랜드 의회로부터 허가받은 스코틀랜드은행이다. 스코틀랜드은행은 영란은행을 모델로 설립되었다. 따라서 자본금도 120만 스코틀랜드 파운드이며 의회의 동의 없이는 정부에 대한 대출이 금지되었다. 스코틀랜드은행은 외형상 영란은행과 비슷하지만, 최초의 납입자본금을 포함하여 정부와 어떤 거래도 없었고 정부규제도 받지 않은 순수한 민간은행이었다. 따라서 스코틀랜드은행은 전적으로 상업어음을 할인하고 상인들에게 대출을 제공하여 산업을 발전시키기 위한 상업은행이었다. 이런 점에서 정부의 전비 조달을 주요한 목적으로 하는 영란은행과 크게 달랐다. 한편 1727년 국왕의 허가를 받아 또 하나의 발권은행인 스코틀랜드왕립은행이 설립되었다. 이 두 은행은 상대 은행의 은행권을 보유하면 즉각 태환을 요구하는 등 상대방을 시장에서 축출시키기 위해 극심한 예금유치와 발권 경쟁을 벌였다. 두 은행 간 경쟁으로 인해 오늘날 신용카드 현금 서비스의 원조라 할 수 있는 '현금신용계좌cash credit account' 서비스가 도입되었다. 그 당시 이러한 서비스를 받기 위해서는 오늘날과 달리 2명 이상의 보증인이 필요하기는 했지만, 이러한 서비스는 더 많은 사람이 은행권을 이용할 수 있도록 하여 은행권의 수요 기반 확충에 기여했다. 스코틀랜드 출신 경제학자인 데이비드 흄David Hume은 현금 제약을 없앴다는 점에서 이 제도를 "상업에서 일어난 가장 중요한 혁신 중 하나"로 높이 평가했다.[24] 또한 예금유치를 위한 경쟁의 결과로 예금에 대한 이자지급 서비스도 도입되었는데, 이러한 혁신은 이후 잉글랜드는 물론 다른 나라에서도 채택되었다.

1746년에는 영국리넨회사British Linen Company라는 무역회사가 은행업을 영위할 수 있는 정부허가를 받아서 일반적인 상업은행과 같은 은행 서비스 제공은 물론 즉시 인출 가능한 무이자 은행권도 발행했다. 그러다가 리넨 사업을 포기하고 상호를 영국리넨은행British Linen Bank으로 변경하면서 은행 사업에 전념하여 세계 최초로 지점은행branch banking을 성공시켰다. 리넨은행은 어음할인과 은행권 유통을 확대하기 위해 처음에는 각지에 대리인을 임명하여 영업하다가 이를 지점으로 확대했다. 그 결과 1793년 12개 지점으로 시작해 곧 18개 지점으로 늘렸고, 이에 힘입어 1845년에는 스코틀랜드에서 가장 많은 은행권을 유통시켰다.

이후 스코틀랜드에서 발권은행 설립 시 정부허가가 필요 없게 되자 은행이 1727년 2개에서 1750년에 10개로 증가했고, 1769년에는 32개까지 늘어났다. 이 은행들은 1844년 영란은행법 개혁이 스코틀랜드에 적용될 때까지 제약 없이 자유롭게 은행권을 발행했는데, 이 시기를 '자유은행 시대'라고 한다.[25]

이 시기에 스코틀랜드에서는 주식 분산이 잘된 상업은행들이 자기 은행의 은행권 수요를 늘리기 위해 치열한 경쟁을 벌였다. 한두 은행이 압도적인 시장 지배력을 행사하지 못했으며 대부분 은행이 지점을 두었다. 은행예금 인출 위기가 발생할 경우 주주들은 출자한 주식의 비율에 따라 자본금을 증액하여 위기를 넘겼다. 또한 모든 은행은 1파운드의 소액권을 포함하여 각종 권종의 은행권을 발행했고, 이들 은행권은 은행권 청산 시스템을 통해 스코틀랜드 전역에서 잘 유통되었다. 남발 우려가 있는 은행권은 다른 은행들이 수취를 거부할 수 있었기에, 은행들은 은행권 발행에 신중을 기할 수밖에 없었다. [표 7-1]은 잉글랜드와 스코틀랜드 상업은행의 인구 1,000명당 파산 비율을 보여 준다. 이에 따르면 자유은행을 추구해 온 스코틀랜드은행이 잉글랜드의 지방은행보다 파산 비율이 훨씬 낮은 것으로 나타나 안정성이 우수했음을 알 수 있다.

스코틀랜드의 자유은행 경험은 정부의 규제 없이도 은행이 자율로 은행권 발행을 규율할 수 있다는 것을 보여 주었다. 즉, 스코틀랜드에서 자유은행은 반드시 은행권 남발이나 은행권 발행 독점으로 이어지지 않았다. 따라서 인플레이션이 발생하지도 않았고 은행권 발행을 독점하는 은행 없이도 경제가 잘 돌아가 중앙은행을 설립할 필요성이 없었다. 오히려 스코틀랜드의 자유은행제도는 은행 간 경쟁으로

[표 7-1] 잉글랜드와 스코틀랜드의 은행 수 및 인구 1천 명당 은행파산 비율

연도	지폐 발행 은행 수		인구 1천 명당 파산은행 수	
	잉글랜드	스코틀랜드	잉글랜드	스코틀랜드
1809년	830	37	5.7	0
1810년	782	38	25.6	26.3
1815년	916	37	27.3	0
1820년	269	37	5.2	0
1825년	797	36	46.4	27.8
1830년	670	36	20.9	0
평균	781.7	36.1	18.1	7.8

자료: White (1995: 43).

예대금리 차를 줄이고 합리적 지급결제 시스템을 구축하여 경제성장을 지원했다. 실제로 스코틀랜드의 자유은행 시대는 산업 발전이 가장 두드러진 기간이었다.

프리드리히 하이에크Friedrich Hayek는 노벨경제학상을 수상했으며, 『노예의 길The Road to Serfdom』이라는 명저로 사회주의 계획경제의 위험을 경고한 경제학자다. 그는 1978년에 저술한 『화폐의 탈국유화Denationalisation of Money』[26]에서 중앙은행에 의한 비태환권의 발행독점을 폐지하고 은행들이 사적으로 통화를 발행하도록 하면 은행들 간의 통화경쟁으로 화폐가치가 가장 안정적일 수 있다고 주장하면서 자유은행을 적극 옹호했다.[27] 이러한 주장이 스코틀랜드의 성공적인 자유은행 운영 사례에 기반한다는 것은 두말할 나위가 없다. 자유은행의 사례는 오늘날에도 홍콩과 같은 나라에서 찾아볼 수 있다. 홍콩은 중앙은행이 없고 홍콩상하이은행과 스탠다드차타드은행 등 상업은행이 각각 독자적으로 홍콩 달러 은행권을 발행하고 있다.

미국은 자유은행제도에 실패하고 연방준비제도 설립

미국도 남북전쟁 이전에는 자유은행제도를 채택했다. 그러나 미국의 자유은행 경험은 스코틀랜드와 정반대로 실패했다. 당시 미국의 주마다 법률은 달랐지만 대체로 세 가지 공통점을 지니고 있었다. 첫째, 은행업에 대한 진입 장벽이 거의 없어 최소 자본 규모를 충족시키면 누구든 쉽게 은행을 설립할 수 있었다. 둘째, 은행권 사용자를 보호하기 위해 은행들은 발권 시 주정부나 연방정부의 채권을 일정 비율 이상 담보자산으로서 의무적으로 보유해야 했다. 셋째, 은행들은 태환 요구가 있을 경우 즉시 정화로 교환해 주어야 했으며, 이를 이행하지 못할 경우에는 즉각적으로 청산되었다.

그러나 이 시기에 미국의 은행권은 발행은행의 신용 부족으로 인해 안정적인 가치로 유통되지 못했다. 정화와의 거래에서 은행권은 크게 할인된 가격으로 교환되었고, 은행들은 갖은 방법으로 태환을 거절하거나 미루었다. 심지어 은행 설립자가 예금을 유치한 뒤 야생 고양이wildcat처럼 갑자기 잠적해 버려 예금자에게 큰 손실을 끼치는 사례도 빈번했다. '와일드캣 뱅킹wildcat banking'이라 불리는 이러한 행위는 예금자를 상대로 한 사기나 다름 없었다. 자유은행 시대에 미국 주법은행들은 예금인출 사태bank run에 시달렸다. 같은 자유은행제도를 영위하던 스코틀랜드의 은행과 달리 미국 주법은행들은 쉽게 파산하고 금융위기도 빈번히 발생했다. 이는 무엇보다 미국의 은행은 소규모 예금인출에도 대응하기 어려운 단일은행제도unit bank인 데 반해 스코틀랜드의 은행은 본점을 통해 지점을 지원할 수 있는 지점은행제도branch bank를 유지했기 때문이다. 또한 미국의 주법은행들은 스코틀랜드의 은행과 달리 무한책임 은행이 아니라 유한책임만 지녔기 때문에 은행 경영자의 도덕적 해이가 높아질 소지가 컸고, 파산 책임이 은행에서 예금자에게 전가되었기 때문에 예금자는 신용위험에 민감하게 반응할 수밖에 없었다.

이로 인해 미국에서는 일찍부터 중앙은행의 필요성이 제기되었다. 중앙은행이 있다면 상업은행들은 지급준비금을 중앙은행에 집중시키고 일시적 유동성 부족 시 중앙은행에서 일시적으로 긴급자금을 빌려 위기를 넘길 수 있었기 때문이다. 미국 건국 후 영란은행을 모델로 하여 제일미국은행The First Bank of the United States과 제이미국은행The Second Bank of the United States이 설립되었지만, 1836년 이후 은행 허가가 연장되지 않아 사라졌다. 이는 미국의 경우 주정부가 연방정부의 역할 확대에 대해 끊임없이 견제하는 연방국가라는 미국의 정치적 특징 때문이었다. 실제 미국의 중앙은행제도는 연방정부와 주정부 간 권력분산과 타협의 산물이다.

연방정부가 금융 안정에서 중요한 역할을 한 시작점은 이미 살펴보았듯이 남북전쟁에 따른 전비 조달을 위해 제정된 국법은행법 이후다. 이 법을 계기로 당시까지 주정부가 은행의 허가 및 감독을 하던 주법은행과 별도로 연방정부가 허가 및 감독권을 갖는 국법은행이 설립될 수 있었고, 국법은행에 은행권을 발행할 권한을 주었다. 다만 국법은행은 은행권을 발행할 때 국채 담보로 보증하도록 하고 이를 감독하기 위해 재무성 내에 통화감독국Office of Comptroller of the Currency을 신설했다. 반면 주법은행의 경우는 은행권 발행 시 발권금액의 10퍼센트에 해당하는 금액을 세금으로 납부해야 했기에 주법은행은 차례로 발권을 포기했다. 이러한 변화는 1844년 영란은행법 개정의 취지와 일치한다. 그러나 국법은행제도는 통화공급의 경직성을 초래했다. 특히 1907년 불황에 따른 은행 도산으로 인해 위기 시 통화를 탄력적으로 공급할 수 있는 최후의 대부자로서 중앙은행의 필요성이 증대되었다.

이러한 배경에서 1913년 연방준비제도법이 제정되었는데, 이 법 역시 최후의 대부자 기능을 둘러싼 연방정부와 주정부 간 정치적 타협의 산물이었다. 미국에서는 중앙은행이란 이름 대신 연방준비제도Federal Reserve System, FRS라는 명칭을 사용하는데, '준비reserve'라는 말이 들어간 이유는 미국의 경우 은행권을 발행하는 연방 중앙은행을 설립하기보다 준비금을 집중시켜 민간 상업은행에 필요 자금을 대부해 주는 기관의 설립이 정치적으로 더 쉽게 타협될 수 있었기 때문이다. 따라서 연방준비제도는 영란은행처럼 정부의 은행이 아니라 '은행의 은행' 기능에 방점을 두고 설립되었다고 할 수 있다.[28] 또한 연방준비제도를 설립하면서 국법은행은 의무적으로 연방준비제도의 회원이 되어야 하는 반면, 주법은행은 회원 가입 여부를 선택할 자율성이 있었다. 이때 연방준비제도에 가입한 은행은 회원주법은행, 가입하지 않은 은행은 비회원주법은행으로 불리는데, 연방준비제도의 관할권은 국법은행과 회원주법은행에만 적용되었다. 이와 같은 선택권을 주법은행에 허용한 것도 연방 권력에 대한 주법은행의 견제 및 반발을 완화하기 위한 정치적 타협의 결과였다. 당연히 연방준비제도는 통화감독국과 독립적인 정책기관이어야 했다. 왜냐하면 연방은행이 재무부 통화감독국 통제를 받으면 지금까지 연방정부 감독을 받지 않던 주법은행들이 연방준비제도에 가입하면서 자동으로 연방정부의 감독을 받게 되기 때문이었다. 미국에서 연방준비제도와 재무부 간 독립성 문제는 통화가치나 물가안정을 위한 효율성에 기초한 것이 아니라, 주정부와 주법은행의 연방정부 및 연방감독기구에 대한 독립성 혹은 자율성을 보장하기 위해 이루어진 것이라고 할 수 있다.

1929년 시작된 대공황으로 다시 수많은 은행이 도산했다. 이에 따라 미국 정부는 상업은행의 투자은행 업무 겸영을 금지하는 동시

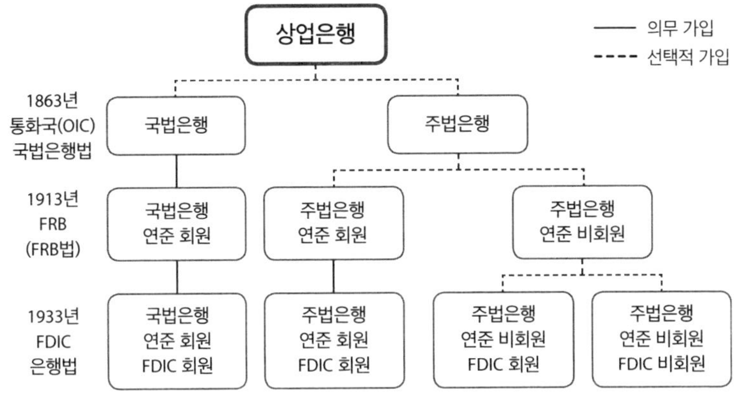

자료: 문우식(2018: 194).

[그림 7-3] 미국의 이중 금융감독 구조 발전 과정

에 예금자의 예금 보호를 위한 은행법을 제정했다. 이 법에 따라 연방예금보험공사Federal Deposit Insurance Corporation, FDIC를 설립해 연방정부 차원에서 예금자 보호를 위한 예금보험제도를 실시했다. 연방예금보험공사의 설립 역시 연방준비제도와 마찬가지로 연방정부에 대한 주정부와 주법은행의 자율성을 보장하는 방식으로 이루어졌다. 즉, 연방예금제도에 참여하는 회원 은행들의 자율성을 보장하기 위해 각 주법은행들은 연방예금보험공사 가입을 임의로 선택할 뿐만 아니라 연방예금보험공사도 연방준비제도나 통화정책국과 독립적으로 운영될 수 있도록 법적으로 보장받았다.[29]

결국 미국은 1863년에 제정된 국법은행법, 1913년에 제정된 연방준비제도법, 그리고 1933년에 제정된 은행법을 통해 연방정부와 주정부 모두 감독권을 행사하는 이중적인 감독구조를 정립했는데, 이를 정리하면 [그림 7-3]과 같다.

미국의 이러한 이중 감독구조는 20세기 들어 저축대부조합S&L이나 상호저축은행, 신용조합 등 비은행금융기관에도 동일하게 적용되었다. 예를 들어, 저축대부조합의 경우 연방정부나 주정부 어느 곳으로부터도 허가를 받을 수 있으며 연방주택대출은행제도Federal Home Loan Bank System, FHLBS를 통해 보호받을 수 있다. 한편 연방예금보험공사는 저축대부조합에 대해서도 예금보험을 제공한다. 상호저축은행도 연방정부나 주정부로부터 허가를 받을 수 있고 연방예금보험공사를 통해 예금보험을 제공할 수 있다. 신용조합의 경우도 연방정부나 주정부로부터 허가를 받을 수 있으며, 연방정부로부터 허가를 받는다면 전국신용조합관리국National Credit Union Administration, NCUA의 통제를 받는다.[30]

7.4 아시아의 발권은행과 인플레이션

일본은행은 아시아 최초의 중앙은행

일본의 근대화는 1868년 메이지 정부의 출범과 함께 시작되었다. 메이지 정부는 최초로 불환정부지폐인 태정관찰(太政官札)을 발행했다. 그러나 재정난으로 불환지폐인 태정관찰이 과잉발행되면서 그 가치가 하락하고 유통이 잘 되지 않아 곧 발행을 중지했다. 이어 일본 정부는 기존의 불환지폐를 환수하기 위해 1871년 신화조례(新貨條例)를 공포하여 금화를 발행했다. 그러나 금본위제를 채택하면서 동시에 은화의 무제한 통용을 허용해 은 가격 하락으로 금화가 퇴장하고 실질적으로 은본위제도로 이행했다.

한편 메이지 신정부는 재정제도의 건전화를 위해 이토 히로부미의 미국 시찰 후 미국식 국법은행제도를 도입하기로 결정했다. 이에 따라 1872년 국립은행조례를 제정하고 민간 발권은행으로 국립은행 설립을 허가했다. 첫 번째 국립은행이 바로 일본의 기업가 시부사와 에이치(渋沢栄一)가 설립한 제일은행(第一銀行, 정식 명칭은 제일국립은행)으로, '제일'은 은행업 허가를 제일 먼저 받은 은행(따라서 은행코드는 0001)이란 의미다.[31] 이들 민간 국립은행은 자본금의 40퍼센트를 지급준비금으로 당시 정화인 은으로 보유하는 한편, 나머지 60퍼센트는 불환정부지폐로 보유했다. 대신 은행은 이 불환지폐를 대장성에 납입하고 공채증서를 교부받은 뒤, 이를 담보로 같은 액수만큼 은행권을 발행할 수 있었다. 메이지 정부는 이들 은행이 발행한 태환은행권으로 정부의 불환지폐인 태정관찰을 대체하고자 했다. 그러나 이들 은행이 보유한 정부채권의 이자율은 6퍼센트인 반면, 시장 이자율은 10퍼센트를 상회했기 때문에 국립은행을 설립할 유인이 부족했다. 그 결과 초기에 설립된 국립은행은 4개에 불과했다. 더욱이 정부지폐 증발이 계속되어 인플레이션이 발생하는 상황에서 태환은행권은 발행되자마자 정화로 태환되어 거의 유통되지 못했다. 따라서 1876년 일본정부는 국립은행이 자본금의 80퍼센트까지 정화 준비금 없이 발권할 수 있도록 조례를 대폭 개정했다. 그 결과 설립 유인이 확대되어 국립은행은 1877년 말까지 153개로 확대되었다. 1877년 서남전쟁이 발발하고 정부지폐가 다시 발행되는 한편, 국립은행들의 발권도 급증하여 인플레이션이 심화되었다. 일본 정부는 이에 대응하기 위해 1881년 마쓰카다 마사요시(松方正義)의 재정건전화정책을 채택하고 일본은행(日本銀行)을 설립했다.[32]

일본은행은 1882년 벨기에국립은행National Bank of Belgium을 모델로 하여 설립되었다. 설립 목적은 태환은행권 독점발행을 통해 통화제도의 안정과 은행제도의 정비를 꾀해 신용제도를 확립하는 것이었다. 벨기에국립은행이 민간 소유이지만 은행장은 왕이 임명하도록 되어 있던 것처럼, 일본은행도 회사 형태는 미쓰이 등 민간이 출자하는 주식회사 형태였지만 정부가 총재와 임원을 임명하고 은행의 정책과 행정을 감독했다. 일본은행은 설립 이후 발권독점을 통해 정부지폐와 국립은행권을 환수하는 데 크게 기여했다. 또한 상업은행에 대한 예금인출 사태가 발생할 경우 최종 대부자로서 자금을 공급하는 등 은행의 은행으로 기능했다.[33]

중국에서는 발권은행의 통화 남발로 급격한 인플레이션 발생

청나라 말 은행권 발행은 완전히 민간에 맡겨져 있었다. 이는 역대 왕조에 의한 정부지폐 발행이 항상 남발로 이어져 국민들의 신뢰를 상실했기 때문이다. 이런 와중에 1905년 오늘날의 재무부에 해당하는 호부가 주도하여 중국의 첫 번째 중앙은행이라 할 수 있는 대청호부은행(大淸戶部銀行, 이하 '호부은행')을 베이징에 설립했다. 호부은행은 주식회사 형식의 근대 은행으로 자본금은 400만 냥인데, 그중 반은 정부가 인수하고 나머지 반은 민간에 매각되었다(그러나 외국인은 매입할 수 없었다). 호부은행은 1908년 대청은행, 1912년 중국은행으로 명칭이 변경되었다. 호부은행은 청나라 정부를 대신하여 은행권과 주화를 발행하고 국고관리 업무를 담당했다. 이어 1907년에는 우편 및 철도투자를 확대하기 위해 청나라 우전부(郵傳部)가 베이징에 교통은행을 설립했다. 자본금은 500만 냥이었으며, 이 중 정부 지분은 40퍼센트였고 나머지는 민간상인들이 매입했다. 교통은행도 호부은행과 같이 은행권을 발행할 특권을 부여받았다.[34] 또한 1928년 중화민국이 출범한 후 국민당 정부는 중국 지폐의 통일과 이를 위한 지폐 발행의 중앙집권화를 위해 상하이에 중국중앙은행(정식 명칭은 중화민국중앙은행)을 설립했다. 자본금은 2,000만 원(元)으로, 정부가 전액을 국채로 현물납입했다. 중앙은행은 중국은행과 같이 은행권과 주화의 발행은 물론 국고 업무와 외환 업무를 할 수 있는 권한이 있었다. 이 3대 은행이 발행한 최초의 은행권은 모두 은으로 태환이 가능한 태환권이었다. 예컨대 중국중앙은행은 은행권 발행액의 60퍼센트를 은이나 금 등 현금준비금으로 보유하고 나머지 40퍼센트는 상업어음이나 국채 등으로 보증할 수 있었다.[35]

1933년 국민당 정부는 1,000여 년간 지속되어 온 은량제도를 철폐하고 새로운 통화 단위로서 원(元)을 채택하는 폐량개원(廢兩改元)에 나섰다. 이에 따라 당시 상하이에서 통용되는 환율에 따라 은량 7전 1분5리가 은원 1원으로 환산되고, 은원 1원은 순은 23.49그램으로 통일되었다. 이어 1935년에는 통화 개혁에 의해 중국중앙은행, 중국은행, 교통은행의 은행권을 공식적인 법화로 선포했다.[36] 그러나 법화는 은화와의 태환을 금지하는 불태환권이어서 근본적으로 정부지폐와 같이 남발 위험이 높았다. 당시 공산당과 싸우던 국민당 정부에 은행권 발행은 전비지출을 위해 중요한 정부재정자금 조달 수단이었다. 특히 1937년 중일전쟁으로 일본과의 항전이 격화되어 은행권 발행이 급격히 증가했다. 이에 따라 이들 은행권 가치에 대한 경제주체들의 신뢰가 하락하면서 하이퍼인플레이션이 시작되었다.

한편 일본이 중국을 침략하면서 중국 각지에 발권은행들을 세우고 이를 통해 은행권을 마구 찍어 내기 시작했다. 일본은 1911년 조선은행을 설립했고, 1930년 초에는 만주 진출에 따라 만주중앙은행(滿洲中央銀行)을 설립했다. 이들 은행이 발행하는 은행권은 일본 엔화와 등가로 연계되어 있었으나 실질적인 태환은 불가능했다.[37] 이어 화북 5성을 점령하자 1938년 일본은 중국연합준비은행(中國聯合準備銀行)을 화북 지역에 창설하고 연합은행권(연은권)을 발행했다. 연은권은 엔화와 등가로 발행되었으나 정화태환 및 외환매도 규정이 없었기 때문에 오히려 군표와 비슷한 기능을 수행한 화폐라고 할 수 있다. 또 일본은 상하이를 점령한 1940년 중앙저비은행(中央儲備銀行)을 설립해 저비은행권을 발행했다.

1941년 태평양전쟁 발발과 동남아시아까지 침략을 확대하면서 이들 식민지나 점령지에도 발권은행을 세우고 은행권을 발행하여 군사비를 조달했다. 군사비 조달을 위해 일본 정부는 현지 통화를 직접 차입(정부대상제도)하거나 점령지 은행과 일종의 스왑이라 할 수 있는 상호예금지불계약을 통해 현지 통화를 빌려 군사비 지출에 사용했다. 예컨대 화북의 경우 조선은행으로부터 임시 군사비의 현지 소요자금을 차입하는 한편, 이렇게 조달된 자금을 연합준비은행과의 상호예금계약에 의해 연은권으로 교환하여 현지 통화를 조달했다. 화중과 화남의 경우 중앙저비은행과 일본의 요코하마 정금은행(横濱正金銀行) 간에 상호예금지불계약을 체결하여 저비은행권을 조달했다. 실제 중앙저비은행의 지폐발행액 중 70퍼센트 이상이 상호예금지불계약에 의해 발행되었다.

일본 엔화는 이들 은행 내에 동결되어 있고 일본이 세운 발권은행들이 남발한 은행권들만이 중국 전역에 유통되어 하이퍼인플레이션을 불러일으켰다. 통화 남발이 심한 지역일수록 높은 인플레이션율에 시달렸다. 상대적으로 통화 증발이 적었던 일본이나 한국, 대만은 다른 지역에 비해 인플레이션율이 잘 수습되었으나 만주는 물가가 4.5배로 상승했고, 화북 지역인 베이징은 153배, 화중 지역인 상하이는 2만 배 이상 물가가 상승하는 하이퍼인플레이션을 겪었다.[38]

한국은행은 조선은행을 계승했으나 미국 연준의 모델을 따라 설립

우리나라에서 중앙은행제도는 1909년 7월 대한제국이 '한국은행조례'

를 공포하면서 시작되었다. 이에 따라 같은 해 10월 이른바 '(구)한국은행'이 자본금 1,000만 환을 가지고 은행 업무를 시작했다. 그 전에는 일본의 상업은행인 제일은행이 우리나라에서 은행권을 발행하는 등 중앙은행의 기능을 담당하고 있었다. 제일은행은 전술한 바와 같이 일본이 미국의 국립은행법을 도입함에 따라 1873년에 창설된 민간 주식회사은행이지만 발권 기능을 가지고 있었다.

제일은행은 1878년 부산에 지점을 개설한 후 1902년부터 대한제국의 허가 없이 제일은행권을 발행하기 시작했다. 1905년에는 대한제국의 발권 업무는 물론 국고 업무까지 장악했다. 이때 발행된 제일은행권에는 우리나라의 영문명 COREA가 표기되었으며, 당시 제일은행 은행장이었던 시부사와 에이이치의 초상이 도안으로 사용되었다. (구)한국은행은 제일은행의 업무를 계승했다. 대한제국은 제일은행 은행장인 시부사와와 각서를 교환하고 종래 제일은행이 발행한 은행권은 (구)한국은행이 발행한 것으로 인정하고 (구)한국은행이 그 환수 업무를 승계했다. 또한 태환보증으로 발행되었던 제일은행권은 일본의 제일은행이 (구)한국은행에 상환했다. 승계 당시 제일은행권 발행 잔액은 약 1,200만 원이었는데, 이 중 1/3은 정화로 결제되고 나머지는 (구)한국은행의 일본 제일은행에 대한 대출금으로 20년에 걸쳐 상환되었다.

(구)한국은행은 발권은 물론 국고 업무와 일반 상업은행 업무까지 취급할 수 있었다. 다만 은행권의 태환은 금화와 일본은행권으로 하도록 했다. 지급준비는 금화, 금은 등 귀금속, 일본은행권으로 보유하도록 했으며 신용보증의 경우 상업어음을 담보로 하여 2,000만 환 한도 내에서 은행권을 발행할 수 있었다. (구)한국은행은 1910년 12월 1원권, 5원권, 10원권 3종을 발행했다. (구)한국은행권은 명칭상 제일

은행권이 한국은행권으로 변경되었고 화폐 단위의 한자가 원에서 환으로 변경되는 등 약간의 변화가 있었으나 기본적으로 제일은행권 원판을 사용하여 제일은행권과 도안이 거의 같았다.[39]

(구)한국은행은 한일 강제병합 후 조선은행으로 개편되었다. 조선은행은 (구)한국은행의 발권, 국고, 상업은행 업무를 그대로 이어받았다. 다만 은행권을 발행하는 발권은행이었으나 은행권 발행에 독점적 권한을 갖지 못해 일본의 중국 대륙 침략 이후 전비조달을 위한 도구로 사용되어 이미 살펴본 바와 같이 은행권을 남발했다.

한편 해방 이후 대한민국 정부는 조선은행을 청산하고 1950년 6월 12일 우리나라의 중앙은행으로 한국은행을 설립했다. 이에 따라 한국은행이 한국은행권 및 주화의 독점적 발행 권한을 법적으로 보장받았다. 한국은행 설립에는 미국 연방준비제도에서 파견된 뉴욕연방준비은행의 블룸필드Arthur Bloomfield 박사와 젠슨John Jensen 감사국 차장이 작성한 「중앙은행 개편에 관한 건의안Recommendations Regarding Central Banking Reform in South Korea」, 이른바 '블룸필드 보고서'가 핵심적 역할을 했다. 한국은행법은 이 보고서를 기초로 만들어졌다. 당시 미국은 미국의 중앙은행제도를 우리나라뿐만 아니라 독일, 일본 등 많은 나라에 전파했다.

이런 점에서 한국은행법에서 가장 핵심적이고 가장 논란이 된 내용은 한국은행의 최고 의사결정기관인 금융통화위원회 설치였다. 미국 연방준비제도가 연방준비이사회와 연방준비은행으로 이원화된 것과 마찬가지로 우리나라도 금융통화위원회와 한국은행으로 이원화된 중앙은행제도가 도입된 것이다. 그러나 이후 금융통화위원회의 지위와 기능을 둘러싸고 재무부와 한국은행의 권한 다툼이 지속되면서 금융통화위원회는 1997년 외환위기를 계기로 한국은행법이 개정되고

태환지폐인 (구)한국은행권과 불환지폐인 한국은행권

| (구)한국은행 5원 태환권

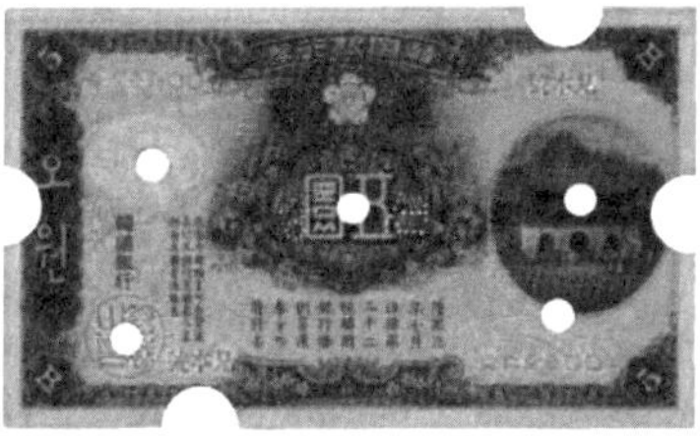

1911년 발행 5원 태환권. 요구시 금 또는 일본은행권으로 태환을 약속한다는 문구가 있고 환과 원 혼용.

| 한국은행 100원 불환권

1950년 한국은행 설립 후 발행된 최초의 한국은행권. 6·25전쟁에 따라 일본 대장성 인쇄국에서 인쇄.

한국은행의 독립성이 강화될 때까지 제 기능을 발휘하지 못했다.

한국은행은 6·25전쟁 발발 후 1950년 7월 대구에서 최초로 1,000원권과 100원권을 발행했다. 정화준비 없이 정부의 재정지출을 위해 발행된 불태환권으로, 일본에서 인쇄되어 유통되었다. 우리나라는 전쟁으로 인한 생산 위축과 거액의 군사비 지출로 1945년에서 1952년 사이 물가가 400배 이상 급등했다. 이에 따라 정부는 1953년 2월 화폐가치를 1/100로 낮추는 긴급통화조치를 실시하면서 새로운 화폐 단위인 '환'을 도입했다. 이에 따라 최초의 한국은행권도 그 역할을 다하고 역사의 뒤안길로 사라지게 되었다. 이후 1962년에 다시 화폐가치를 1/10로 낮추고 '원'으로 호칭하는 화폐를 발행하여 오늘에 이르고 있다.[40]

8장

상업은행의 예금화폐

8.1 환어음 거래의 등장

십자군 원정을 통해 유럽 전역의 금융망 구축 시작

1099년 첫 번째 십자군이 예루살렘을 점령하고 예루살렘 왕국을 수립했다. 이후 수많은 순례자가 유럽을 가로질러 수천 킬로미터를 여행하면서 성지순례를 시작했다. 그러나 순례자들이 성지로 향하던 도중 곳곳의 비적들과 노상강도에게 살해당하는 일이 자주 있었고, 때로는 수백 명의 순례자가 떼죽음을 당하는 일도 벌어졌다. 이에 따라 1119년 프랑스의 기사 위그 드 파앵Hugues de payens이 순례자들을 보호하기 위한 수도회 설립을 예루살렘 왕국에 제안했다. 당시 예루살렘 왕국은 성전산 위 알아크사 모스크al-Aqsa Mosque를 왕궁으로 사용하고 있었는데, 국왕은 왕궁의 일부를 수도회 본부로 사용할 수 있도록 내주었다. 성전산은 솔로몬의 성전이 세워졌던 곳이기 때문에 십자군들은 알아크사 모스크를 '솔로몬의 성전Temple'이라 불렀다. 여기서 유래하여 만들어진 수도회가 '그리스도와 솔로몬 성전의 가난한 전사들'이었으며, 이 수도회 소속 수도사들을 '성전사Templer'라고 불렀다.[1]

성전사의 1차 임무는 예루살렘으로 향하는 기독교 순례자들을 무력으로 보호하는 것이었다. 하지만 소속 수도사들 중 전투를 수행할 수 있는 이들은 극히 적었고, 많은 성전사가 재정관리 등 지원 업무에 종사했다. 이들은 기독교 세계 전역에서 금전이나 토지 등 막대한 기부를 받고 십자군에 참여하는 귀족들을 대신하여 그들의 재산을 관리했다. 1139년에 로마 교황 인노첸시오 2세는 성전기사단이 각 지역의 세속 법률에 복종해야 할 의무를 면제하는 칙서를 반포했다. 이는 성전사들이 세속 권력으로부터 독립하여 모든 국경을 자유롭게 오갈 수 있고, 세금을 내지 않고 활동할 수 있다는 것을 의미했다. 이에 따라 성전사들은 유럽과 중동 지역에 광대한 토지를 매입하고 제조업과 유통업에 투자하는 등 기부와 투자사업을 병행하며 기독교 세계 전역에 걸친 상거래망을 구축할 수 있었다. 이런 점에서 성전기사단은 세계 최초의 다국적 기업조직으로 평가되기도 한다.[2]

한편 성지를 순례하는 신자들은 몇 달 동안 음식과 교통, 숙박 비용을 조달해야 했지만, 엄청난 액수의 현금을 가지고 다니면 강도들의 표적이 될 수 있었다. 이에 따라 성전기사단은 1150년경부터 성지 순례자들을 대상으로 여행자수표라 할 수 있는 신용증서letter of credit를 발행하기 시작했다. 즉, 순례자들은 출발하기 전에 자기 고향의 성전기사단 지부에 귀중품을 맡기고 자신이 맡긴 물건의 가치를 증빙하는 문서를 받았다. 그리고 성지에 도착해 문서를 제시하면 증빙된 가치와 등가의 재물을 받아 도적들의 약탈로부터 보호받을 수 있었다.[3] 이런 신용증서가 정확히 언제부터 유럽에서 사용되었는지는 알려져 있지 않으나, 수프타자suftadja라는 이름하에 수 세기 전 이미 이슬람 세계에서 널리 사용된 바 있었다. 이후 이탈리아 북부 도시 상인들이 이러한 신용증을 환어음으로 발전시킨 것으로 알려져 있다.[4]

이탈리아 북부 상인들은 상업혁명과 더불어 오랫동안 유대인들이 독점해 오던 금융업에 진출했다. 유대교나 기독교에서는 모두 고리대를 금지하고 있었으나, 이교도에 대해서는 이자 수취를 용인했기 때문에 유대인은 기독교인에게 대출할 수 있고 기독교인도 유대인에게 대출할 수 있었다. 따라서 기독교인을 대상으로 하는 금융업은 유대인이 독점하고 있었다. 그러나 유럽의 군주들이 유대인들을 종교적으로 박해하고 과도한 세금을 부과하거나 채무를 상환하지 않는 경우가 많았기 때문에, 유대인들은 충분한 자본을 축적할 수 없었다. 이에 비해 이탈리아 상인들은 같은 기독교인이기 때문에 종교적 박해에서 벗어나 자유롭게 금융업에 진출하여 빠르게 유대인들을 몰아낼 수 있었다.[5] 유일한 장애물은 고리대금을 금지한 가톨릭교회법이었다. 그러나 이들은 이자 금지를 우회하면서 대부업에 진출할 방법을 찾았다.

특히 이탈리아 상인들이 이용하기 시작한 복식부기는 창의적인 회계처리를 통해 다양한 대부를 가능하게 했다. 예컨대 당시 이탈리아 상인이 운영하는 은행은 은행예금의 금전적 보상에 대해 재량권을 행사했는데, 이러한 보상은 사전에 확정된 것이 아니었기 때문에 이자 지급이 아니라 선물gift로 간주하여 회계처리할 수 있었다. 또한 대출에 대해서도 직접 이자를 수취하는 대신 환매계약을 통해 이자 지급을 우회할 수 있었다. 즉, 은행이 대출채권을 채무자로부터 구입하고 채무자는 만기 시 대출채권을 다시 높은 가격으로 구매(이자는 구매 가격 차이로 반영)하도록 하면 그 수입을 이자수입이 아니라 투자수입으로 계상할 수 있었다. 무엇보다 환어음bill of exchange을 이용한 거래의 이익은 서로 다른 두 지역의 화폐를 교환하고 얻은 환율차익으로 계상하여 이자 수취 금지라는 종교적 제약을 피할 수 있었다. 이런 점에서 환어음은 이슬람 제국의 수프타자와 달리 유럽에서 사용이 확산되어 경제발전에 기여했다.[6]

한편 이탈리아 상인들은 유럽 전역에 대리인이나 주재원을 파견했다. 이들 대리인은 샹파뉴 시장이나 브루게와 같은 상업도시를 시작으로 유럽 주요 도시에 정착한 뒤 본국의 도시들과 연계하여 국제무역과 금융망을 구축했다. 이탈리아 상인들은 출신 도시별로 밀접하게 결속했다. 이들은 자신들의 이익을 보호하기 위해 영사, 즉 콘술consul을 두고 현지 정착지에서 활동을 조직화했다. 중세 이탈리아 도시에서 콘술은 일반적으로 시장을 의미했으나 해외 식민지나 자국민 집단거주지를 관리하고 책임지는 사람도 콘술이라 불렀다. 콘술은 동료 상인들의 이익을 대변하여, 모임을 소집하고 분쟁을 조정했다.[7] 한편 주재 도시에 정착한 상인들은 자신들의 정체성과 상호 유대감을 높이기 위해 동족 간 결혼을 장려하고 동족 학교도 운영했다. 이 이탈리아 상인들은 롬바드Lombard라고 불렸다. 오늘날 런던이나 파리 등 유럽 각 도시에서 볼 수 있는 롬바드가Lombard street란 지명은 이탈리아 상인들이 거주하면서 국제금융업을 영위하던 지역을 가리킨다.

상인은행을 통해 부를 축적한 메디치 가문

13세기경 이탈리아의 중북부 도시를 중심으로 상업혁명이 시작되었다. 이에 따라 이 도시들의 상인 가문들은 재빨리 금융활동에 진출했다. 특히 상인으로 활동하면서도 금융업을 겸업한 상인들을 상인은행가merchant banker라고 불렀다. 당시 이탈리아의 상인은행은 복식부기와 환어음을 발명하여 유럽 금융산업을 지배했다.

이탈리아 중부 도시 피렌체에서 부를 축적하고 르네상스를 지원한 메디치 가문도 이러한 상인은행가를 대표했다. 메디치가는 사회적 변혁과 경제적 혁신의 소용돌이 속에서 성장했다. 흑사병으로 인해 유럽 인구의 1/3이 사망한 14세기 후반 이탈리아의 중북부에는 약 20개의 작은 국가가 있었는데, 이들을 두고 북쪽으로 신성로마 제국과 남쪽으로 교황청 간에 세력충돌이 끊이지 않았다. 특히 농촌 지역에는 세습귀족들이 신성로마 제국 황제를 통해 봉건적 권리를 인정받고자 황제를 지지하고, 도시 지역에서는 상인을 중심으로 이들의 지배에서 벗어나 시민 자치를 원하는 로마교황청 지지자가 계속해서 대립했다. 결국 신성로마 제국 황제의 지배권이 약화되고 권력의 중심이 농촌 세습귀족으로부터 도시의 신흥계급인 상인 쪽으로 이동하면서 피렌체는 공화정으로 발전했다. 피렌체의 금화인 플로린 금화에 왕이나 황제의 얼굴이 새겨져 있지 않고 한쪽에는 피렌체의 문장인 백합이, 다른 한쪽에는 세례자 요한이 새겨져 있는 것도 이 때문이다.[8]

피렌체 상인들은 일찍부터 중동 지역은 물론 저지대 국가, 프랑스, 영국과 활발히 무역을 해왔으나, 상업만으로 막대한 돈을 벌기는 쉽지 않았다. 따라서 많은 상인들이 무역업에 종사하는 동시에 환어음거래를 하는 은행업을 겸업했다. 메디치가도 양모무역업을 중심으로 사업을 시작했다가 은행업에 진출했다. 이 상인은행가들은 본업이 무역이었기 때문에 이와 연계된 국제금융 전문 은행들로 발전했다.

메디치가는 조반니 디 비치Giovanni di Bicci에 의해 시작되었다. 그는 부인이 가져온 지참금 1,500플로린을 투자하여 5,500플로린 수익을 거둔 뒤 20년간 15만 2,820플로린에 해당하는 거액을 축적했다. 2대 가주(家主)인 코시모Cosimo는 사후 '국부Pater Patriae'라는 칭호를 받았으며, 메디치 가문을 유럽 최고의 부자 가문으로 성장시켰다. 코시모가 가문을 이어받은 후 메디치은행은 1420년부터 1450년에 걸쳐 50만 플로린에 이르는 막대한 이익을 거두었다. 당시 여자 노예의 가격이 50플로린이고, 웅장한 대저택의 가격이 1,000플로린에 불과했으며, 도시 대부분의 사람이 1플로린의 세금조차 납부하지 못할 만큼 가난했다는 점을 고려하면 메디치 가문이 거둔 수익의 규모는 상상을 초월하는 수준이었다.[9]

메디치가는 글로벌 지주회사holding company의 기원이라 할 수 있다. 당시 이탈리아 상인은 두 가지 형태로 국제무역 및 금융업을 영위하고 있었다. 하나는 본국의 모회사와 해외 지점을 하나의 회사로 통합하는 방식이었다. 본국의 모회사는 해외 지점을 직접 소유하면서 해외 지점의 관리인을 마음대로 임명하거나 해임할 수 있었다. 해외 지점의 관리인은 모회사로부터 급여를 받는 피고용인에 불과했기 때문이다. 메디치 가문 이전에 상인은행을 운영했던 페루치Peruzzi 가문이 그 대표적인 사례다. 또 하나의 형태는 여러 회사를 독립적으로 설립하고 이들을 연합하는 방식이었다. 메디치가는 페루치와 같은 회사들이 파산한 것을 보고 이러한 새로운 형태를 처음으로 구상했다. 따라서 메디치가의 해외 지점은 모두 자기 자신의 경영, 자본, 회계 시스템을 갖춘 독립법인이었다. 해외 지점의 관리인은 본점으로부터 급료를 받는 피고용인이 아니라 참여한 지분에 따라 지점의 이익을 나눠 갖는 독립적인 경영자였다. 따라서 해외 지점 간 거래도 내부거래가 아니라 외부 회사와의 거래로 취급되었다. 메디치가가 소유한 양모회사와 견직회사도 독립적 법인이었다. 다만 피렌체의 메디치 본점은 이들 해외 지점과 무역회사 지분의 50퍼센트 이상을 보유하고 대주주로서 권리를 행사했다. 이에 따라 1451년 당시 메디치가는 피렌체에 3개의 무역회사와 런던, 제네바, 브루게, 베네치아, 피사 등 6개 지역에 해외 은행을 소유하고 있었다. 그러나 브루게 지점의 한 관리인이 저지른 경영 실패를 계기로 메디치가는 1494년 피렌체에서 추방되었고 소유재산은 피렌체 정부에 몰수되었다. 이러한 몰락의 원인 중 하나로 코시모의 뒤를 이은 손자 로렌초가 해외 지점 관리인에게 너무 많은 권한을 부여하면서도 적절히 감독하지 않은 점을 꼽을 수 있다.[10]

메디치가는 예술지원을 통해 르네상스를 꽃피우는 데 크게 기여했다. 특히 로렌초는 보티첼리, 레오나르도 다빈치, 미켈란젤로의 친구이자 후원자였다. 르네상스 이전의 중세 유럽에서는 엄격한 종교가 사회 전체를 속박하고 대출에 대한 이자 수취조차 금지했다. 그러나 유럽 사회는 르네상스를 통해 그리스·로마 시대의 인간과 자유를 재발견했고, 이러한 재발견은 특히 문화와 예술 영역에서 활발히 이루어졌다. 이는 인성의 아름다운 측면뿐만 아니라 추악한 면도 포용하고 인권을 보호하는 것이 신의 존엄을 지키는 것이라는 인본주의humanism의 발전으로 이어졌다.[11] 특히 부가 탐욕의 상징이 아니라 부지런한 노동의 결과이고 부를 추구하는 것도 자연스러운 인간 행동이라는 인식이 확산되었다. 결국 이러한 흐름의 연장선에서 대출이자는 스페인의 국왕 카를 5세에 의해 합법화되고, 종교 개혁을 이끈 칼뱅에 의해 정당화되었다. 이로써 경제가 비약적으로 발전하는 기반이 마련되었다.

이탈리아 상인들의 상업혁명 주도

오늘날 우리가 아는 금융제도는 대부분 이탈리아 상인들에 의해 만들어졌거나 전파되었다. 이들은 산업혁명 전에 상업혁명을 이끌었다.[12] 유럽 대륙과 지중해 지역, 서양과 동양, 어디에도 이탈리아 상인들이 없는 곳은 없었다. 이들은 이미 13세기 후반 프랑스 전역에 진출했고, 이어 차례로 샹파뉴, 브루게, 리옹의 정기 시장을 활성화시켰다. 이들은 또한 스페인의 세비야와 포르투갈의 리스본, 그리고 저지대 국가인 안트베르펜에 경제발전의 기반을 마련해 줬으며, 심지어 독일 프랑크푸르트의 발전에도 기여했다.[13]

이탈리아 상인들은 13세기부터 저지대의 플랑드르 지역과 이탈리아 북부 도시들을 연결하는 교통의 요지인 샹파뉴에 모이기 시작했다. 이곳에서 이들은 동방에서 가져온 향신료 등을 판매하고 플랑드르 지역에서 생산한 모직물을 수입했다. 샹파뉴 백작은 이들에게 시장 개설 권한을 부여했고, 상인들은 세금을 납부하는 대가로 안전한 통행권과 상거래의 자유를 보장받았다. 또한 감독관을 임명하여 정기 시장의 치안과 상거래 분쟁의 중재를 담당하게 했으며, 이들 밑에서 병사들과 서기들이 실질적인 업무를 수행했다. 한편 상거래를 지원하기 위한 상품의 운송, 도난 방지, 보관 등을 위한 창고와 관련 시설도 들어섰다. 이에 따라 샹파뉴는 주기적으로 세계 각국의 상인들과 상품들을 한곳으로 모아 거래하는 국제 시장, 즉 정기 시장으로 발달했다. 샹파뉴 지역의 트루아, 바르쉬르오브, 라니, 프로뱅이라는 네 도시에서는 1년에 여섯 번씩 돌아가면서 시장을 열었는데, 결과적으로 거의 1년 내내 시장이 열리게 되었다. 특히 트루아는 샹파뉴의 행정 중심지로, 오늘날 런던에 비견될 정도로 큰 경제적 발전을 거뒀다. 오늘날까지 영미권 국가에서 금화나 은화 등의 무게를 재는 데 사용되는 무게 단위인 트로이 온스Troy ounce는 바로 샹파뉴 시장에서 상인들이 상거래를 위해 표준화하여 무게 단위로 사용하던 트루아Troyes에서 유래된 것이다.

샹파뉴 정기 시장에서는 13세기 초부터 환어음 거래 시장의 발달과 더불어 국제무역이 금융과 결합되기 시작했다. 환어음 시장은 제노바나 토스카나 등 이탈리아 출신 상인들이 장악했다. 이들이 일찍부터 이탈리아에 있는 본점과의 금융망을 구축했기 때문이다. 이들이 현지 시장의 무역상품이나 금융, 현지통화의 환율 등에 대한 정보를 정보전달원을 통해 정기적으로 본점에 전달하면 본점은 이를 기초로 가장 유리한 금융중개를 수행했다. 샹파뉴 시장은 유럽 남부와 북부를 연결하는 무역과 금융의 중심지hub였다. 예컨대 제노바와 런던 간 직거래보다 '제노바 – 샹파뉴 – 런던'과 같이 샹파뉴를 거친 간접 거래 방식이 비용 면에서 더 유리했다.

그러나 14세기 들어 프랑스 왕이 샹파뉴 시장에 대한 통제를 강화하고 세금을 인상하면서 상인들이 샹파뉴 시장을 떠나기 시작했다. 특히 대서양을 돌아 저지대 플랑드르 지역으로 직접 갈 수 있는 이베리아 항로가 개척되고, 이탈리아 도시들도 모직물을 자체 생산하면서 많은 이탈리아 상인이 샹파뉴 시장에서 이탈했다. 그러나 샹파뉴 시장의 쇠퇴는 무엇보다 국제 무역 체계가 여행상인traveling merchants에서 정주상인sedentary merchants 중심으로 재편되면서 이탈리아 상인들이 샹파뉴를 떠나 저지대 국가의 브루게에 정착하면서 시작되었다.[14]

오늘날 벨기에에 속하는 브루게는 저지대의 플랑드르 도시 중 가장 먼저 국제무역도시로 발전했다. 브루게는 라인강 삼각지에 위치하여 런던은 물론 독일의 한자Hansa 동맹 도시들과 일찍부터 무역하면서 발전했다. 특히 브루게Bruges라는 이름의 어원도 바다 위에 세워진 '부잔교(浮棧橋)'라는 의미의 영어에서 유래될 만큼 영국과 긴밀한 무역관계를 맺고 있었다.[15] 브루게는 거주하는 외국 상인들이 발전을 주도했다. 1200년 브루게는 정기 시장을 개설할 수 있는 권한을 확보했으며, 1301년부터는 외국인 상인과 내국인 상인에게 똑같이 무역의 자유를 보장했다. 이에 따라 독일이나 이탈리아, 영국으로부터 외국 상인들이 몰려오기 시작했다.

특히 제노바나 베네치아 등 이탈리아 상인들이 대규모로 브루게에 정착했다. 이들은 브루게 상인의 약 30퍼센트에 이를 정도로 가장 큰 동향 집단을 형성했다.[16] 브루게는 이탈리아 상인들의 첫 번째 식민지라고 할 수 있다. 14세기 초부터 브루게는 플랑드르 지역은 물론 유럽 북부 지역을 남부 유럽에 연계하는 무역과 금융의 중심지로 발전했다. 그러나 15세기 후반부터 안트베르펜이 스페인과 포르투갈을 통해 수입된 아메리카 식민지 상품의 수입항으로 부상하면서 브루게는 국제무역의 중심지로서 위상을 상실했다. 그리고 17세기 후반에는 안트베르펜도 네덜란드의 암스테르담에 그 지위를 넘겨주게 된다.

한편 16세기가 되면서 이탈리아 상인들은 알프스를 넘어 프랑스 리옹에 몰려들어 다시 작은 식민지를 건설했다. 리옹은 브루게, 안트베르펜을 중심으로 하는 저지대 도시들과 이탈리아 도시들을 남북으로 연결하고, 스페인의 카스티야 왕국과 동방무역의 중심지인 이탈리아를 동서로 연결했다. 이에 따라 많은 이탈리아 상인이 리옹에 정착했다. 특히 피렌체 출신이 많았는데, 이들이 리옹의 경제적 발전을 이끌었다. 리옹의 경제적 부상은 공식적으로 정기 시장이 허용된 1420년부터 시작되었다. 리옹 정기 시장은 매년 네 차례 열렸다. 리옹에서 상인들은 무역의 특권뿐만 아니라 화폐적 특권도 부여받았다.

15세기 프랑스에서는 모든 주화가 유통되었던 것은 아니며, 왕령으로 허가받은 주화만 법화로서 통용력을 가졌다. 1419년 프랑스 국왕 샤를 6세는 시장이 원활히 기능하도록 외국 주화의 유통도 허용했다. 또한 상거래에서 주화 사용이 감소하고 환어음 이용이 늘어나자 1463년 환거래 관련 이자나 이윤 등의 지급도 모두 자유화하고 환어음결제의 중앙화를 허용했다. 그 결과 리옹은 금융 및 외환거래의 중심 시장으로 발전했다. 리옹의 금융거래망은 유럽의 어느 도시보다 더 긴밀하게 연계되어 있었다. 직접적인 환어음 거래망이 없는 도시들도 리옹을 통한 삼자 간 환거래를 통해 연계되었다. 리옹 정기 시장에서 이탈리아 상인들은 가상의 통일된 계산 단위인 에퀴 드 마르écu de marc를 고안해 환거래를 단순화하고 모든 환거래를 중앙집중적으로 처리하는 환어음 청산 시스템을 발전시켰다.[17]

8.2 환어음 청산 시스템과 증권거래소

환어음은 송금을 위해 발명되었으나 점차 신용공여를 위해 사용

유럽 각 지역에 정착한 북부 이탈리아 도시의 현지 대리인들은 본점과 네트워크를 구성하여 국제무역이나 금융활동을 중개하고 수수료를 받았다. 그러나 이러한 네트워크의 진정한 목표는 본점과 현지 대리인이 연계해 환어음 거래를 수행함으로써 이익을 얻는 것이었다. 이탈리아 상인은행가들은 환어음을 사용하여 유럽 각국의 주요 도시에 거액의 주화를 직접 수송하지 않고 송금하는 금융혁신을 이뤘다. 표준적인 환어음 거래의 구조를 살펴보면 [그림 8-1]과 같다.

환어음은 두 지역에서 두 개의 다른 화폐를 교환하는 수단으로 보통 4명의 거래 당사자가 관련된다. 우선 A국에서 B국으로 송금을 원하는 상인인 송금인 혹은 인도인deliverer은 같은 도시의 어음 발행인drawer에게 A국 화폐로 대금을 지급하고 환어음을 매입한다. 어음 발행인은 환어음을 내주고 화폐를 받는 사람taker으로 표현되기도 한다. 한편 어음 발행인은 B국에서 대금을 지급할 지급인payer 혹은 피발행인drawee을 지명하고 그로 하여금 송금인이 지정한 피지급인payee에게 지급해 줄 것을 통지한다. 정해진 날짜에 B국의 피지급인이 송달

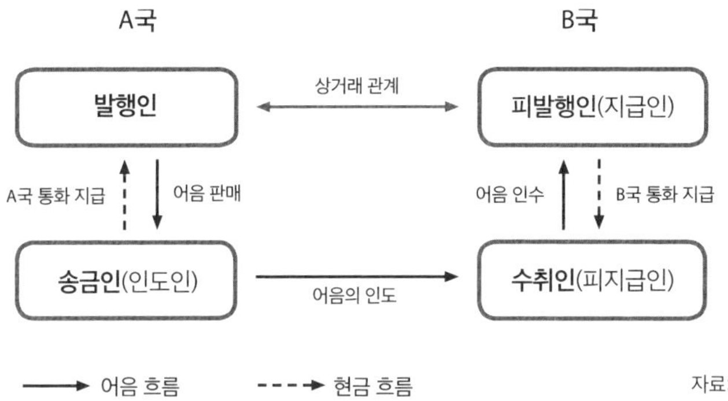

자료: Kohn(1999a).

[그림 8-1] 환어음 거래의 구조

된 환어음을 B국의 지급인에게 제시하면 지급인이 제시된 어음을 인수하고 B국 화폐로 대금을 지급하여 거래가 종결된다. 이때 A국 어음 발행인은 대체로 이탈리아 상인은행이며 B국의 환어음 지급인은 보통 그의 지점이나 대리인correspondent이다. 한편 환어음 거래는 거래 대상자 중 1명이 2명의 역할을 맡을 수도 있는데, 이때는 거래 당사자가 3명이 된다. 예컨대 A국에서 B국으로 보내는 단순 송금의 경우 송금인과 수취인이 동일하기 때문에 거래 당사자는 3명이 된다. 환어음을 통한 송금 시스템은 이탈리아에서 저지대 국가를 포함한 유럽의 많은 도시로 전파되었다.

1870년 이탈리아 피렌체 근교의 소도시 프라토Prato의 한 저택에서 600권의 회계장부와 15만 통의 서한이 담긴 방대한 자료가 발견되었다. 14세기 프라토의 상인 프란체스코 다티니Francesco Datini가 남긴 것으로, 다티니는 프랑스 남부 아비뇽에서 상점 사환으로 출발해 유럽 각지에 지점을 둔 은행을 설립한 상인은행가였다. 1410년 사망할 당시 그는 유럽에서 가장 부유한 상인 중 한 사람이었다. 다타니가 작성한 15만 통의 서한 중 12만 통 이상이 상업용 편지인데 [그림 8-2]와

In the name of God　　12th of December 1399 (발행일)

Pay at usance (기한부) by this first [letter of exchange] to Domenico Sancio (수취인) six hundred *écus* at 10s 5d [Barcelonese] per *écu*, which 600 *écus* at 10s 5d per écu are for the values received [here] from Jacopo Goscio (인도인); and charge [this amount] to our account. God be with you.

Giovanni Orlandini and Piero Benizi and Co. (발행인) in Bruges

Francesco da Prato and Co. (지급인) in Barcelona First [letter of exchange]

Accepted, 11th January 1399 [1400 n.s.]
(이면)

[그림 8-2] 브루게의 상인이 발행한 환어음

| 다타니의 이탈리아어 환어음 원문을 영어로 번역한 것으로 first letter of exchange는 첫 번째 발행 어음이라는 뜻이며 n.s.는 new style calendar라는 뜻이다. 자료: De Roover (1948b: 72).

같이 브루게의 상인이 바르셀로나의 상인을 대상으로 발행한 환어음 거래 편지도 있다.[18]

이 환어음은 이미 살펴본 바와 같이 4명의 당사자(브루게에 2명, 바르셀로나에 2명) 간에 있었던 이중 자금거래, 즉 브루게에서 자금 납입과 바르셀로나에서 자금 지급을 기술하고 있다. 즉, 브루게의 조반니 오를란디니와 피에로 베니치(발행인)는 자코포 고시오(인도인)로부터 브루게 환율로 600에퀴를 받고 환어음을 발행했다. 이 어음은 다티니의 바르셀로나 지점의 프란체스코 다 프라토(지급인)로 하여금 바르셀로나의 도메니코 산초(수취인)에게 일정 기한usance을 두고 1에퀴écu당 10실링 5펜스의 환율로 600에퀴를 지급할 것을 지시하고 있다.[19] 어음의 요식 문구는 항상 어음에 규정된 환율에 따라 "~에게, ~의 에퀴를 지급하라"라는 형식을 따랐으며, 이탈리아 상인은행가들은 환어음 거래를 독점하기 위해 어음 양식을 철저히 형식화하고 표준화하여 사용했다. 이에 따라 관행적인 표현이나 형식을 따르지 않은 환어음이나 동일한 필체로 기입되지 않은 환어음은 모두 가짜로 간주되었다. 한편 이 환어음은 발행일이 1399년 12월 12일이고 인수일이 1400년 1월 11일임을 보여 준다. 어음이 인수되면 지급인은 발행인과 부채를 청산했는데, 이때 정화를 사용한 경우는 극히 드물고 주로 계좌이체를 활용했다.

환어음은 동일한 화폐를 사용하는 국내 상인 간 금융거래가 아니라 서로 다른 화폐를 사용하는 지역 간 무역대금의 송금, 예컨대 브루게와 바르셀로나 사이에서 국제무역을 하는 무역상들의 대금 송금을 위해 고안되었다. 이 과정에서 두 지역 간에 두 화폐를 교환하면서 생기는 환차익은 이미 지적한 바와 같이 이자 수취를 금지한 교회법을 피해 돈을 버는 유력한 수단이었다.

그러나 환어음은 점차 신용을 제공하는 수단으로 변화했다. 환어음거래의 경우 어음 발행 후 인수될 때까지 물리적 이동거리로 인한 시차가 존재한다. 즉, 브루게에서 발행된 환어음이 바르셀로나로 송금되어 인수될 때까지 시간이 걸리는데 이를 유전스usance라고 한다. 예컨대 당시 브루게와 바르셀로나, 이탈리아의 북부 도시 베네치아와 제노바 간에는 약 60일이 소요되고 영국의 런던 혹은 프랑스 파리 간에는 약 30일이 소요되었다.[20] 당연히 이 기간만큼 어음 발행인은 대금을 송금해야 하는 수입업자에게 대출 혹은 신용을 제공하는 셈이 된다. 어음 발행인이 어음 지급과 역방향으로 또 다른 환어음거래를 맺어 송금 기능 없이 순수한 신용거래를 위한 수단으로 환어음을 사용할 수도 있다. 예컨대 브루게의 어음 발행인이 바르셀로나의 대리인을 지급인으로 하여 환어음을 발행한 후 어음 결제일이 도래하면 바르셀로나의 지급인은 브루게의 어음 발행인을 지급인으로 하는 역방향 환어음을 발행하는 방식이다. 이렇게 두 개의 환어음을 연속하여 발행하면 브루게의 어음 발행인은 바르셀로나의 지급인과 환어음을 청산하는 것이 아니라 브루게 내에서 환어음을 청산할 수 있어 어음결제 시까지 무역상에 단기대출을 제공할 수 있다. 이러한 방법으로 이자 수취를 금지한 교회법을 우회하여 상인은행은 상인들에게 자금을 빌려주고 이익을 취할 수 있었다. 심지어 어음 발행인은 전략적으로 적정한 지급 장소를 지정함으로써 유전스 기간을 늘릴 수도 있었다. 예컨대 브루게의 어음 발행인이 베네치아를 중개지로 지정하여 바르셀로나의 지급인과 이러한 환거래를 하면 브루게-바르셀로나의 유전스 기간의 2배인 120일 동안 신용을 제공할 수 있었다.[21]

16세기 말까지 환어음은 오직 상인은행에 의해서만 인수될 수 있었고 배서endorsement에 의해 제3자에게 양도될 수 없었다. 환어음 교환망을 지배하고 있던 이탈리아 은행들은 처음에 환어음 배서를 반대했다. 환어음 결제에서 수취인은 보통 인도인의 대리인이었고 지급인은 발행인의 대리인이었다. 이를 고려하면 환어음 결제는 거래인과 대리인 간 신뢰에 기반한 결제 시스템이다. 배서를 통해 어음을 제3자에게 양도하는 것은 이탈리아 상인들이 특히 중시했던 대리인제도의 기반을 흔드는 일이었다. 배서는 인도인이 독점하고 있던 양도 권한을 어음 보유자 누구나 행사할 수 있도록 확대한 것을 의미하기 때문이다. 그럼에도 불구하고 17세기 초부터 안트베르펜과 같은 저지대 국가의 도시들을 중심으로 배서가 확대되었고, 이는 추후 수표check의 발전으로 이어졌다.

가장 세련된 환어음 청산 시스템을 운영한 리옹의 정기 시장

중세 유럽에서 한 국가의 국왕이나 군주는 자기 영토 내에 주화를 발행하여 공적 화폐의 유통 공간을 창설했지만, 이탈리아의 상인은행들은 중앙화된 어음교환을 통해 초국적 사적 화폐 유통망을 창출했다. 이러한 사적 화폐 유통망은 유럽의 상업혁명을 촉진하고 상인은행들에는 엄청난 부를 안겨 주었다.

리옹의 정기 시장에서 발달한 중앙어음교환 시스템은 계산 단위인 에퀴 드 마르écu de marc로 표시한 환어음을 발행하고 분기마다 정산하는 환어음 청산 시스템이었다. 에퀴 드 마르는 순금 1마르크의 1/65 혹은 45실링으로 정의되는 사적 계산 단위였다. 이탈리아 상인들이 환어음 거래만을 위해 창출한 명목 계산 단위로, 실제 상거래에서는 사용되지 않았다. 리옹의 외환 시장은 상인이나 은행가들의 사적인 청산결제 클럽이었으며, 참가자는 엄격한 규칙을 준수해야만 했다. 우선, 시장 참가자들이 회동하는 날짜 결정이 엄격했다. 어음 인수는 첫째 날, 어음 교환은 셋째 날, 그리고 어음 청산은 여섯째 날 이루어졌다. 이 과정을 보다 자세히 살펴보면 다음과 같다.[22]

첫째 날은 어음 인수의 날로, 시장에서 만기가 돌아온 채무나 채권을 보유한 모든 상인이나 은행가는 오전 10시부터 정오까지, 그리고 오후 5시부터 7시까지 두 차례 리옹의 피렌체 영사관 앞에 있는 교환광장Exchange Square에 모였다. 이때 광장 입구는 마차나 말들이 들어와 소란을 피우지 못하도록 사슬을 채워 폐쇄했다. 이후 광장에서 피렌체 영사가 개회하고 가장 먼저 자신에게 제시된 어음 인수를 시작했다. 이후 다른 은행가들이 차례로 자신들에게 제시된 어음을 인수했다. 어음 인수 시 은행가들은 작은 장부에 어음의 참고사항과 수취인들에 대한 정보를 기록했는데, 십자가 표시는 어음을 인수하고 마지막 날 이를 지급하겠다는 약속이고 V(프랑스어 voir의 약자)는 승인결정 유보, S.P.(프랑스어 sous-protêt의 약자)는 어음 지급 거부를 의미했다.

셋째 날은 어음 교환의 날로, 환어음 청산 업무를 수행하는 제한된 수의 은행가들만 나와 어음을 교환했다. 이를 위해 상인이나 은행가는 자신들이 지급해야 할 어음과 받을 어음의 거래잔고를 확정하는데, 이는 어음 교환 전 가장 중요한 준비 절차였다. 어음 교환은 프랑스, 독일, 피렌체, 제노바, 밀라노, 루카의 은행가들만 교환광장에서 만나 피렌체 영사를 둘러싸고 순서대로 진행되었다. 그러나 교환일에 가장 중요한 활동은 유럽 각국의 환율을 고시하는 것이었는데, 피렌체, 제노바, 루카 세 도시의 은행가들이 별도의 회동을 통해 이를 독점했다. 이들은 고시된 유럽 각국의 화폐에 대한 환율의 적정성을 투표에 부쳐 결정하고, 그 결과 유럽 각국의 통화를 에퀴 드 마르로 표시한 환율목록인 '콘토conto'에 기록했다. 그들은 또한 다음 정기 시장이 열리는 날까지 채무지급이 연기되는 경우 적용할 지급 이자율도 결정했다. 이렇게 결정된 콘토는 유럽 각 도시로 전달되어 환율 동향 정보를 제공했다.

여섯째 날은 어음 청산의 날로, 모든 상인과 은행가들이 교환광장에서 모여 콘토에 적힌 환율로 미청산 잔액을 다음 결제일까지 이월할 것인지, 아니면 정화로 청산할 것인지 결정했다. 이를 위해 각 상인들은 장부를 들고 자기가 지닌 채무를 다른 상인에 대한 채권과 상쇄하거나 제3자에 대한 채권과 상쇄함으로써 채무를 정산했다. 이때 청산은 채권과 채무를 에퀴 드 마르로 표시하여 이루어졌다. 채무를 청산할 수 없는 채무자는 다음 결제일까지 지급을 이월하고 이자를 지급했다. 정화는 즉시 청산될 수 없는 잔고가 있을 경우에만 사용되었는데, 이때 역시 에퀴 드 마르를 이용하여 잔액을 계산하고 이를 프랑스실링으로 교환하여 청산했다.

리옹에서 상인은행은 환거래를 통해 막대한 재정차익을 실현할 수 있었다.[23] 오늘날 상업은행들이 환어음거래에서 얻는 수입은 상당

부분 어음할인discount을 통해 창출되는데, 어음할인은 17세기 중반 영국의 금장인은행들에 의해 도입된 것이다. 중세 이탈리아 상인은행들은 이보다 앞서 환율 차이에 기반한 재정차익거래를 통해 수익을 올렸다. 당시 유럽 각국은 자국의 발행 주화에 시뇨리지 세금을 부과했다. 따라서 어느 지역이나 자국 발행 주화는 실제 소재가치보다 항상 고평가되는 반면 외국에서 발행된 주화는 소재가치를 기준으로 유통되었다. 예컨대 프랑스는 당시 에퀴, 제노바는 스쿠도라는 금화를 발행했는데, 에퀴화는 프랑스 리옹에서 46프랑스실링의 가치를 지니고 제노바에서 68솔도로 유통되는 반면, 스쿠도화는 제노바에서 69솔도의 가치를 지니는데 비해 리옹에서는 44.5프랑스실링의 가치를 지녔다. 따라서 에퀴화의 스쿠도화에 대한 환율은 리옹에서는 46프랑스실링/44.5프랑스실링=1.0337인 데 비해 제노바에서는 69솔도/68솔도=1.0147로 나타나, 에퀴화는 리옹에서 항상 가치가 더 높았고 스쿠도화는 제노바에서 가치가 더 높았다. 그로 인해 상인은행은 국제 공통의 계산 단위인 에퀴 드 마르를 이용한 환어음을 발행하여 안정적인 재정차익을 얻을 수 있었었다. 이 과정을 자세히 설명하면 다음과 같다.[24]

우선, 리옹의 은행은 1에퀴 드 마르당 45프랑스실링을 받고 제노바에서 지급되는 환어음을 판매한 뒤 제노바의 대리인에게 해당 금액에 상응하는 제노바 금화를 지급하라고 지시한다. 이때 이 은행이 받은 45프랑스실링은 제노바에서 69×45/46=67.5솔도와 가치가 같다. 여기에 정화 수취와 관련하여 1.5퍼센트의 환전수수료를 더하면 67.5×(1+0.015)=68.5125솔도가 된다. 따라서 은행은 에퀴 드 마르로 표시한 솔도의 가격(환율)이 이 금액보다 작으면 차익을 실현할 수 있다. 예컨대 환율이 1에퀴 드 마르당 64솔도라면 은행은 제노바에서 64솔도를 지급하고 68.5125솔도를 수취하기 때문에 약 7퍼센트의 차익을 확보할 수 있다.

한편 제노바의 대리인은 리옹의 은행을 대상으로 역방향 환어음을 발행하여 프랑스실링을 받는 계약을 체결할 수 있다. 즉, 제노바에서 1에퀴 드 마르를 팔고 리옹에서 45프랑스실링을 받는 환어음을 발행하면 45프랑스실링은 제노바 화폐로 68×45/44.5=68.76실링에 해당한다. 여기에 에퀴 드 마르의 정화 태환 수수료 1.5퍼센트를 추가하면 45프랑스실링을 받는 데 필요한 비용은 45.675프랑스실링 혹은 69.795솔도다. 따라서 제노바에서 발행하여 판매하는 환어음에서 에퀴 드 마르로 표시한 솔도의 가격(환율)을 69.795솔도보다 높여 다시 이익을 남길 수 있었다. 결국 리옹의 상인은행은 리옹에서 1에퀴 드 마르의 환율이 68.5125실링보다 낮은 환어음을 발행하여 이익을 얻고 제노바에서는 에퀴 드 마르의 환율이 69.795실링보다 높은 역방향 환어음을 매각하여 항상 재정차익을 거둘 수 있었다.

안트베르펜의 증권거래소는 약속어음 청산 시스템을 혁신

안트베르펜은 벨기에의 수도인 브뤼셀에서 50킬로미터 북쪽에 있다. 안트베르펜 시장은 16세기 들어서면서 리옹 정기 시장의 경쟁자로 부상했다. 안트베르펜은 처음 아시아 무역을 독점했던 포르투갈의 향신료 및 아시아 상품을 팔기 위한 창고도시로 성장했다. 안트베르펜은 리옹의 중앙어음교환과 다른 결제 시스템을 발전시킬 수 있었다. 리옹의 상인은행들은 서로 잘 알고 있었기 때문에 신용위험을 최소화하면서 폐쇄적인 청산 시스템을 운영하고 은행에 개설한 예금계좌들을 이용해 잔액을 청산했다. 그러나 안트베르펜에서는 상인들이 서로 모르는 이방인이었기 때문에 신용위험도 높고 결제위험도 매우 컸다. 당시 안트베르펜은 세계 각국의 어떤 상인에게도 자유로운 접근이 허용되었고 자유로운 거래가 가능했다는 점에서 이방인들 간에 작동하는 청산결제 시스템이 필요했다. 더구나 네덜란드 독립전쟁 의 여파로 은행들이 폐쇄되자 상인들은 자금을 이체할 새로운 방법을 찾아야 했고, 그 결과 약속어음을 제3자에게 양도하여 결제하는 방법을 고안해 냈다. 당시에는 채권 이전이 제한적이었으나, 이로써 누구에게나 채권을 이전할 수 있게 되었다. 그 결과 안트베르펜에서는 리옹에서와 같이 제한된 이탈리아 출신 상인들이 폐쇄적으로 환율을 결정하는 것이 아니라 시장에 참여하는 상인이나 중개인 누구든 거래소에서 자유롭게 결제할 수 있었다.

거래소 제도의 발전을 이해하기 위해서는 어음이전과 관련하여 지정 양도assignability, 무지정 양도transferability, 양도 가능negotiability을 구분할 필요가 있다. 상인 A, B, C가 있고 A는 B에, B는 C에 채무가 있는 경우를 상정해 보자. A가 B에게 약속어음을 발행하면 B는 A에게 별도의 통지 없이 어음을 C에게 이전하여 지급을 완료할 수 있다. 그런데 중세 유럽법에서는 어음의 지정 양도만 인정했기 때문에 A가 특정한 사람, 즉 B만이 권리를 이전받을 수 있었다. 따라서 B는 이 약속어음을 C에게 사용할 수 없었다. 이러한 제약을 극복하고자, 브루게와 안트베르펜 등의 저지대 상업법원은 특정 수취인을 지정하지 않아도 어음 소지자 누구에게나 채무 회수 권리를 인정하는 무지정 양도 어음을 인정하기 시작했다. 그렇지만 처음에 이들 도시의 민사법원은 이를 인정하지 않았다. 따라서 종종 지급을 거절하는 사례가 발생했다. 특히 북유럽에서 상인들은 남부 이탈리아의 상인들과 같이 서로 아는 사이도 아니고 신뢰할 수도 없어 지급 거절 사태가 많이 발생했다. 최종적으로 1507년 안트베르펜 민사법원에서도 약속어음의 무지정 양도를 공식적으로 인정했다. 그러나 새로운 문제가 발생했다. 안트베르펜 법원은 B가 C에게 채무증서를 양도할 경우 이를 채무변제 이행으로 간주했기 때문에 최초 채무자인 A가 채무지급을 거절할 경우 C는 A를 기소할 수 있지만, B에 대한 소구권recourse은 인정되지 않았다. 이에 따라 상인들이 부도위험이 낮은 안전한 어음은 자기가 보유하고 부도위험이 큰 어음만 지급수단으로 사용하여 채권자에게 양도하는 역선택 문제가 발생했다. 악화가 양화를 구축한다는 그레셤의 법칙이 어음 시장에서도 작동한 것이다. 이 문제를 해결하기 위해 안트베르펜의 법원은 다시 약속어음이 부도날 경우 어음을 발행한 사람뿐만 아니라 약속어음을 양도한 상인, 즉 B에게도 그 책임을 묻기 시작했다.

새로운 해결책은 양도가능성negotiable을 갖춘 약속어음을 발행하는 것이었다. 즉, B가 C에게 양도한 어음은 A가 지급을 이행했을 때에만 유효하게 채무 이행이 완료된 것으로 간주되었고, A가 채무를 이행하지 않으면 C는 B에게 채무변제를 요구할 소구권을 가졌다. 이는 어음의 신뢰도를 높이고, 부도 위험이 큰 어음의 무분별한 유통을 방지하는 효과를 가져왔다. 1536년 스페인 국왕 카를로스 5세가 최종적으로 칙령을 반포하여 약속어음의 양도 가능성을 법적으로 확립했다. 이 칙령은 곧 저지대 국가 전체는 물론 영국이나 다른 유럽 도시에서 채택되었다. 다만 양도 가능 어음 사용 시 연쇄적으로 많은 채무자가 관계되어 어음이 양도될 때마다 공증을 받거나 별도의 양도증서를 첨부해야 하는 불편함이 있었다. 이러한 불편을 없애기 위해 고안된 방법이 어음 뒷면에 서명하는 '배서endorsement' 제도였다. 채무자들은 채권자에게 어음을 양도하면서 그 위에 채무자가 지급하지 못하면 자기가 지급하겠다는 약속을 붙였다. 1570년 안트베르펜에서는 배서를 통한 어음 양도성을 정식 법령으로 보장했고, 안트베르펜 뒤이어 유럽의 새로운 무역과 금융 중심지로 등장한 암스테르담에서도 같은 법령이 마련되었다. 이후 이러한 내용은 프랑스 나폴레옹의 상법에도 반영되었다.[25] 환어음이 단기적 지급수단으로 사용된 반면, 배서한 약속어음은 비교적 만기가 긴 중기 혹은 장기 지급 수단으로 널리 사용되었다. 점차 이탈리아 상인들도 일반적인 약속어음에서와 같이 특정인을 규정하지 않고 어음 소지자 누구에게나 양도할 수 있는 방식으로 환어음을 사용하게 되었다.

안트베르펜의 배서 제도는 은행을 통한 계좌이체와 더불어 약속어음과 환어음을 모두 양도가능한 지급 수단으로 발전시켰다. 안트베르펜의 상인들은 은행거래가 없는 사이라도 양도가능한 어음의 배서를 통해 채무를 이행할 수 있었다. 약속어음은 만기 전에 보통 10~20회 정도 양도되었으며, 100회 이상 양도된 사례도 있었다. 가장 신용이 좋은 채무자가 발행한 약속어음은 당시 거상이었던 푸거Fugger 가가 발행한 푸거어음Fuggerbriefe으로 알려져 있는데, 이 어음은 널리 유통되어 오늘날 중앙은행이 발행한 은행권과 같이 중요한 지급수단으로 사용되었다.[26]

최종적으로, 오늘날 증권 시장Stock Exchange의 원조라 할 수 있는 중앙거래소가 설치되면서 채권을 양도하고 채무를 청산하는 것이 더욱 수월해졌다. 거래소에서는 정기 시장과 달리 상품의 인도와 동시에 결제가 이루어졌다. 또한 거래소에서의 거래는 1년 내내 지속되지 않고 짧은 기간에 집중적으로 이루어졌다. 이는 무엇보다 거래소에서 질서를 유지하고 거래세를 거두려면 조세 징수원이 많이 필요한데, 이들을 1년 내내 동원할 수 없었기 때문이다. 거래소 설립 초기에는 상인이 영속적으로 거래하면 조세 징수를 회피하는 밀수 행위로 간주되어 처벌받기도 했다.

거래소는 1409년 브루게에서 처음 출현했다. 브루게의 무역상들은 판 데르 뵈르스Van der Beurs라는 가족여관 앞에 정기적으로 모여 상거래를 협상하고 결제했다. 뵈르스 가족은 여관업을 운영하면서 상인 간 중개인으로 중요한 역할을 수행했다. 오늘날 거래소를 네덜란드어로 Beurs 혹은 프랑스어로 Bourse라고 부르는 것도 이 가족의 이름에서 유래한 것이다. 영국에서도 한동안 거래소를 Burse라고 불렀다.[27] 그렇지만 브루게의 거래소는 공식적인 건물이라기보다 상인들이 모이는 장터에 가까웠다. 최초의 공식적인 거래소 건물은 상품거래를 위해 안트베르펜에 세워진 상품거래소였다.

17세기 초부터 암스테르담에서는 국공채나 동인도회사의 주식 등 증권을 전문적으로 거래하는 증권거래소도 나타났다. 암스테르담을 모방해 런던에서도 17세기 말 왕립교환소 내에서 비좁은 공간에 있던 증권거래소가 길 건너 교환소 거리Exchange Alley로 독립해 나갔고, 1773년에는 공식적인 증권거래소 건물을 설립했다. 이들 증권거래소를 통한 증권거래는 거래량, 유동성, 투기성 등에서 과거의 증권거래와 달랐다. 오늘날 암호자산 시장에서와 같이 주식 투자 혹은 투기가 새로운 현상으로 등장했고, 주식가격 폭등과 폭락이 빈번히 일어났다.[28] 화폐를 지급수단으로 여기기보다 지급할 수 있는 능력 혹은 현금화할 수 있는 능력이라는 관점에서 유동성liquidity으로 보는 견해도 이들 증권거래소의 발전과 밀접하게 관련되어 있다. 또한 증권거래소에서는 만기 전 채권을 할인하는 상인들이 출현했다. 이들 중개인을 캐시어cashier라고 불렀는데, 이들의 역할은 약속어음은 물론 환어음도 할인하는 것이었다. 이들 중개인이 활발히 활동함에 따라 어음할인은 채무증서의 유동성을 제고하여 어음 유통에 크게 기여했다. 어음할인은 이후 영국 상업은행들의 주요 업무로 발전했다.

한편 증권거래소의 발전과 더불어 18세기 말 암스테르담과 19세기 런던에서는 막대한 자금을 동원하여 국채 인수나 주식에 투자하고 회사를 매입하는 도매금융, 이른바 '고급금융high finance'이 발전했다. 암스테르담에는 18세기 말 스코틀랜드 출신의 호프Hope 형제가 세운 호프회사Hope and Company가 다른 은행보다 막대한 자금력을 자랑했고, 자산규모 면에서 암스테르담은행에 필적하는 은행으로 성장했다. 호프회사는 1793년 나폴레옹이 네덜란드를 점령함에 따라 런던으로 이전했다. 이후 독립적 은행으로 존재하다가 1962년 네덜란드의 ABN 은행(현 ABN AMRO)에 인수되었다.[29]

19세기가 되면서 런던이 암스테르담을 이어 세계경제의 주요 자금 시장으로 발전했다. 이 과정에서 로스차일드Rothschild 가문이 설립한 로스차일드은행으로 대표되는 런던 은행들이 세계경제의 주역으로 등장했다. 로스차일드은행은 고급금융을 통해 제1차 세계대전 이전 세계에서 가장 크고 가장 영향력 있는 은행으로 성장했는데, 당시 로스차일드은행의 영향력은 오늘날 JP모건, 골드만삭스 등 세계 굴지의 투자은행들은 물론 각국 정부에 대출하는 IMF의 역할을 합한 것에 비견될 정도였다고 평가된다.[30]

8.3 예금통화인 수표의 발전

수표는 환어음에서 유래

수표cheque, check는 환어음의 사용에서 비롯된 것으로, 특히 중앙은행이 화폐발행권을 독점하면서 은행권을 발행하지 못하게 된 상업은행들은 수표 발행을 확대했다. 수표란 은행의 예금자가 자신의 예금 계좌에서 일정한 금액을 수취인에게 지급하도록 은행에 명령하는 지급지시서다. 따라서 예금자가 수표의 발행인이 되고 예금은행은 지급인 혹은 피발행인이 되며 수표의 수취인이 피지급인이 된다. 또한 수표는 정부지폐나 중앙은행권과 같이 정부에 의해 사용이 강제되는 법화가 아니다. 그러나 수표는 어음법이나 수표법 등 관련 법률에 의해 법적 효력을 지닌 유가증권으로 인정된다. 수표가 환어음으로부터 진화해 나갔지만 환어음과 수표는 여러 점에서 차이를 보인다. 첫째, 수표는 은행을 지급인으로 하는 반면, 환어음은 누구나 지급인이 될 수 있다. 둘째, 수표는 지급 요구 시 즉각 지급되는 반면, 환어음은 어음 제시 혹은 일람 후 일정 기간이 지나야 지급된다. 셋째, 수표는 인수 절차 없이 즉시 지불되지만, 환어음은 지급에 앞서 인수가 필요하다.

실제 수표 사용을 위해서는 은행으로부터 수표책checkbook을 받아야 한다. 수표책은 수표의 양식을 인쇄해 놓은 수표 부분과 이에 부착된 쪽지stub 혹은 카운터포일counterfoil 부분으로 구성되어 있다. 수표 사용자가 수표를 발행하면 수표는 수표책에서 분리되어 지급되고 쪽지는 수표책에 남겨져 거래 기록을 위해 보관된다. 혹은 수표책의 수표 사이나 수표 뒷면에 복사종이를 부착해 수표 발행 후에도 거래 기록으로 수표책에 보관되기도 한다. 이는 엄대를 양쪽에 나눠서 보관했던 방식과 유사하다.

수표는 환어음이 출현하고 약 200년 지난 15세기경 환어음의 사용에 익숙해진 유럽 도시들에서 사용되기 시작했다. 수표는 은행에 예치된 예금 잔고에 기반하여 지급을 지시하는 조그만 종이쪽지에 불과했다. 이러한 지급 지시 문서는 채무자인 지급인, 채권자인 수취인 혹은 은행 입장에서 위조 가능성 때문에 도입 초기에는 위험한 지급 수단으로 간주되었다. 그러나 당시 은행에서는 자금이체 시 번거롭게 항상 지급인과 수취인이 은행에 직접 가서 거래를 확인하고 증언해야 했기 때문에 위조 위험성에도 불구하고 수표가 서서히 사용되었고,[31] 15세기에는 이탈리아 도시들에서 수표가 일상적으로 사용되었다. 실제 중세 피렌체에서 잡화상과 영세상인들이 은행에 예금한 가장 큰 이유는 안전성이나 이자수익 때문이 아니라 효과적인 지급수단으로서 수표의 편리성 때문이었다고 한다.[32] 현존하는 초기 수표가 대부분 소액이고, 일상적인 거래를 하는 데 사용된 것도 이 때문이다. 따라서 수표는 환어음을 대체하는 것은 아니었다. 환어음은 대상인들이 원거리 도시 간 자금이체를 위해 신용수단으로서 활용한 반면, 수표는 도시 내에서 소상공인들이 많이 사용했기 때문이다.

한편 초기의 수표는 양도할 수 없었다. 그러나 16세기에 접어들면서 저지대 국가를 중심으로 수표에 배서가 적용되기 시작하고, 환어음과 같이 양도 가능해지면서 널리 유통되었다. 그럼에도 불구하고 어음 배서만으로 결제하는 방법도 아주 효율적이지는 않았다. 배서 횟수가 너무 많고, 심지어 채무자는 채무를 상환하지 않고 새로운 어음을 발행하여 상환을 미루는 경우도 많았다. 이는 채권과 채무를 상계 청산하는 시스템이 효과적이지 못했기 때문이다. 이에 따라 암스테르담 시정부는 공공은행인 암스테르담은행의 이체 업무를 통해 채권과 채무를 청산하도록 했다.

17세기에 이르러 수표는 영국에서도 이른바 금장인은행에 의해 유통되기 시작했다. 실제 현존하는 가장 오래된 수표는 1659년 런던에서 발행된 수기 수표로 알려져 있으며, 1700년경부터는 인쇄된 수표가 도입되었다. 우리가 '가계수표'라 부르는 개인 수표는 1800년경에 도입된 것으로 알려져 있다. 중앙은행이 은행권 발권을 독점해 은행들이 은행권을 발행할 수 없게 되고, 전국적인 수표청산 시스템이 확립되면서 수표 사용이 널리 확산되었다. 이에 따라 19세기 중반부터 상업은행의 발전에 힘입어 영국과 미국에서 수표는 가장 중요한 지급수단 중 하나로 발전했고,[33] 다른 나라에서도 유사한 변화가 일어났다.

수표의 출현을 둘러싸고 은행권 발행 시와 마찬가지로 화폐가 아니라는 주장과 화폐 유통을 도와주는 신용에 불과하다는 논쟁이 재현되었다. 그러나 지금은 수표도 결국 은행권과 성격이 동일하기 때문에 화폐로 봐야 한다는 입장이 정착되었고, 수표 혹은 수표발행부 예금checkable deposit이 예금통화 혹은 은행통화bank money가 되었다. 우리가 알고 있는 신용창출 혹은 예금창출 이론은 은행통화인 수표와 중앙은행통화인 은행권 간의 밀접한 관계를 설명하는 것이다.

우리나라에서 요구불예금은 수표와 관련 없었다[34]

우리나라에서는 과거 중앙은행이 발행한 현금(은행권과 주화)과 상업은행의 보통예금을 합한 협의의 통화 M1을 통화량으로 정의해 왔다. 무엇보다 보통예금 혹은 요구불예금은 즉시 현금으로 전환할 수 있다는 점을 들어 통화량 편제 시 M1 범주에 포함시켰기 때문이다. 그러나 우리나라에서 가계의 보통예금은 발행이 가능한 지급수단이 아니라 단순한 예금통장에 불과하여 독립된 지급수단으로 기능한다고 보기 어렵고, 이런 점에서 보통예금을 통화량으로 편입하는 것이 적절한지 재검토할 필요가 있다. 아마도 면밀한 검토 없이 일본의 사례를 참고해 예금통화에 포함시켰을 가능성도 있다.

현재 우리나라에서 유통되는 수표는 은행이 발행하는 자기앞수표, 사업자가 발행하는 당좌수표, 개인이나 가계가 발행하는 가계수표, 그리고 여행자수표와 송금수표 등이 있다. 자기앞수표는 1948년 처음 도입되었는데, 은행이 결제자금을 사전에 확보하여 발행대금을 별단예금(특정 목적 예금 계정)에 예치한 후 자신을 지급인으로 하여 발행하는 수표다. 자기앞수표는 은행의 공신력을 바탕으로 현금에 준하는 지급수단으로 널리 사용되어 왔다. 특히 우리나라에는 고액 은행권이 없어 자기앞수표는 주요국의 고액 은행권처럼 사용되어 왔고,[35] 실제로 기능 면에서 유럽이나 미국의 은행권과 동일하다. 한편 당좌수표는 은행과 당좌예금 거래를 하는 자가 발행인이 되어 자신의 당좌거래은행으로 하여금 수표 소지인에게 일정 금액을 지급해 줄 것을 위탁하는 유가증권으로, 주로 기업이 사용한다. 당좌수표는 발행인의 신용을 바탕으로 발행하는 것이므로, 신용 상태가 양호한 기업이 주로 이용하고 있다. 이들 수표와 관련된 별단예금이나 당좌예금은 예금통화로 쉽게 편입될 수 있다.

이에 반해 가계수표는 1981년 가계종합예금을 바탕으로 발행될 때까지 거의 사용되지 않았다. 또한 도입 후에도 거의 활성화되지 못해 국민의 현금 사용을 줄이고 신용사회를 조기 정착시키려는 당초 도입 목적이 달성되지 못했다. 이러한 상황은 가계수표가 크게 활성화되어 개인 간 고액 거래를 담당하는 구미 선진국과 뚜렷한 대조를 이룬다. 따라서 신용카드 사용이 일반화되기 전인 2000년대까지 개인의 요구불예금 혹은 결제성예금을 구미 선진국과 같이 수표발행부 예금checkable deposit으로 간주하여 협의의 통화량 지표 M1에 편입하는 것은 무리였다고 생각된다. 구미 국가의 경우 요구불예금이라는 것은 수표발행부 예금이고 당연히 가계수표의 이용이 수반된다. 그러나 우리나라의 경우 보통예금이나 요구불예금은 수표 없이 발급되는 예금통장passbook에 불과하기 때문에 직접적으로 제3자에게 자금을 이전하는 지급수단으로 사용되지 못한다. 예금 시 발급받는 통장의 경우 지급 수단이라기보다는 예금확인서에 가깝고 지출을 위해서는 반드시 현금으로 인출해야 하기 때문에 지급수단이 아니고 성격상 이자 지급이 없는 저축예금과 다르지 않다. 따라서 우리나라의 상황은 통장이 아니라 수표책을 발행해 주는 구미 선진국의 경우와는 다르다. 다만 고액의 거래에 대해서는 요구불예금을 담보로 은행 자체가 발행한 자기앞수표를 이용하여 지출할 수 있기 때문에 제한적이나마 지급수단으로 기능했다. 우리나라에서 가계수표가 유통되지 않았다는 사실은 다음과 같은 중요한 의미를 가진다.

첫째, 경제학 교과서에서 설명하고 있는 신용창조 혹은 예금창조 이론은 엄밀한 의미에서 우리나라에 그대로 적용되기 어렵다. 신용창조 과정은 수표가 사용되는 구미의 선진경제하에서만 타당하기 때문이다.

둘째, 결과적으로 과거 공식적으로 편제된 협의의 통화량 M1은 자기앞수표나 당좌수표의 유통을 제외하고 실제 통화량을 과장했을 가능성이 크다. 과거 우리 경제가 만성적인 통화 부족으로 시달린 것은 통화량에 대한 잘못된 편제 때문일 수 있다. 한편 2000년대 이후 카드 사용이 확대되면서 카드가 수표의 지급 기능을 상당 부분 대체했기 때문에 이때부터는 요구불예금을 협의의 통화에 포함시키는 것이 타당하다.[36]

어음청산소는 스스로 중앙은행의 역할 담당

오늘날 중앙은행의 은행권은 가장 기본적인 지급수단으로, 그 공신력을 국가가 보장한다. 그러므로 어떤 거래에서나 이를 지급하면 더 이상 결제 과정을 거칠 필요 없이 지급결제가 종결된다. 그러나 수표를 사용하는 경우에는 해당 금액을 지급인의 예금계좌에서 인출하여 수취인의 예금계좌로 입금해 주는 은행 간 자금이체망이 필요하다. 이러한 자금이체망은 초기 은행이 예금자에게 자기의 은행권이나 수표를 발행해 주고 다른 은행이 발행한 은행권이나 수표를 인수하면서 시작되었다. 중앙은행은 은행들이 결제차액을 청산하는 과정에서 자연스럽게 은행 간 자금청산 시스템을 구축하게 되었다. 그러나 이러한 청산 시스템을 반드시 중앙은행이 독점할 필요는 없다.

미국은 1913년 연방준비제도가 설립될 때까지 중앙은행제도를 갖추지 못했다. 그럼에도 불구하고 1820년대 중반 뉴잉글랜드의 민간 상업은행인 서퍽은행Suffolk Bank은 중앙은행의 기능 일부를 대신했다. 서퍽은행은 당시 은행권을 발행하는 주법은행들의 준비금을 자기 은행에 집중시켜 은행권을 교환하는 청산은행의 역할을 자발적으로 시작했다. 서퍽은행은 시스템에 참여하는 은행들에 이자 없는 정화예금을 예치하고 예금계좌를 개설하도록 하면서, 이 은행들이 발행하는 은행권을 상시적으로 인수하고 액면가치로 정화와 태환해 주는 등 '은행의 은행' 역할을 수행했다.

서퍽 시스템은 자발적으로 형성된 지역은행들의 청산·결제 시스템으로, 1825년부터 1858년까지 성공적으로 운영되었다. 오늘날 중앙은행이 민간은행으로부터 지급준비금 형태로 결제자금을 받고 이렇게 집중된 예치금을 이용하여 다자간 채무를 정산하는 중요한 기능을 민간은행이 수행한 사례라 할 수 있다.[37] 그러나 서퍽은행은 은행권 청산을 독점하고 이익을 극대화하기 위해 경쟁 은행의 출현을 막는 사적 은행이기도 했다. 결국 경쟁 은행의 등장과 수익성 악화로 인해 서퍽은행은 청산 업무를 중단했다. 이 사례는 상업은행이 '은행의 은행'이라는 공적 기능과 '은행 이익의 극대화'라는 사적 기능 간 이해상충이 발생할 경우, 중앙은행의 역할을 지속적으로 수행하는 데에는 구조적 한계가 있음을 보여 준다.

한편 민간 상업은행들은 자발적으로 청산소clearing house를 운영하기도 했다. 시작은 은행권을 상호 인수하는 은행 간 협약으로, 최초의 협약은 17세기 영국의 금장인은행까지 거슬러 올라간다. 당시 한 은행이 최소 19개의 다른 은행과 상호 계좌 개설 협약을 체결하고,[38] 은행은 청산을 위해 개별적으로 상대 은행을 매일 방문하여 상대 은행이 발행한 은행권을 지급 제시하고 자기 은행이 발행한 은행권을 인수했으며, 은행 간 결제 차액은 금으로 정산했다. 은행들은 청산을 위해 여러 은행을 개별적으로 방문하는 것보다는 한곳에서 만나 일괄적으로 은행권을 교환하는 것이 더 편리하다는 것을 점차 깨닫게 되었다. 이에 따라 런던의 은행들은 영란은행과 별개로 1775년 롬바드가에 은행청산소Banker's Clearing House를 설치하여 매일매일 채권과 채무를 상계하기 시작했다. 그러나 청산결제는 아직 양자 간 채권과 채무를 상계하는 방식이었는데, 이후 중요한 혁신이 일어났다. 은행들이 다자간 상계를 통한 청산 방식을 도입한 것이다. 모든 은행이 한곳에 모여 자기 은행이 수납한 채권 중 다른 은행을 지급지로 하는 채권과 다른 은행이 수납한 채권 중 자기 은행을 지급지로 하는 채권을 서로 교환하고 잔고만 정산함으로써 청산 과정을 대폭 간소화할 수 있었다.[39] 런던의 은행청산소는 1841년 이후부터 다자간 상계를 통한 청산을 시작했다.

수표 사용이 확대됨에 따라 다자간 청산소에 대한 수요는 더 증가했다. 미국 뉴욕의 상업은행들은 1854년부터 자발적으로 청산소를 만들어 교환을 시작했다. 당시 뉴욕시에는 52개나 되는 은행이 있어 개별 은행 간 채권을 청산하면 양자 간 무수한 결제가 일어나 혼란을 피할 수 없었다.[40] 미국에서 청산소는 수표 교환의 편의를 증진하기 위해 은행 간 잔고를 금으로 직접 결제하는 대신 청산소가 발행한 금증서specie certificate를 사용해 처리하기 시작했다. 이렇게 하여 은행의 운반 직원들이 직접 무거운 금 가방을 들고 거리를 돌아다니는 위험과 불편을 해소할 수 있었다.

뉴욕의 민간은행들이 설립한 청산소가 크게 성공을 거두자 보스턴, 필라델피아, 시카고 등 다른 도시에서도 청산소 설립이 이어져 1900년대 초에는 미국 전역에 걸쳐 115개가 넘는 도시에 청산소가 세워졌다. 그런데 미국은 지점이 없는 단점은행제도를 채택하여 은행예금 인출 사태가 지점은행제도를 택한 나라에 비해 빈번하게 발생했다. 이에 따라 청산소는 은행예금 인출 위기 시 대출증서loan certificate를 발행해 가입 은행들을 지원하기도 했다. 청산소가 발행한 대출증서는 은행 간 자금결제를 위해서 금증서와 동일하게 취급되었다. 청산소가 이러한 최종대부자 역할을 수행했으며, 이 때문에 청산소는 미국 연방준비제도의 전신으로 평가되고 있다.[41]

우리나라의 청산소는 1910년 7월 서울에 설립된 사설 경성어음교환소가 효시다. 이어 인천과 부산에도 설치되는 등 2000년대까지 전국에서 50개의 어음교환소가 운영되었다. 그러나 2010년 어음과 수표의 실물 교환이 폐지되고 전자정보 교환 방식의 확대로 인해 서울어음교환소만 남고 모두 폐쇄되었다. 한편 전자금융 수단의 발전에 따라 1986년에 어음교환소는 금융결제원으로 확대 편입되었다. 현재 금융결제원은 전자어음망과 전자지로망을 통해 장표 중심의 어음망과 지로망을 대체하고 있다.[42]

은행화폐의 병리적 현상으로 나타나는 예금인출 사태

1929년 10월 주식 시장 대폭락을 계기로 미국에서 발생한 대공황Great

Depression은 이전에 주기적으로 발생했던 경기후퇴 혹은 공황과는 성격이 달랐다. 이전의 경기후퇴는 정부의 개입 없이 곧 자연스럽게 경기회복으로 이어졌다. 반면 주식 시장 대폭락 사태 이후 미국 경제는 경기후퇴기에 빠진 뒤 회복하지 못하고 예금인출 사태라는 금융위기로 이어져 세계경제 역사상 가장 혹독한 경기침체를 맞았다. 이에 따라 1929년 3.2퍼센트였던 미국의 실업률은 1933년 24.9퍼센트까지 상승했다. 미국 정부는 더 이상 관망할 수만은 없었다. 1933년 취임한 루스벨트 대통령은 테네시 유역 개발 등을 포함한 이른바 이른바 뉴딜정책을 통해 적극적인 경기부양책을 펼쳤다.

시장경제 체제에서 은행들은 항상 대출 확대를 원한다. 문제는 이 경우 은행이 예금에 대해 전액이 아닌 일부만을 보증하는 부분지급준비 방식에 의존할 수밖에 없다는 점이다. 이에 따라 어느 때든 예금인출 사태가 일어날 수 있어 은행들은 위기 시 긴급자금을 빌릴 수 있어야 했다. 그렇지만 당시 미국에는 8,000개의 은행만 연방준비제도에 가입했고, 그 2배에 해당하는 1만 6,000개 은행은 가입하지 않아 은행 예금 인출 사태에 효과적으로 대처할 수 없었다.

미국에서 상업은행 위기가 빈번히 일어난 한 가지 이유는 회수 중인 수표를 은행들의 현금준비금으로 계상하는 관행에 있었다. 회수 중인 수표는 예금된 은행은 물론 이를 발행한 은행에도 준비금으로 계상되었기 때문이다. 회수 중인 수표는 회수 과정에서 여러 중개은행을 거치는 동안 여러 은행의 준비금으로 중복 계상되기도 했다. 물론 회수 중인 수표는 오직 한 은행에서만 준비금으로 사용될 수 있었고, 당시 은행들도 회수 중인 수표가 허구의 준비금으로 실제 준비금 수준을 과장한 것이라는 사실을 알고 있었다. 실제로 1930년 은행위기 전 회수 중인 수표의 양이 급증해 위기상황에서 지급준비금이 역할을 제대로 할 수 없었다.

미국에서 상업은행 위기가 일어난 또 다른 이유는 상업은행들이 위기 시 준비금을 동원할 방법이 없었기 때문이다. 연방준비제도에 가입하지 않은 많은 지방 주법은행은 준비금을 시재금vault cash(시중 은행이 고객의 예금을 대출하고 남겨놓은 현금)으로 보유하는데, 이들은 시재금의 대부분을 대도시 주거래은행에 예금 형태로 투자하고 있었다. 그런데 준비금을 예탁받은 이들 주거래은행의 상당수가 연방준비제도에 가입하지 않았기 때문에 은행들은 예금인출 사태 시 준비금을 인출해 대처하기 어려웠다. 우선, 예금자들이 지방의 은행으로부터 예금을 인출하는 사태가 벌어질 경우 이들 은행도 주거래은행으로부터 준비금을 인출해야 하는데, 주거래은행 자체가 주법은행들의 동시적 예금인출 요구나 예금자들에 의해 동일한 예금인출 사태에 처해 있었다. 또한 주거래은행들은 사용할 수 있는 시재금이 아니라 회수 중인 수표로 준비금을 보유한 경우도 많아 실제로 필요한 준비금을 제때 동원하지 못하고 다른 은행으로부터 긴급자금을 빌려야 했기 때문이다. 그러나 당시 금융 시장에서는 누구도 자금을 빌려줄 수 없었다. 이에 따라 예금인출 요구에 대응할 수 없었던 수많은 은행이 파산했으며, 대공황 전 약 2만 5,000개였던 미국 은행 수는 1933년 1만 5,000개 미만으로 급감했다.[43]

한편 새로 생긴 연방준비제도가 본원통화를 충분히 적극적으로 공급하지 못했다는 주장도 있다.[44] [표 8-1]에서 보듯이 미국에서 유통 중인 본원통화의 공급 추세를 살펴보면 1929년 말 47억 5,000만 달러에서 1933년에는 57억 2,000만 달러로 약 20퍼센트 증가했지만 협의의 통화인 M1 기준으로는 같은 기간에 266억 달러에서 199억 달러로 오히려 20퍼센트 이상 감소했다. 이는 무엇보다 예금자가 현금

[표 8-1] 미국 대공황 시 통화공급 상황

연도	유통통화(달러)	요구불예금(달러)	M1(달러)	은행 수(개)
1929년	47억 5,000만	227억	266억	25,568
1930년	45억 2,000만	220억	258억	24,273
1931년	48억 2,000만	200억	241억	22,242
1932년	57억	162억	211억	19,317
1933년	57억 2,000만	148억	199억	14,771
1934년	53억 7,000만	172억	219억	15,913

자료: Historical Statistics of the United States.

을 보유하기 위해 예금을 인출하면서 은행들의 요구불예금이 227억 달러에서 148억 달러로 급감했기 때문이다.

금융위기를 막기 위해서는 중앙은행이 적극적으로 개입하여 유동성을 지원해야 한다. 중앙은행의 이런 기능을 최종대부자lender of last resort라고 하는데, 19세기 『이코노미스트』 편집장을 지낸 월터 배젓Walter Bagehot은 특히 이러한 역할을 강조했다. 그는 저서 『롬바드 스트리트Lombard Street』에서 중앙은행은 지급능력이 있는 금융기관이 일시적으로 유동성 위기에 처했을 때 양질의 담보를 확보하고 "높은 금리로 원하는 만큼 충분히 대출lend freely at a high rate"해야 한다고 주장했다.[45] 그러나 미국 연방준비제도는 이러한 역할에 소극적이었고, 이것이 1930년대 금융위기를 대공황으로 키웠다. 이러한 경험을 바탕으로 2008년 글로벌 금융위기 시 미국의 연방준비제도 의장 벤 버냉키Ben Bernanke는 대규모 구제금융이나 양적 완화 등 적극적으로 최종대부자 역할을 떠맡고 경제에 막대한 유동성을 공급해 미국의 금융위기를 타파했다.

9장

비은행 금융기관의 채무

9.1 NOW와 ATS

미국의 금융기관은 전통적으로 은행과 저축기관(저축은행, 저축대부회사, 신용조합 등)으로 양분된다. 미국의 은행법에 따르면 은행은 상업대출을 하는 동시에 수표를 발행할 수 있는 요구불예금을 제공하는 금융기관만 지칭했다. 반면 저축기관은 요구불예금을 통한 지급 서비스를 제공할 수 없었다. 즉, 이들의 예금은 저축예금이기 때문에 수표 이용 기능을 제공하지 못했다. 대신 저축기관은 은행에 비해 상대적으로 느슨한 규제를 받았다.[1] 그러나 저축예금을 통해서도 수표와 같은 지급 서비스를 제공할 수 있게 되면서 저축기관과 은행 간에 기능상 차이가 없어졌다. 이와 같이 저축기관의 부채가 금융혁신에 의해 지급수단으로 발전하자 이들 기관을 '비은행 은행non-bank bank'으로 부르기도 했다.[2]

첫 번째 일어난 금융혁신은 미국의 저축은행에 의해 시작되었다. 1972년 매사추세츠주 대법원은 주내 저축은행들이 '양도가능한 인출권'을 발행하여 저축은행 계좌를 가지고 있는 예금자가 무통장으로 제3자에게 자금을 이체할 권리를 인정하는 판결을 내렸다. 자금 이체와 제3자에 대한 지급 문제는 저축은행에 있어 오랜 법적 과제였다. 당시 미국에서 제3자에 대한 자금 이체는 수표발행부 요구불예금을 취급하는 상업은행의 고유 업무로 간주되었기 때문이다. 이 판결은 저축은행이 상업은행과 경쟁할 수 있는 길을 열었고, 소비자 이익을 증진하는 전례 없는 기회를 제공했다. 이 판결의 배경에는 당시 소비자저축은행Consumers Savings Bank의 대표 로널드 해즐턴Ronald Haselton의 적극적인 노력이 있었다. 그는 평생 은행업에 헌신한 인물이었다. 그러나 저축은행의 대표가 되면서 수표계좌를 개설하거나 제3자에게 지급할 수 있는 계좌 개설을 금지한 저축은행법이 저축은행의 권한을 과도하게 제한한다고 생각했다. 이에 따라 규제 권한을 가진 매사추세츠 은행국에 예금자나 예금자의 대리인이 은행에 출석하지 않고서도 저축계좌에서 자금을 이체할 수 있도록 해달라는 청원서를 제출했다. 이 청원서에서 이체수단으로 '양도가능한 인출권Negotiable Order of Withdrawal', 영문 약어로 NOW라는 금융상품 출허를 언급했는데, NOW는 후일 저축은행의 상징적 상품이 되었다. 처음에 이러한 청원은 받아들여지지 않았다. 이에 해즐턴은 매사추세츠주 대법원에 상고하여 저축은행은 예금인출 방법을 스스로 결정할 권한이 있다는 판결을 이끌어냈고, 결국 양도가능한 저축예금상품을 출시할 수 있었다.[3]

NOW는 수표로 사용되는 동시에 예금자가 이자를 수취할 수 있는 상품이다. 당시까지 미국에서는 상업은행만 수표를 발행할 수 있었다. 그런데 수표는 예금자가 은행에 지급을 요청하는 지급 지시에 불과하기 때문에 상업은행들은 당좌예금에 대해 금리를 지급하지 않고 오히려 수표 사용에 대한 수수료까지 부과했다. 따라서 NOW의 출현에 위협을 느낀 상업은행들은 연합하여 저축은행의 연방감독기관인 연방예금보험공사FDIC에 이의를 제기했다. 이들은 연방법에 따르면 NOW예금은 요구불예금이든 저축예금이든 어느 하나에만 속하지 둘 다일 수 없다고 주장했다. 즉, NOW가 요구불예금이라면 저축은행들이 그 예금에 이자를 지급하는 것은 미 연방법을 위반한 것이고, 저축예금이라면 제3자 지급은 불법이라는 논리였다. 그러나 이의제기는 연방예금보험공사에 의해 받아들여지지 않았다. 상업은행들은 이 문제를 미국 연방의회로 가져갔지만, 연방의회도 1974년 매사추세츠주와 뉴햄프셔주의 저축은행은 물론 신용조합credit union을 제외한 모든 금융기관에 대해서도 NOW를 인정하는 법을 통과시킴으로써 저축은행과 상업은행 간 갈등은 종결되었다. 이어 1980년에는 미국의 모든 주가 NOW를 허용했다.

또 다른 혁신은 저축대부회사에 의해 이루어졌다. 1978년 미국 연방준비제도가 저축대부회사에 대해서도 기존의 저축예금에 이자를 지급하면서 제3자에게 양도가능한 새로운 지급결제수단인 ATSAutomatic Transfer from Savings 서비스를 허용했다. ATS는 은행과 고객 간 수표계정을 유지하기 위해 필요한 최저 잔고를 채우거나 수표대금을 지급할 필요가 있을 때 자동적으로 저축예금계정에서 수표계정으로 자금을 이체하는 약정이다. ATS의 도입으로 요구불예금과 저축예금의 구분이 점점 의미를 잃게 되었다.[4]

미국 의회는 1980년 미국 연준 역사상 가장 중요한 법률 중 하나로 평가되는 예금기관규제완화 및 통화통제법Depository Institutions Deregulation and Monetary Control Act을 통과시켰고, 이에 따라 모든 종류의 예금에 대한 이자지급 제한이 폐지되었다. 이 법이 통과될 때까지 은행이나 저축기관이 제공하는 예금에 대해 최고금리가 규제되고 있었다. 은행의 요구불 예금에 대해서는 이자 지급이 금지되었고 저축예금에 대해서는 5.25퍼센트 이상의 금리를 지급할 수 없었다. 당시 미국 경제는 심각한 인플레이션으로 인해 시장금리가 12퍼센트를 상회하는 수준이었으나, 금리규제로 인해 금융기관들이 지급하는 금리는 시장금리의 절반에도 미치지 못했다. 이에 따라 금융기관들의 예금이 금리규제가 없는 직접금융 시장과 투자펀드로 급속히 유출되었고, 결국 금융기관에 대한 금리규제를 완전히 철폐할 수밖에 없었다. 미국 의회는 2011년 요구불예금에 대한 이자지급 금지 조항도 폐기했다. 이에 따라 더 이상 요구불예금이나 NOW 혹은 ATS의 법적 구분은 불필요해졌다.[5] 저축은행이나 저축대부회사가 제공하는 저축예금도 모두 수표부 요구불예금과 동일한 지급 서비스를 제공한다는 점에서, 이들 저축기관의 예금도 은행통화에 편입되었다.

다만 이러한 금융기관의 예금통화는 중앙은행통화와 달리 최종적인 지급수단이 아니라는 점에 주의할 필요가 있다. 따라서 은행 신용도에 문제가 생기면 이들 예금을 중앙은행통화로 바꾸려는 현금수요, 즉 안전자산 선호flight to quality가 발생할 수 있고, 중앙은행은 이를 막기 위해 은행의 은행으로서 최종대부자 역할을 수행해야 할 것이다.

9.2 펀드의 채무

뮤추얼펀드의 발전과 더불어 은행과 펀드 간 차이도 사라지고 있다

뮤추얼펀드Mutual Fund는 보통 여러 투자자의 돈을 모아 주식이나 채권 등에 투자해 수익을 올리고 이를 투자자에게 배당해 주는 주식회사를 말한다.[6] 은행이 19세기 이전에 자본주의를 견인하는 역할을 했다면, 뮤추얼펀드는 20세기 자본주의의 총아라고 할 수 있다.

역사상 첫 번째 뮤추얼펀드는 18세기에 만들어진 네덜란드 암스테르담의 투자펀드로 알려져 있다. 1774년 암스테르담의 상인인 아브라함 판 켓비흐Abraham van Ketwich는 '단합이 힘을 만든다Eendragt Maakt Magt, EMM'라는 펀드를 설립했다. 이 펀드는 2,000주의 주식으로 고정된 폐쇄형 펀드였으며, 가장 큰 특징은 50개의 다양한 채권에 투자하여 펀드 투자자들이 소액투자만으로 분산효과를 누릴 수 있다는 점이었다. 투자자는 주당 500길더의 명목가치를 지니는 지분을 매입할 수 있었다. 당시 채권 하나의 명목가격이 1,000길더라는 점을 고려하면 낮은 지분가격은 투자자들의 진입 장벽을 낮추는 데 중요한 역할을 했다고 할 수 있다. 한편 2,000주의 주식은 100주씩 20개의 등급으로 나뉘었으며, 각 등급의 지분증명서는 제3자에게 양도가능했다. 펀드는 연 4퍼센트의 배당수익률을 목표로 네덜란드의 서인도 식민지 농장에 대한 대출금을 포함하여 스페인 및 덴마크 정부 통행료 수입, 그리고 러시아·스웨덴·덴마크의 국채 등 50개의 채권에 투자했다. 다만 국채 중 안전투자로 수익률이 낮은 네덜란드 국채는 제외되었고, 주식시장의 폭락에 따른 높은 위험성 때문에 주식에는 투자하지 않았다. 투자 내용이 투자 설명서에 잘 명시되어 있어 펀드 투자자들이 이탈할 여지는 거의 없었고, 연간 관리수수료가 0.2퍼센트로, 오늘날의 패시브 펀드passive funds와 유사했다. 그리고 펀드는 관리와 운용이 잘 분리되어 있었다. 판 켓비흐가 전반적인 관리를 책임지고 2명의 전문 펀드매니저가 실질적인 운용을 맡았다. 한편 투자채권은 세 개의 자물쇠를 갖춘 철금고에 보관하여 펀드의 이사들이 공증인을 대동하는 경우에만 개봉되었다.

두 번째 펀드는 1776년 위트레흐트Utrecht시 은행가들의 주도 아래 첫 번째 펀드를 모델로 하여 설립되었다. 심지어 첫 번째 펀드에 투자할 수도 있어 오늘날 '펀드의 펀드fund of funds'의 원형이라고 할 수 있다. 이때 투자자 모집을 담당했던 판 켓비흐는 1799년에 다시 네덜란드에 세 번째 펀드 설립을 주도했다. 펀드의 이름은 '단합이 힘을 만든다'라는 첫 번째 펀드의 라틴어 표현 Concordia Res Parvae Crescunt를 사용했다. 세 번째 펀드는 앞의 두 펀드와 달리 투자 리스트상 정해진 채권에만 투자하기보다 가치가 낮게 평가된 채권에 투자하고 이들을 적극적으로 매매·관리하여 시장의 성과보다 높은 수익률을 달성하려는 전략을 썼다는 점에서 오늘날 액티브펀드active funds이자 가치펀드value funds의 모태로 평가된다.

이들 초기의 뮤추얼펀드는 혁신적이었으나 상업적으로는 성공하지 못했다. 우선 첫 번째 펀드는 지분 2,000주 중 1,000주는 잘 매각되었지만 나머지 1,000주의 매각은 순조롭지 않아 40주는 판 켓비흐가 끝까지 떠안고 있어야 했다. 나중에 설립된 두 펀드에 대한 투자자의 관심은 훨씬 더 낮았고, 결과적으로 세 번째 펀드는 500주만 매각되었다. 세 펀드의 투자 결과도 매우 실망스러웠다. 물론 이것은 투자정책과 관련 있다기보다 1780년 4차 영국-네덜란드 전쟁으로 인해 펀드가 집중 투자한 해외 식민지 농장으로부터 수입이 급감했기 때문이다. 1824년 첫 번째 펀드가 청산되었을 때 주당 가격은 561길더로 명목가격 500길더보다 높았다. 그럼에도 불구하고 투자 포트폴리오의 가격을 지지하기 위해 판 켓비흐는 자신의 자금을 사용해야 했으며 투자자들에게도 약속된 4퍼센트의 배당수익률을 주지 못했기 때문에 펀드의 성과는 성공적이라고 평가할 수 없다. 나머지 두 펀드의 성과는 더욱 실망스러웠다.[7]

뮤추얼펀드를 통한 투자는 19세기 말 국채수익률 하락과 전례 없는 투기 광풍으로 분산투자에 대한 관심이 증가하면서 영국에서 다시 유행하기 시작했다. 영국에서는 네덜란드 공화국을 제외하고 처음으로 외국의 국채에 투자하는 '외국 및 식민지 정부신탁Foreign and Colonial Government Trust'이라는 투자신탁회사가 1868년 설립되었다. 이 신탁회사는 오늘날 신흥국 국채에 투자하는 펀드의 원조라고 할 수 있는데, 연평균 약 8퍼센트의 수익률이라는 좋은 성과를 거두었다. 이 신탁회사는 현존하는 펀드 중 세계에서 가장 오래된 펀드라고 할 수 있다.[8] 20세기 들어 미국에서도 투자신탁회사가 설립되었다. 미국의 투자신탁회사는 특히 대공황 전에 급속히 성장하면서 미국 주식 시장의 활황을 이끌기도 했다.

우리나라의 경우 뮤추얼펀드산업은 1960년 말 자산운용과 관련하여 '자본시장 육성에 관한 법률'과 '증권투자신탁업법'이 제정·공포되고 투자신탁사가 설립되면서 발전하기 시작했다. 이들 투자신탁사는 2003년 '간접투자자산 운용업법'에 따라 자산운용회사로 통합되었고, 2009년에는 '자본시장과 금융투자업에 관한 법률'이 제정되면서 현재 집합투자업자로 분류되고 있다. 다만 우리나라의 투자신탁사는 별도의 투자회사를 세워 그 주식을 투자자에게 배분하는 미국의 뮤추얼펀드와 달리 수익증권을 발행하여 투자자가 취득하는 형태로 펀드를 운용하고 있다. 우리나라의 펀드수탁고는 2023년 현재 약 920조 원에 이르는데, 이는 우리나라 은행 부문 총수신(2,530조 원)의 약 36퍼센트에 달하는 수준이다.[9]

한편 소액투자자들을 통해 자금을 조달하여 주식이나 채권 등에 투자하는 뮤추얼펀드가 발전함에 따라 예금을 받아서 기업에 대출하는 은행과의 구분도 점차 무의미해지고 있다. 특히 오늘날 직접금융시장의 발전으로 뮤추얼펀드의 채무도 은행의 예금과 차이가 없어지고 있다. 뮤추얼펀드에 투자한 사람들은 언제든 시장에서 매도하여 현금화할 수 있으며, 은행도 예금을 통해 모은 자금을 기업에 대출하기보다 자본시장에 직접 투자하기 때문이다. 특히 은행들은 자산유동화securitization[10]를 통해 직접금융시장 참여를 확대해 왔다. 자산유동화가 확산되면서 은행의 역할도 대출을 시행하고 만기까지 대출채권을 보유하는lend and hold 모델에서 대출을 유동화증권으로 전환하여 투자자에게 판매하는originate and distribute 모델로 전환하고 있다.

또한 은행이 뱅크런bank run을 겪는 것과 같이, 뮤추얼펀드도 빈번한 펀드런fund run(대규모 펀드 환매)에 노출되어 있다. 실제 미국에서는 1998년 LTCM이라는 헤지펀드가 환매 사태로 인해 파산 위기를 맞게 되어 미국 연방준비제도가 구제금융을 제공한 적이 있다. 2008년 글로벌 금융위기 당시에는 단기 자산에 투자하는 리저브 프라이머리 펀드Reserve Primary Fund가 리먼브라더스에 대한 투자손실로 발행 주식에 대해 장부가로 상환할 수 없게 되면서 펀드 환매 사태가 벌어졌다. 투자자금 손실에 대한 우려가 펀드 시장 전체의 펀드런으로 번지면서 최종적으로는 미국의 연방준비제도가 펀드에 대한 자금지원 및 펀드 환매에 대한 지급보증을 하여 위기를 수습했다. 이러한 펀드런은 거의 모든 면에서 뱅크런과 전개 과정이 동일하다. 급격한 금리상승이나 신용위험으로 인해 투자자산의 손실이 예상되어 누군가 펀드 환매나 예금인출을 요청하면 투자신탁사나 은행은 투자자산을 매각하여 상환하는데, 이 과정에서 이들의 손실이 확대된다. 일단 환매나 인출이 시작되면 뒤늦게 환매에 나서는 투자자일수록 손실을 더 크게 입을 가능성이 높기 때문이다. 이로 인해 투자자들이 다른 투자자보다 먼저 환매를 받거나 예금을 인출하고자 몰려들면서 펀드런이나 뱅크런이 발생한다. 우리나라에서도 1999년 대우 사태로 인해 펀드런 사태가 발생한 적이 있다.

MMF의 채무도 화폐

오늘날 뮤추얼펀드는 은행이나 증권사, 혹은 투자자문사가 중심이 되어 기금을 운영하는데, 이 중에서 특히 미국 재무성 어음이나 상업어음 등 단기금융 시장에 투자하는 개방형 뮤추얼펀드인 머니마켓펀드Money Market Fund, 즉 MMF가 금융 시장에서 가장 핵심적인 역할을 하고 있다.

MMF는 1971년 미국의 브루스 벤트Bruce R. Bent와 헨리 브라운Henry B. R. Brown에 의해서 처음 설립되었다. 당시 미국에는 양도성예금증서CD가 높은 수익률을 제공하여 인기가 높은 상품이었는데, 이는 높은 액면가 때문에 소액투자자의 접근이 제한되었다. 벤트와 브라운이이 설립한 리저브 프라이머리 펀드는 투자원금의 안전성을 중시하는 많은 소액투자자를 대상으로 판매되어 큰 인기를 끌었다. 곧 몇 개의 펀드가 더 설립되었고 이후 MMF 시장이 빠르게 성장했다. MMF는 그 당시까지 널리 활용되지 않았던 뮤추얼펀드를 대중화시키는 데 공헌한 것으로 평가된다. 미국에서 MMF는 당시 요구불예금계좌의 이자지급을 금지하고 다른 예금에 대해서는 최고 이자율을 연 5.25퍼센트로 제한하는 금리규제(레귤레이션 Q)를 우회하기 위한 대안으로 만들어졌다. 한편 펀드 투자자는 보유한 주식을 기초자산으로 하여 수표를 발행할 수도 있다. 일반적으로 펀드는 은행 예금과 달리 지급준비금을 보유할 의무가 없기 때문에, 그만큼 펀드의 투자자에게 더 높은 이자수익을 환원할 수 있어 이자가 붙는 수표계정이라 할 수 있다. MMF는 은행예금계좌의 대체재로 부상하게 되었다.

MMF는 지급수단으로 활용되면서도 이자수익을 얻을 수 있다는 점에서 투자자에게 인기가 많았다. MMF는 고정된 장부가격(보통은 1달러)에서 환매될 수 있는 주식을 발행하여 자금을 조달하고, 이렇게 조달된 자금을 단기금융 시장에서 유통되는 증권에 투자한다. 다만 MMF는 실적배당형 상품임에도 불구하고 안정적인 수익률을 보장하기 위해 시가평가mark to market가 아닌 장부가평가mark to book를 한다. 금융 시장에서 채권의 가격은 금리에 반비례하므로 채권을 보유한 사람은 금리가 오르면 채권가격이 떨어져 손실을 본다. 따라서 MMF에 편입된 단기채권을 시가평가하면 가입자가 손해를 본다. 그러나 장부가평가를 적용하면 가입자는 손해를 입지 않고 MMF를 팔고 미국 재무성어음이나 상업어음과 같은 단기금융상품을 싸게 사서 이익을 얻을 수 있다. 반면 금리가 떨어지면 MMF를 사는 것이 유리하다. MMF에 편입되어 있는 단기채권을 높은 가격에 사야 하지만, 장부가이기 때문에 시가보다 싸게 살 수 있다. 이 경우 예금자 입장에서는 예금을 해지하고 MMF를 사는 것이 유리하며, 채권 보유자는 높은 가격에 채권을 팔고 자본이익을 실현한 뒤 다시 저가로 MMF에 편입된 채권을 살 수 있다. 따라서 MMF의 규모는 기준금리 변동과 반비례하는 경향을 보인다.

우리나라에서 MMF는 외환위기 직전인 1996년 단기형 펀드의 수탁고 감소로 어려움을 겪던 투자신탁회사에 처음으로 판매를 허용해 주었다. 이어 외환위기 이후 높은 단기금리수익으로 인해 투자 대상으로 큰 인기를 끌었다. 이어 은행권과 증권사에도 동일한 수익증권을 발행할 수 있게 했는데, 은행권이 발행한 수익증권을 시장금리부 수시입출식 예금계좌Money Market Deposit Account, MMDA라 하고, 증권사가 발행한 수익증권은 종합자산관리계좌Cash Management Account, CMA라고 하는데 발행기관만 다를 뿐 성격은 동일한 MMF 상품이다. 우리나라 MMF 시장은 전반적으로 꾸준히 성장해 왔다. 특히 2008년 글로벌 금융위기로 인한 안전자산 선호와 한국은행의 기준금리 인하 등으로 시장 규모가 급증하면서 2009년에는 사상 최고치인 120조 원을 기록하기도 했다. MMF는 2000년대 중반 우리나라 펀드 수탁액의 약 30퍼센트를 차지했으나 현재는 20퍼센트 내외에 머무르고 있다.

한편 펀드와 은행 상품 간의 경계가 희미해지면서 MMF 투자금도 통화량에 편입되었다. 우리나라도 2002년 통화지표 개편 시부터 MMF를 통화량 지표에 포함하고 있다.[11]

9.3 통화공급

점점 관리하기 어려운 통화량

오늘날 우리가 거시경제학이라 부르는 것은 1930년대 이후 출현했다. 20세기 초 하이퍼인플레이션과 대공황을 겪으면서 물가안정이나 고용안정을 위한 정부의 역할이 중요해졌기 때문이다. 이에 따라 중앙은행은 통화정책 수행기관으로 발전해 왔다. 특히 금태환이 중지되고 재량적인 신용통화 발행이 가능해진 관리통화managed currency 시대가 도래하면서 '얼마만큼의 통화를 발행하여 물가를 안정시키면서 경제를 성장시킬 수 있을 것인가'라는 문제가 중앙은행의 중요한 정책목표로 등장했다. 이에 따라 각국 중앙은행은 통화량을 구체적인 수치로 측정하는 데 관심을 가지기 시작했다. 그러나 문제는 통화를 어떻게 정의할 것인가에 대해 명확한 기준이 없다는 점이었다.

당연히 주화나 중앙은행의 은행권으로 이루어진 현금은 가장 기초적인 지급수단인 통화로 받아들여져 왔다. 이를 '본원통화' 혹은 발행기관을 따라 '중앙은행통화'라고 한다. 이어 상업은행의 요구불예금도 수표를 통해 널리 사용되면서 지급수단으로 기능하게 되었는데, 이를 '은행통화'라고 한다. 중앙은행통화와 은행통화를 합쳐 M1이라고 부르는데, 이는 화폐의 지급수단 기능을 중시한 협의의 통화지표이다. 한편 금융 시장의 발전에 따라 상업은행이 제공하는 저축예금도 쉽게 현금화할 수 있는 고유동성 자산이란 점에서 통화로 편입되었다. M1과 저축예금을 합친 광의의 통화를 M2라 한다.

이와 같이 통화량의 개념이 확대된 것은 화폐의 가치저장 기능도 화폐의 중요한 속성으로 인정되었기 때문이다. 현대 거시경제학의 창시자인 존 메이너드 케인스John Maynard Keynes는 화폐수요를 거래적 수요와 투기적 수요로 구분한다. 그에 따르면 보통예금은 거래적 화폐로서 지급수단으로 기능하고 저축예금은 투기적 화폐와 예비적 화폐로서 가치저장수단으로 기능한다. 오늘날에는 금융혁신에 의해 다양한 지급수단과 가치저장수단이 생겨나면서 통화를 기능별로 정의하기가 더욱 어려워 통화량을 보다 넓게 정의하게 되었다. 상업은행의 비유동성 자산은 물론 비은행 금융기관의 다른 예금이나 부채가 모두 통화로 편입되면서 경제의 총유동성이라는 가장 넓은 의미의 통화량 지표도 사용되고 있다. 실제로 IMF는 1980년대 이후 범세계적인 금융혁신 및 금융자유화의 진전에 따라 기존의 통화금융 통계에 관한 지침을 개편하여 2000년 새로운 지침을 확정했는데 이에 의거해 한국은행도 2002년부터 다음과 같은 세 가지 형태의 통화량 지표를 편제하고 있다.[12]

첫째, 화폐의 지급결제 수단으로서 기능을 중시한 좁은 의미의 통화인 M1이다. M1은 현금통화와 예금취급기관의 결제성 예금으로 이루어진다. 현재 우리나라의 경우 현금통화는 한국은행이 발행하는 주화와 은행권으로 정의되고, 결제성 예금에는 수표 발행이나 자동이체 서비스 등 입출금이 자유로워 현금과 즉각 교환될 수 있는 예금으로 예금취급기관의 당좌예금, 보통예금 등 요구불예금과 저축예금, 시장금리부 수시입출식예금 등이 포함된다.

둘째, 보다 넓은 의미의 통화인 M2에는 좁은 의미의 통화는 물론 이와 대체관계가 높은 예금취급기관의 통화성 부채가 포함된다. 보다 구체적으로 보면 우리나라에서 M2는 M1에 예금취급기관의 각종 저축성 예금에 양도성예금증서CD, 환매조건부채권RP 등 시장형 금융상품, MMF 등 수익증권을 포함한 실적배당형 금융상품, 금융채, 거주자 외화예금 등을 더한 것이다. 다만 유동성이 낮은 만기 2년 이상의 금융자산은 제외한다. 단기 저축성 예금, 시장형 금융상품 등은 거래보다 자산증식 등 저축의 주요 수단이어서 수시입출식예금에 비해 유동성이 상대적으로 떨어지지만 약간의 이자소득만 포기하면 언제든 현금화할 수 있고, 거주자 외화예금도 국내에서 지급결제수단으로는 약간 제약이 있지만 언제든 원화로 바꿔 유통할 수 있기 때문에 M2에 포함한다.

셋째, 가장 넓은 범위의 통화량이란 의미에서 L(광의의 유동성)을 정의하는데, 이는 M2에 이와 유사한 유동성을 지닌 보험회사, 연금 및 투자기금 등 비예금취급 금융기관의 통화성 부채와 비금융기관이 발행한 유동성 부채까지 포함한 개념이다. 현재 우리나라에서는 M2에 예금취급기관의 만기 2년 이상 정기예적금, 금융채, 금전신탁 등과 생명보험회사의 보험계약준비금, 증권금융회사의 예수금 등 유동성이 상대적으로 낮은 금융상품을 Lf(금융기관유동성)로 분류하고, 여기에 기업 및 정부 등이 발행하는 기업어음, 회사채, 국공채 등 유가

[표 9-1] 우리나라의 통화지표의 규모와 구성 내용

(단위: 조 원)

<table>
<tr><td>현금통화(162.9)</td><td rowspan="3">M1
(협의의 통화)
(1,237.0)</td><td rowspan="7">M2
(광의의 통화)
(3,758.2)</td><td rowspan="9">Lf
(금융기관
유동성)
(5,125.7)</td><td rowspan="12">L
(광의유동성)
(6,587.8)</td></tr>
<tr><td>요구불예금(374.8)</td></tr>
<tr><td>수시입출식예금(699.3)</td></tr>
<tr><td>정기예적금(1,594.6)</td><td rowspan="4"></td></tr>
<tr><td>시장형 금융상품(374.8)</td></tr>
<tr><td>실적배당형 금융상품(374.8)</td></tr>
<tr><td>기타 예금 및 금융채(284.3)</td></tr>
<tr><td>2년 이상 장기금융상품 등(536.2)</td><td rowspan="2"></td><td rowspan="2"></td></tr>
<tr><td>생명보험계약준비금 및 증권금융
예수금(831.3)</td></tr>
<tr><td>기타 금융기관 상품(589.5)</td><td rowspan="3"></td><td rowspan="3"></td><td rowspan="3"></td></tr>
<tr><td>국채, 지방채(527.4)</td></tr>
<tr><td>회사채, CP(345.1)</td></tr>
</table>

자료: 한국은행(2023b).

증권을 포함한 L을 편제하고 있다. [표 9-1]은 우리나라 통화지표의 규모와 구성 내용을 보여 준다.

한편 금융혁신이 진행되면서 통화지표들이 국내총생산과 같은 실물과의 관계가 불안정해졌다. 더욱이 이 지표들이 항상 같은 방향으로 움직이지도 않는다. 특히 금융위기 시에는 현금통화나 M1, M2 혹은 L지표의 움직임 간에 큰 괴리가 생길 수 있다. 금융위기 시에는 위험에 대한 민감도가 높아 일반적으로 신용도가 가장 높은 중앙은행 통화의 수요는 증가하는 반면, 신용도가 떨어지는 통화에 대한 수요는 감소하기 때문이다. 이러한 변화는 통화지표를 관리하는 효용의 감소로 나타난다.

오늘날 중앙은행이 통화공급을 관리하기는 어렵다. 이는 무엇보다 통화공급이 경제의 필요에 따라 내생적으로 증가할 수 있기 때문이다.[13] 사적 통화의 경우가 대표적인 사례라 할 수 있다.

10장

현대의 사적 통화

게젤의 우표화폐는 마이너스 금리를 실현

글로벌 금융위기 당시 일본을 비롯해 세계 많은 나라에서 디플레이션을 우려했다. 금리를 0퍼센트 이하로까지 인하하는 등 적극적인 통화정책에도 불구하고 소비나 투자가 확대되지 않았고, 늘어난 통화가 모두 화폐퇴장수요로 흡수되는 이른바 유동성 함정liquidity trap에 빠져 있었기 때문이다. 이러한 상황에서 총수요를 진작시키기 위해 마이너스 금리 등 다양한 정책과 방안이 추진되었다. 그중 특히 주목을 받은 방안은 화폐의 가치저장 기능을 지급수단 기능으로부터 분리하여 화폐가 단순한 축적수단으로 사용되는 것을 막는 것이다. 이는 화폐 보유에 일종의 세금을 부과하는 것인데, 이를 처음으로 제안한 사람은 '무료화폐freigeld'라는 개념을 제시한 독일의 질비오 게젤Silvio Gesell이다. 무료화폐는 제한된 기간 동안만 유효하기 때문에 금리도 없고 화폐를 퇴장hoarding시키거나 소유할 수도 없다.[1] 게젤은 무료화폐의 예로서 시간의 흐름에 따라 화폐의 가치가 떨어지도록 매달 우체국에서 일정 비용을 지불하고 우표를 사서 붙여 쓰는 우표화폐stamped money를 제안했다. 즉, 화폐를 오늘날의 우표전지처럼 만든 뒤 매주 유통기간이 지난 우표는 떼어 내도록 했다. 따라서 화폐를 쓰지 않고 보유하고 있으면 우표 부착 비용만큼의 가치가 사라지게 되므로, 화폐 소유자들은 가급적 빠른 시일 내에 보유 화폐를 모두 지출해야 했다. 무료화폐는 금리를 마이너스 수준으로 떨어뜨리고 총수요를 늘려 경기를 활성화하는 효과가 있다. 이런 점에서 무료화폐는 마이너스 금리와 경제적 효과가 동일하다. 다만 마이너스 금리의 경우는 화폐의 액면가치가 일정하기 때문에 화폐퇴장이 가능한 반면, 무료화폐는 구조적으로 퇴장이 불가능하다.

화폐가 교환과 관련된 지불수단으로만 사용되면 경제안정에 유익하다. 그러나 화폐는 가치저장수단으로서도 기능하기 때문에 이로 인한 화폐퇴장, 즉 화폐를 보유만 하고 소비나 투자 등에 사용하지 않는 문제가 생길 수 있다. 예컨대 케인스는 투자나 소비수요 감소를 통해 경기를 침체시킨다며 퇴장을 자본주의 경제의 '악evil'이라고 비난했다. 또한 '지주계급의 안락사euthanasia of the rentier'라는 주장 역시 지주계급의 화폐퇴장이 경기후퇴를 가져올 수 있다는 우려에서 비롯된 것이다.[2]

게젤의 우표화폐안은 대공황 중이던 1932년 오스트리아의 뵈르글Wörgl시에서 처음 도입되어 지역경제를 활성화하고 대공황을 극복하는 데 상당한 효과를 거둔 것으로 평가된다. 당시 뵈르글은 인구가 약 2,000명 조금 넘는 소도시였으며, 대공황으로 인해 실업자가 약 1,500명에 이르고 시의 재정도 파산 상태였다. 이러한 상황에서 뵈르글시는 1실링에서 10실링까지 10종의 노동지폐labor note를 발행하고 매월 액면가의 1퍼센트에 해당하는 우표를 사서 붙여야 지폐로서 쓸 수 있도록 했다. 한편 뵈르글시는 노동지폐에 의한 세금 납부는 물론 2퍼센트 세금을 지불하는 경우 법화인 오스트리아 실링과의 태환도 허용했다. 노동지폐 도입 이후 총수요가 확대되는 동시에 노동지폐에 의한 세금납부가 증가하면서 시재정도 확충되어 지역경제가 성공적으로 회복되었다. 다만 미국의 여러 소도시에서도 도입되었던 우표화폐는 뵈르글시의 경험과 달리 큰 성과를 거두지 못한 것으로 나타났다.[3]

게젤의 우표화폐는 오늘날에도 유럽 등 일부 지역에서 국지적으로만 유통되는 지역화폐local currency로 발전하여 사용되고 있다.

스위스의 사적 통화 WIR는 법화의 병행통화로서 가장 성공한 통화

사적 통화란 전통적인 금융 부문 밖에서 창출되어 가치의 척도, 지불수단, 가치 저장 등 화폐의 기능 중 전부 또는 일부를 수행하는 교환수단이다. 따라서 제한적인 교환 네트워크 내에서 작동하고 법화와 함께 보완통화complementary currency 혹은 병행통화parallel currency로서 유통된다.

오늘날 사적 통화는 거래 당사자 간 협약을 통해 민간 부문에서 자발적으로 창출된다. 이러한 사적 통화는 보통 금융 시장에 대한 접근이 제한된 지역경제 또는 특정 사회계층을 금융위기 등으로부터 경제적으로 보호하거나 연대감을 높이기 위해 발행된다.

현존하는 사적 통화 중 가장 오래되고 중요한 역할을 하는 것은 스위스의 WIR라 할 수 있다. WIR란 '우리'라는 의미를 지니는 통화단위이자 이를 사용할 것에 동의한 조합으로, 1934년 16개 기업으로 시작하여 2011년 현재 약 6만 개의 스위스 중소기업이 가입되어 있다.[4] 가입 기업은 WIR로 표시된 통화 단위를 사용하는데, 1WIR의 환율은 1스위스 프랑으로 고정되어 있다. WIR를 통한 거래액은 스위스 경제 전체 거래액의 약 16퍼센트를 차지하며, 특히 도소매 등 서비스업 부문에서 많이 사용된다.

WIR는 1930년대 세계대공황으로 인해 스위스 중소기업들이 겪던 어려움을 극복하기 위해 탄생했다. 그 탄생 기저에는 앞에서 본 바와 같이 질비오 게젤이 제안한 무료화폐안의 영향을 받아 화폐가 가치저장 수단으로서 퇴장하지 않고 오직 지급수단으로서만 기능하도록 하는 이자 없는 화폐를 창출한다는 목적이 있었다. 또한 WIR란 '사적 경제 영역Wirtschaftsring'이라는 의미를 지닌다. WIR의 조합원들은 사적 교환 네트워크상에서 기업 간 신용을 제공하며 각자 자기 회사 거래액의 일정 비율을 반드시 WIR로 거래할 것을 약속한다. 따라서 상품 구매자의 경우 자동으로 판매자로부터 무이자의 WIR 표시 신용을 받게 되며 최종적으로 자기 생산품을 팔아 신용을 상환한다. 한편 상품 판매자의 경우 공여된 WIR 신용은 일반적인 기업 간 신용에서와 같이 미래의 지급 약속이 아니라 즉시 다른 조합원으로부터 상품 구입에 사용할 수 있는 현금에 해당한다. 단, WIR 신용은 법화인 스위스 프랑으로 환전할 수 없고 비회원에게도 사용될 수 없다. WIR 신용의 또 한 가지 특징은 기업 간 신용에서는 상품 판매자가 신용을 공여하는 데 비해 WIR란 사적 경제 영역에서는 상품 판매자가 누구든 상관없이 상품 구매자가 자동적으로 신용을 받을 수 있다는 점이다. 한편 상품 판매자와 구매자 간에는 최종적으로 청산소가 있어 중앙은행과 같이 조합원들의 거래를 기입하고 청산과 결제를 시행한다.[5]

이러한 사적 통화의 이점을 살펴보면 다음과 같다. 우선, WIR는 교환 네트워크상에서 조합원 간 사회적 연대감을 증대시킨다. 또한 WIR는 일반적 공적 신용을 보완하여 신용 긴축기에 중소기업의 자금 조달 어려움을 덜어 줄 수 있다. 왜냐하면 은행에 의해 발행되는 공적 화폐는 경기가 나쁘면 축소되고 경기가 좋으면 증가하는 경기순응적pro-cyclical 속성을 지니는 데 비해 WIR는 경기가 나쁘면 사용이 늘어나고 경기가 좋으면 사용이 줄어드는 경기완충적counter-cyclical 기능을 하기 때문이다. 우리나라에서 과거 기업 간 거래에서 이용된 어음, 특히 실물 상거래와 관련하여 발행된 진성어음의 경우도 이러한 기능을 하는 사적 통화의 하나라고 할 수 있다.

그러나 정부나 중앙은행 입장에서는 민간이 은행 밖에서 병행통화나 사적 교환 네트워크를 통해 신용을 창출할 경우 신용 시스템의 안전성을 위협할 수 있기 때문에 규제 대상이 될 수 있다. 하지만 스위스는 별도의 계산 단위로 표시된 사적 통화가 법화인 스위스 프랑화와 잘 공존하는 사례를 보여 준다. 한편 최근에는 점점 더 많은 사적 통화가 법화와 병행해서 유통되고 있다. 백화점에서 발행하는 상품권이나 발행자와 사용자 간 약속에 의해 자발적으로 창출된 토큰token이나 쿠폰coupon, 마일리지mileage 등도 민간이 자발적으로 창출한 사적 통화라고 할 수 있다. 이러한 사적 통화의 유통 범위는 정보기술 및 온라인 거래의 발전으로 크게 확대되고 있다.

결론

디지털 지급수단으로 대체되는 지폐

선물거래가 확대되면서 신용을 바탕으로 창출되는 은행화폐가 가장 중요한 통화로 등장했다. 지폐, 특히 종이에 인쇄한 은행권의 등장은 은행화폐의 가장 중요한 발행기관으로서 중앙은행의 시대를 열었다. 화폐는 더 이상 정부가 전적으로 통제하는 주조소mint가 아니라 발권 독점권을 부여받은 영란은행 같은 중앙은행과 민간의 많은 상업은행에 의해 인쇄print되었기 때문이다. 반면 정부는 화폐 발행 권한을 내려놓고 국채를 발행할 수 있었다.

은행화폐의 존재 여부는 서양과 동양의 경제발전 차이를 설명한다. 서양 경제는 신용제도가 정착되고 은행화폐가 확대되면서 빠른 경제발전을 이룰 수 있었다. 이에 반해 중국 등 동양 경제에서는 국가만이 지폐를 발행했으며, 정부지폐를 남발하다가 인플레이션과 신용제도 혼란을 초래했다. 서양식 은행제도가 정착되지 않은 동양에서는 은행화폐가 발행될 수 없었다. 특히 중앙은행 설립을 통해 은행권을 발행하는 것은 가능했지만 상업은행에 의한 수표제도의 정착은 20세기 말까지도 가능하지 않았다. 이에 따라 동양은 경제발전도 정체되었다.

서양에서는 민간의 신용발전이 경제발전을 이끌었다. 특히 서양에서는 채무증서를 제3자에게 지급수단으로 사용할 수 있는 양도가능성negotiability이 법제도적으로 보장받으면서 신용화폐로 발전할 수 있는 기반이 만들어졌다. 이에 따라 은행과 더불어 펀드 같은 각종 비은행 금융기관이 성장했고, 이들이 발행한 채무증서도 양도가능성 또는 유동성 측면에서 은행이 발행한 채무와 같이 통화로 발전했다. 나아가 민간 부문은 증권거래소나 어음교환소 등의 제도적 혁신을 통해 점점 더 통화공급을 탄력적으로 만들고 경제발전을 지원했다. 이미 중앙은행의 은행권이나 상업은행의 예금통화는 물론 많은 비은행 금융기관의 부채도 모두 통화로 진화했다. 보유자산을 언제든지 현금화할 수 있다는 의미에서 금융 시장의 모든 부채도 통화로 간주되었다. 이에 따라 통화는 더욱더 탄력적이고 내생적endogeneous으로 변화하면서 경제활동을 지원하고 있다.

그렇지만 이러한 신용화폐는 시공간의 제약 없이 온라인 거래를 하는 전자상거래를 지원하는 데 효율적이지 못하다. 온라인 거래에서는 주화나 은행권 등 전통적인 금속화폐나 은행화폐를 직접적으로 사용할 수 없고, 전자 혹은 디지털 지급수단이나 방법이 있어야 온라인 거래가 가능하다. 반면 디지털 지급수단은 오프라인에서도 사용이 가능하다. 이 점에서 디지털 지급수단은 실물 현금보다 효율적인 지급수단이다. 실제 전통적인 금융기관보다 개인이나 빅테크 기업 등 민간 비금융 기업이 보다 효율적인 사적 디지털 지급수단과 지급 서비스를 제공하면서 통화공급의 새로운 축으로 등장했다.

주

6장

1 '동방견문록'이라는 제목은 훗날 일본에서 붙여진 것으로, 원래 제목은 Il Milione 혹은 '세계의 서술(Description of the World)'이다. 원제는 마르코 폴로가 "자신이 직접 보거나 신뢰할 만한 사람으로부터 들은 놀라운 사실들을 기록하지 않고 사람들의 무지 속에 방치하는 것은 큰 죄악"이라고 여긴다는 서문에서 유래한 것으로, 당시 유럽인들에게는 상상조차 어려운 아시아 세계의 경이로움을 소개하고자 하는 의도를 담고 있다.

2 김호동(2000: 270-273).

3 당시 지폐유통 실험은 페르시아의 수상인 라시드 알 딘(Rashid al Din)이 쓴 『세계의 역사(The History of World)』에 기록되어 있었다. 라시드 알 딘은 마르코 폴로와 동시대 사람으로, 그의 책은 마르코 폴로의 기록과 더불어 유럽인들이 중국에 대한 지식을 높이는 데 기여했다. Davies(2002: 183-184).

4 먀오옌보(2018: 117).

5 1관은 1,000문에 해당하기 때문에 태환 수수료는 3퍼센트다.

6 洪葭管(2001: 43).

7 洪葭管(2001: 44).

8 洪葭管(2001: 48-49).

9 루지아빈·창후아(2016: 99).

10 이의 내용은 먀오옌보(2018: 128) 참고.

11 이때 발행된 교초인 지원통행보초는 다양한 경로를 통해 고려에도 많은 양이 유입되었다.

12 루지아빈·창후아(2016: 104-106).

13 먀오옌보(2018: 129).

14 한국은행(2019: 26).

15 베네치아는 경제에 개입할 의지와 능력이 있는 강력하고 안정적인 정부가 있는 반면, 제노바는 시민들이 보다 개인적이고 당파적이라서 정치적으로 더욱 불안정한 국가였다. 피렌체 체제는 베네치아보다 제노바와 비슷했다. Fratianni and Spinelli (2006: 262).

16 Goetzmann(2016: 228).

17 Compere는 이탈리아어로 '구입(purchase)'을 의미하며, Monti는 '기금(Funds)'을 뜻한다. Fratianni and Spinelli(2006: 262).

18 이러한 지분을 라틴어로 luoghi라고 한다. Mosselaar(2018: 30).

19 Goetzmann(2016: 230).

20 당시 로마법에 의하면 대출은 'mutuum' 계약, 즉 채무자에게 빌려준 돈을 채권자에게 같은 금액에 상환하는 계약으로 정의된다. 따라서 원금을 상환하지 않는 경우, 이는 대출계약으로 간주되지 않았다. Goetzmann(2016: 235).

21 이에 따라 과거의 기금은 '구기금(Monte Vecchio)'이라고 불렸다.

22 Spufford(2014: 246-248).

23 Mosselaar(2018: 30).

24 14세기 이탈리아 피렌체의 유명한 바르디 가문과 페루치 가문이 영국의 국왕 에드워드 3세로부터 대출금을 상환받지 못해 파산한 경우가 대표적이다. 이에 대해서는 남종국(2015: 366-368) 참고.

25 Davies(2002: 148).

26 채무증서의 이전가능성은 이전성의 정도에 따라 지정양도성(assignability)과 양도가능성(negotiability)으로 구분될 수 있다. 여기서 assignability는 채무증서의 소유권을 이전하는 것으로 제3자에 대한 양도를 채무자에게 통지하는 절차가 필요하다. 반면 negotiability는 소유권 이전이나 통지 절차 없이 간단히 배서나 증서의 양도에 의해 채무증서를 보다 손쉽게 양도할 수 있다. 채무증서의 발전 과정 초기에 이전성은 모두 assignability를 의미했다. 자세한 사항은 본서 8장 참고.

27 Tye(2019).

28 Davies(2002: 253-254).

29 Mark(2022).

30 존 로의 시스템에 대해서는 본서 6장 6.2절 참고.

31 아시냐(Assignat)의 명칭은 국유재산을 보증(assigner)한다는 데서 유래한다. 이에 대해서는 Antonetti(2021: 17-33) 참고.

32 Grandjean(2003).

33 이는 생쥐스트(Louis Antoine de Saint-Just)의 말로, Mark(2022) 참고.

34 6·25전쟁 당시에도 북한군이 위폐를 사용하여 우리나라의 전쟁 수행 능력에 타격을 주고자 했는데, 대혁명 당시 유럽 제국이 사용한 위폐정책은 이러한 정책의 효시라 할 수 있다.

35 Antonetti(2021: 33).

36 Greenspan and Wooldridge(2018: 80-84).

37 Abraham Lincholin's Clasroom, "Abraham Lincoln and Civil War Finance," p.132. https://www.abrahamlincolnsclassroom.org/abraham-lincoln-in-depth/abraham-lincoln-and-civil-war-finance/

38 Rothbard(2002: 51-62).

39 Bureau of Engraving and Printing(2013a).

40 Bureau of Engraving and Printing(2013b).

41 Bureau of Engraving and Printing(2013c).

42 Friedman and Schwartz(1963: 21).

43 하늘 아래 왕의 땅이 아닌 것이 없다는 왕토사상은 오히려 민간의 수탈을 위한 명분에 불과했다고 보는 주장에 대해서는 김재호(2016) 참고.

44 Deng(2015: 308).

45 김재호(2016: 163) 참고.

46 이에 대해서는 일본의 철학자 미조구치 유조의 견해를 참조했다. 그에 따르면 송나라의 유학자 주희는 개인의 욕망을 이기적이고[私], 사악하며[邪], 잘못된 것[非]으로 보았다. 따라서 정의로운 국가가 탐욕스러운 개인의 행동을 통제하는 것이 정당화된다. 미조구치 유조(2004) 참고.

47 1873년 중국의 한 신문은 "황제가 백성으로부터 돈을 빌리는 것은 적절하지 못하기 때문에 유럽에서와 달리 중국에서 국채는 확산될 수 없었다."라고 적었다. Yan(2019: 32) 참고.

48 Chen(2012: 313-333).

49 은 1냥은 은 3.75그램이므로 12만 7,000냥은 은 4.76톤에 해당한다.

50 Chen(2014: 11).

51 Deng(2015: 332).

52 富田俊基(2006: 207-211).

53 정부의 해외차관은 유럽 열강의 침략과 연계되어 아시아에서는 매우 부정적으로 인식되어 왔다. 특히 우리나라에서는 일본 정부의 차관에 대해서도 차입 조건이 매우 가혹해 해외차관을 우리 경제를 수탈하는 것이라고 보고 있다. 그러나 조선의 일본 정부 차관이 일본 메이지 정부의 해외차관보다 차입 조건이 유별나게 나쁘다고 말하기는 어렵다. 차관 조건보다 중요한 것은 빌린 돈을 어떻게 효과적으로 쓰는가이다. 예컨대 경제를 일으키고 나라를 방어하기 위한 자금이 필요한데 다른 수단이 없다면, 청나라의 경우에서 보듯 불리한 조건이 붙어 있음에도 불구하고 사용할 수밖에 없다.

54 이는 당시 환율로 1.85억 미국 달러, 3,800만 영국 파운드에 해당한다.

55 富田俊基(2006: 266-270).

56 이에 대해서는 Miller(2005) 참고.

7장

1 Quinn and Roberds(2014: 284-288).

2 지로의 원시적 형태는 고대 이집트 및 바빌론의 곡물 반출 청구서라 할 수 있다. 영주 또는 군주가 운영하는 곡물창고에 곡물을 보관한 농민이 자신의 보관 곡물 범위 내에서 곡물 반출 청구서를 발행하여 채무 변제 수단으로 사용한 데서 비롯되었다. 한국은행(2015) 참고.

3 길더는 15세기부터 네덜란드에서 통용된 화폐로 네덜란드어로 굴덴(gulden)이라고 하는데, 이는 금을 의미한다. 길더가 처음 발행되었을 때 이탈리아의 금화인 플로린과 가치가 동일했기 때문이다. 굴덴은 최초 순은 32.6그램에 해당했지만 이후 가치가 지속적으로 하락했다.

4 Quinn and Roberds(2014: 297-298).

5 1968년 릭스방크는 300주년을 기념하여 노벨경제학상 수여를 위한 기금을 창설했다.

6 그러나 역설적으로 패터슨 자신은 '런던시 고아 기금(The City of London Orphans' Fund)'을 은행으로 전환하는 데도 적극적인 역할을 하면서 영란은행의 이사직에서 사임해야 했다. 영란은행의 잠재적 경쟁자가 될 수 있는 은행을 지지한 행위가 영란은행을 배반하는 행위로 간주되었기 때문이다. Davies(2002: 261).

7 Davies(2002: 262-263).

8 프랑스의 비예데타(billet d'État)는 루이 14세가 남긴 막대한 부채를 상환하기 위해 루이 15세가 발행한 정부 발행 약속어음 또는 정부지폐다. 한편 프랑스에서 은행권은 비예드방크(billet de banque)로 표현되어 비예데타와 구분된다.

9 본문 내용은 문우식(2018: 58-59) 참고.

10 Law(1966[1705]).

11 일반은행은 설립 2년 후인 1718년에 국영화되고 왕립은행(Banque Royale)으로 개명되었다.

12 Velde(2003: 22).

13 서방회사는 미국 루이지애나 지역의 금광사업을 목적으로 설립되어 식민지 무역을 독점하는 등 각종 특권을 받아 후일 인도회사(Compagnie des Indes)로 개명되었다.

14 Murphy(1991: 1109-1125).

15 극심한 인플레이션과 주가 폭락은 프랑스 국민의 고통과 프랑스 대혁명을 잉태했다. 그 결과 그는 프랑스 경제를 망친 사기꾼으로 평가되기도 하고 시대를 앞선 금융 이론가로 간주되기도 하는 등 평가가 극심하게 엇갈린다.

16 이러한 주장은 리카도 사후 출판된 『국립은행설립안(Plan for the establishment of a National Bank)』에 담겨 있는데, 여기서 그가 지지한 통화위원회(Currency Board)는 통화금융위원회의 효시라 할 수 있다. 김준경·문우식·김세현(1994: 120).

17 문우식(1994: 119-143).

18 Goodhart(2018: 5).

19 스웨덴의 릭스방크도 대출은행 업무는 암스테르담은행에서와 같이 예탁된 금을 은행권으로 교환해 주는 교환은행 업무와 별개로 분할되어 엄격히 경영되었다.

20 Davies(2002: 317).

21 역사적으로 볼 때 물가상승 폭이 가장 높았던 사례는 제2차 세계대전 후 헝가리에서 발생한 하이퍼인플레이션이다. 헝가리의 통화는 1년도 안 되는 동안 3.81×1029로 가치가 하락한 것으로 알려졌다.

22 Sargent(1982: 40-109).

23 문우식(2018: 102-107) 참고.

24 White(1995: 24).

25 White(1995: 27).

26 Hayek(1976).

27 흥미로운 것은 300년 전 영란은행의 발권 독점을 찬성했던 영국 정부가 유럽중앙은행 창설과 관련해서는 발권 독점을 갖는 중앙은행을 만드는 대신 유럽 각 회원국의 중앙은행이 자유롭게 발권하도록 하자는 하이에크의 제안을 지지했다는 사실이다.

28 또한 연방준비제도에서 '제도'라는 용어를 사용하는 것은 의사결정을 하는 최고기관으로 이사회(Board of Governors)와 결정을 집행하는 연방준비은행(Federal Reserve Bank) 두 기관을 지칭하기 때문이다.

29 문우식(2018: 193-195).

30 Mishkin(2004, ch. 12) 참고.

31 따라서 두 번째 허가를 받은 은행은 제이은행이고 최종적으로 153번째 허가를 받은 은행은 제백오십삼은행으로 명명된다.

32 정운찬(1995: 130-132).

33 정운찬(1995: 132).

34 洪葭管(2001: 172-175).

35 洪葭管(2001: 292-296).

36 또한 농민 대출 지원 목적으로 자본금 1,000만 원으로 중국농민은행을 설립했다. 농민은행은 은행권을 발행할 뿐만 아니라 농업채권이나 토지채권을 발행할 특권을 얻었다. 洪葭管(2001: 302-304).

37 일본 엔은 이들 통화로 태환이 가능했으나 이들 은행권은 일본 엔으로 태환이 불가능했다.

38 문우식(2007).

39 한국은행(2006: 79-81).

40 한국은행(2018: 134-148).

8장

1 Cartwright(2018).

2 Goetzmann(2016: 211-214).

3 Harford(2017).

4 Rubin(2010: 213-227).

5 Grunwald(1975: 393-398).

6 Rubin(2010: 213-227). 한편 환어음의 작동 원리에 대해서는 다음 절 설명 참고.

7 남종국(2015: 179).

8 Parks(2006: 15-17).

9 Parks(2006: 29-59).

10 De Roover(1948a: 9).

11 Parks(2006).

12 De Roover(1948b: 11).

13 페르낭 브로델(1996: 208-210).

14 특히 이러한 견해는 De Roover(1948b: 11) 참고.

15 Van Houtte(1966: 29-47).

16 당시 브루게의 상인은 약 400명으로 추산되는데, 이 중 저지대 국가 출신 상인은 50명 내외인 반면, 이탈리아 출신 상인은 150명에 이르렀다. Gelderblom(2013: 25).

17 Boyer-Xambeu, Deleplace and Gillard(1994: 77-82).

18 현재 이 자료는 프라토의 국립아카이브(Francesco di Marco Datini's archive at Prato)에 보존되어 있다. http://datini.archiviodistato.prato.it 참고.

19 여기서 브루게에서 받은 에퀴화는 프랑스의 금화가 아니라 당시 22펜스은화(groat)에 해당하는 플랑드르 지역의 계산 단위다. 한편 바르셀로나는 당시 유럽 공통 페니 시스템(1파운드 = 20실링 = 240페니)을 채택하고 있었다. 따라서 어음 발행인은 브루게에서는 55그로트파운드를 받고, 바르셀로나에서 이를 312.5파운드로 교환해 주었다. 즉, 브루게에서 에퀴는 22그로트이기 때문에 600에퀴는 55그로트파운드(600 × 22/240 = 55)로 환산되며 바르셀로나에서 600에퀴는 312.5파운드 (600 × 125/240 = 312.5)로 환산된다. De Roover(1948b: 56-57) 참고.

20 당시의 유럽 각 도시 간 유전스 기간에 관해서는 Bell, Brooks and Moore(2015) 참고.

21 Kohn(1999a).

22 이에 대한 자세한 설명은 Boyer-Xambeu, Deleplace and Gillard(1994)에 따른다.

23 다타니 아카이브를 이용한 환차익은 지역과 시대 간에 큰 차이를 보이지만 대략 10~15퍼센트로 나타난다. Bell, Brooks and Moore(2015) 참고.

24 외환거래를 통해 차익을 얻는 과정에 대해서는 Boyer-Xambeu, Deleplace and Gillard(1994: 137-149) 참고.

25 Kohn(1999a: 24).

26 Kohn(1999a: 26).

27 Mosselaar(2018: 45).

28 네덜란드에서는 튤립 가격을 둘러싼 튤립파동(tulipmania)이 일어났고 영국에서는 남해 버블, 프랑스에서는 미시시피 버블이 일어났는데, 결국 이들 버블은 모두 가격 폭락으로 끝났다. 이는 증권거래소 통합으로 인한 집중거래 때문에 나타난 현상이다. 이와 관련해서는 페르낭 브로델(1996: 131-145) 참고.

29 ABN 은행은 AMRO은행과 합병해 오늘날 ABN AMRO은행이 되었다. Mosselaar(2018: 89-91).

30 Mosselaar(2018: 95).

31 Quinn and Roberds(2008: 2).

32 Spallanzani(1978: 164).

33 Quinn and Roberds(2008: 13).

34 이에 대해서는 문우식(2018: 84-85) 참고.

35 자기앞수표는 유럽과 미국에서 발행된 초기 은행권과 비슷한 지급수단으로 파악

할 수 있다. 초기 은행권도 제한된 통용력으로 인해 통화가 아니라 단순한 신용수단으로 파악되다가 점차 통화로 편입되었다.

36 이 부분은 문우식(2018: 84-85) 참고.

37 Norman, Shaw and Speight(2011: 13-14).

38 1663년부터 1672년에 걸쳐 은행의 거래장부를 남긴 당시 금장인은행이었던 블랙웰은행의 사례다. 이에 대해서는 Quinn(1997: 414) 참고.

39 예컨대 지금 A, B, C 은행이 있는데, 은행 A는 은행 C가 발행한 5,000달러의 채권을 보유하고 은행 B는 은행 A가 발행한 2만 2,500달러의 채권을 보유하며 은행 C는 은행 A가 발행한 2,500달러의 채권과 B가 발행한 2,500달러의 채권을 보유하고 있다고 가정하자. 이때 은행들이 개별적으로 지급 요구를 하면 A는 B에게 2만 2,500달러, C에게 2,500달러, 총 2만 5,000달러를 지급하는 한편, B는 C에게 2,500달러를 지급하고 C는 A에게 5,000달러를 지급해야 한다. 반면 이들이 보유하고 있던 채권을 청산소에 넘겨 집중적으로 결제하면 채권과 채무의 상계(netting)에 의해 A가 B에게 순차액잔고 2만 달러를 지급하는 것으로 모든 채무가 청산 완료된다. 청산소에서 세 은행의 계정을 보면, A의 계정은 +5000-22500-2500=-20000이 되고, B의 계정은 +22500-2500=20000, C의 계정은 +2500+2500-5000=0으로 나타난다. 따라서 청산소는 A의 계정에서 2만 달러를 차감하고 B의 계정에 이를 산입하면 청산이 종료된다.

40 Gorton(1984: 4).

41 이러한 주장은 Gorton(1984) 참고.

42 금융결제원(2021: 188-190).

43 Richardson(2013).

44 이는 무엇보다 밀턴 프리드먼과 애나 슈워츠의 주장(Friedman and Schwartz, 1963)이었다.

45 최후의 대부자 역할을 주장한 사람으로는 18세기 말에서 19세기 초에 활동한 영국의 사상가 헨리 손턴(Henry Thornton)까지 거슬러 올라간다. 배젓은 손턴 이후 이러한 역할을 가장 강력하게 주장했다. Humphrey(2010: 333-364) 참고.

9장

1 예컨대 미국의 은행지주법(Bank Holding Act)에 의하면 은행들의 경우 주간 은행업무(interstate banking)가 규제되지만, 비은행금융기관으로 등록하면 이를 회피할 수 있었다.

2 다만 우리나라에는 수표의 유무로 은행과 비은행을 구분하는 것은 큰 의미 없었던 것으로 보인다. 은행의 경우에도 기업들의 당좌예금을 제외하고는 수표를 발행할 수 있는 요구불예금이 없었기 때문이다.

3 Riordan(1974: 151-164).

4 Broaddus(1978: 3-13), Merris(1978: 22-26).

5 Robinson(2013).

6 우리나라에서 펀드라 하면 일반적으로 투자자가 자금을 투자하고 수익이 나면 이를 나눠 갖는 계약형 펀드를 지칭한다. 반면 뮤추얼펀드는 기금을 운용하는 주식회사이기 때문에 투자자는 주주로서 권리도 수행한다.

7 Mosselaar(2018: 102-106).

8 Mosselaar(2018: 106).

9 e-나라지표. https://www.index.go.kr/unity/potal/eNara/main/EnaraMain.do?cdNo=000

10 자산유동화의 보다 자세한 과정은 다음과 같다. 우선, 자산보유자(originator)는 이른바 구조화투자기구(Structured Investment Vehicles, SIV) 혹은 특수목적법인(Special Purpose Company, SPC)이라 부르는 부외(off-balance) 특수목적법인을 설립하여 기초자산의 소유권을 양도한다. 이러한 특수목적법인은 1988년 시티그룹(Citygroup)에 의해 도입되어 유행했는데, 그 이유는 은행과 같이 자기자본규제를 받지 않아 쉽게 레버리지를 일으킬 수 있기 때문이었다. 한편 특수목적법인은 이러한 기초자산을 묶어(pooling) 유동화증권을 발행해 투자자에게 매각하며 매각대금은 자산보유자에게 지급한다. 이때 유동화된 증권을 자산담보부증권(Asset Backed Security, ABS)이라고 한다.

11 2002년에는 협의의 통화인 M1에 포함되다가 2007년부터 광의의 통화인 M2에 포함되었다.

12 이 부분은 한국은행(2023b: 220-221) 참고.

13 통화공급의 내생성에 관한 논의는 한국은행(2023b: 231) 참고.

10장

1 Gesell(1958).

2 문우식(2018: 50)에서 재인용.

3 미국에서는 특히 어빙 피셔(Irving Fisher)가 우표통화제도에 큰 관심을 보였다. 피셔는 이러한 제도를 미국의 루스벨트 대통령에게 소개했다고 한다. 미국에서 우표통화를 발행하기 위한 법안도 마련되었으나 최종적으로는 통과되지 못했다. Blanc(1988: 469-483) 참고.

4 Kalinowski(2011).

5 Kalinowski(2011).

3부

미래의 화폐

디지털 지급수단

서론

디지털화와 전자지급수단

디지털 기술의 발달로 인터넷과 모바일기기가 보편화됨에 따라 오프라인에서 이루어지던 상거래 및 금융거래가 온라인상에서 간편하고 신속하게 이루어지고 있다. 디지털 전환은 전통적인 방식으로 진행되던 일에 디지털 신기술을 접목해 프로세스를 개선하고 새로운 가치를 창출하는 것이다. 이러한 변화 속에서 디지털 결제 혁명도 급속히 진행되고 있다.

이에 따라 종이를 사용하지 않는 디지털 지급수단 혹은 전자지급수단이 비약적으로 발전하여 종이 기반의 전통적인 지급수단을 빠르게 대체하고 있다.* 최근 코로나19 팬데믹은 모바일 결제와 같은 비접촉식 거래를 확대하는 계기가 되었고, 이러한 변화는 더욱 가속화되고 있다. 전자지급수단의 발달은 금융거래에 동반되는 종이 사용량은 물론 관리 비용과 거래 비용을 낮추고 다양한 금융상품 개발 등 높은 부가가치를 창출하고 있다.

과거에는 금융기관을 직접 방문해야 했으므로 금융기관의 영업시간 내에만 금융거래가 가능했으나, 비대면·비장표 거래로 인해 24시간 언제 어디서나 금융거래가 실시간으로 이루어지고 있다. 한편 금융과 IT 기술의 융합이 가속화되고 핀테크FinTech 기업 등 비금융 기업들이 개발한 디지털 지갑이 신용카드와 더불어 지폐

* 일반적으로 전자지급수단이란 전자금융거래법상에서 신용카드, 전자화폐, 계좌이체 등 전자적으로 발행되어 저장되는 증표를 지칭하는 반면, 디지털 지급수단은 전자지급수단을 포함하여 CBDC나 암호자산 등 디지털 환경에서 이루어지는 모든 지급수단과 방법이란 점에서 구분될 수 있다. 그러나 이 책에서는 이를 구분하지 않고 같은 의미로 사용한다.

를 대체하면서 가장 중요한 지급결제수단으로 부상하고 있다.

현재 우리나라는 물론 미국과 같은 주요 선진국에서 종이화폐를 완전히 대체하지는 못했지만 대부분의 거래가 전자지급수단에 의해 수행되고 있다. 전자지급수단의 발달은 통화의 개념을 더 이상 금융기관의 신용이나 채무로 정의하기 어렵게 만들었다. 특히 비트코인과 같은 암호자산은 일반적인 지급수단으로 광범위하게 사용되고 있지는 않지만, 발행자가 없어 과거의 금과 같이 누구의 부채도 아닌 디지털 자산이라 할 수 있다. 화폐는 점차 정보기록수단이 되고 있으며, 이에 따라 중앙은행의 역할도 돈을 주조하거나 찍어 내는 곳이 아니라 지급결제 정보를 저장하고 관리하는 곳으로 변화하고 있다.

우리나라는 디지털 지급수단의 미래 발전에 대한 매우 독특한 사례를 제공한다. 미국과 중국에 비해 인구는 적지만 인터넷 뱅킹이나 모바일 뱅킹 이용자는 인구 대비 훨씬 높은 비중을 차지하고 있다. 또 1인당 전자상거래 규모가 세계 최대 수준이며, 세계에서 손꼽히는 큰 암호자산 시장을 가지고 있다. 또한 디지털 결제를 기반으로 한 거래와 핀테크 시장이 급성장하여 네이버(포털), 카카오(SNS), 삼성(스마트폰 제조사) 등 국내 대표 디지털 결제 기업들이 구글, 애플과 같은 글로벌 기업이나 알리바바, 텐센트 등 중국 기업들과 경쟁하고 있다.

우리나라 정부와 한국은행도 다양한 정책과 필요한 인프라 구축을 통해 디지털화를 신속하게 수용해 왔다. 특히 한국은행은 2001년 전자금융공동망을 구축하여 신용카드, 디지털 지갑 등 디지털 결제수단이 현금처럼 쉽게 유통될 수 있는 인프라를 마련했다.

3부에서는 중앙은행의 디지털 화폐인 CBDC 개발 상황을 평가한 뒤 은행 및 빅테크와 같은 비은행 금융기관이 개발한 다양한 디지털 지급수단을 살펴본다. 그리고 마지막으로, 비트코인이나 스테이블코인 등 민간이 자체 개발한 플랫폼을 통해 발행한 사적 디지털 지급수단인 암호자산의 발전 과정을 살펴본다.

11장

중앙은행의 디지털 화폐

CBDC란 무엇인가?

CBDC는 Central Bank Digital Currency의 약자로, 중앙은행의 디지털 화폐, 즉 실물 명목화폐를 대체하거나 보완하기 위해 중앙은행이 전자적 형태로 발행하는 화폐를 뜻한다. 따라서 주화나 은행권과 똑같은 법정화폐로 금융기관의 중개 없이도 단독으로 지급수단 역할을 한다. 즉, 물건을 살 때 현금을 주고받듯이 CBDC로 결제와 송금을 할 수 있다. 중앙은행이 전자적 형태로 발행하는 화폐는 CBDC가 처음이 아니다. 상업은행들은 중앙은행 내에 지급준비금 또는 결제자금을 예치하는 계좌를 열고 이미 중앙은행과 전자적 형태로 거래를 해왔다. 상업은행들의 이러한 예치금은 디지털 화폐의 성격을 지닌다고 할 수 있으나 금융기관들만 이용 가능하고 일반 금융소비자는 접근할 수 없었다. 이 점에서 도매 CBDC라 할 수 있다. 반면 최근 논의되고 있는 CBDC는 개인들이 소유하고 소매거래에 사용할 수 있다는 점에서 소매 CBDC라고 할 수 있다.[1]

중앙은행이 일반 국민에게 직접 계좌를 제공하는 방안은 오래전부터 논의되어 왔다. 예를 들어 1980년대 중반 이후 일부 경제학자들이 중앙은행 또는 정부가 민간에 현금예치 계좌를 제공해야 한다고 주장한 바 있다.[2] 그러나 중앙은행이 일반 국민에게 계좌를 개설해 주는 것은 기존 상업은행의 역할과 중복되기 때문에 최근 소매 CBDC 논의는 계좌를 보유할 필요가 없는 '소지자 기반'의 디지털 토큰 개발에 초점을 두고 있다.

CBDC는 2010년대 중반 비트코인Bitcoin과 분산원장기술distributed ledger technology이 출현하면서 주목을 끌었다. 최근 코로나19 팬데믹에 따른 비접촉 지급수단에 대한 수요가 늘면서 CBDC에 대한 관심이 더욱 높아졌다. 현재 논의되고 있는 CBDC를 운용구조, 정보보관기술, 접근방법 등에 따라 분류하면 다음과 같다.

우선 디지털 화폐의 운용구조와 관련해서는 직접운용이냐 간접운용에 따라 CBDC를 분류할 수 있다. 직접운용은 중앙은행이 소비자들에게 디지털 지갑digital wallet의 형태로 계좌 혹은 토큰을 제공하고, 이 계좌들을 직접 관리하는 방식이다. 반면 간접운용은 중앙은행이 상업은행 같은 금융기관에 도매 거래용 디지털 화폐를 발행하고, 금융기관들은 금융 소비자에게 CBDC 전자지갑을 통해 소매거래용 디지털 화폐를 발행하는 구조다. 간접운용의 경우 중앙은행의 디지털 화폐 계좌는 금융기관이 제공하는 예금계좌와는 별개로 운영된다. 간접운용 방식을 더 세분화하면 중앙은행이 금융기관과의 도매거래 관리·유지는 물론 금융기관이 소비자에게 발급한 디지털 지갑 거래에 대해서도 주기적으로 관리하는 형태와 금융기관과의 도매거래만 관리하고 소비자의 디지털 지갑 거래에는 전혀 관여하지 않는 두 가지 형태가 가능하다.[3] 한편 금융기관이 발급하는 디지털 지갑이 중앙은행의 채무가 아니라 발급 금융기관의 채무가 되면 CBDC가 아니라 과거의 전자화폐e-money나 스테이블코인stablecoin 형태가 된다. 전자화폐는 단순히 가치를 IC카드나 컴퓨터 내에 전자적으로 저장한 것이며 스테이블코인은 민간이 법화와 같은 기초자산을 담보로 발행한 디지털 화폐를 말한다. CBDC 발행과 관련하여 어떠한 형태의 구조가 최적인가는 아직 명확한 합의를 이루지 못했지만, 간접운용이 CBDC의 운용상 부담을 줄이고, 개인정보보호와 고객관리에 특화된 금융기관들의 장점을 이용할 수 있어 직접운용보다는 선호되고 있다.

한편 기술적 측면에서 CBDC의 유형은 거래 내역을 기록한 장부인 원장ledger을 어디에 보관하느냐에 따라 중앙집중형 시스템과 분산원장기술로 나뉜다. 현재 기술 시스템은 은행과 같은 금융기관이 직접 서버를 두고 원장을 관리하는 중앙집중형 방식이다. 이에 반해 분산원장기술은 거래정보를 기록한 원장을 특정 기관의 중앙 서버가 아닌 P2P peer-to-peer 네트워크에 분산 저장하여 참가자peer node가 공동으로 기록하고 관리하는 방식이다. 따라서 참가자들이 동등하게 데이터를 공유하고 정보를 동기화한다. 거래정보를 블록에 담고 고리 모양의 체인으로 연결하여 저장하는 블록체인Blockchain 시스템은 이와 같은 분산원장의 대표적인 기술 중 하나다. 분산원장기술은 기존 중앙집중형 단일원장 시스템에 비해 효율성과 보안성이 높다. 하지만 거래의 신뢰를 담보해 줄 기관이 없기 때문에 시스템 자체에서 신뢰를 형성하는 합의 알고리즘이 필수적이다. 분산원장기술이 지급결제 시스템 및 여타 금융 서비스 등에 실제로 사용되지 못한 이유도 악의적인 참가자의 조작을 차단하면서 모든 참여자가 원장 갱신에 동의하도록 만드는 합의 절차가 미비했기 때문이다.[4] 또한 분산원장 방식은 많은 거래를 실시간으로 처리하기 어려운 기술적 한계를 가진다. 이에 따라

한국은행이 개발·시험한 개인 CBDC 지갑 예시

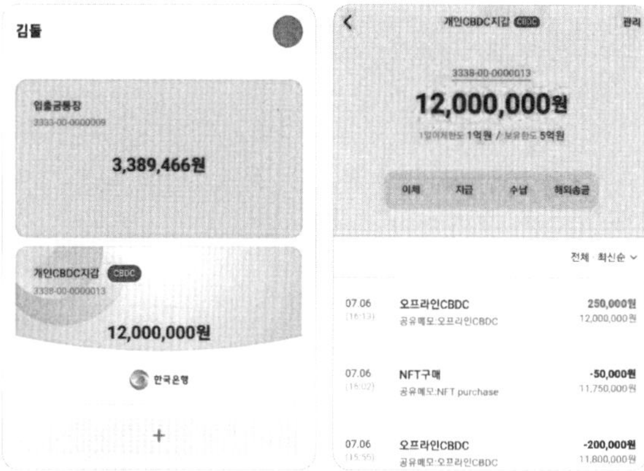

스마트폰 지갑
(온라인 CBDC 화면)

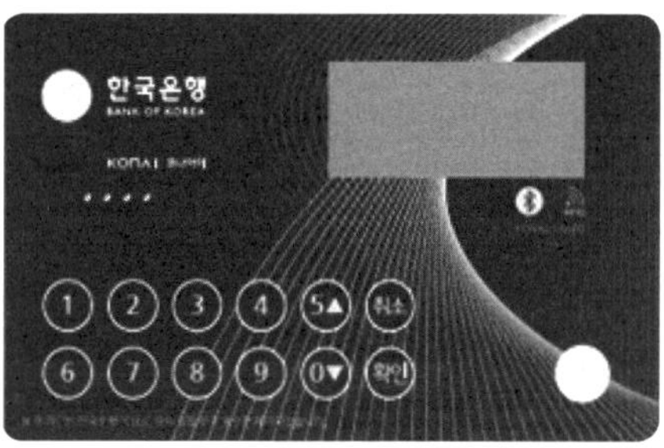

스마트 카드
(오프라인 CBDC)

최근에는 분산원장과 단일원장을 혼합하여 중앙은행과 금융기관 간 거래는 분산원장으로 하되 금융기관과 개인의 거래는 단일원장으로 운영하는 혼합방식도 활발히 논의되고 있다.[5]

마지막으로, CBDC를 접근방법 측면에서 살펴보면 계좌 기반 CBDC와 토큰 기반 CBDC로 구분된다. 계좌 기반account-based CBDC는 이용하는 모든 개인의 신원을 확인하고 계좌를 개설하는 시스템으로, 익명성이 보장되지 않고 중앙은행이 모든 개인의 거래정보를 독점적으로 소유하고 감시함에 따라 개인정보 보호에 문제가 발생할 수 있다. 이에 반해 토큰 기반token-based CBDC는 개인의 신원을 확인하지 않고 보유자 누구나 쉽게 디지털 지갑을 만들어 사용하는 방식이다. 이 방식은 익명성이어서 거래의 편의를 높이는 것은 물론 스마트폰이나 단말기 등을 통해 오프라인 거래에서도 현금처럼 사용할 수 있다. 또한 특별한 조건이 충족되었을 때만 대금 송금이 가능하도록 하는 스마트 계약을 통해 지급 서비스를 프로그래밍할 수도 있다. 다만 자금세탁이나 테러 범죄단체로의 자금조달 등 범죄에 악용될 가능성이 있고 비밀번호를 잊어버리면 다시 찾을 방법이 없다는 단점이 있다. 그럼에도 많은 나라에서 토큰 기반 CBDC를 개발하는 것은 신원 확인이 필요한 계좌 개설이 CBDC 사용 확산을 크게 저해하기 때문이다.

최근 우리나라를 비롯하여 많은 나라의 중앙은행들은 대체로 단일원장과 분산원장을 결합한 간접운용 구조를 채택하고 디지털 토큰을 발행하는 방향으로 CBDC 개발을 추진하고 있다.

중국인민은행에 의해 촉발된 CBDC 개발 경쟁

중국의 중앙은행인 인민은행은 2022년 2월 베이징 동계올림픽에서 디지털 위안화e-CNY를 공식적으로 발행하여 사용했다. 디지털 위안화는 인민은행이 발행하고, 상업은행이 유통하는 간접운용 구조다. 인민은행은 상업은행과 함께 단일원장기술에 기반하여 디지털 위안화를 발행하고 소비자는 상업은행이 제공하는 디지털 지갑을 이용해 디지털 위안화를 소유하고 거래할 수 있다. 소비자는 어디서든 디지털 지갑 앱을 다운로드해 디지털 위안화를 사용할 수 있으며, 우리나라의 카카오페이나 네이버페이에 해당하는 알리페이Alipay나 위챗페이WeChat Pay에서도 사용할 수 있다.

중국은 2014년부터 CBDC 도입을 준비했고, 2020년 10월에는 광둥성 선전시와 베이징시 등 5개 지역에서 디지털 위안화 시범사업도 진행했다. 현재 디지털 위안화로 결제가 가능한 서비스는 공과금 납부, 외식, 대중교통, 쇼핑 등 130만 개가 넘는다. 이와 함께 디지털 위안화 지갑을 개통한 개인도 2,000만 명 이상 되고 개통한 기관도 350만 곳을 넘어섰다. 또한 일부 지방정부에서는 공무원의 급여 및 세금 납부 등에도 디지털 위안화가 사용되기 시작했다. 이에 따라 디지털 위안화 발행 잔액은 2022년 말 현재 136억 위안으로, 본원통화의 0.13퍼센트를 차지한다.[6]

그렇지만 현재 CBDC는 바하마, 나이지리아, 자마이카 등 일부 개발도상국에서만 도입이 확정된 상태다. 우리나라를 포함하여 대부분 주요국에서는 CBDC 관련하여 연구를 진행 중이며 아직 도입 여부 및 시기는 결정되지 않았다. 이들 국가의 CBDC 준비 상황을 살펴보면 우선 스웨덴은 주요국 중 최초로 CBDC 도입 준비를 시작했는데, 스웨덴 중앙은행은 자국 통화인 크로나Krona의 이용 감소를 계기로 2017년부터 'e-크로나'라는 소매 CBDC 프로젝트를 진행하고 있다. 미국은 당초 CBDC에 큰 관심을 보이지 않았으나 페이스북의 스테이블코인인 리브라Libra 발행 발표나 중국의 디지털 위안화 발행 등을 배경으로 2022년부터 디지털 자산에 대한 행정명령을 발동하고 CBDC 도입을 긍정적으로 검토하기 시작했다. 유럽중앙은행도 2021년 디지털 유로 프로젝트에 착수했다.

한편 우리나라의 경우 한국은행은 2020년부터 CBDC 관련 기술과 제도 등을 본격적으로 연구하고 있으며, 이를 바탕으로 CBDC 모의실험을 두 차례 실행한 상태다. 이에 따르면 우리나라 CBDC 시스템은 간접운용 방식으로 설계되어 있는데 그 구조는 다음과 같다. 우선 한국은행은 CBDC의 제조 및 폐기, 그리고 CBDC의 발행을 담당한다. CBDC 제조 및 폐기는 인터넷이 단절된 한국은행 내 보안 구역에 설치된 전산기기를 통해 이루어진다. CBDC의 발행 및 환수는 분산원장기술에 기반하여 한국은행과 참가 은행 간 지급준비금 및 청산결제를 통해 이루어진다. 한편 참가 은행은 CBDC의 소매 유통과 CBDC 결제를 위한 일반 이용자의 신원확인 및 전자서명 관리를 수행한다. 마지막으로, 일반 이용자는 CBDC 모바일 앱을 통해 자신이 보유하고 있는 CBDC 토큰을 다른 이용자에게 송금하거나 상점에서 물품 대금을 지급할 때 사용할 수 있다.

이뿐만 아니라 한국은행이 이러한 구조하에서 인터넷 통신망이 단절된 오프라인 환경에서 물품 거래와 암호자산 거래에서 CBDC 사용 가능성을 테스트한 결과, 모두 정상적으로 작동함을 확인했다.[7] CBDC는 원래 온라인 거래에서 사용될 수 있는 중앙은행 화폐, 즉 디지털 현금을 창출하기 위해 고안되었다. 그러나 실제 사용자 측면에서 볼 때는 오프라인 거래에서의 사용 여부가 CBDC 확산의 성패를 결정할 수 있는 가장 중요한 요소라 생각된다.

중앙은행의 현금은 가상공간에서 쓸 수 없는 유일한 화폐

최근 CBDC 도입에 대한 논의가 부쩍 늘고 있다. 이러한 배경에는 여러 이유가 있으나, 무엇보다 중앙은행이 발행하는 현금은 온라인 거래 등 디지털 환경에서 사용할 수 없는 유일한 화폐여서 다음과 같은 환경변화에 대처하기 어렵기 때문이다.

첫째, 현금 이용이 빠른 속도로 감소하고 있다. [그림 11-1]은 우리나라의 현금이용률 추이와 지급수단별 이용 현황을 나타낸다. 현재 우리나라를 포함한 대부분 국가에서 소매 거래 시 현금을 이용하는 비중이 급격하게 감소하고 있다. 온라인 비대면 경제활동 비중의 확

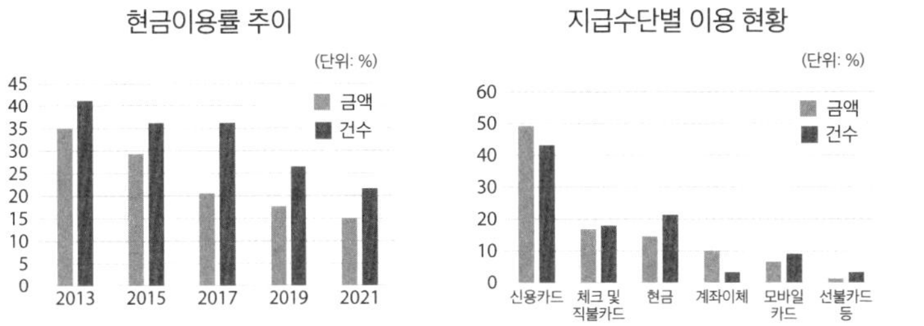

자료: 한국은행(2022).

[그림 11-1] 우리나라의 현금이용률 추이와 지급수단별 이용 현황

대는 이러한 추세를 더욱 가속화시키고 있다. 현금 대체수단으로 신용(체크)카드, 금융권의 모바일 뱅킹, 빅테크big tech 기업의 디지털 지갑 등 다양한 민간 디지털 지급수단 사용이 확산되고 있다. 이에 따라 현금을 대신할 편의성과 안전성 및 신뢰성을 갖춘 저비용의 새로운 보편적 지급수단으로서 디지털 기반 공공화폐에 대한 사회적 요구가 커지는 실정이다. 중앙은행의 실물 화폐인 현금은 이러한 요구를 반영하지 못하고 있다. 무엇보다도 현금은 온라인 거래에서 사용할 수 없기 때문이다. 현금이 보편적인 지급수단으로서의 지위를 상실하면 이를 중심으로 구축된 기존 통화 시스템에 대한 신뢰가 약화될 수 있다. 그러나 CBDC를 잘 활용하면 통화정책의 효율성과 지급결제의 안정성을 높이는 효과를 기대할 수 있다.

둘째, 경제 및 금융 전반에 디지털 전환이 빠르게 추진되고 있다. 디지털화에 따라 빅테크의 디지털 지갑, 암호화폐 등 다양한 민간 지급수단이 등장하고 있으나 금융안정과 소비자 보호 측면에서는 아직 취약한 상태다. 특히 최근 비트코인 등 암호화폐가 금융 시장에서 차지하는 비중이 높아지고 있으나 지나친 변동성 등으로 인해 금융 시장의 불안정성을 키우고 소비자의 피해 가능성을 높이고 있다. 2022년

11월 발생한 세계 3위 암호화폐 거래소 FTX의 파산은 이와 같은 암호화폐 시장 발달의 어두운 단면을 잘 보여 준다. 이러한 관점에서 중앙은행이 CBDC를 발행하여 화폐 인프라를 고도화하고 경제 및 금융의 디지털 전환을 뒷받침하는 역할이 요구되고 있다.

셋째, 구글이나 애플 등 거대 빅테크 기업의 시장지배력 강화와 개인정보 집중 심화 우려에 대한 대응의 일환으로 개방적 공공화폐 인프라의 중요성이 부각되고 있다. 최근 빅테크 기업들이 검색, 쇼핑, 소셜미디어 플랫폼 등을 기반으로 빠르게 성장하고 있다. 그러나 이들의 영향력 확대는 독점력 증대로 인한 높은 수수료뿐만 아니라 개인정보의 상업적 이용, 데이터의 기업 부문별 고립(데이터 사일로silo)으로 인한 혁신 저해와 독과점 구조 고착화 등의 여러 문제를 유발할 수 있다.[8] 이러한 문제들의 대응책으로 CBDC에 대한 관심이 증대했다.[9]

넷째, 금융포용financial inclusion을 고려할 필요가 있다. 금융포용이란 저소득층이나 소외 지역 주민 등 모든 사회계층이 비용 등의 측면에서 큰 부담 없이 금융서비스를 이용하도록 하는 과정 또는 시스템을 의미한다. 여러 가지 사정상 은행 등 제도적인 금융기관을 이용하지 못하는 사람들에게도 손쉽게 저축하거나 대출할 수 있는 수단을 제공할 필요가 있다. 특히 신흥 개발도상국에서는 많은 사람이 은행을 이용할 수 없는 농촌 지역이나 산간 지역에 거주하고 있어 예금계좌 등을 개설할 수 없는 경우가 많다. 예를 들어 예금계좌 보유 비율을 살펴보면 우리나라를 비롯하여 고소득 국가 평균이 100퍼센트에 육박하는 데 비해 저소득국가는 30~40퍼센트 수준에 머물고 있다. 따라서 전 국민이 금융 시스템에 보편적으로 접근할 수 있도록 보장하기 위해 CBDC를 도입할 필요성도 제기되고 있다.

다섯째, 디지털화와 더불어 국가 간 지급결제 서비스 연계를 강화할 필요가 있다. 금융기관의 외환 거래, 기업의 수출입 및 해외투자, 개인들의 해외 신용카드 사용, 유학경비 송금, 해외 온라인쇼핑몰에서 물품 구입 등은 모두 국가 간 막대한 자금 이전을 일으키고 있다. 그러나 이러한 국경 없는 거래에 국가들의 결제체제가 서로 연동되지 않아 높은 비용과 시간이 소모된다. 현재 국가 간 자금이체는 국제금융통신망인 스위프트SWIFT[10]와 대리인 은행제도correspondent banking를 기반으로 1970년대부터 운영되어 왔는데, 높은 거래 비용은 물론 접근성, 처리속도, 투명성 등 여러 측면에서 상당한 비효율성을 나타내고 있다. 예컨대 국외 송금 시 평균 송금 비용은 송금액의 7퍼센트로 국내 송금 비용의 10배 이상이며, 소요기간도 최장 7일에 달하는 등 송금제도의 효율성이 매우 낮다.[11] 신흥국의 경우에는 은행 시스템이 미비하여 이러한 비효율성이 더욱 심각하다. UN이 송금수수료 인하를 지속가능목표 중 하나인 국내 및 국가 간 불평등 축소의 지표로 삼은 데서도 알 수 있다. 예컨대, [표 11-1]은 미국에서 인도네시아로 송금할 경우 드는 송금수수료를 보여 주는데, 대부분의 은행은 10달러 미만의 국제 소액 송금을 취급하지 않으며, 1만 달러 이체 시 수수료는 우편을 통한 현금수송보다 2.5배 이상 비싸다. 그리고 이체 금액이 1,000만 달러로 커지면 수수료만으로 무려 40만 달러가 소요된다. 이에 반해 민간 부문 디지털 화폐인 비트코인을 사용하면 단 1달러

[표 11-1] 미국에서 인도네시아로 송금 시 수수료

송금액	우편을 통한 현금수송	은행이체	비트코인
10달러	30달러	불가능	1
1만 달러	150달러	400달러	1
1,000만 달러	불가능	40만 달러	1

자료: Mehta, Agashe and Detroja(2021).

비용에 소액부터 거액까지 모두 송금할 수 있어 수수료를 획기적으로 줄일 수 있다. 실제 미국의 민간 기업 리플Ripple은 블록체인 기반 송금 플랫폼을 통해 은행이체를 우회하는 실시간 송금이 가능하고 송금수수료도 거의 없는 서비스를 개발하여 제공하고 있다.

이에 따라 2020년 개최된 G20 회의에서 주요국들은 기존 환거래 은행의 개입을 줄이고 직접적으로 중앙은행들의 결제 시스템을 연계하여 국가 간에 직송금할 수 있는 글로벌 지급 시스템 구축을 최우선 협력과제로 선정했다. 현재 주요국에서는 글로벌 지급 시스템 구축을 위해 다양한 방법이 모색되고 있다. CBDC를 통해 국가 간 지급결제 시스템을 연계할 수 있는데, 실제 많은 중앙은행들이 국가 간 CBDC 연계사업을 구상하고 있다. 이러한 CBDC 연계사업이 실현된다면 향후 디지털 기술을 반영하여 온라인 거래는 물론 외국에서도 통용될 수 있는 글로벌 CBDC의 출현도 가능할 것으로 전망된다.[12]

12장

금융기관의 전자지급수단

12.1 전자지급결제 시스템

지급결제 시스템의 구조

지급결제제도는 어느 나라에서나 가장 중요한 사회 기반시설이다. 특히 전자적 지급수단이 사용되기 위해서는 이를 다룰 수 있는 새로운 지급결제제도가 구축되어야 한다. 이미 살펴보았듯이 지급결제란 수취인과 지급인 간 채권·채무관계를 지급수단의 이전을 통해 완결하는 것을 의미한다. 지급결제 시스템이란 지급수단의 이전을 원활하고 안정적으로 처리할 수 있도록 지급수단, 참가 기관, 정보통신시설, 관련 법규정을 체계적으로 통합한 제도를 말한다. 현실에서 지급결제제도의 운영을 살펴보면, 지급제도는 대체로 금융기관 간 결제를 위한 거액결제 시스템, 개인 및 기업 등 금융소비자 간 자금이체를 위한 소액결제 시스템, 그리고 국제적인 자금이체를 위한 외환결제 시스템이나 주식매매 등의 대금결제를 위한 증권결제 시스템으로 나뉜다.

먼저 거액결제 시스템은 금융기관 간 자금거래, 증권 또는 외환 거래 등에 따른 대금결제로, 건당 거래 금액이 크고 거래 건수는 많지 않은 거액·소량 결제 시스템이다. 건당 금액이 크고 결제 시점의 중요도가 높아, 대부분 중앙은행에서 직접 운영하고 있다. 미국 연방준비제도의 페드와이어Fedwire나 우리나라의 한은금융망BOK-Wire+ 등이 여기에 해당된다. 예컨대 미국 연방준비제도가 운영하는 페드와이어는 실시간총액결제방식Real-time Gross Settlement, RTGS[1]으로, 참가기관 간 거액의 자금이체와 미국국채, 정부보증채 등의 보관·결제 업무를 수행하며, 은행 간 대차관계 시 수표 없이 전자적으로 자금이체를 할 수 있다. 우리나라의 경우 금융거래와 결제 규모가 빠른 속도로 증가함에 따라 1994년 실시간총액결제방식의 한은금융망을 구축·가동했다. 이후 한은금융망은 금융기관 간 콜거래, 증권 및 외환 매매대금 등 거액의 자금을 실시간으로 처리하는 우리나라의 중추적인 거액결제 시스템으로 발전했다. 다만 모든 거래를 건별로 결제하는 총액결제방식을 채택함에 따라 금융기관들의 결제자금 조달 부담이 상대적으로 크게 늘어나 한국은행은 2009년부터 실시간총액결제방식에 혼합형상계방식[2]을 추가한 신(新)한은금융망을 가동하고 있다. 현재 신한은금융망에는 은행, 금융투자회사, 보험회사 등 대다수 금융기관이 참가하고 있는데, 이들 기관은 한국은행에 개설된 당좌예금 혹은 결제 전용 예금계좌를 통해 자금을 결제하고 있다. 금융기관 간 최종결제 서비스를 제공하는 신한은금융망은 2023년 기준 일평균 약 550조 원의 결제를 처리하고 있다.

소액결제 시스템은 주로 개인이나 기업의 소액결제를 처리하는 자금결제 시스템으로, 거래 대상이 광범위하고 결제 건수가 매우 많은 점이 특징이다. 주로 계좌이체나 지급카드, 수표, 지로 등과 관련된 결제가 이에 속한다. 미국의 대표적 소액결제 시스템으로는 연방준비제도가 운영하는 ACH Automated Clearing House가 있다. ACH는 연금지급 및 공공요금 납부 등 반복적으로 발생하는 소액·대량 거래 관련 정보를 일괄처리방식으로 처리하는 시스템이다. 우리나라의 소액결제 시스템은 비영리 사단법인인 금융결제원이 운영하는 결제 시스템과 신용카드사가 운영하는 카드결제 시스템으로 구성되어 있다. 금융결제원은 개별 은행들의 전산망을 네트워크로 연결하는 금융전산망을 구축하고 운영하기 위해 기존의 전국어음교환관리소와 은행지로관리소를 통합하여 1986년 6월 설립되었다. 이후 금융결제원은 기존의 어음교환 및 지로 업무 외에 CD공동망, 전자금융공동망 등 다양한 공동망을 구축하여 운영하면서 2023년 기준 일평균 4,000만 건, 100조 원 이상의 금액을 중계처리하고 있다.[3]

한편 외환결제 시스템은 외환매매 거래 당사자들이 매도·매입 통화를 서로 지급·수취하여 채권·채무관계를 종결시키는 지급결제 시스템이다. 우리나라의 경우 외환거래에 대해서는 2004년부터 원화와 미국 달러화 등 15개 통화와 외환동시결제도 가능한 CLS Continuous Linked Settlement 시스템에 가입하여 이를 운영하고 있다. CLS 시스템은 외환거래 시 국가별 시차에 수반되는 결제 위험을 해소하기 위해 국제외환결제 전문은행인 CLS은행[4]과 회원국 및 그 중앙은행의 전산 시스템을 상호 연결하여 해당 결제일의 정해진 공통 시간대에 매도 통화의 지급 및 매입 통화의 수취를 동시에 처리하고 차액만 결제하는 외환 동시결제 시스템이다.

마지막으로, 증권결제 시스템은 주식이나 채권 등을 사고팔 때 증권의 소유권을 이전하고 매매대금을 결제하는 지급결제 시스템이다. 우리나라에서 증권 실물은 한국예탁결제원에서 보관하고 증권 소유권은 매도자로부터 매수자 앞으로 옮기는 장부상 계좌대체를 통해 이전되며, 최종적으로 증권매매대금은 신한은금융망을 통하거나 시중은행 상호 간 계정을 통해 결제된다.

우리나라 금융의 디지털 전환은 전자금융공동망 구축과 더불어 시작

금융결제원은 어음교환이나 지로와 같은 전통적인 결제망 운영은 물론 각종 금융공동망과 전자상거래망을 구축해 우리나라의 소액결제를 책임지고 있다. [표 12-1]은 이들 결제망을 요약하여 보여 준다.

우선, 금융결제원은 어음이나 수표 교환을 제외하고 모든 소액결제를 전자적으로 처리하고 있다. 2부에서 살펴본 바와 같이 어음교환 시스템은 다수의 은행이 일정한 시간에 일정한 장소에 모여 자기 은행이 수납한 어음이나 수표를 다른 은행이 수납한 어음이나 수표와 서로 교환하고 대금을 청산하는 시스템이다. 그러나 전자금융의 발달로 사용 횟수나 금액이 급속히 감소하고 있다. 한편 우리나라에서는 2005년부터 기존의 기업 간 상거래에서 널리 사용되고 있는 약속어음을 전자화하여 전자어음을 발행하고 있다. 전자어음의 경우 어음 발행, 할인, 수취, 배서, 상환 등 모든 절차가 실물 없이 온라인상에서 이루어진다. 다만 전자어음은 은행의 인터넷 뱅킹 시스템을 통해 발행, 유통된다.

지로란 자금의 이체나 결제 시 현금이나 수표를 사용하는 대신 은행 간 예금계좌에서 이체하여 결제하는 방식이다.[5] 우리나라에서는 공과금이나 각종 요금 납부를 효율적으로 관리하기 위한 수금 관리수단의 하나로 발달했다. 즉, 통신회사나 전기회사와 같은 이용기관이 금융결제원에 의해 발급된 지로번호를 이용하여 고객에게 일정 금액을 청구하면, 고객은 해당 지로장표를 가지고 금융기관에 가서 납부

[표 12-1] 금융결제원의 주요 소액결제망

구분	소액결제	도입 연도	주요 거래	특징
전통적 결제망	어음교환	1910년	어음과 수표 등 교환	장표방식과 전자방식
	지로	1977년	급여, 공과금, 보험료 등 정기적인 소액·대량 자금이체	금융전산화로 전자방식 이체
금융공동망	CD/ATM	1988년	소액 인출·입금·송금	금융회사 간 네트워크 연결
	타행환	1989년	1억 원 이하 타 은행 송금	
	자금관리 서비스(CMS)	1996년	급여, 보험료 등 소액·대량 자금이체	
	전자금융	2001년	인터넷 뱅킹, 텔레 뱅킹, 모바일 뱅킹 등을 이용한 10억 원 이하 송금	인터넷, 모바일 등 지급 채널 다변화
	오픈뱅킹	2019년	정보조회 및 대금이체	서비스 개방을 통한 융복합
전자상거래	B2C	2000년	개인의 인터넷 구매대금 결제	온라인 실시간 거래
	B2B	2002년	기업 간 인터넷 구매대금 결제	

자료: 한국은행(2014)을 기초로 저자 작성.

하는 식이었다. 2000년 수납 장표의 정보화로 인해 현재는 실물 장표의 이동 없이 결제되고 있다. 현재 우리나라에서 대부분의 지로 업무는 전자지로와 인터넷지로에 의해 수행되는데, 자동이체가 대표적인 전자지로다. 자동이체는 납부 고객이 거래은행 및 이용기관 등에 자동이체를 신청하면 개별적인 이체 의뢰가 없어도 정해진 납기일에 해당 기관의 출금청구에 의해 납부 고객의 지정 계좌에서 이용기관의 지로 거래계좌로 실물 없이 자동으로 입금해 주는 서비스다. 최근 신용카드 등을 활용한 자동이체나 핀테크 기업의 간편송금 등으로 인해 지로 수요가 감소하고 있다.

한편 금융공동망은 5대 국가기간 전산망의 하나로, 1980년대에 추진된 금융공동전산망 구축 사업으로 시작되었다. 이 사업의 일환으로 1988년 현금자동인출기CD/ATM 공동망 가동을 시작으로 타행환공동망(1989년), 전자금융공동망(2001년)이 순차적으로 구축되었다. 최근에는 핀테크의 등장으로 IT와 금융이 융합하는 환경 변화에 따라 지급결제의 개방이 촉진되면서 오픈뱅킹공동망(2019년)이 도입되었다. 금융공동망은 금융결제원의 전산 시스템을 금융회사와 상호 연결시켜 현금인출, 계좌이체, 송금, 정보조회 등 각종 금융 서비스를 가능케 한 지급결제 시스템이다.

우선 현금자동인출기 공동망은 고객의 거래 은행과 상관없이 현금인출전용기인 CDCash Dispenser나 입출금이 모두 가능한 ATM을 통해 현금의 인출 및 입금, 송금 등 각종 금융 서비스를 이용할 수 있도록 구축된 시스템이다. 구축 초기에는 수요가 급증했으나 2015년을 전후로 현금 사용이 급속히 줄어들어 CD나 ATM기의 수도 큰 폭으로 감소하고 있다. 한편 타행환공동망은 송금인과 수취인의 거래 은행이 다르더라도 전국 어느 금융기관의 영업소에서나 송금 업무를 처리할 수 있도록 한 것이다. 지금은 즉각적인 자금이체가 당연하지만, 예전에는 이체를 하려면 송금 지시 후 다음 영업일까지 지연되는 경우가 많았다. 그리고 자금관리서비스Cash Management Service, 즉 CMS는 금융결제원이 이용기관과 금융기관의 전산 시스템을 상호 연결하여 이용기관이 주거래 금융회사 한 곳만 거래하더라도 이용기관의 고객이 이용하는 모든 금융회사에서 자금을 인출하거나 입금 처리할 수 있는 서비스로 1996년 구축되었다. 다만 이들 공동망은 전자금융공동망이 구축되면서 이용이 급속히 감소하기 시작했다. 전자금융공동망은 2001년에 구축된 이후 그 이용이 폭발적으로 증가하고 있다. 이는 무엇보다 PC, 스마트폰, 태블릿PC 등 새로운 전자매체의 등장으로 인터넷, 모바일을 통한 온라인 쇼핑 대금의 지불과 개인 간 송금 등 보다 다양한 지급결제 수요가 창출되었기 때문이다. 최근에는 특히 핀테크 기업의 등장과 간편결제 및 간편송금 서비스 확대, 비대면 시대 도래 등으로 모바일 뱅킹 건수가 급격히 증가하면서 전자금융공동망은 현재 우리나라에서 가장 중요한 금융공동망으로 등장했다. 우리나라의 전자금융공동망은 세계 최초의 실시간 자금이체 서비스로 평가받고 있다.[6] 이어 2019년에는 핀테크 기업이 금융기관 전산망에 접속하여 금융 정보 조회 및 자금이체를 할 수 있는 오픈뱅킹이 구축되면서 금융 시장의 개방을 이끌고 있다.

한편 금융결제원은 B2C, B2B 전자상거래에 대한 공동망도 구축하여 운영하고 있다. B2C 전자상거래 지급결제중계망은 인터넷 등을 통한 전자상거래에서 발생하는 구매자와 판매자 간 대금결제를 실시간으로 중계하고, 그 결과를 즉시 조회할 수 있도록 구축된 서비스다. 즉, 고객이 판매 기업의 웹사이트나 모바일 앱을 통해 상품 구입대금이나 서비스 이용요금 등을 계좌이체 방식으로 납부하면 판매 기업의 계좌로 익영업일 또는 실시간 입금할 수 있도록 금융결제원이 판매 기업과 금융기관 간 결제정보를 중계 처리하는 것으로 PG Payment Gateway 서비스라고도 한다. 1990년대 후반부터 인터넷의 보급이 확산되면서 전자상거래 시장이 급격히 성장해 초기 전자상거래 지급결제 서비스를 정보통신업체들이 선점하자 금융기관의 지급결제 서비스 주도권 확보 필요성이 제기되면서 2000년 은행 공동의 전자상거래 지급결제중계 시스템을 구축한 것이다. 이 서비스는 뱅크페이Bankpay라는 명칭으로 소비자들에게 제공되고 있다.[7] 그리고 B2B 결제 시스템은 2002년 은행 공동으로 구축되었다. 이 시스템은 기업 간 지급결제 시스템으로 구매 기업과 판매 기업 간 인터넷을 통해 상거래 대금을 지급할 수 있도록 전자 방식의 기업 간 지급수단을 제공한다.

12.2 인터넷 뱅킹과 모바일 뱅킹

폭발적으로 성장하는 인터넷 뱅킹

인터넷 뱅킹이란 고객이 자금이체, 계좌조회 등 은행 업무를 원격지에서 처리할 수 있는 새로운 금융 서비스다. 스마트폰을 이용한 모바일 뱅킹도 넓은 의미에서 인터넷 뱅킹이라고 볼 수 있다. 인터넷이 등장하기 전에는 소비자가 전통적으로 지점 방문 또는 CD/ATM을 이용하거나 텔레 뱅킹 등을 통해 금융 서비스를 제공받았다. 인터넷이나 스마트폰의 등장은 소비자에게 또 하나의 새로운 금융 서비스 수단을 제공했다. [표 12-2]는 주요 금융 서비스의 특성을 요약하여 보여준다.

인터넷 뱅킹은 기존의 은행 서비스와 다르게 은행 경영에 막대한 영향을 미치고 있다. 그 이유를 살펴보면 다음과 같다. 첫째, 인터넷에서는 한 번의 클릭으로 고객이 다른 은행으로 쉽게 이동할 수 있기 때문에 경쟁력 있는 은행으로 고객이 집중된다. 특히 인터넷을 통해 금융 서비스나 상품에 대한 은행 간 비교가 가능해 이러한 경향이 심화된다. 둘째, 인터넷의 특성상 공간적·시간적 제약을 뛰어넘는 금융 거래가 가능해 글로벌 금융 서비스를 제공할 수 있다. 셋째, 점포 유지 비용이나 인건비 감소로 금융 서비스 비용이 하락한다. 넷째, 고객에게 다양하고 새로운 금융 서비스나 상품을 제공할 수 있어 금융 시장이 은행 중심에서 고객 중심으로 재편된다.[8]

은행이 인터넷 뱅킹을 제공하는 방법은 크게 두 가지다. 하나는 은행이 전통적인 영업소 중심의 영업을 하면서 인터넷 뱅킹 서비스를 추가로 제공하는 것이다. 또 다른 방법은 인터넷 뱅킹 서비스를 전문적으로 제공하는 인터넷 전문은행을 통한 방식이다. 우선 첫 번째

[표 12-2] 접근 방법별 주요 금융 서비스 특성 비교

구분	영업소 방문	CD/ATM	텔레 뱅킹	인터넷 뱅킹	모바일 뱅킹
서비스 수단	실물/장표	CD/ATM	유선전화	PC	스마트폰
취급 가능 정보	문서	문자, 화상	음성	문자, 화상, 음성	문자
이용 가능 장소	은행 창구	번화가나 은행 지점	제약 없음	가정과 직장	제약 없음
비용 부담	금융기관 인건비 부담	금융기관 통신료 부담	금융기관 통신료 부담	고객이 통신료 부담	고객이 통신료 부담

자료: 한국은행(2015: 13)을 참조로 저자 작성.

방식을 통한 우리나라의 인터넷 뱅킹 발전 과정을 살펴보면 다음과 같다.

우리나라에서 최초의 인터넷 뱅킹 서비스는 1999년 국민, 신한, 농협, 기업은행을 포함해 지금은 사라진 외환, 조흥, 한일은행 등 9개 은행이 모여 시작한 가상은행 프로젝트 '뱅크타운'이라 할 수 있다. KT가 개발한 뱅크타운은 국내 은행의 인터넷 뱅킹 서비스를 한자리에 모아 놓은 통합 뱅킹 사이트로, 각 은행의 이미지를 클릭하면 해당 은행의 홈페이지가 나오고 조회, 이체 등 금융 서비스 이용이 가능했다. 뱅크타운으로 시작된 인터넷 뱅킹은 국내 온라인 금융 서비스에 엄청난 변화를 가져왔다. 기존의 PC 뱅킹은 전화선을 이용한 모뎀으로 연결하여 각종 명령어를 입력해야만 사용 가능했던 데 비해, 뱅크타운은 마우스 클릭만으로 실시간 금융거래가 가능한 인터넷 뱅킹이었기 때문이다.

인터넷 뱅킹 서비스는 이후 급속한 성장을 거듭하여 2023년 말 현재 국내 은행의 인터넷 뱅킹 등록 고객은 2억 2,400만 명에 이르고 있다. 그런데 이 가운데 모바일 뱅킹 등록 고객은 인터넷 뱅킹 고객의 약 83퍼센트인 1억 8,600만 명으로 나타나 PC 기반 환경이 스마트폰

기반의 모바일 뱅킹 환경으로 급속히 이동하고 있음을 알 수 있다.

우리나라에서 인터넷 뱅킹이 급속하게 성장한 이유로는 다음의 네 가지를 들 수 있다. 첫째, 정보통신기술의 발달과 함께 은행 이용자층이 인터넷에 익숙한 세대로 변화함에 따라 인터넷 뱅킹이 활성화되었다. 둘째, 다양한 고객층을 확보하고 은행 지점의 창구 수를 줄임으로써 운영 제반 비용을 절감하고자 한 은행 측의 현실적인 이해관계도 인터넷 뱅킹 활성화에 한몫했다. 특히 2002년 7월 4일을 기점으로 국내 은행들은 주 5일 근무 원칙에 따라 은행 역사상 처음으로 토요 휴무제를 실시하면서 365일 이용 가능한 인터넷 뱅킹 보급이 확대되었다. 셋째, 인터넷 뱅킹을 통해 포괄적 금융 서비스를 제공할 수 있었다. 인터넷 뱅킹을 제공하는 은행은 서비스 내용이 조금씩 다르지만 대부분 예금조회, 이체, 대출 등의 기본적인 금융 서비스 외에 계좌통합 서비스, 기업 간 전자상거래 결제 서비스 등의 부가 서비스도 제공하고 있다. 또한 은행은 각종 상담 및 홍보 서비스도 지원했다. 넷째, 고객들은 인터넷 뱅킹을 이용하여 비용을 절감할 수 있었다. 은행들은 인터넷 뱅킹에서 자행이체의 경우 대부분 수수료를 면제해 준다. 타행 간 이체도 상대적으로 낮은 수수료를 적용해 창구를 이용하는 것보다 저렴하다. 또한 예금 및 대출에 우대금리를 적용하고 외화 환전이나 해외송금도 혜택을 제공하는 경우가 많다.

우리나라 인터넷 전문은행의 혁신은 기대 이하

인터넷 전문은행Internet-only banks이란 일반적으로 은행 영업소를 두지 않고 웹사이트나 모바일 앱을 통해 은행업을 영위하는 인터넷 기업을 말한다. 영어로는 온라인뱅크online bank, 버추얼뱅크virtual bank, 다이렉트뱅크direct bank, 네오뱅크neobank 등 여러 가지 이름으로 불리는데,

대부분 핀테크 기업이다. 다만 이 중 은행업 허가를 정식으로 받은 인터넷 전문은행들은 별도로 챌린저뱅크challenger bank라고 분류하기도 한다. 이들 인터넷 전문은행은 '챌린저'란 이름이 의미하듯 기존의 영업소 기반 은행업을 혁신할 수 있는 사업 모델로 간주되어 왔다.[9] 운영 플랫폼은 초기에는 PC 환경을 기반으로 발달했지만 스마트폰의 확대로 현재는 대부분 모바일 환경에서 구동되고 있다.

인터넷 전문은행은 보통 영업 지점이 아예 없거나 있어도 대도시를 중심으로 한두 지점만 여는 방식으로 경영 비용을 절감하고, 비대면 거래로 대출심사나 대출관리 인건비 등을 절감할 수 있어 효율적이다. 따라서 인터넷 은행의 대출 이자는 대체로 기존 은행보다 낮다. 대출은 주로 은행 접근이 어려운 저신용자나 중소기업을 대상으로 이루어진다. 한편 예금자가 오프라인으로 현금을 인출하고자 할 경우 자체적인 ATM 점포가 없어 ATM 수수료를 환급해 주거나 제휴 ATM에서는 거래 수수료를 무료로 제공한다. 인터넷 전문은행의 특징은 기업대출 취급제한, 비대면 거래 의무화, 무지점 영업이라 할 수 있다. 전 세계 어느 인터넷 전문은행이든 이러한 특징을 공유한다. 다만 나라별로 일정 기준에 따라 저신용자 등 특정 대상에 대한 의무대출 비중을 설정하기도 한다.

세계 최초 인터넷 전문은행은 2006년 설립된 러시아의 틴코프은행Tinkoff Bank으로 알려져 있다. 틴코프은행은 고객이 세계에서 가장 많은 인터넷 전문은행이며 대출 업무만으로 5억 미국 달러의 수익을 거뒀다고 한다.[10] 미국에서는 2009년부터 핀테크 기업 심플Simple이 인터넷 전문은행 형태의 영업을 수행했으나 정식으로 은행업 허가를 받아 챌린저뱅크 역할을 하는 곳은 바로은행Varo Bank이다. 바로은행은 2020년 미국 재무성에서 정식으로 국법은행 허가를 받았고 연방예금보험공사로부터 예금보장을 받았다.[11] 한편 중국에서는 2015년부터 텐센트 산하의 위뱅크WeBank와 알리바바 산하의 마이뱅크MyBank가 은행업 허가를 받아 인터넷 전문은행으로 영업을 해오고 있다.

우리나라의 경우 2016년부터 금융위원회의 인가를 얻어 K뱅크와 카카오뱅크가 영업을 시작한 데 이어 2021년에는 토스뱅크가 영업을 개시했다. K뱅크는 우리나라 첫 번째 인터넷 전문은행이며 KT 계열사다. 빅데이터 기반 중금리 신용대출, 간편심사 소액대출, 체크카드, 간편결제 및 간편송금 등을 핵심 서비스로 출범했으며, 자동차금융, 리스 사업 등 기존 상업은행들이 제 역할을 못하는 시장을 공략하여 성장했다. 기존 은행보다 접근성이 떨어지는 탓에 저원가성 예금인 요구불예금 유치가 어려워 주요 고객층에게 어필할 만한 디지털 음원 쿠폰 등 리워드를 강화한 뮤직K 정기예금을 출시하기도 했다. 카카오뱅크는 카카오가 1대 대주주로 있는 은행으로, 핵심 서비스는 카카오톡 기반 간편서비스와 금융비서, 그리고 빅데이터 기반 중금리 대출 등이다. 세 번째로 인가받은 토스뱅크는 간편송금을 중심으로 하는 토스의 운영사 비바리퍼블리카에서 만든 인터넷 전문은행으로, 은행 웹사이트는 따로 없고 기존의 토스 앱 내에서 은행 서비스를 제공한다. 현재 우리나라 인터넷 전문은행은 PC 환경 지원 서비스를 모두 종료했기 때문에 '모바일 전문은행'으로 부르는 것이 정확할 수 있다.

우리나라 인터넷 은행은 2017년 출범 이래 고객 수가 560만 명에서 2022년 말 현재 3,400만 명으로 급증하는 등 외형적으로 빠르게 성장하고 있다. 우리나라 정부가 인터넷 전문은행을 인가한 것은 은행 간 경쟁을 유도하고 금융산업의 혁신을 촉진하기 위해서였다. 특히 정부는 고신용자 대출에 집중된 기존 은행들과 중·저신용자를 위한 중금리 대출을 실행하는 인터넷 전문은행을 경쟁시키면서 금융 소비자들의 편익을 증대하고자 했다. 그러나 이러한 기대는 현재 실현되지 못한 것으로 보인다. 인터넷 전문은행 3사가 확보한 자산은 국내 은행 전체의 3퍼센트 정도에 불과해 경쟁 촉진자 역할에는 턱없이 부족하며 중금리 대출에서도 기존의 금융기관과 크게 차별화하지 못하고 있다. 중금리 대출은 대금업이나 여신전문금융회사를 통해 더 효과적으로 이루어질 수 있다. 은행으로 인가되면 훨씬 큰 금융규제를 받아 혁신적인 사업을 하기 어렵기 때문이다. 그뿐만 아니라 인가된 은행을 통해서만 인터넷 전문뱅킹을 수행하도록 하여 새로운 핀테크에 대한 진입 장벽을 정부 스스로 만들어 금융혁신의 싹을 잘라 버리는 우를 저질렀다.

인터넷 뱅킹과 디지털 뱅크런

미국 내 자산 기준 16위 규모(총자산 2,090억 달러, 총예금은 1,754억 달러)로 실리콘밸리 스타트업의 '돈줄'로 불리던 실리콘밸리은행Silicon Valley Bank, SVB이 2023년 3월 10일 예금인출 사태 발생 약 48시간 만에 파산했다. 파산의 계기는 이틀 전 금리상승으로 인해 생긴 국채투자 손실을 메꾸기 위한 22억 5,000만 달러의 유상증자 발표였다. 증자 발표로 주가가 폭락하자 실리콘밸리은행의 주고객인 실리콘밸리 스타트업 사업가들이 순식간에 스마트폰으로 예금을 대거 인출하면서 3월 9일 하루에만 420억 달러가 인출되었다. 2008년의 글로벌 금융위기 때 발생한 워싱턴뮤추얼뱅크Washington Mutual Bank의 뱅크런 사태 당시 10일에 걸쳐 176억 달러가 인출되었다는 점을 감안하면 예금인출이 전례 없이 빨라지고 손쉬워진 것이다. 과거 뱅크런은 실제 은행 창구에 달려가 예금을 인출하는 행위를 의미했다. 그러나 이제는 모바일 뱅킹의 일반화로 작은 공포만 일어도 스마트폰 터치 몇 번으로 실시간 디지털 뱅크런digital bankrun이 가능해 단 몇 시간 만에 은행이 파산할 수 있는 상황이 되었다. 특히 트위터와 같은 SNS에 게시된 실리콘밸리은행의 위기는 공포를 전염시켜 순식간에 위기가 확산되었다. 뱅크런은 과거에도 종종 발생했으나 이와 같은 초연결 사회에서 위기가 전례 없이 빠른 속도와 큰 규모로 전파된다는 것이 문제였다. 이에 따라 재닛 옐런Janet Yellen 미국 재무부 장관은 "아무리 자본과 유동성 감독이 철저하더라도, 소셜 미디어에 자극받아 예금이 순식간에 빠져나가는 대응불가능 인출 사태를 맞으면 은행은 파산 위험에 빠질 수밖에 없다."라고 말했다.[12] 인터넷 뱅킹과 모바일 뱅킹의 확산으로 중앙은행이 최종 대부자로서 긴급자금을 지원하기 전에 은행이 뱅크런 사태로 파산할 수 있다는 우려가 현실화된 것이다.

한편 실리콘밸리은행은 암호자산 시장과 가장 밀접한 관계를 맺고 있는 금융기관이라는 점에서 암호자산 시장에도 상당한 충격을 미쳤다. 특히 달러 기반 스테이블코인 중 두 번째로 많이 거래되는 암호자산 USDC의 전체 준비금 410억 달러 중 8퍼센트에 해당하는 33억 달러가량이 실리콘밸리은행에 예치되어 있다는 사실이 알려지면서, USDC의 가격이 1달러에서 0.88달러까지 폭락했다. 암호자산 시장에도 인출 위기가 확산된 것이다. USDC의 가격폭락은 스테이블코인에 대한 미국 정부의 규제 움직임을 가속화했다.[13]

실리콘밸리은행의 파산은 디지털 뱅킹의 위험성을 잘 보여 주는 사례다. 국가 간 자금이체나 송금의 디지털화로 인해 비슷한 종류의 뱅크런이 외환 시장에서 발생한다면 국민경제에 더 심각한 영향을 미칠 수 있다.

12.3 지급카드

우리나라는 수표 사용 없이 바로 신용카드의 나라로 전환

현대적 신용카드의 시작은 다이너스클럽 카드로부터 비롯되었다. 가장 잘 알려진 이야기는 시카고의 사업가 프랭크 맥나마라Frank McNamara가 뉴욕의 한 고급 레스토랑에서 식사하다가 현금이 부족해 곤경을 겪은 후 다이너스클럽Diners Club이란 카드결제 시스템을 만들었다고 한다.[14] 다이너스클럽의 최초 목적은 뉴욕 시내 어느 레스토랑에서나 카드의 이름이 의미하듯이 현금이 없어도 만찬 식사 값을 지급할 수 있는 카드를 만드는 것이었다. 다이너스클럽은 처음에 뉴욕의 14개 레스토랑과 계약을 맺고 맥나마라의 지인 수십 명을 회원으로 모집했다. 회원들은 카드 소지로 얻어지는 명망prestige을 기대하면서 연회비 5달러를 지불했다. 해당 카드를 취급하는 가맹 레스토랑은 카드 이용 금액의 7퍼센트를 가맹점 수수료로 지급했지만 이용 고객 및 지출의 증가로 보상받았다. 맥나마라의 사업 모델은 선풍적인 인기를 끌었다. 창립 수년 만에 100만 명 이상의 회원을 모집할 수 있었고, 가맹점은 레스토랑은 물론 호텔, 자동차 렌털 회사, 꽃집 등으로 확대되었다. 사용 범위도 미국을 넘어 전 세계로 퍼져 나갔다.[15] 그러나 오늘날의 기준으로 엄격하게 보면 다이너스클럽 카드는 신용카드라고 할 수 없다. 할부가 적용되지 않았고, 지난달에 사용한 금액을 모두 결제일에 갚아야 하는 차지 카드charge card였기 때문이다.

다이너스클럽 카드의 성공으로 신용카드 사업의 가능성을 확인하자 은행업계에서도 신용카드를 발급하기 시작했다. 캘리포니아주에 기반을 두고 있던 뱅크오브아메리카Bank of America는 1958년 최초의 리볼빙revolving[16] 결제 기능을 갖춘 신용카드인 뱅크아메리카드BankAmericard

를 출시했다. 이후 뱅크오브아메리카는 카드 사용을 확대하고 미국 전역으로 결제망을 확충하기 위해 타 은행과의 제휴에 적극적으로 나섰다. 1976년 회원은행연합체인 비자회사Visa Inc.가 결성되면서 새로 발행하는 신용카드의 이름도 비자Visa로 바뀌었다.

한편 이에 맞서 미국은행연합인 인터뱅크카드협회Interbank Card Association, ICA도 1966년 마스터차지Master Charge 카드를 만들어 발급을 시작했으며, 1979년 마스터카드MasterCard로 명칭을 변경했다. 당시 미국에서 은행들은 자기가 속한 주 내에서만 영업해야 한다는 규제를 받고 있었다. 소속 주를 넘어 미국 전역에서 발급과 사용이 가능한 신용카드망을 만들기 위해서는 이들 은행계 카드가 다른 주의 은행들에 기존 신용카드망을 개방하고 서로 협력해야 했다. 참가 은행들은 네트워크 운영을 담당하는 카드협회를 결성하고 공동의 카드 브랜드를 발행했으며, 신용카드망의 확대에 따라 연회비를 낮춰 신용카드 시장의 성장을 이끌었다. 그 결과 오늘날 모두가 아는 세계적인 카드 브랜드 비자와 마스터카드가 탄생했다.[17]

우리나라에서는 1969년 신세계백화점이 처음으로 신용카드를 도입했다. 신세계백화점은 자사 제품의 판매 증진을 위해 일부 임직원을 대상으로 고객카드customer card를 발급했다. 소수만을 대상으로 소량 발급된 점, 카드 사용처가 신세계백화점으로 국한된 점 등은 현재 신용카드와 큰 차이가 있다. 그러나 카드 소지자가 카드를 보여 주고 물건을 구매한 후 나중에 돈을 지불했기 때문에 한국 최초의 신용카드로 인정받고 있다. 이후 1978년 코리안 익스프레스Korean Express, 한국신용카드KOCA 등의 카드회사가 설립되면서 카드 발급이 확대되었다. 또한 같은 해 외환은행이 비자 인터내셔널과 제휴해 비자카드 발급을 개시했다. 1980년대에 들어서면서 국민은행을 시작으로 국내 은행권에서도 신용카드 관련 업무를 개시했고, 범용성을 가진 은행계 카드인 국민카드가 등장하면서 우리나라 신용카드 시장의 성장 발판이 마련되었다. 1987년에는 LG가 코리안 익스프레스를 인수하면서 신용카드업에 진출했고, 이듬해 삼성도 신용카드사를 설립했다. 이와 같은 대기업 계열의 전문 카드사가 후발주자로 등장하면서 신용카드의 보급과 확산이 가속화되었다. 이에 따라 우리나라 신용카드 시장에서 은행계 카드사와 전업계 카드사라는 양대 그룹이 구축되었다.[18]

신용카드 발행사들은 은행들이 환어음이나 수표 결제 시스템을 만든 것과 같이 자기들만의 새로운 결제 시스템을 창출했다. 일반적으로 신용카드 결제망은 3당사자 체제(폐쇄형)와 4당사자 체제(개방형)로 구분된다.

3당사자 체제는 카드 발행사, 가맹점, 이용 회원으로 구성된다. 거래구조를 살펴보면 다음과 같다. 먼저 카드 발행사는 카드 발급을 원하는 회원의 신용 상태를 조사하고 일정한 자격요건이 되면 카드를 발급해 준다. 발행사는 그 대가로 연회비를 받는다. 카드를 소지한 회원은 이 카드를 이용해 가맹점에서 상품이나 서비스를 신용으로 구매한다. 가맹점이 회원의 거래정보를 카드 발행사에 송부하면 발행사가 거래를 승인하고 가맹점에 대금을 지불한다. 대신 카드 발행사는 가맹점으로부터 가맹점 수수료merchant service fee를 받는다. 발행사는 일정 기간이 지난 다음 이용 회원으로부터 이자 없이 대금을 수취한다. 이러한 체제로서는 미국에서 다이너스클럽이 구축한 카드 결제망이나 우리나라에서 삼성카드나 롯데카드 등 카드 전업사가 구축한 카드결제망을 들 수 있다. 다만 우리나라의 경우 결제처리대행사(VAN사)를 두어 소비자가 여러 가맹점과 거래하고 가맹점은 여러 카드 전업사와 거래하는 것을 용이하게 하고 있다.

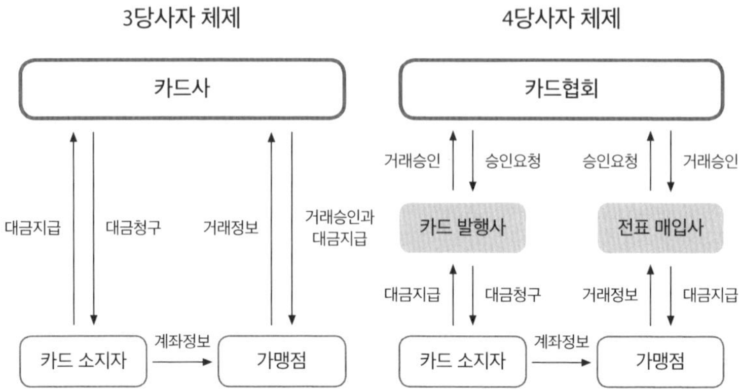

자료: 금융결제원(2021).

[그림 12-1] 카드 결제망의 구조

한편 4당사자 체제에는 기존의 3당사자 외에 전표 매입사acquirer가 추가되는데, 전표 매입사는 카드 발행사와 함께 카드협회를 구성하고 소속 회원이 된다. 카드협회는 카드 발행사와 카드 매입사 간 결제자금을 청산하고 운영하는 네트워크 운영사로서 작동하는데, 이 체제하의 거래 구조는 다음과 같다.

우선, 가맹점이 회원의 거래정보를 전표 매입사에 송부하면, 전표 매입사는 보통 이 정보를 카드협회를 경유해 발행사에 송부한다. 이후 카드 발행사는 카드협회의 청산 절차를 통해 전표 매입사에 판매대금과 정산 수수료를 지급한다. 전표 매입사는 가맹점에 가맹점 수수료를 차감하고 판매대금을 지급한다. 최종적으로 카드 발행사는 이용 회원으로부터 이용대금을 수취한다. 현재 비자나 마스터카드 등의 회원사인 미국의 은행들은 이러한 개방형 체제를 채택하여 이용자와 가맹점을 늘리고 전 세계 카드 시장을 장악할 수 있었다.

우리나라의 경우 BC카드도 이러한 체제를 채택했다. BC카드는 1982년 당시 5개 은행(조흥, 상업, 제일, 한일, 서울)이 모여 설립한 은행신용카드협회를 통해 BC카드 브랜드로 발급되었다. 은행신용카드협회는 이후 회원사들을 주주로 하는 독립법인으로 변경되면서 BC카드가 되었다. BC카드의 핵심 업무는 카드 발행사들의 가맹점 모집 및 관리 업무, 대금결제를 수행하는 매입 업무이며, BC카드사가 직접 카드를 발급하는 것은 아니다. 우리나라에서는 전면적인 전표 매입사 제도가 도입되지 않아 BC카드의 전표 매입사인 회원 은행이 타 카드의 매출 전표를 매입할 수 없다. 따라서 대행처리기관인 VAN사를 두고 이를 통해 가맹점으로 전표매입이나 거래승인정보 전송 등을 처리하고 있다. 이런 점에서 은행계 카드인 BC카드는 제한적인 4당사자 체제라고 할 수 있다.[19]

중국은 정부 주도로 2002년 은행들이 연합하여 은련UnionPay이라는 은행 간 신용카드 결제망을 구축하여 4당사자 체제로 운영하고 있다. 다만 미국의 비자나 마스터카드사, 우리나라의 신용카드협회는 민간의 네트워크 운영기관인 데 반해, 중국의 은련은 신용카드 발급을 독점하고 은행 간 청산 업무를 담당하는 것은 물론 가맹점 단말기 설치·관리까지 광범위한 역할을 하는 독점적 국영 금융기관이다.

신용카드는 이용 회원 및 가맹점 모두에 이익을 가져다줄 수 있다. 이용 회원은 물품 및 서비스의 신용구매에 따른 실질적인 할인 구매 효과를 누리고 현금서비스 기능을 이용하여 긴급신용을 확보할 수도 있다. 가맹점 측에서는 고정 고객을 확보하거나 판매대금을 안정적이고 편리하게 회수할 수 있다. 이에 따라 신용카드는 가장 대표적인 비현금 지급수단으로 자리 잡았다. 신용카드 발전 초기에는 MSmagnetic stripe 방식의 카드가 사용되었다. 그러나 불법복제 등 보안에 취약하여 현재는 카드 보안의 국제표준인 EMV 기준[20]에 따라 제조된 칩을 부착한 ICIntegrated Circuit 카드로 급속히 대체되었다.

신용카드는 현재 우리나라에서 가장 많이 이용되는 지급수단으로, 2023년 말 기준 약 1억 3,000만 장이 발급되어 사용되고 있다. 사용금액 면에서도 940조 원에 달해 민간 최종 소비지출의 80퍼센트 이상을 차지하는 것으로 나타났다. 이처럼 신용카드 사용이 급속히 확대된 것은 2부에서 언급한 바와 같이 우리나라 가계에서 수표가 거의 사용되지 않고 대부분 현금으로 거래했기 때문이다. 따라서 수표를 대체하는 신용카드 수요가 이미 충분히 잠재되어 있었다. 반면 미국이나 영국 등 주요 선진국에서는 수표 사용이 활성화되어 상대적으로 신용카드나 직불카드의 수요가 낮았다. 현재 이들 국가의 상업은행들은 수표 교환비용 증가로 인해 오히려 수표 사용을 억제하기 위해 신용카드나 직불카드 사용을 장려하고 있으나 그 확산 속도는 빠르지 않은 상황이다. 또한 우리나라는 세원을 파악하고 소득의 투명성을 높이기 위해 정부가 신용카드 소득공제 등 여러 장려책을 써온 것도 신용카드 사용 확대에 큰 역할을 한 것으로 보인다.

특히 우리나라에서는 소액결제에도 신용카드를 사용할 수 있도록 한 신용카드회사법(1987년 제정, 1998년 여신전문금융업법으로 확대 개정)으로 인해 신용카드 사용이 수표 수요뿐 아니라 현금 수요도 상당 부분 대체했다. 예컨대 미국에서는 10달러 이하 거래에서는 신용카드 사용을 거부할 수 있으나 우리나라에서는 가맹점이 신용카드 결제를 거절하거나 추가 비용을 요구하는 것이 불법으로 규정되어 있어서 법 위반 시 1년 이하의 징역이나 1,000만 원 이하의 벌금이 부과되므로 신용카드에 의한 소액결제가 많이 이루어지고 있다.

우리나라에서 신용카드사들이 리워드reward 시스템 등을 활용한 신용카드 마케팅에 적극적으로 나선 것도 신용카드 확산에 기여했다. 우리나라 신용카드사들은 다양한 리워드를 제공하는 것으로 유명하다. 예컨대 특정 대형마트에서 일정 금액 이상 구매 시 결제금액의 일정 비율을 청구서에서 할인해 주고 커피전문점에서 결제하면 결제 금액의 일정 비율을 포인트로 적립해 주고 있다. 또한 택시나 시내버스 요금 할인, 항공사 및 철도 마일리지 적립, 아파트 관리비 납부 시 할인, 그리고 주유 시 적립 등이 있다. 이에 따라 우리나라는 수표 사용 없이 신용카드 사용으로 바로 전환하여 지급수단의 전자화를 앞당긴 성공적인 사례로 평가되고 있다.

직불카드

신용카드의 활발한 사용과 함께 최근에는 신용카드망을 통한 직불카드(즉 체크카드)는 물론 직불카드 전용망을 통한 직불카드의 사용도 지속되고 있다. 직불카드debit card란 고객이 물품이나 서비스 구매 시 판매점에 설치되어 있는 단말기와 카드 발급 은행의 주전산기를 통하여 고객의 예금계좌에서 인출된 구매대금이 판매자의 예금계좌로 자동이체되도록 하는 카드다. 직불카드와 신용카드의 결정적 차이점은 신용(빚)의 유무다. 신용카드는 일단 신용을 사용해 결제하므로 언젠가 갚아야 하는 일종의 빚이고, 현금서비스를 사용하는 경우 이자도 내야 한다. 반면 직불카드는 카드 결제 시 계좌 잔고에서 바로 현금으로 지급된다. 따라서 빚을 지지 않고 관련 이자를 낼 일이 없다. 직불카드를 이용한 결제는 ATM을 이용한 계좌이체와 동일한 구조다.

출금의 매개체로 ATM 대신 카드 단말기를 사용한다는 점을 제외하면 계좌번호와 비밀번호 입력을 통해 자신의 계좌에서 바로 가맹점 계좌로 이체하는 구조다. 따라서 당연히 계좌에 잔고가 남아 있지 않으면 결제 자체가 이루어지지 않는다. 이러한 측면에서 직불카드는 판매점에서 물품 판매와 동시에 고객의 계좌에서 대금이 이체되어 현금을 지급하는 것과 동일한 효과가 있으므로 EFT/POSelectronic funds transfer at the point of sale 카드로 불리기도 한다.[21] 직불카드 사용에는 여러 가지 이점이 있다. 신용카드와 비교해 발행기관의 경우 거래가 가맹점-이용자 간 직접 이루어지므로 창구 업무 부담 경감과 함께 수수료 수입 증대 효과를 누릴 수 있다. 가맹점의 경우 신용카드에 비해 수수료가 저렴하고 매출이 즉시 현금화되는 장점이 있다. 한편 이용자 입장에서는 은행예금 잔액이 있을 때만 소비지출을 하게 되므로 과소비 문제를 원천적으로 방지할 수 있다.

역사상 최초의 직불카드는 1966년경 미국 델라웨어은행Bank of Delaware이 처음 도입한 것으로 알려져 있다. 1980년대와 1990년대 미국 내에서 ATM이 전국적으로 보급되기 시작하면서 이를 이용하기 위한 직불카드 사용이 비약적으로 증가했다.[22] 은행이 발행하는 직불형 카드에는 직불카드(EFT/POS카드)와 현금IC카드가 있다. 우리나라에서 직불카드는 1996년 금융결제원이 직불카드망을 구축하면서 시작되었다. 그렇지만 직불카드는 결제 기능만 있는 데 반해 현금IC카드는 현금입출금이 가능하면서 결제 기능을 가진다. 따라서 직불카드는 현금IC카드보다 사용이 불편해 우리나라의 일부 은행에서는 발급이 중단된 상태다. 따라서 현재 은행의 직불카드라고 하면 보통 현금IC카드를 지칭한다. 현금IC카드는 원래 은행의 CD기나 ATM에서 현금입출금 용도로 사용하던 MS 방식의 현금카드를 IC 방식의 현금카드로 전환하면서 IC칩 내에 결제 기능을 추가하여 상거래에 사용할 수 있게 한 것이다. 따라서 현금IC카드는 금융결제원이 운영하는 은행 공동의 CD공동망을 이용한다. 카드 이용자가 가맹점에서 현금IC카드로 결제하면 거래 내역이 VAN 사업자의 네트워크를 통해 카드 발급은행으로 전송되고, 발급은행은 고객계좌에서 즉시 출금하여 현금카드 계정으로 이체한다. 거래 다음 날 금융결제원은 은행별 차액을 계산한 후 매입은행에 입금내역을 전송하여 자금정산을 완결한다. 현금IC카드는 이용자에게는 보다 높은 소득공제 혜택을 주고 가맹점에는 낮은 수수료를 제공한다.[23] 그럼에도 불구하고 최근 우리나라에서 직불카드 사용은 정체된 실정이다. 이는 신용카드의 활발한 사용과 함께 카카오페이 등 이른바 간편결제 서비스가 대중화되면서 경쟁하기 때문이다.

한편 체크카드는 결제 즉시 통장에서 돈이 빠져나간다는 점에서 직불카드와 같지만, 신용카드사가 발급하고 신용카드 결제망을 통해 대금결제가 처리된다. 즉, 현금IC카드는 은행의 직불카드 서비스이고 체크카드는 신용카드사의 직불카드 서비스다. 최초의 체크카드 역시 미국에서 시작되었는데, 이는 미국에서 상품 구매에 빈번히 사용되는 개인수표와 관련이 있다. 미국의 개인수표는 종이에 금액을 써서 작성해야 하고, 상점 입장에서도 이를 현금화해야 하니 양쪽 모두 이용이 불편했다. 이를 개선한 것이 체크카드다. 계좌에서 바로 인출하여 지급함으로써 수표 처리 비용이나 시간을 절감한 체크카드였다. 체크카드라는 명칭 자체는 VISA사의 오프라인 직불카드의 명칭이 VISA 체크카드Check Card인 데서 유래되었다.[24]

우리나라의 경우 체크카드는 2000년부터 서비스가 시작되었지만 현재 이용 비중은 신용카드에 비해 높지 않은 편이다. 우리나라에서 체크카드는 버스·지하철·자판기·고속도로 통행료 등 교통요금을 먼저 결제한 뒤 지정한 날에 계좌에서 교통요금을 출금하는 후불교통카드 역할도 할 수 있다는 점에서 특이하다. 후불교통카드는 사용 시 연결된 계좌에 충분한 돈이 있어도 은행·카드사에서 먼저 신용으로 교통비를 낸 뒤 나중에 교통비를 연결된 계좌에서 갚는다는 점에서 사

실상 신용카드와 다름없다.[25]

신용카드사의 선불카드와 비금융 기업의 선불전자지급수단

선불카드prepaid card란 일정 금액이 저장된 카드로, 발행자로부터 구입한 뒤 카드 이용자가 물품 또는 서비스를 구매하면 대금이 자동적으로 차감된다. 그러나 선불카드는 직불카드와 달리 구매금액이 이용자의 은행계좌에서 인출되는 것이 아니라 가치가 저장된 카드에서 차감된다. 따라서 이용자는 거래의 익명성을 보장받는다. 카드 발행자 입장에서는 백화점 등에서 발행하는 상품권과 마찬가지로 고객이 미래에 사용할지 안 할지 모르는 자금을 선취함으로써 불확실성을 줄이고 자금운용의 유연성을 얻는다는 점에 선불카드의 발행 유인이 존재한다.

선불카드는 1970년대 프랑스, 영국 등 유럽 전화회사들이 처음 개발했고, 1980년대 미국에도 도입되었다. 당시에는 공중전화기에 모두 동전을 사용했는데, 동전을 탈취하고 전화기를 훼손하는 행위 등이 빈번하자 이를 막기 위해 카드용 전화기로 교체하고 전화카드를 발행하여 사용하도록 한 것이다. 우리나라에서도 KT가 1986년 서울아시안게임에 맞춰 전화카드를 처음으로 발행했다. 그러나 우리나라에서 전화카드와 같이 발행자의 서비스나 상품 결제에만 사용할 수 있는 단일 목적의 선불카드는 지급수단으로 간주되지 않는다. 따라서 사업자가 누구든 자유롭게 발행할 수 있다. 반면 범용성이 높은 선불카드는 별도 허가를 받아 등록된 전자금융업자[26]나 금융기관만 발행할 수 있다. [표 12-3]은 발행자별 선불카드 유형을 요약한 것이다.

우선, 전자금융업자들이 발행한 선불카드는 2007년 1월부터 시행된 전자금융거래법의 적용을 받아 선불전자지급수단으로 분류된

[표 12-3] 발행자별 선불카드 유형

구분	선불카드	전자화폐	선불전자지급수단
발행자	신용카드사	은행	전자금융업자
관련법	여신전문금융업법	전자금융거래법	전자금융거래법
범용성	신용카드와 동일	현금 사용처와 같이 거의 제한 없음 (5개 업종 이상 사용 가능)	일정 범위 내 업종 (2개 업종 이상)
충전 방법	현금, 예금, 신용카드	현금, 예금	현금, 예금, 신용카드 등
환금성	잔액이 20% 미만인 경우	잔액 규모에 관계없이 100%	잔액이 20% 미만인 경우
발행 자격	금융위원회 허가(카드사)	금융위원회 허가	금융위원회 등록

자료: 금융결제원(2021: 50).

다. 선불전자지급수단은 고객이 은행계좌 등을 통해 화폐적 가치를 별도 계좌에 미리 충전시켜 놓고 이를 지급수단으로 이용하는 것을 말한다. 선불전자지급수단의 현재 충전한도(이용한도)는 무기명 50만 원, 기명식 200만 원이며 신용카드, 예금계좌, 타사 포인트 등 다양한 충전수단으로 충전이 가능하다. 카카오페이나 토스 등 국내 IT 기업이 제공하는 간편결제나 간편송금도 선불전자지급수단을 활용한 대표적 서비스다.[27]

반면 은행이 발행하는 선불카드는 전자금융거래법에 의해 전자화폐로 분류된다. 우리나라에서 은행이 발행한 선불카드는 2000년 시중은행이 한국은행, 금융결제원과 공동으로 개발한 한국형 전자화폐 K-Cash가 그 시초다. K-Cash는 충전해서 사용하는 선불카드였고 국내 유일의 전자화폐로 인정받았다. 출시 초기엔 보안성이 뛰어난 IC 칩을 선제적으로 도입한 데다 법정화폐라는 우월적 지위에 힘입어 시장을 선점하는 듯했지만, 이후 각종 지급카드나 간편결제 등에 밀려 2020년 12월 서비스를 완전히 종료했다.

현재 우리나라에서 유통되는 선불카드는 주로 신용카드사가 발행한 기프트카드다. 기프트카드는 상품권을 전자화한 것인데, 2002년 삼성카드가 처음으로 발행했다. 신용카드사가 발행하는 기프트카드는 일반 신용카드처럼 가맹점 어디서나 자유롭게 물품과 서비스 구매하는 데 쓸 수 있으며 재충전하여 사용할 수도 있다. 또한 신용카드와 달리 다른 사람에게 양도할 수 있는 무기명 카드다. 신용카드사가 발행하는 선불카드도 선불 방식의 전자지급이라는 점에서는 선물전자지급수단이나 전자화폐와 유사하다. 그러나 국내에서 선불카드는 여신전문금융업법을, 전자화폐와 선불전자지급수단은 전자금융거래법의 적용을 받는다는 점에서 차이가 있다.

우리나라의 온·오프라인 카드결제에는 VAN과 PG의 역할이 중요

인터넷이 도입되면서 온라인 지급결제가 중요한 역할을 하게 되었다. 이에 따라 우리나라 카드결제 시장도 큰 변화를 겪고 있다. 우리나라의 오프라인 카드 사용 확대에는 VAN(Value-Added Network) 사업자가 크게 기여했다. VAN이란 통신회사로부터 통신망을 임차한 후 가치를 더해 재판매하는 망이라는 뜻인데, 우리나라에서는 가맹점이 카드결제를 할 수 있도록 단말기를 설치해 주고 이 단말기를 매개로 모든 카드사와 한 번에 연결되는 통신망을 제공하는 사업자를 지칭한다. 원래 신용카드 가맹점에서 카드결제를 받기 위해서는 각 가맹점이 거래하는 카드사와 연결되어 있어야 한다. 이때 단말기를 통해 연결되기 때문에 가맹점은 모든 카드사의 단말기를 구비해야 하는데, 무수히 많은 가맹점이 카드사마다 단말기를 구비하는 것은 극히 비효율적일 수밖에 없다. 그래서 우리나라는 별도로 VAN 사업자를 두어 모든 카드사와 전용 통신망을 구축하고 가맹점이 VAN 사업자와 거래하면 VAN 사업자의 중계를 통해 모든 카드사와 거래할 수 있도록 했

다.[28]

현재 우리나라에는 한국정보통신, 나이스정보통신, NHN한국사이버결제 등이 VAN 사업을 하고 있다. VAN 사업자는 통신망을 통해 카드결제 인증과 매입 업무를 도와주고 그 대가로 수수료 수익을 올리고 있다. 여기서 '인증'이란 결제를 요청한 가맹점과 카드를 사용하는 고객의 적합성과 유효성을 검증하는 과정이고, '매입'이란 가맹점이 카드결제 데이터인 전표를 카드사에 제출하여 결제대금을 청구하는 과정이다. 전표란 고객이 카드 결제 후 가맹점 단말기에서 출력한 영수증이다. 엄대tally에서와 같이 고객이 사인하면 두 장의 영수증 중 하나는 고객에게 주고 다른 하나는 가맹점이 보관했다가 카드사에 제출한다. 이때 VAN 사업자는 카드사를 대신해서 인증과 전표 매입을 대행하고 수수료 일부를 수취한다.

한편 온라인 거래에서는 가맹점에 단말기를 설치하고 결제를 할 수 없다. 오프라인에서 카드사는 보통 거래승인 2~3일 후 가맹점에 결제대금을 정산하지만 고객으로부터는 최대 한 달 후에 지급받기 때문에 가맹점이 재화와 용역을 고객에게 제대로 제공하지 않으면 고객이 지급거부나 지급취소를 할 수도 있다. 따라서 VAN 사업자는 가맹점을 직접 방문해 이러한 위험을 관리하지만 온라인에서는 이것이 불가능하므로 카드사는 온라인 가맹점에 카드결제를 허용해 주기 어렵다. 이를 해결하는 방법이 대표 가맹점Payment Gateway, PG을 두어 온라인 가맹점들을 대표하여 관리하고 카드사와 승인 및 결제를 수행하도록 하는 것이다. 즉, 대표 가맹점이 온라인 가맹점들에게 카드결제를 받을 수 있도록 자기 이름으로 거래를 승인하고 대신 카드사로부터 지급된 대금을 분배하며 그 대가로 카드 수수료의 일부를 수취하는 것이다.[29] 이러한 중개 역할을 위해 대표 가맹점은 온라인상에 카드 단

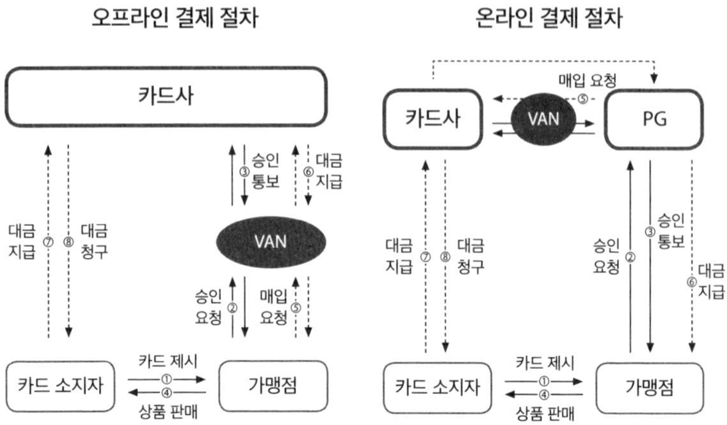

자료: 윤태길(2014).

[그림 12-2] VAN 사업자와 PG를 통한 지급결제 과정

| 실선은 판매 절차를 나타내고 점선은 판매 후 대금 지급 흐름을 표시.

말기 역할을 하는 결제창을 만들어 온라인상에서 카드결제 가능 서비스를 제공한다. 온라인 가맹점들은 대표 가맹점의 결제창을 호출하기만 하고 그 후 결제 과정은 대표 가맹점이 VAN 사업자와 처리하고 최종적으로 카드사와 결제를 완결시킨다. 이와 같이 온라인상에서 가맹점과 카드사 사이에서 결제와 정산을 수행하기 때문에 우리나라의 전자금융거래법에서 '전자지급결제 대행업자'라는 용어를 사용하게 되었다. 현재 우리나라에서는 KG이니시스나 토스페이먼트 등이 대표 가맹자로 활동하고 있다. VAN 사업자와 대표 가맹점을 통한 지급결제 과정은 [그림 12-2]와 같이 요약할 수 있다.

12.4 온라인 P2P 대출 및 투자

온라인 P2P 대출의 선구자 렌딩클럽과 우리나라의 온투업

렌딩클럽LendingClub은 2006년 이베이 창업자 중 한 명인 피에르 오미디아르Pierre Omidyar가 미국 캘리포니아주 샌프란시스코에 설립한 대부업체다. 처음에는 페이스북 내 응용 웹으로 시작했다. 당시 오미디아르는 "은행권의 고금리에 위화감을 느끼고 인터넷을 이용해 자금을 조달하길 원하는 새로운 수요를 위해 저리대출을 고안해 냈다."라고 말했다. 렌딩클럽은 2007년 약 1,000만 달러를 투자 유치를 받아 세계에서 가장 유명한 온라인 P2P 대부업체로 성장했다.[30]

렌딩클럽의 웹은 마켓플레이스marketplace를 개설하여 두 종류의 대출을 중개했다. 우선, 차입자로 하여금 1,000달러에서 4만 달러 사이의 무담보 소액 개인대출을 중개했는데, 가장 기본적인 대출상품은 만기 3년 대출이었다. 대출은 간단했다. 차입자는 마켓플레이스에 들어가 신청서를 작성하고 대출을 신청한다. 이때 차입자는 대출목적, 금액, 이자율, 신용등급 등 정보를 상세히 입력한다. 그러면 이 중 약 10퍼센트 정도만 추려 내 대출 가능자를 정하고, 이들을 A~G의 7단계로 나누어 마켓플레이스에 올린다. 그러면 투자자들은 마켓플레이스에 올라온 대출 신청자 목록을 보고 가장 적합하다고 생각하는 대출을 선택한다. 이때 렌딩클럽은 차입자에 대한 개별정보, 대출금액, 신용평가점수 및 대출목적 등 자세한 정보를 제공하여 차입자와 투자자를 연계시켜 주었다. 투자자는 최소 25달러부터 소액투자를 할 수 있었다. 렌딩클럽의 수입원은 자금 차입자에 대해 징수한 대출 개시 수수료와 투자자에 대한 서비스 수수료였다. 한편 렌딩클럽은 자금 중개를 알선하고 실제 대출 실행은 미국의 웹뱅크WebBank라는 은행을 통해 이루어졌다. 렌딩클럽은 은행이 실행한 대출채권을 매입하고 대출증서Note라는 이름으로 증권화하여 매매했다. 따라서 렌딩클럽은 미국 증권거래위원회Securities and Exchange Commission, SEC가 관할했다. 즉, 미국의 P2P 투자는 투자자들이 렌딩클럽이 발행하는 증권에 투자하는 것으로 간주되어 자산유동화증권Asset-Backed Security, ABS이나 부동산유동화증권Mortgage-Backed Security, MBS 같은 금융투자상품에 투자하는 것과 같은 원리였다. 렌딩클럽은 또한 소액 개인 대출 외에 전통적인 자동차 금융 등 소비자금융을 중개했다. 다만 이때는 전통적인 투자은행 모델에서와 같이 대출채권을 일반 투자자에게 공모하지 않고 금융기관에 이전했다.[31] 렌딩클럽은 2014년 주식공모로 10억 달러를 조달했는데, 이는 당시 미국에서 규모가 가장 큰 기술기업의 공모였다. 이에 따라 한때 P2P 대출 시장에서 규모가 가장 큰 기업으로 성장했다. 그러나 2016년 부정대출로 인해 CEO가 사임하고 주가가 폭락하기도 했다.

P2P 사업은 시장 분위기와 경제 상황에 따라 자금 흐름이 불안정하다. 따라서 예금상품을 직접 고객에게 판매하기 위해, 렌딩클럽은 2020년에는 예금 모집에 강점이 있는 래디어스은행을 인수했다. 다만 이렇게 되면서 P2P 대출 플랫폼은 폐쇄될 수밖에 없었다. 은행을 통해 낮은 비용의 예금자금을 안정적으로 조달하면서 렌딩클럽은 전통적인 은행 모델로 복귀했다. 렌딩클럽이 주식 시장에 상장될 당시 렌딩클럽의 대출은 100억 달러까지 증가했지만, 미국 전체 개인대출이 2조 달러를 초과해 렌딩클럽의 대출은 미국 총개인대출의 1퍼센트에도 못 미쳤다.

렌딩클럽의 핵심경쟁력은 무담보 개인대출이다. 따라서 차입자에 대한 정보를 신속하게 종합하여 신용위험credit risk이 적은 차입자를 선별하는 우수한 신용평가 모델credit scoring model 개발이 필수다. 신용평가 모델이란 대출 가능 여부와 대출금리를 결정하기 위해 차입자의 소득이나 재산, 연체 및 차입 이력 등 각 정보를 점수화하고 총점을 등급화하는 시스템이다. 이때 신용정보회사가 제공한 몇몇의 데이터를 이용하여 사람이 대출을 결정하는 전통적 은행평가 모델에 비해 빅데이터를 이용한 렌딩클럽의 신용평가 모델이 훨씬 높은 신용위험 예측력을 보이는 것으로 나타났다.

우리나라의 P2P 대출은 2006년 머니옥션이 처음으로 시작했다. P2P 대출은 기존에 높은 금리를 지불해야 했던 저신용 차입자에게 중금리 신용대출을 제공하여 대부업의 대안으로 부상했다.[32] 그러나 검증되지 않은 P2P 회사들이 난립하고 투자사기와 횡령 등 각종 사고와 연체율이 급증하면서 정부는 2021년 '온라인투자 연계 금융업 및 이용자 보호에 관한 법률'을 제정하여 P2P 대출을 정비했다. 그 결과 대부업으로 분류·운영되었던 기존의 P2P 대출은 온라인투자업(약칭 '온투업')이란 이름하에 금융 당국의 감독을 받게 되었다. 법 통과 후 8퍼센트, 피플펀드, 렌딧 3개 사가 우리나라 최초의 온라인투자업체로 인가받아 영업을 시작했다.[33]

우리나라의 P2P 대출은 렌딩클럽과 같은 미국의 P2P 대출과 유사한 구조를 가지고 있다. 즉, 국내 여신전문금융업법상 투자자는 온라인투자업체의 플랫폼을 통해 직접 대출할 수 없기 때문에 연계된 금융회사를 통해 간접적으로 투자하는 형태다. 연계되는 금융회사는 보통 대부분 여신 인가를 취득하기 쉬운 대부업체들이지만 저축은행 등과 연계해서 대출을 시행하는 회사들도 있다.[34] 다만 미국의 P2P 대출과 비교할 때 우리나라는 온라인투자회사가 대출채권을 증권화하여 매각하지 않고 가상계좌의 모계좌에서 투자금 및 대출금을 운영한

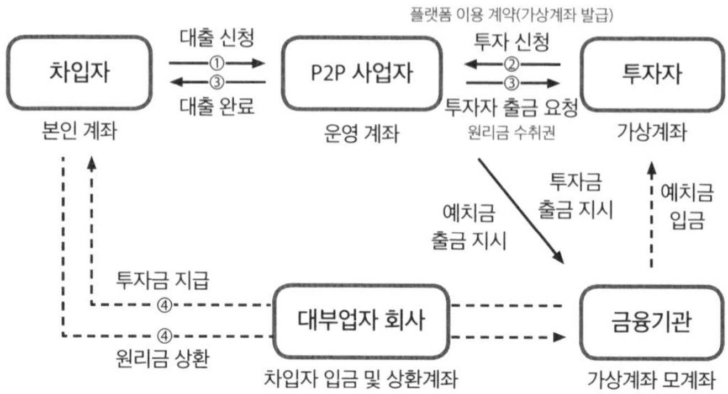

자료: 구은영(2022).

[그림 12-3] 우리나라의 P2P 대출 구조

| 실선은 시스템 요청이고 점선은 자금 흐름을 의미.

다는 점에 차이가 있다. [그림 12-3]은 온라인투자업체에 의한 우리나라 P2P 대출구조를 보여 준다.

우리나라 P2P 업체들은 과거 대부업과 관련된 고리대금업자라는 부정적 이미지를 가지고 있었다. 그러나 온라인투자업은 비대면 신용평가와 온라인 중개 플랫폼을 통한 비용절감을 통해 중금리 대출을 활성화하는 데 목표를 두어 형태 면에서 대부업과 유사할지 모르나 내용상으로는 금융위원회에 정식으로 등록하여 감독받는 금융산업이다. 2023년 현재 우리나라에 약 50개의 온투사가 등록되어 있는데, 누적 대출액은 약 8조 5,000억 원이고 이 중 약 7조 3,000억 원이 상환되어 미상환 잔액은 1조 1,000억 원에 달하는 것으로 나타났다.[35]

자금 모집 P2P 모델로서 크라우드펀딩

렌딩클럽은 최초 P2P 플랫폼으로서 '마켓플레이스'의 개념을 확산시켰지만, 가장 큰 성공요인은 대출 측면이다. 혁신적인 신용평가 모델에 기반한 대출 플랫폼을 개발했기 때문에 전통적인 은행 모델로 회귀하더라도 경쟁력을 유지한 것이다. 그렇지만 자금 모집 차원에서 가장 성공을 거둔 P2P 플랫폼은 크라우드펀딩crowdfunding이다.

크라우드펀딩은 온라인 플랫폼을 통해 다수의 투자자로부터 자금을 조달하는 방법이다. 다수의 사람으로부터 소액의 기부금을 받아 자금을 모으는 방법은 긴 역사를 가지고 있다. 특히 대중crowd으로부터의 자금조달은 경제발전 역사에서 전혀 새로운 현상이 아니었다. 예컨대 프랑스의 철학자 오귀스트 콩트Auguste Comte는 1850년 『실증철학체계Système de Philosophie Positive』의 출판 비용을 마련하기 위해 대중으로부터 기여금을 받고 자금을 지원하는 개인들에게는 책이 발간된 후 받아 볼 수 있는 권리증을 발급해 주었다. 이러한 자금조달 방식은 '대중인수public subscription'라고 불렸는데, 오늘날 크라우드펀딩의 원조라고 할 수 있다. 이보다 유명한 크라우드펀딩은 1885년 미국 뉴욕에 있는 자유의 여신상Statue of Liberty 지지대 건립을 위해 이루어진 10만 달러의 자금 모집이다. 당시 뉴욕의 출판인이던 조지프 퓰리처Joseph Pulitzer는 모금운동을 하면서 자금 제공자의 이름을 자기가 출간하는 잡지에 게재할 것을 약속하고, 16만 명 이상의 개인으로부터 필요한 건설자금을 모으는 데 성공했다. 심지어 19세기 이전의 전쟁공채나 주식 시장을 통한 자금조달도 광범위한 대중을 대상으로 자금을 조달했다는 점에서 크라우드펀딩의 하나로 볼 수 있다.[36]

그러나 오늘날의 크라우드펀딩은 디지털 기반의 P2P 자금중개 플랫폼을 활용하여 보다 효율적인 자금 모집을 한다는 특징이 있다. 오프라인 증권 시장에서 자금을 조달한다면 투자자 수는 많아도 수만 명을 초과하지 못하지만 플랫폼을 통하면 수백만 명은 물론 수천만 명의 개인으로부터도 자금을 조달할 수 있기 때문이다. 또한 증권 시장은 거액의 자금을 조달하는 도매 시장인 반면, 플랫폼을 통한 거래는 저비용 구조로 인해 소액의 자금을 조달하는 데도 적합하다. 한편 증권 시장을 통해 자금을 조달하기 위해서는 차입자의 신용이 잘 알려져 있어야 하는 반면, 플랫폼을 통한 다수의 소액투자는 신용이력이 없는 신생기업이나 벤처기업도 이용할 수 있는 자금 조달 방식이다. 이러한 이유로 크라우드펀딩은 기존 금융기관을 이용한 전통적 자금 조달의 대안금융으로 평가받고 있다.[37]

오늘날 크라우드펀딩은 자금 공급자의 참여 목적 및 보상 방식에 따라 기부·후원형, 대출형, 증권형 등으로 구분된다. 기부·후원형은 비영리적 목적으로 대가 없이 자금을 제공하거나 자금 공급에 대해 프로젝트에서 산출된 제품이나 서비스 등 비금전적인 혜택을 통해 보상받는 유형이다. 한편 대출형은 자금 지원에 대한 반대급부로 대출 이자를 지급받으며, 증권형은 주식이나 채권을 발행하여 자금을 모집하고, 펀딩 참가자들은 배당금이나 원금·이자 형태로 보상받는 형태다.[38]

이러한 유형 중 기부·후원형은 비수익형으로, 자금 공급자가 자금 공급의 대가로 별도의 수익창출을 목적으로 하지 않는 것이 특징이다. 따라서 제도의 규제 장벽이 거의 없다. 인터넷 웹을 통한 이러한 크라우드펀딩은 1997년 영국의 록그룹 마릴리온Marillion이 미국 투어에 사용할 자금 6만 달러를 모금하는 데 처음으로 활용되었다. 2003년에 음반정보 제공 사이트 아티스트셰어ArtistShare에서 '팬펀딩fan funding'이란 이름으로 신규 앨범이 나오기 전 팬들의 자발적 모금을 유도한 사례도 있다. 2008년 미국에서 창업한 인디고고Indiegogo가 이와 같은 후원형 펀딩회사를 설립하면서 '크라우드펀딩'이라는 용어가 본격적으로 사용되었다. 2009년 창업한 킥스타터Kickstarter는 펀딩 참여자들에게 해당 펀딩 결과 제작된 완제품을 보상으로 제공하는 방식을 최초로 정립했고, 이를 앞세워 초기 이용 소비자들을 사로잡아 세계 최대 크라우드펀딩 플랫폼 기업으로 성장했다.[39]

한편 대출형 크라우드펀딩은 이미 살펴본 렌딩클럽과 같이 보통 P2P 대출이라 한다. 증권형 크라우드펀딩은 다른 유형의 크라우드펀딩과 달리 자금 수요자가 채권이나 주식 발행을 매개로 자금을 공급받는 형태다. 최초의 증권형 크라우드펀딩은 2011년 영국에 설립된 크라우드큐브Crowdcube에 의해 시작되었다. 크라우드큐브는 1인당 10파운드 이상이면 누구든지 투자할 수 있는 소액 자금조달 플랫폼을 운영하면서 사업 초기 스타트업 회사들의 자금조달을 지원했다.

우리나라에서 기부·후원형 플랫폼으로는 2011년부터 문화예술 창작자들을 지원하기 위해 펀듀나 업스타드 등이 관련 서비스를 선보이기 시작했으나, 운영상 불투명성으로 인해 현재는 활동이 거의 중지된 상태다. 대출형 크라우드펀딩은 이미 살펴본 바와 같이 온라인 투자업이란 신규 산업으로 발전했다. 한편 2016년 1월 '자본시장과 금융투자업에 관한 법률' 개정을 통해 개인 투자자들의 스타트업 주식에 대한 직접 취득과 스타트업의 공모 발행이 가능해졌다. 이에 따라 2016년부터는 와디즈, 오마이컴퍼니 등 5개사가 온라인 소액투자 중개업자로 등록하면서 증권형 크라우드펀딩이 시작되었다. 2023년 현재 870개 기업이 총 1,941억 원(평균 2억 2,000만 원)을 증권형 크라우드펀딩으로 조성했다.[40]

13장

비금융 기업에 의한 전자지급수단

13.1 디지털 지갑

카드를 대체하는 디지털 지갑

오늘날 스마트폰이나 컴퓨터와 같은 디지털 기기를 이용하면 구매한 상품이나 서비스의 대금을 신속하고 편하게 지급할 수 있다. 이는 신용카드나 계좌정보를 스마트폰 앱이나 컴퓨터 웹 등에 미리 등록해 지문인식이나 비밀번호 입력만으로 간단히 결제를 승인받기 때문이다. 이러한 간편결제는 디지털 기기에 설치된 이른바 디지털 지갑digital wallet이라는 소프트웨어를 통해 서비스된다. 지급 카드가 담당하던 결제 역할을 디지털 지갑이 대체하면서 카드가 현금을 대체하기 시작한 지 수십 년도 지나지 않아 다시 여러 장의 카드를 보관하고 있는 실물 지갑마저 사라지고 있다.

디지털 지갑을 통한 결제의 시작은 1997년으로 거슬러 올라간다. 코카콜라가 핀란드 헬싱키에 휴대폰에서 문자를 보내 결제할 수 있는 자동판매기를 설치한 것이 역사상 최초의 휴대폰 사용 결제였다. 1999년에는 페이팔이 디지털 송금 서비스를 선보였고, 2003년에는 중국의 알리바바가 알리페이를 시작하는 등 각종 페이 서비스가 출현했다.[1] 특히 2007년에는 아프리카 케냐에서 엠페사M-Pesa가 등장하여 은행계좌를 갖지 못한 저소득층도 금융 서비스를 이용할 수 있게 되었으며,[2] 2014년에는 애플페이가 출현했다. 국내에서도 2014년 카카오페이와 2015년 삼성페이가 출시되었다. 전반적으로 전자상거래를 비롯해 비즈니스 및 구독 서비스 등에서 비대면 수요가 증가하면서 디지털 지갑의 사용이 신용카드를 급속히 대체하고 있다. 디지털 지갑은 전통적인 지급 카드에 비해 다음과 같은 장점이 있다.

첫째, 접근성이 높다. 디지털 지갑은 스마트폰을 비롯해 태블릿, 노트북, 데스크톱 컴퓨터 등 대부분의 디지털 기기에서 쉽게 다운로드할 수 있다. 특히 스마트폰과 같은 모바일 기기에서 앱을 다운로드해 구동되는 디지털 지갑을 모바일 지갑mobile wallet이라고 한다. 다운로드한 디지털 지갑은 뛰어난 확장성을 제공한다. 디지털 지갑에는 계좌정보나 신용카드뿐만 아니라 각종 포인트 정보와 로열티 프로그램, 운전면허증을 비롯한 신분증도 저장해 사용할 수 있다. 나아가 암호화폐나 코로나 예방접종 기록 등과 같은 개인정보도 저장이 가능하다.[3]

둘째, 신용카드가 단순히 지급승인 정보를 전달하는 데 비해 디지털 지갑은 소비자와 판매자 간 양방향 의사소통 채널을 제공한다. 예컨대 디지털 지갑은 판매자에게 실시간으로 소비자의 거주지 정보나 로열티 프로그램 등 정보를 제공하는 반면, 소비자에게는 상품광고, 할인혜택, 배송정보 및 전자 영수증 등을 제공한다. 따라서 디지털 지갑 발행 기업은 단순한 지급결제 서비스 공급자가 아니라 지급결제와 광고, 상품탐색, 고객관리, 로열티 프로그램 등을 통합한 종합 소매 서비스 제공자로서 기능한다.

셋째, 편의성이 좋다. 디지털 지갑은 다양한 결제 옵션을 제공해 속도와 효율성 측면에서 유리하다. 사용자 친화적인 사용환경을 바탕으로 온라인 결제는 물론 오프라인 매장에서도 빠르게 결제할 수 있다. 예를 들어 커피 프랜차이즈 스타벅스의 디지털 지갑은 고객들이 가까운 매장을 찾아 선결제하고 매장에서 커피를 받아 가는 비대면 스마트 주문인 '사이렌 오더' 기능을 제공하는데, 이는 스타벅스 매출의 약 30퍼센트를 차지할 만큼 고객들이 가장 많이 이용하는 서비스다.[4]

넷째, 디지털 지갑에는 다양한 보안장치가 적용된다. 사용자는 직접 결제정보가 저장되는 방식을 결정하거나, 비밀번호 및 잠금장치 해제 설정을 할 수 있다. 인공지능 학습 데이터를 기반으로 실시간으로 모니터링함으로써, 불법적인 송금이나 결제도 미리 방지할 수 있다. 실물 지갑과 달리 스마트폰을 분실하더라도 여러 개의 디지털 지갑을 백업하면 지갑 분실에 대한 염려도 줄일 수 있다.

디지털 지갑의 종류는 우선 범용성 측면에서 살펴볼 수 있다.[5] 미국의 애플페이, 구글페이나 우리나라의 삼성페이, 카카오페이 등은 물론 은행이 발행하는 페이는 대부분 가맹점과 관계없이 사용할 수 있는 범용 디지털 지갑이다. 반면 쇼핑몰 기업인 미국의 아마존이나 우리나라의 이마트가 제공하는 웹페이지나 스타벅스 앱은 소비자의 지급정보를 저장하고 간편결제를 제공하는 단일 목적의 디지털 지갑을 발행한다. 한편 자금충전 기능으로 보면 비금융 기업이 발행하는 디지털페이는 어느 은행계좌나 신용카드사로부터도 자금을 충전할 수 있는 개방형 지갑인 반면, 은행 발행 페이는 특정 거래은행으로부터만 지급 자금을 충전하는 폐쇄형이다. 또한 디지털 지갑은 접근 기기 측면에서 컴퓨터 웹 기반 지갑과 모바일 앱 기반 지갑으로도 구분된다. 웹 기반 지갑은 고객의 지급정보를 클라우드에 저장하기 때문에 웹브라우징이 가능한 어느 기기를 통해서도 접근이 가능한 반면, 대부분 단일 목적의 지갑을 발행한다. 항공사나 자동차 렌털 회사와 같이 미래의 거래를 위해 고객의 지급정보를 저장하는 판매자는 모두 이러한 디지털 지갑을 발행한다고 할 수 있다. 이에 반해 모바일 앱 기반 지갑은 스마트폰과 같은 특정 기기에서만 사용 가능하다. 모바일지갑은 전자자기장치MS, NFC, QR, 메시지, 인터넷 등 다양한 통신기술을 사용하는데, 비대면 거래 확대에 힘입어 최근 NFC나 QR 거래가 급속히 증대하고 있다. 최근의 이른바 '○○페이'라고 부르는 간편결제는 모바일지갑을 이용하는 결제라 할 수 있다. 한편 일부 디지털 지갑 발행 기업은 웹 기반과 앱 기반 두 가지 유형의 지갑을 모두 제공하고 있다.

디지털 지갑은 [그림 13-1]에서 보듯이 이미 글로벌 결제 시장에서 가장 중요한 결제수단으로 성장했다. 2022년 현재 디지털 결제는 대면 거래 시장의 약 1/3, 비대면 거래 시장의 약 1/2을 차지했다. 특히 중국에서는 알리페이와 위챗페이 같은 디지털 지갑이 대면 거

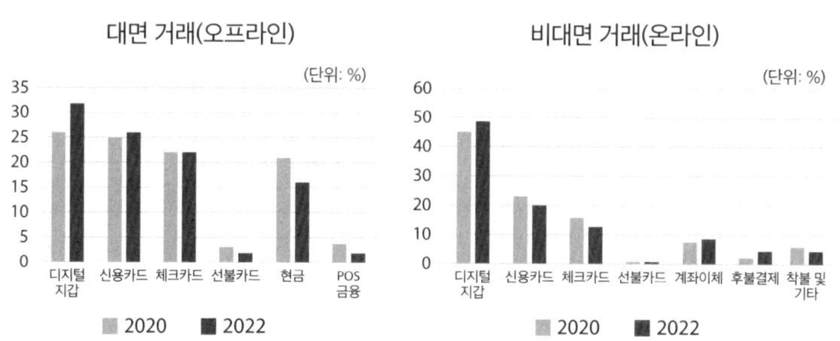

자료: Worldpay(2021, 2023).

[그림 13-1] 글로벌 결제 시장에서 디지털 지갑의 온·오프라인 거래 비중

래 결제액의 56퍼센트, 비대면 거래의 경우는 81퍼센트까지 차지하는 등 절대적으로 중요한 결제수단으로 발전했다. 코로나19 팬데믹 이후 비대면 결제 수요 증가로 인해 디지털 결제 시장은 전 세계적으로 급격히 성장하고 있으며 향후에도 이러한 추세가 계속될 것으로 예측된다.

우리나라에서도 세계적 추세에 따라 디지털 지갑을 이용한 결제가 급속히 확대되고 있다. 과거 인터넷 쇼핑몰에서 물건을 주문하고 결제하려면, 공인인증서를 비롯하여 Active X 같은 보안 프로그램을 설치하고 통과해야만 해서 복잡했다. 그러다가 2015년 3월 전자금융거래법상 카드 결제 시 공인인증서 사용 의무가 폐지되면서, 최초 가입 시 1회 본인인증을 거친 후 비밀번호나 지문인식 등 간편인증을 이용하여 로그인할 수 있게 되었다.[6] 이에 따라 높은 편의성을 갖춘 이른바 간편결제가 최근 플랫폼 업체의 다양한 서비스와 결합되어 디지털 지갑에 대한 새로운 수요를 창출하고 있다. 그렇지만 우리나라에서 디지털 지갑은 아직 대면 거래의 13퍼센트, 비대면거래의 경우 총결제액의 25퍼센트를 차지하여 사용이 상대적으로 미미하다.[7] 이는 이미 살펴본 바와 같이 신용카드나 체크카드가 어느 나라보다 잘 정착되어 있기 때문이다.

핀테크와 빅테크가 주도하는 지급 서비스

지급결제 서비스는 전통적으로 금융기관, 특히 은행의 고유 업무 영역으로 인식되어 왔다. 이러한 인식은 그동안 지급결제 서비스 인프라의 대부분을 은행이 보유하고 있었던 것에 기인한다. 그러나 2000년대 들어 인터넷, 모바일 등 IT 기술이 소액 지급결제 서비스에 적극 활용되면서 전자지급수단 및 온라인 전자상거래 시장이 크게 활성화되고 있으며, 이에 따라 많은 비금융 기업이 디지털 지갑을 무기로 지급결제 서비스 시장에 활발하게 진출하고 있다. IT, 통신, 네트워크, 오픈마켓, 유통 등 다양한 분야에서 활동하는 이들 비금융 기업은 IT 기술에서 비교우위를 바탕으로 특히 모바일 결제 시장에서 빠르게 성장하고 있다. 예컨대 미국의 경우 모바일 결제 시장에서 애플페이, 페이팔 등 비금융 기업들의 디지털 지갑은 사용자 비중이 각각 40퍼센트와 37퍼센트로 나타나 가장 높은 시장점유율을 나타내는 반면, 마스터패스나 체이스페이 등 전통적인 금융기관이 제공하는 디지털 지갑은 사용자 비중이 10퍼센트 내외로 시장점유율이 미미한 것으로 조사되었다.[8] 이와 같이 지급결제 서비스를 제공하는 비금융 기업을 핀테크FinTech라고 부른다. 핀테크는 금융finance과 기술technology의 합성어이며, 금융 서비스와 정보기술IT의 융합을 통한 금융 서비스 및 산업을 통칭한다. 최근 핀테크들은 모바일, SNS, 빅데이터 등 새로운 정보통신기술 등을 활용해 결제는 물론 예금, 대출, 자산관리 등 다양하고 차별화된 혁신 서비스를 제공하는 기술 기업으로 발전하고 있다.

한편 빅테크는 기존의 광범위한 고객망을 기반으로 금융 서비스 또는 금융상품을 제공하는 거대 기술회사를 지칭한다. 미국의 GAFAMGoogle, Amazon, Facebook, Apple, Microsoft, 중국의 BAT Baidu, Alibaba, Tencent, 우리나라의 네이버나 카카오 등이 이에 해당한다. 빅테크는 핀테크의 특별한 사례로 볼 수 있으나, [표 13-1]에서 보는 바와 같이 빅테크는 사업 분야나 영향력 등의 측면에서 핀테크 기업과 비교할 수 없을 만큼 강력한 경쟁력을 가지고 있다.[9]

현재 빅테크 기업들은 데이터 확보나 고객 기반 확대 등을 목적으로 기존에 운영하던 자사 플랫폼에 금융 서비스를 결합시키는 등

[표 13-1] 은행, 핀테크 및 빅테크의 경쟁력 평가

장점[1]		은행	핀테크	빅테크
신뢰도 규모		○	×	○
브랜드파워		○	×	○
영향력	고객 충성도	○	△	△
	투자 능력	○	×	○
	자금조달 능력	○	×	○
	글로벌 고객 기반	×	×	○
	네트워크 효과	×	×	○
효율성	첨단기술	×	○	○
	교차보조[2]	○	×	○
	낮은 규제	×	○	○

자료: Financial Stability Board(2019: 20).

주: 1) ○는 장점 있음, ×는 장점 없음, △는 자료 없음을 표시.

2) 한 분야 사업에서 얻은 이익을 다른 분야 사업에 보조하는 활동.

금융산업에 진출하면서 소비자 개개인에 특화된 금융 서비스를 만들어 내고 있다. 미국의 빅테크들은 간편결제 같은 지급결제 분야를 중심으로 금융업에 진출하는 반면, 중국의 빅테크는 이미 은행이나 증권 등 거의 모든 금융업에 진출한 상태다. 우리나라의 경우 네이버는 금융회사들과 제휴를 통해 금융업에 진출하고 있으며, 카카오는 카카오뱅크를 설립하거나 증권회사를 인수하여 금융업을 영위하고 있다. 이에 따라 소비자는 금융회사를 거치지 않고도 본인에게 가장 알맞은 금융 서비스를 이용할 수 있게 되었으며, 향후 금융 시장은 빅테크 기업을 위주로 한 새로운 형태의 금융 생태계로 재편될 것으로 보인다. 미국 주식 시장에서는 이미 이를 예상하여 GAFA와 같은 빅테크가 시가 기준 가장 상위를 차지하고 있으며, [표 13-2]에서 보듯이 주식 시장의 가치도 JP모건이나 BOA와 같은 전통적인 금융기관의 가치를 크

[표 13-2] 미국과 한국의 빅테크와 금융회사 비교(2021년)

국가	기업 분류	회사명	시가총액	자산	순익
미국 (10억 달러)	빅테크	마이크로소프트	2,522	340	79.6
		아마존	1,691	420	39.9
		페이스북(메타)	921	165	46.7
		알파벳(구글)	1,917	359	91.0
	전통 은행	JP모건	466	3,743	59.5
		BOA	359	3,169	33.9
한국 (조 원)	빅테크	네이버	34.4	33.6	1.32
		카카오	24.6	22.7	0.59
	전통 은행	KB금융	22.4	663.8	6.09
		신한	20.7	648.1	5.95

자료: https://companiesmarketcap.com/ 및 https://dart.fss.or.kr/

게 상회한다.

빅테크에 대한 주식 시장의 평가는 우리나라에서도 동일하다. 이에 따라 우리나라의 한 금융지주 회장은 2022년 신년사에서 "기업 공개에 성공한 카카오뱅크의 시가총액은 한때 45조 원, 카카오페이는 33조 원에 육박"한 데 반해 "우리는 은행, 증권, 카드, 캐피털, 보험 등 금융 모든 영역을 갖고 있는 종합금융그룹으로서 훨씬 많은 자산을 보유하고 더 많은 이익을 내고 있음에도 시가총액이 두 회사의 1/5에도 미치지 못하는 냉혹한 평가를 받고 있다."라고 한탄했다. 이어 "굉장히 비합리적인 결과이지만, 보다 객관적으로 바라보면 시장은 우리를 덩치만 큰 공룡으로 보고 있고 공룡은 결국 멸종"할 것이라고 진단하기까지 했다.[10]

한편 빅테크가 금융 서비스를 확대함에 따라 새로운 금융 위험을 창출하고 금융안정을 저해할 수 있다는 우려도 대두하고 있다. 실제로 유럽에서 빅테크로 급부상한 와이어카드Wirecard가 2020년 6월 파산하면서 금융 시장의 불안정성이 커졌다. 와이어카드는 1999년 독일 뮌헨에서 설립되었고, 이후 비대면 지급결제 및 각종 ICT 기반 금융 서비스를 제공하면서 빠른 속도로 성장해 시가총액이 도이치뱅크를 넘서는 빅테크 기업으로 부상했다. 그러나 2020년 들어 외부 회계감사법인의 감사를 계기로 해외 예치금의 부정 계상 의혹이 드러나면서 와이어카드의 주가는 일주일 만에 95퍼센트 가까이 하락했고, 결국 그해 6월 말 파산했다. 이 파산으로 당시 와이어카드의 주주와 채권자로 참여했던 소프트뱅크SoftBank, 크레딧스위스Credit Suisse, 그리고 다수의 일반 투자자가 수조 원의 금전적 손실을 입었으며, 와이어카드 플랫폼을 통해 금융거래를 한 이용자들도 상당한 피해를 보았다.[11] 이에 따라 빅테크가 금융기관과 같은 역할을 한다면 금융기관과 동일한 규제를 받아야 한다는 목소리가 높아지고 있다.

비금융 기업의 지급결제 서비스 제공을 위한 법적 기반

레볼루트Revolut는 2021년 7월 현재 기업가치가 330억 달러로 영국 4대 금융그룹인 내셔널웨스트민스터은행National Westminster Bank의 기업가치에 근접한 영국 최대 챌린저뱅크다. 레볼루트는 원래 러시아 출신 외환거래 전문가 니콜라이 스토론스키Nikolay Storonsky가 우크라이나 출신 금융 시스템 개발자 블라드 야첸코Vlad Yatsenko와 함께 2015년 창업한 환전 전문 핀테크였다. 이들은 해외에서 신용카드를 사용할 때마다 발생하는 높은 수수료에 대한 불만에서 출발하여, 수수료 없이 선불카드나 모바일 앱 카드에 연동하여 환산된 환율에 상품 금액만 지불하면 되는 환전 서비스 앱 레볼루트를 개발했다. 개발 초기에는 달러화, 파운드화, 유로화 3개 통화의 환전만 지원했지만 지금은 최대

29개 통화의 환전을 지원한다. 이어 환전과 송금 외에 계좌 서비스, 간편결제, 금융투자, 오픈뱅킹, 보험은 물론 여행 서비스 등을 하나의 금융 앱에서 제공해 1,800만 명의 고객을 확보한 금융기업으로 성장했다. 현재 레볼루트는 자체 계좌를 통한 자금 예치와 보관뿐 아니라 출금까지 보장되는 준수신 전문은행이라 할 수 있다.[12] 그러나 레볼루트는 은행이 아니라 전자화폐기관electronic money institution, EMI으로 등록되어 있다. 영국 정부에 은행 인가를 신청했지만, 아직 정식으로 인가받지 못한 상태다.

전통적으로 금융기관은 은행과 비은행금융기관으로 구분되어 왔으나 금융의 디지털 전환에 따라 이러한 구분은 더 이상 적절하지 않다. 이를 반영하여 전자화폐기관을 새롭게 정의할 필요가 있다. 레볼루트와 같은 기업은 예금, 대출, 지급결제를 제공하는 전통적인 은행에 비해 대출을 수행하지 않지만 전자화폐를 발행하고 계좌 서비스를 제공하는 등 혁신적 금융 서비스로 금융산업을 선도하고 있다. 이에 따라 영국 정부는 2011년 전자화폐규정Electronic Money Regulations을 마련하여 전자화폐기관을 새로 정의했다. 또한 2017년에는 지급서비스규정Payment Services Regulations을 제정하여 전자화폐기관과는 별도로 단순한 지급 서비스만 제공하는 지급기관을 규정했다. 특히 이 규정에는 고객의 계좌를 직접 보유하지 않더라도 계좌정보에 접근하여 서비스를 제공할 수 있도록 하는 제3자 지급결제 서비스 제공업자third-party payment service provider, TPP도 지급기관으로 포괄하고 있다.

영국의 이러한 규정들은 EU가 제정한 두 개의 지침에 기반을 두고 있다. 하나는 2009년에 도입된 개정 전자화폐지침Electronic Money Directive 2, EMD2이고 다른 하나는 2016년부터 도입된 개정 지급서비스지침Payment Services Directive 2, PSD2이다. 두 지침은 디지털 지급수단의 발전을 규정하는 세계에서 가장 중요한 규범이라고 볼 수 있는데, 당시 영국은 EU 회원국이었기 때문에 이 지침들을 따라 전자화폐규정과 지급서비스규정을 마련했던 것이다. 따라서 현재 유럽에서는 은행과 같은 전통적인 신용기관뿐만 아니라 비금융 기업이라도 전자화폐기관과 지급기관으로 등록하면 모두 디지털 금융 서비스를 제공할 수 있다. 특히 전자화폐기관은 아직 은행은 아니지만 독자적으로 자신의 지급결제 전용계좌payment account를 발급한다는 점에서 이미 은행의 핵심 업무를 수행하는 디지털 시대의 새로운 금융 행위자라고 할 수 있다.[13]

한편 우리나라에서 은행이나 카드사가 아닌 비금융 기업들은 2006년 제정된 전자금융거래법에 따라 전자지급 서비스를 제공하고 있다. 우리나라는 1990년대 후반부터 폭발적으로 확산된 인터넷 환경을 바탕으로 일찍부터 전자금융 거래에 관한 법을 마련했다. 이는 무엇보다 미국이나 유럽의 국가 등에 비해 우리나라에서 전자금융이 활성화되었기 때문이다. 이 법은 인터넷 뱅킹 해킹 등 사고 발생 시 금융기관이 손해배상 책임을 부담하도록 하여 이용자나 IT 외주업체 등 보조업자의 보호를 강화하고, 전자지급거래의 효력 발생, 철회 가능 시기 등을 명확히 규정하고 있다. 전자금융거래법에 따라 현재 우리나라의 전자금융업자는 전자자금이체업, 전자화폐업, 선불전자지급수단업, 직불전자지급수단업, 전자지급결제대행업, 결제대금예치업Escrow, 전자고지결제업 등 7개 업종으로 세분하고 있다. 그러나 이러한 구분은 업종 간 업무 영역을 세세하게 포지티브positive 방식으로 열거하고 있어 온라인과 오프라인 간, 그리고 금융업종 간 융복합이 일어나는 시대의 변화를 따라가지 못하고 있다.[14] 이에 정부는 2020년 7개 업종을 송금, 결제, 대행 등 기능별로 통합하여 자금이체업, 대금결제업, 그리고 결제대행업으로 단순화하는 전자금융업 재편계획을 발표했다. 이에 따르면, 기존의 전자자금이체업, 전자화폐업, 선불전자지급수단업의 이체 기능을 하나로 묶어 '자금이체업'으로 통합하고, 직불전자지급수단업과 선불전자지급수단업의 대금결제 기능을 엮어 '대금결제업'으로 통합한다. 한편 기존의 전자지급결제대행업, 결제대금예치업, 전자고지결제업 등 3개 업종은 '결제대행업'으로 통합한다. 그리고 여기에 이른바 마이페이먼트My Payment라고 하는 '지급지시전달업'을 신설하는데 이는 다른 나라의 제3자 지급결제 서비스 제공업자와 유사한 역할을 할 것으로 예상된다. 다만 영국의 레볼루트와 같이 지급결제 전용계좌를 제공하는 전자화폐기관은 아직 추진하고 있지 못하는 상태다.[15]

13.2 해외 비금융 기업에 의한 디지털 결제

미국에서는 페이팔과 애플페이가 간편결제 시장 주도

1998년 펀드매니저 출신 피터 틸Peter Thiel과 일리노이 공대 출신 개발자 맥스 레브친Max Levchin은 이메일 결제회사 컨피니티Confinity를 창립했다. 기존의 송금 방식은 개인 수표를 직접 보내거나 우편으로 수표 형식의 주문장을 보내는 방식을 사용했는데, 이 방식은 신뢰성이 떨어지고 우편 전달에 시간이 많이 걸린다는 단점이 있었다. 이에 반해 컨피니티의 송금 방식은 신용카드 정보를 한 번만 입력하면 언제든 이메일을 이용해 송금할 수 있어 개인정보 유출 위험이 적고, 환율 계산도 자동으로 이루어지는 혁신적인 서비스였다. 컨피니티가 창업한 지 얼마 지나지 않아 일론 머스크Elon Musk가 컨피니티의 송금 방식과 유사한 경쟁 서비스 엑스닷컴X.com을 내놓았다. 두 기업은 2000년

3월 합병을 단행했고, 이후 페이팔로 이름을 바꿨다. 전 세계적 전자결제 서비스가 탄생하며 IT 기술과 금융의 본격적인 연합이 시작된 것이다.[16]

초기에 페이팔은 구매자와 판매자 중간에서 중개해 주는 일종의 에스크로escrow 서비스였다. 구매자가 페이팔에 돈을 지불하면 페이팔은 상품이 안전하게 도착했는지 확인한 뒤 그 돈을 판매자에게 전달하는 형식이었다. 이후 매번 카드번호를 입력하는 대신 본인 인증을 통한 간편결제 서비스를 제공했다. 판매자에게는 다양한 결제 방법을 제공하고, 소비자에게는 플랫폼 내에서 디지털 지갑을 활용할 수 있도록 한 것이다. 페이팔은 빠르게 성장해 2002년 2월 나스닥 상장에 성공했다. 같은 해 이베이eBay는 페이팔을 15억 달러에 인수합병했다. 이베이로서는 자사의 오픈마켓을 통한 전자상거래 고객들을 위해 신용카드 없이 바로 결제 가능한 페이팔이 필요했고, 페이팔로서는 이베이 고객에게 자사 결제 서비스를 제공할 수 있어 서로 이익이 되는 거래였다. 그러다가 다른 경쟁업체의 등장으로 합병 효과가 떨어지면서 2015년 페이팔은 다시 단독법인으로 분리독립했다. 2022년 기준 페이팔은 사용자 수가 4억 3,000만 명이 넘고 매출은 223억 달러에 달하는 세계 최대 결제 플랫폼 기업으로 성장했다.[17]

한편 페이팔은 2013년 8억 달러에 벤모Venmo를 인수했다. 벤모는 우리나라 카카오페이와 같은 간편송금 서비스를 지원하는 모바일 앱 회사로 원래 가족이나 친구 간 저녁 식사나 영화관 비용을 분담하기 위해 만들어졌다. 설립자 앤드루 코티나Andrew Kortina와 이크람 마그돈 이스마일Iqram Magdon-Ismail은 미국 펜실베이니아 대학교의 기숙사 룸메이트였다. 이들은 함께 주말 뉴욕 여행을 가기로 했는데 이크람이 지갑을 두고 와서 앤드루가 여행경비를 대신 지급했다. 이 일을 계기로

2009년 휴대폰 문자 메시지를 통해 간단히 대금을 송금할 수 있는 앱을 개발한 것이다. 이들이 원래 프로그램을 개발한 목적은 10년 전 개발된 페이팔의 목적과 동일하게 개인 간 송금을 지원하는 것이었다. 페이팔은 이메일을 통해 송금하는 것이었지만, 벤모는 우리나라의 카카오페이와 같이 문자 메시지를 통해 송금하는 것이 유일한 차이였다. 이어 벤모는 2016년부터 개인 간의 단순한 송금 앱을 넘어 상점의 물품구입에도 사용되는 디지털 지갑으로 발전했다.[18] 현재 벤모는 미국에서 비자, 마스터카드 등 신용카드를 제외하면 모바일 결제 시스템 중에서 시장점유율이 가장 높다. 스마트폰 보급이 확대되고 모바일 결제가 일상화되면서 페이팔의 금융 플랫폼에서 벤모가 차지하는 비중도 점점 높아지고 있다.

미국 비금융 기업이 제공하는 또 다른 대표적 지급 서비스 애플페이는 페이팔과 함께 미국 모바일 결제 시장에서 압도적인 점유율을 자랑한다. 이는 애플이 휴대폰iPhone 및 태블릿 단말기iPad 분야에서 차지하고 있는 독보적 위치에 기인한다. 해당 서비스를 이용하면 아이폰이나 아이패드 등 애플 기기를 사용해 쉽고 빠르게 결제할 수 있는데, NFC 기술이 탑재된 아이폰 단말기를 통해 결제가 이루어진다. 구체적인 운용방식은 신용카드를 대체하는 토큰을 모바일 기기에 내장된 보안칩셋 eSEembedded Secure Element에 저장하고, 결제 시 생체 인증을 통해 아이폰 내부에 저장된 토큰을 불러와 비접촉으로 결제하는 방식이다. 구체적으로 아이폰 지갑 앱에서 현금카드나 신용카드를 애플페이에 등록하기만 하면 애플페이를 사용할 수 있다. 애플페이를 이용한 결제 시 결제 기기 내 보안칩에 저장 사용자의 신용카드 정보를 사용하는 것이 아니라, 일회용으로 생성된 토큰을 통해 결제가 이루어져 결제 과정에서 개인정보 유출 위험을 대폭 줄일 수 있다.[19]

애플페이 서비스는 2014년 미국에서 처음으로 출시되었다. 이어 영국, 캐나다, 호주를 시작으로 유럽과 아시아 각국으로 확장되어 현재는 세계 70여 개국에서 이용되고 있다. 2020년 말 애플페이 사용자 수는 5억 700만 명이고 매출은 6조 3,000억 달러로, 비자카드(10조 달러)에 이어 2위를 기록하고 있다. 애플페이는 2023년 3월부터 국내 서비스가 시작되어 아이폰과 현대카드를 쓰는 사람이라면 NFC 단말기를 설치한 애플페이 가맹점에서 실물 카드 없이 애플페이로 결제할 수 있다.[20]

중국의 간편결제 시장은 알리페이와 위챗페이로 양분

페이팔은 앞에서 언급한 대로 구매자와 판매자의 중간에서 중개해주는 에스크로 서비스로 사업을 시작했다. 그러나 에스크로 서비스가 빛을 본 건 아직 신용사회가 정착하지 못한 중국이었다. 1980년대까지만 해도 중국은 후발 개발도상국이었다. 금융 환경도 열악하고, 금융 관련 사기 사고도 많았다. 그러다 보니 중국인들은 신용거래 자체를 신뢰하지 않았다. 돈을 먼저 보내고 물건을 나중에 받는 거래는 상대방을 믿을 수 없어 상상하기 힘들었다. 신용카드조차 정착하지 못했다. 중국에서 신용카드는 은련UnionPay이 독점적으로 발급해 발급 절차가 매우 까다로웠다. 또한 가맹점은 높은 수수료로 인해 신용카드 단말기 설치를 꺼려했다.

이러한 환경이 오히려 중국에는 도움이 되었다. 신용평가 시스템이 미발달하고 상대적으로 낙후된 기존 금융 인프라 대신 에스크로 시스템을 활용한 제3자 온라인결제가 금융 취약계층에게 큰 인기를 끈 것이다. 이로써 중국은 신용카드 사회를 건너뛰고 곧바로 모바일 결제 시대로 직행할 수 있었다. 비금융 기업에 의한 디지털 지갑 발행이 가장 활발한 나라가 중국이 된 것은 우연이 아니다.

가장 대표적인 디지털 지갑으로 알리페이를 들 수 있다. 알리페이는 페이팔과 같이 모기업인 알리바바의 전자상거래 플랫폼에 힘입어 지급결제 서비스 시장에서 높은 점유율을 확보할 수 있었다. 알리바바는 1999년 B2B 상거래 중개를 시작으로 2003년 개인 구매자를 위한 온라인 쇼핑몰 타오바오(淘宝)를 개설하면서 중국의 대표적 전자상거래 업체로 성장했다. 알리페이는 알리바바의 전자상거래를 지원하는 전자지급수단으로 중국 내에서는 즈푸바오(支付宝)로 불린다. 앱에 은행 계좌를 연결한 후 QR코드 등을 제시하면 바로 해당 계좌에서 결제된다. 특히 QR코드에 의한 저비용 결제는 노점과 소상공인 등이 많아 지급수단의 비용에 민감한 중국 경제의 특성상 빠른 속도로 증가하여 오프라인 결제의 주요 지급수단이 되었다.

알리페이는 2011년부터 중국 인민은행으로부터 결제업 허가를 받고 은행계좌나 신용카드를 연동시켜 송금과 결제가 가능한 금융 서비스를 제공하는 한편, 소비자들에게 알리페이 잔액을 펀드에 투자할 수 있는 위어바오(余额宝)라는 투자상품도 출시했다. 이 상품은 가입의 편리성과 4퍼센트 정도의 높은 금리 수익으로 은행의 요구불예금까지 대체할 정도로 수요가 높았다. 알리페이의 성장은 알리바바 그룹이 급성장하는 토대가 되어, 현재 알리바바는 사용자 수와 거래금액 면에서 미국의 아마존을 능가하는 전자상거래 업체로 비약했고, 알리페이는 세계 최대의 핀테크 기업으로 자리 잡았다.[21]

한편 텐센트사의 위챗페이는 우리나라 카카오페이와 같이 중국의 모바일 메신저 서비스인 위챗에 내장되어 있어 개인 간 송금에 보다 특화된 디지털 지갑이다. 위챗은 2021년 기준으로 활성 사용자가 12억 6,000만 명에 달하는 슈퍼 앱이다. 위챗페이 사용자는 알리페이와 같이 은행계좌를 위챗페이 계좌에 연동하여 간편하게 온라인 거래와 오프라인 거래에서 결제할 수 있다. 위챗페이는 알리페이에 비하여 후발주자임에도 불구하고 중국 메신저 시장을 장악하고 있는 위챗의 영향력을 바탕으로 인앱In-App 결제나 QR코드 결제 등을 통해 발 빠르게 지급 서비스 시장을 개척해 왔다. 특히 2014년 디지털 세뱃돈 혹은 디지털 선물 형태로 현금을 송금할 수 있는 홍바오(红包) 서비스 도입을 기점으로 위챗페이는 알리페이와 더불어 중국의 양대 디지털 지갑으로 성장했다.[22]

2021년 현재 중국은 가계 최종소비지출 중 전자화폐나 지급카드 등 비현금 지급수단을 통한 결제 비중이 80퍼센트 이상으로 전 세계에서 가장 높은 수준이다. 그러나 신용카드 결제 비중이 높은 우리나라와 달리, 중국의 높은 비현금 결제 비중은 알리페이나 위챗페이 등 간편결제 서비스의 활성화에 기인하는데, 두 지급수단이 중국 모바일 결제 시장에서 차지하는 비중은 94퍼센트를 상회한다.[23]

13.3 우리나라 비금융 기업이 발행하는 디지털 지갑

삼성페이는 오프라인 시장, 빅테크 3사는 온라인 시장에서 간편결제 주도

우리나라에서는 휴대폰 제조 회사, 빅테크, 핀테크 등 다양한 비금융 기업이 금융기관과 더불어 디지털 지갑 서비스를 제공하고 있다. 이들 비금융 기업은 공인인증서 의무 사용이 폐지된 2015년 3월 이후 이른바 간편결제 시장을 주도하고 있다. 간편결제란 사용자들이 은행계좌나 신용카드 등 결제정보를 휴대전화 등에 저장해 두거나 선불충전금을 가지고 비밀번호나 지문 등을 통해 간단히 인증하여 대금을 지급하는 디지털 지갑 서비스를 말한다. 현재 우리나라에서는 신용카드와 연계하여 대금을 지불하는 방식이 간편결제 전체의 60퍼센트 이상을 차지한다. 이 경우 비금융 기업은 기존 신용카드사, VAN사, PG사가 참여하는 지급결제 과정에 간편결제회사로 추가 참여하면서 기존 사업자들과 수수료를 나눠 갖는 구조다. 우리나라에서 비금융 기업이 제공하는 간편결제는 오픈뱅킹공동망에 대한 빅테크 기업 이용 제한이 폐지되고, 코로나19 팬데믹 등으로 인해 비대면 결제가 크게 증가하면서 2023년 말 이용 건수 기준으로 일평균 1,500만 건, 금액 기준으로 4,200억 원을 기록했다. 간편송금도 동일한 추세로 증가하여 2023년 말 일평균 590만 건에 7,600억 원을 기록했다. 이러한 흐름 속에서 비금융 기업은 신용카드사나 은행과 같은 금융기관에 대한 경쟁력 우위를 바탕으로 간편결제나 간편송금 시장의 성장을 주도하고 있다.[24]

현재 우리나라에서 가장 대표적인 비금융회사는 삼성전자에서 만든 삼성페이와 빅테크 3사가 운영하는 결제 플랫폼 네이버페이, 카카오페이, 토스가 있다. 우선, 우리나라 오프라인 간편결제 시장에서 중심적 역할을 하는 삼성페이는 마그네틱 보안전송MST[25]과 근거리 무선통신NFC 기술을 사용해, 무선으로 온라인 및 오프라인 결제를 지원한다. 사용 방법은 삼성 계정에 가입한 후, 삼성페이 기능이 지원되는 스마트폰에 은행계좌나 신용카드, 체크카드를 등록하면 되어서 비교적 간단하다. 삼성페이는 단순히 카드만 등록하는 것이 아니라, 은행계좌는 물론 포인트(멤버십)나 쿠폰 등도 등록할 수 있다. 특히 간편한 포인트 등록으로 많은 인기를 끌었다. 이전에는 카드로 결제하면서 특정 멤버십 포인트를 적립하고자 할 때 카드와 해당 포인트 앱을 따로 제시해야 하는 불편함이 있었다. 그러나 삼성페이 앱에 포인트 카드가 통합되면서 결제와 함께 다양한 포인트 적립이 가능하게 되었다. 2015년 8월 한국에서 서비스를 시작한 삼성페이는 국내 스마트폰 시장에서의 독점적 위치로 오프라인 지급 시장에서 압도적인 점유율을 나타내고 있다. 2022년 현재 삼성페이는 월평균 이용자 수가 약 1,600만 명 수준으로, 국내에서 가장 많이 사용되는 간편결제 앱이라고 할 수 있다.[26]

삼성페이는 2023년 3월 경쟁사인 네이버페이와도 제휴를 시작했다. 애플페이의 국내 간편결제 시장 진출에 대비하기 위한 것이었다. 삼성은 오프라인 결제 환경 여건에서 애플보다 유리한 고지에 서 있다. 애플페이는 버스나 지하철을 탈 때 스마트폰을 갖다 대면 결제가 일어나는 근거리 무선통신 단말기에서만 작동하는 반면, 국내 오프라인 결제 시장에서 가맹점 대부분이 옛 마그네틱 카드 단말기만 갖추고 있어 NFC 기술을 지원하지 못한다. 따라서 두 가지 기술을 모두 지원하는 삼성페이가 유리하지만 국내 온라인 결제 시장에선 삼성페이의 경쟁력이 네이버, 카카오 등 빅테크에 비해 그리 높지 않다. 이들은 독자적인 플랫폼 경쟁력을 기반으로 쇼핑, 택시, 웹툰 등 다양한 온라인 서비스를 제공하기 때문이다. 양사의 제휴로 삼성페이 사용자들은 네이버페이의 온라인 가맹점을, 네이버페이 사용자들은 삼성페이로 결제할 수 있는 오프라인 가맹점을 확보할 수 있게 되었다.[27]

한편 우리나라 빅테크 3사로 지칭되는 네이버, 카카오, 토스는 전자금융업 허가를 받아 온라인 간편결제 시장에서 중심적 역할을 하고 있다. 이들은 최근 QR 방식으로 오프라인 간편결제 시장에도 진출하고 있지만 지금까지는 주로 온라인 플랫폼을 통해 성장해 왔다. 우선, 네이버페이는 인터넷 포털 서비스 분야에서 국내 최대 회원을 보유한 모회사 네이버를 기반으로 지급 서비스를 제공해 왔다. 네이버파이낸셜에서 제공하는 서비스로 은행계좌나 체크카드, 신용카드를 미리 등록해 놓으면 여섯 자리 비밀번호 또는 지문인식만으로 빠르고 편리하게 결제 및 송금 등을 처리할 수 있다. 2015년 6월 서비스가 출시된 후 네이버쇼핑과 연계하여 온라인에 특화된 간편결제로 급성장했다. 네이버페이의 가장 큰 장점은 네이버 ID만 있으면 온라인 가맹점에서 회원가입 없이도 편리하게 쇼핑, 결제, 배송관리까지 해주는 구매 시스템이라는 점이다. 네이버페이로 일정 금액을 구매할 때 사용된 신용카드 등의 혜택과 별도로 네이버 포인트가 적립되며, 제휴 맺은 다수의 은행 및 카드사로부터 체크카드 발급, 통장 서비스 및 사업자대출 비교 서비스 등 금융 서비스도 받을 수 있다. 이러한 측면에서 네이버페이와 삼성페이의 제휴도 가능했다. 이에 힘입어 네이버페이는 100만 명 이하에 머무르던 사용자 수를 2023년 7월 월평균 200만 명 가까이 확대할 수 있었다.[28]

카카오페이는 카카오가 지급결제 대행기관 LG CNS와 제휴를 맺고 2014년 9월부터 제공하는 신용카드 간편결제 서비스다. 이 서비스에서 카카오는 서비스 제공 채널로 카카오톡 플랫폼을 제공하고, LG CNS는 결제 솔루션 제공 및 가맹점 모집 업무를 담당했다. 카카오는 2014년 11월부터 금융결제원 및 은행들과 제휴를 통해 모바일 송금 서비스를 주요 기능으로 하는 뱅크월렛카카오 서비스를 제공하기 시작했다. 뱅크월렛카카오는 2013년 3월 국내 은행들과 금융결제원이 공동개발한 모바일지갑 뱅크월렛BankWallet을 카카오톡 플랫폼에 결합한 형태의 제휴 서비스다. 사용자는 플라스틱 카드 형태로 발급된 제휴 은행의 현금카드를 모바일 기기의 유심칩에 저장하여 CD/ATM이나 온·오프라인 가맹점에서 사용한다. 선불전자지급수단인 뱅크머니BankMoney를 충전하여 온·오프라인 가맹점에서 사용할 수 있으며 카카오톡 친구 정보를 이용해 개인 간 송금 서비스도 이용할 수 있다. 해당 서비스 제공 과정에서 카카오는 카카오톡 회원정보 관리 등의 서비스를 제공하며, 지급 및 기타 금융 서비스는 은행과 금융결제원이 수행한다. 카카오페이의 가장 큰 강점은 모바일 메신저 시장에서 90퍼센트가 넘는 점유율을 차지하는 카카오톡의 강력한 생태계다. 2023년 7월 카카오페이의 월평균 사용자는 500만 명에 가까운 것으로 나타났다.[29]

토스는 2013년 설립된 핀테크 비바리퍼블리카가 운영하는 결제 서비스로, 간편송금을 중심으로 사업을 시작했다. 간편 계좌송금이라는 기능이 보편화된 지금과 달리, 과거 우리나라 은행 앱은 송금 과정이 매우 불편했다. 모바일 앱을 이용해 상대방에게 송금하기 위해서는 공인인증서와 보안카드가 필수였다. 공인인증서를 스마트폰에 넣는 것조차 매우 번거롭고, 보안카드 번호를 3회 이상 잘못 입력할 경우 은행 영업점을 방문해 보안카드를 재발급받아야 하는 등 사용자 친화적이지 못했다. 이러한 문제의식을 바탕으로 비바리퍼블리카는 토스 개발에 착수했다. 서비스 초기에는 토스의 송금 방식이 다소 특이했다. 사용자가 송금을 요청하면, 은행 전산망의 송금 기능을 이용하지 않고 토스 측 가상계좌로 출금한 뒤, 가상계좌로부터 송금 대상자의 계좌로 다시 송금하는 방식이었다. 계좌에서 돈이 출금될 때는 은행의 자동이체 방식을 이용해서 토스 측 가상계좌로 돈을 가져오기 때문에 은행과의 직접 제휴가 필수였다. 그래서 사업 시작 시에는 토스와 제휴한 IBK기업은행, 부산은행, 경남은행만 지원되었다. 이후 2019년 오픈뱅킹 서비스가 시작되면서 개별 은행과 직접 제휴하던 방식에서 금융결제원의 표준화된 방식을 통해 모든 은행에 일괄적으로 금융 서비스를 제공할 수 있게 되었다.

최근 토스는 하나의 앱에서 모든 금융을 다룰 수 있는 단일 종합

[표 13-3] 주요 빅테크와 카드회사의 가맹점 수수료 비교

(단위: %)

간편결제 자금조달수단	가맹점 구분	빅테크			카드회사	
		네이버페이	카카오페이	토스	체크카드	신용카드
신용카드	영세	1.87	1.80	1.76	0.25	0.5
	중소	2.63	2.40	2.09	0.85	1.10
	준중소	2.70	2.55	2.37	1.00	1.25
	중견	2.97	2.80	2.64	1.25	1.50
	일반	3.74	3.30	3.30	1.90	1.90
선불충전금	구분 없음	3.74	3.30	3.30	해당 없음	

자료: 김영환(2023: 7).

금융 플랫폼을 목표로 보험과 개인 주식시장에도 진출하는 등 다양한 분야에서 입지를 강화하고 있다. 2023년 5월 기준 회원 수는 2,550만 명, 월간 활성 이용자는 1,510만 명으로 우리나라 국민 3명 중 1명이 사용하는 금융 서비스로 발전했다.[30]

한편 현재 삼성페이는 간편결제 서비스를 제공하면서 가맹점에 별도의 수수료를 부과하지 않는다.[31] 반면 빅테크 3사는 간편결제와 간편송금이라는 혁신적 금융 서비스를 제공하면서 가맹점에 높은 수수료를 부과하고 이를 수입의 원천으로 삼는다. 이들의 가맹점 수수료는 [표 13-3]에서 보듯이 신용카드사에 비해 매우 높아 적지 않은 논란이 되고 있다.[32]

비금융 기업의 선불충전금과 후불결제는 은행의 예금유치 및 신용공여와 성격이 같다

우리나라에서 빅테크 등 전자금융업을 영위하는 비금융 기업은 전자금융거래법상 모두 선불전자지급업으로 등록되어 있다. 간편결제의 경우 보통 신용(체크)카드 등록이나 계좌이체를 통한 결제는 물론 선

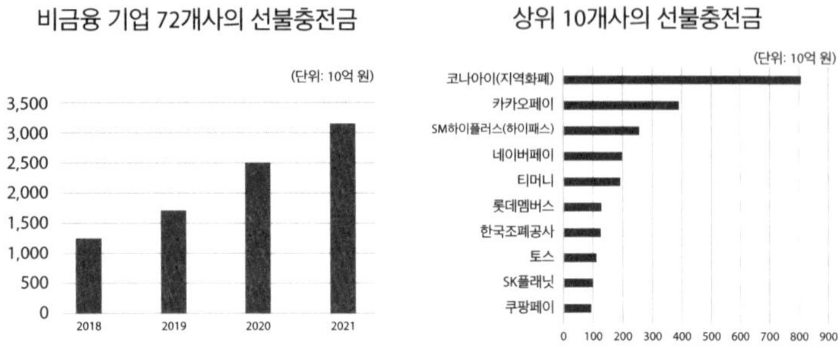

자료: 조윤진(2022).

[그림 13-2] 비금융 기업의 선불충전금 추이와 상위 10개사의 선불충전금 규모

| 2021년 말 기준. 코나아이는 지역화폐 미상환 잔액 포함.

불금충전을 통해 결제를 수행한다. 한편 간편송금은 항상 선불금충전을 통해 거래한다.[33] 이러한 선불금은 [그림 13-2]에서 보듯이 카드사나 계좌이체를 거치지 않은 간편결제나 송금 서비스 발전에 따라 급속히 팽창해 왔다.

이에 따라 비금융 기업의 선불충전금 규모는 2017년 약 1조 2,000억 원에서 2019년 1조 6,000억 원, 2021년 3조 원으로 급증하고 있다. 네이버페이, 카카오페이, 토스의 선불충전금 잔액도 2021년 현재 7,068억 원으로 나타났다. 이러한 선불충전금 규모 확대는 지급결제 시장에서 카드사나 은행과 같은 금융기관의 입지가 축소되고 비금융 기업인 선불전자업체가 점차 은행예금과 같은 금융 서비스를 제공하는 기관이 되어 가는 것을 시사한다.

선불충전금 확대 이유로는 무엇보다 전자금융업자들이 고객 유치를 위해 파격적인 선불충전금 혜택을 제공한 것을 들 수 있다. 예를 들어 네이버파이낸셜은 네이버페이를 통해 물건을 사면 결제금액의 1퍼센트를 포인트로 적립해 주고, 토스는 결제에 대한 보상으로 토스포인트를 제공하는데 네이버페이 포인트로 바꿔서 사용할 수도 있다. 전자금융업자들이 선불충전금을 확대하려는 것은 이른바 잠금효과lock-in를 유발하기 때문이다. 즉, 특정 전자금융업자에게 선불충전 잔액이 남아 있는 이용자는 다른 기업의 결제 서비스를 이용하는 것보다 기존의 결제 서비스를 이용하는 것이 편리하기 때문에 기존 결제 플랫폼을 지속적으로 이용한다. 또한 이용자가 내장된 신용카드나 체크카드를 이용하여 결제하면 카드사가 가맹점 수수료의 일부를 수취하고, 선불충전금을 통해 결제한다면 전자금융업자가 수수료 전체를 수취할 수 있기 때문이기도 하다.[34] 한편 선불전자지급업자로 잡히지 않은 대형 프랜차이즈 기업에 의한 선불충전금의 증가도 주목해야 할 변화다. 예컨대 커피 프랜차이즈 기업들의 선불충전금 규모를 살펴보면, 2021년 국내 스타벅스(스타벅스코리아)의 선불충전금 규모는 약 2,503억 원으로 집계되는데 이는 전년도 선불충전금 규모 1,300억 원에 비해 1년 만에 2배 가까이 늘어난 것이다.[35]

비금융 기업들의 결제 서비스 제공은 지급결제 시장의 경쟁과 혁신을 유발하여 이용자의 접근성 확대와 서비스 개선을 가져왔다. 다만 금융기관과 유사한 서비스를 제공함에도 불구하고 비금융 기업들에는 예금자보호법이 적용되지 않기 때문에 결제 서비스가 중단되면 이용자들이 큰 피해를 입을 수 있다. 특히 빅테크와 같은 비금융 기업은 단기간에 고객을 늘리고 시장을 장악하기 위해 무리한 경쟁을 벌일 가능성이 높다. 실제 2021년 외식 적립 쿠폰을 발행하는 머지플러스사의 환불 및 판매 중단 공지로 인해 이용자들이 적립해 놓은 포인트를 쓰지 못하는 사태가 발생했다. 머지플러스사는 영업장별로 나뉜 음료 적립 쿠폰이나 적립 포인트를 하나로 통합하겠다는 목적으로 머지포인트 앱을 개발하고 20퍼센트 할인된 금액으로 머지포인트를 구매하면 현금과 같이 사용 가능한 머지머니로 전환해 주는 서비스를 제공했다. 머지플러스는 저렴한 가격과 66만 개 이상의 가맹점 확보 등을 토대로 가입자 100만 명, 누적 발행액 1,000억 원을 넘어설 정도로 급속히 성장했으나, 돌연 사용 업종을 음식점으로만 한정하고 머지포인트 판매를 중단했다. 이에 따라 소비자들의 환불 요구 사태가 발생했다. 머지포인트 사태는 뚜렷한 사업 모델이 없음에도 짧은 기간에 다수의 가입자를 확보하여 초기 손실을 신규 이용자의 자금으로 충당하려는 이른바 폰지 사기Ponzi scheme[36]의 대표적 사례라고 할 수 있다. 당시 피해 고객이 56만 명에 달하고 피해액도 2,500억 원을 초과하는 것으로 추정되었다.[37] 이에 따라 우리나라는 2023년 8월 전자금융거래법을 개정해 선불충전금의 50퍼센트 이상에 해당하는 금액을 별도의 기관에 신탁, 예치 또는 지급보증보험의 방식으로 관리하도록 하고 있다.[38] 해외에서도 이용자를 보호하는 조치를 취하고 있다. 예컨대 EU에서는 전자화폐기관의 이용자에 대해 이용자 자금의 100퍼센트를 외부 기관에 분리예치하거나 지급보증보험에 가입할 것을 의무화하고 있으며, 중국에서도 이용자 자금의 100퍼센트를 중앙은행에 예치할 것을 규정하고 있다.[39]

한편 네이버페이, 카카오페이, 토스는 소비자들이 미리 충전한 선불금이 부족할 경우 30만 원 한도에서 후불로 결제할 수 있는 후불결제 서비스도 제공하고 있다. 해외에서는 결제 시점에 할부 서비스를 제공하는 BNPLBuy Now Pay Later이라는 후불결제가 신용 부족으로 신용카드를 발급받을 수 없는 젊은 층을 대상으로 인기를 끌어 하나의 제도로 정착되고 있다. 후불결제 서비스는 2005년 스웨덴의 핀테크 클라르나Klarna에 의해 시작된 이래 페이팔이나 애플과 같은 빅테크는 물론 미국의 시티은행이나 비자와 같은 카드회사가 시장에 참여하면서 점유율 경쟁을 벌이고 있다. 이들은 높은 수준의 가맹점 수수료와 연체료 및 이자 부과 등을 통해 수익을 확보하고 있다. 다만 이러한 후불결제 서비스는 신용카드 보급률이 높고 무이자 할부 등의 방식에 익숙한 국내 소비자들에게는 차별적 효용이 높지 않고 사용자의 연체율도 높아 고객 잠금효과와 데이터 확보를 노린 비금융 빅테크 기업들만 관심을 가질 것으로 보인다.[40] 이러한 서비스가 확대된다면 비금융 전자금융업체는 점차 예금을 받고 신용을 공여하는 은행과 본질적으로 유사한 기능을 수행하게 될 것으로 보인다.

13.4 플랫폼을 통한 빅테크와 금융기관의 융합

오픈뱅킹을 통한 금융시장 개방

최근 금융시장은 개방을 촉진하는 정부의 정책으로 개방형 생태계로 전환하고 있다. 오픈뱅킹이란 은행이 보유한 고객 정보를 고객의 동의를 받아 다른 금융회사나 핀테크 기업 등 제3자가 API Application Programming Interface[41]라는 플랫폼을 통해 접근할 수 있도록 허용하는 것을 말한다. 참가기관인 은행이 오픈뱅킹센터에 정보를 제공하면 핀테크 등 이용 기업에서 이 정보를 가져와 고객에게 제공하는 형태다. 예컨대 고객은 금융기관에 개설된 계좌를 핀테크 업체의 플랫폼에 본인인증 후 등록하면 자금을 편리하게 이체할 수 있다. 또한 여러 금융기관에 분산된 예금, 대출, 보험, 신용카드 거래내역 등을 하나의 앱에서 통합 조회함으로써 자기 자산을 효과적으로 관리할 수도 있다.

오픈뱅킹은 현재 국내외에서 활발히 이루어지고 있다. 오픈뱅킹은 EU가 2007년 지급서비스지침Payment Services Directive, PSD을 마련하면서 시작되었다. 이 지침은 지급 서비스와 지급기관을 정의하고, 지급 서비스는 은행 외 비금융 기업도 참여할 수 있다고 명시했다. 이어 EU는 2015년 이를 개정한 지침 PSD2에서 지급지시 서비스나 계좌정보 서비스를 제공하는 제3자 지급결제 서비스 제공업자TPP를 규정하고 소비자 계좌정보에 대한 이들의 접근권을 보장했다. 이에 따라 핀테크 등 비금융 기업도 제3자 지급결제 서비스 제공업자로서 은행이 독점해 온 고객의 금융정보를 오픈 API를 이용하여 확보할 수 있게 되었다. 이어 영국과 일본에서도 2018년 핀테크 기업에 대한 API 제공 등을 의무화했다.[42]

우리나라는 2019년 12월 은행과 핀테크를 대상으로 오픈뱅킹이 도입되었다. 개별 은행이 핀테크 등과 양자 간 오픈플랫폼을 운영하는 EU나 영국에 비해 우리나라에서는 금융결제원이 중심이 되어 공동형 플랫폼을 구축했다. 기존에 이러한 서비스를 제공하기 위해서는 각 회사가 개별 은행과 별도의 계약을 맺고 전용회선을 설치해야 하는 문제로 인해 중계업체를 끼고 서비스를 이용해야 했기 때문에 고액의 수수료가 발생했다. 우리나라의 오픈뱅킹은 금융결제원이 참가은행에 기존에 설치된 전용회선으로 중계하기 때문에 핀테크 등 참여업체는 금융결제원에서 제공되는 API로 접속만 하면 서비스 이용이 가능해 수수료가 저렴하다는 장점을 가진다. 현재 제공되는 서비스는 잔액, 거래내역, 계좌정보, 송금인정보 등 정보조회 서비스와 입금 및 출금 이체 서비스이다. 우리나라의 오픈뱅킹은 2019년 도입 이후 증권사, 저축은행, 카드회사 등 이용기관이 확대되면서 출범 2년 만에 120개 이상의 금융사 및 핀테크사가 참여하는 시스템으로 발전했다. 이에 따라 오픈뱅킹을 통한 각종 정보조회와 자금이체의 이용이 빠른 속도로 증가하고 있다.[43] 특히 오픈뱅킹 출금이체 시장의 경우 2021년

[표 13-4] 오픈뱅킹 시행에 따른 금융 수수료 절감 효과

(단위: 원)

구분		오픈뱅킹 시행 전 수수료	오픈뱅킹 시행 후 수수료	
			월 100억 원 또는 10만 건 미만 거래	월 100억 원 또는 10만 건 이상 거래
조회	잔액	10	2	3
	거래내역	50	5	10
	계좌실명	100	8	15
	송금인정보	300	8	15
이체	출금이체	500	30	50
	입금이체	400	20	40

자료: 금융결제원(2021: 180).

기준 전체 출금이체 건수의 80퍼센트 이상이 핀테크를 통해 이루어졌다. 이는 무엇보다 간편결제 사업자가 오픈뱅킹을 통해 연결 계좌의 자금을 출금하여 선불충전금으로 전환하는 서비스를 제공하는 경우가 많기 때문이다.

우리나라의 오픈뱅킹은 핀테크의 금융 서비스 시장 진출을 지원하는 것은 물론 소비자의 금융 서비스 이용 편의를 높이고 수수료를 경감하기 위해 추진되었다. 소비자는 다수의 금융회사 앱을 본인이 휴대하는 스마트 기기에 일일이 설치할 필요 없이 단일 채널을 통해 본인 명의 금융계좌에 대한 정보를 조회하거나 자금이체 서비스를 이용하면서 수수료 절감을 기대할 수 있다 [표 13-4]는 오픈뱅킹 시행에 따른 수수료 절감 효과를 보여 준다.[44]

오픈뱅킹에서 오픈파이낸스로

2011년 3월 미국 시사 주간지 『타임Time』에 「당신의 데이터가 팔리고 있다Your data for sale」라는 기사가 실렸다. 구글이나 애플 등 이른바

GAFAM이라고 불리는 미국의 공룡 IT 기업들이 개인정보를 수집하고 독점하면서 많은 돈을 벌고 있다는 내용이었다.[45] 지금은 여러 산업 영역의 많은 기업들이 고객의 취향, 선호, 라이프 스타일, 활동내역, 거래정보, 수입 및 지출 정보 등 구체적인 개인정보를 수집한다. 데이터 수집 범위가 넓고 품질이 좋을수록 더 좋은 서비스를 개발할 수 있기 때문이다. 데이터가 곧 서비스가 되고, 수익을 창출하며, 경쟁력이 되는 시대가 되고 있다. 그럼에도 불구하고 개인들은 개인정보를 소유하지 못하고 기업들만 사적으로 이용해 왔다. 또 이 과정에서 기업 규모의 차이에 따라 기업 간 정보 불균형도 점점 커졌으며, 기존 기업들과의 정보 격차로 인해 개인정보를 이용한 신규 서비스가 성장하기도 어려웠다. 이에 따라 개인정보 보호 등 소비자의 데이터 권리 강화를 위한 법안이 각국에서 마련되기 시작했다.

EU는 2018년 개인정보보호규정General Data Protection Regulation, GDPR을 마련하여 세계에서 가장 먼저 디지털 시대에 맞게 개인정보 관련 법안을 정비했다. GDPR은 개인의 데이터 전송요구권을 포함하여 데이터에 대한 접근과 삭제 등 정보 주체가 행사할 수 있는 권리들을 규정하고 있다. EU는 이미 살펴본 바와 같이 개정 지급서비스지침인 PSD2를 통해 금융사가 보유한 계좌정보를 제3자에게 개방할 것을 규정했다. 이와 더불어 정보 주체의 권리 강화를 의무화한 GDPR 규정에 따라 고객이 요청할 경우 데이터를 보유한 정보 제공자는 해당 데이터를 널리 사용되며 기계로 판독할 수 있고 호환성이 높은 형태로 제3자에게 전송해야 한다. 데이터 개방과 더불어 개인이 데이터의 주인이 되는 이른바 마이데이터MyData 산업이 출현하게 된 것이다. 마이데이터란 말 그대로 개인이 나의 데이터를 기업 또는 기관이 활용하는 것에 대한 결정권을 갖고 이를 제3자에게 전송할 수 있는 개인정

보이동권Right to Data Portability을 가지는 것이다.[46]

우리나라에서도 2020년 1월 개인정보보호법, 신용정보법, 정보통신망법으로 구성되는 이른바 데이터 3법을 정비하여 마이데이터 산업의 근간을 마련했다. 우선 우리 정부는 개인정보보호법에서 개인정보를 개인정보, 가명정보, 익명정보 등으로 명확히 구분하고 가명정보를 통한 데이터 이용을 활성화했다. 다음으로 신용정보법을 개정하면서 개인정보의 자기결정권 및 전송요구권을 도입하는 한편, 금융분야의 마이데이터로 본인신용정보관리업을 명시하여 마이데이터 산업의 도입을 가능하게 했다. 마지막으로 정보통신망법에서는 기존의 개인정보보호 사항을 개인정보법으로 이관하고 관련 조항을 개정했다.[47] 그 결과 2022년부터 시중은행을 비롯해 총 33개 업체가 마이데이터 사업을 시작하게 되었다. 한편 정부는 금융회사가 고객의 신용정보를 마이데이터 사업자에게 전송하는 기술적 문제와 관련하여 마이데이터 중계기관을 설치하여 운영하도록 했다. 중계기관은 마이데이터 표준 API를 직접 구축하기 어려운 신용정보 제공사의 부담을 줄여 주기 위해 등장했으며, API 중계시스템을 구축해 정보 제공자와 정보 수신자 사이에서 개인신용정보 중계 역할을 한다. 현재 우리나라에서는 금융결제원, 신용정보원, 코스콤 등이 중계기관으로 지정되어 있으며 이 중 금융결제원은 은행권에 관한 마이데이터 중계기관이다.[48]

이에 따라 기존의 은행 관련 데이터를 개방하는 데 그쳤던 오픈뱅킹이 오픈파이낸스open finance로 진화하고 있다. 오픈파이낸스란 기존의 은행 계좌조회 및 이체 관련 데이터만 개방했던 오픈뱅킹 영역을 카드, 증권, 자산운영, 보험 등 여러 영역에 분산되어 있는 모든 데이터로 확대하여 공유할 수 있도록 하고, 제3자에 의한 지급절차도 허용하는 한 단계 더 개방된 금융 환경이다. 오픈파이낸스 환경에서 소비자는 자신의 모든 금융 및 비금융 데이터를 하나의 앱에서 조회할 수 있으며 다양한 금융기관과 핀테크 기업으로부터 개인별 맞춤형 상품을 추천받고 자유롭게 저축이나 투자를 하며 보험 등에 가입할 수 있다. 특히 지금까지 일부 고액 자산가에게만 제공되던 은행의 자산관리 서비스Private Banking를 모든 개인이 받을 수 있게 되어 금융 패러다임의 큰 변화가 예견된다. 실제 우리나라의 핀테크인 뱅크샐러드는 통합자산관리 서비스를 제공하는 마이데이터 앱으로 큰 주목을 받고 있다.[49]

오픈파이낸스 환경에서는 금융기관과 빅테크 간 구분이 점점 어려워질 것으로 보인다. 이미 많은 빅테크가 앱이나 플랫폼을 통해 혁신적 금융 서비스를 창출하는 등 빅테크의 금융업 진출이 가속화하고 있다. 빅테크 경쟁력의 핵심 원천은 플랫폼에 있다. 플랫폼이란 다양한 형태의 앱이나 프로그램이 구동되어 비즈니스가 이루어지는 공간을 의미한다. 플랫폼은 판매자에게는 플랫폼에 참여하는 수많은 구매자에게 접근할 기회를 만들고 구매자에게는 플랫폼 내에서 다양한 판매 상품을 구입할 수 있는 생태계를 창출한다. 이처럼 판매자와 구매자가 상호 가치를 주고받아 함께 성장하는 시장을 양면시장two-sided market이라고 한다.

양면시장에서는 한쪽의 이용자 수가 증가하면 다른 쪽 이용자의 가치와 효용이 증가한다. 예컨대 음식배달업체 '배달의민족'을 이용하는 소비자 수가 늘어나면 이 플랫폼에 입점한 업체의 효용성이 커진다. 이에 따라 다시 소비자 수가 증가하고 이러한 상호작용이 반복되면서 배달의민족이 시장을 독점할 수 있다. 또한 판매자와 구매자 간 가격차별을 통해 플랫폼 이용을 확대할 수 있다. 빅테크는 고객들이 플랫폼을 사용하면서 발생시키는 방대한 고객 데이터를 바탕으로 플랫폼 참여자에게 가장 필요한 새로운 상품이나 서비스를 정밀하게 제공함으로써 다시 고객의 참여와 데이터를 늘리는 선순환을 가져온다. 이에 따라 더 큰 네트워크를 가진 플랫폼 운영자에게 생산자와 소비자가 집중되면서 승자독식의 경쟁 구도가 만들어진다.[50]

플랫폼은 고객과의 접점에서 고객의 행위 데이터를 생성하는 지급결제 기능을 향후 모든 산업과 연동하여 막대한 부가가치를 창조할 것으로 보인다. 이에 따라 마이크로소프트 창업자 빌 게이츠Bill Gates가 지적했듯이 "인터넷 발달과 더불어 은행업banking은 필요하지만 은행bank은 필요하지 않은" 세상이 오고 있다.[51] 실제 우리나라의 경우 카카오톡만 열어서 카카오페이 기능에 들어가면 은행업의 핵심 업무인 송금, 결제, 투자 등이 가능하다. 기술과 금융 간 경계가 무너지고 빅테크와 금융회사의 기능이 유사해지는 빅블러Big Blur 시대가 도래하고 있다.

디지털 컨버전스의 핵심은 슈퍼앱 개발에

플랫폼을 기반으로 한 빅테크의 금융산업 진출에 따라 전통적인 금융산업의 역할도 변화하고 있다. 현재까지 금융산업은 은행 중심의 구조였다. 따라서 수신과 여신 같은 중개 기능이 은행의 핵심 업무였고,[52] 지급결제 기능은 이에 수반된 보조적인 서비스에 그쳤다. 그러나 디지털 플랫폼 기반의 경제에서는 이러한 역할의 위상이 역전되어 자금 중개가 부수적 업무이고 지급결제가 핵심 업무로 부상할 수 있다. 이러한 변화의 이면에는 디지털 플랫폼에서 데이터가 차지하는 중요성이 자리하고 있다. 디지털 플랫폼에서 이루어지는 다양한 활동을 요약해 주는 것은 데이터이며, 데이터 가운데서도 지급 데

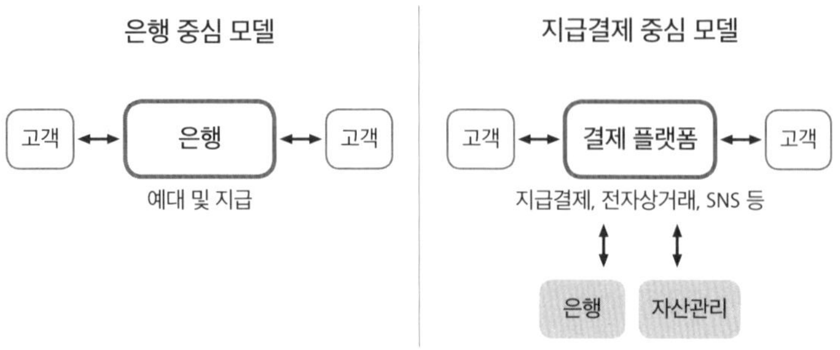

자료: Brunnermeier, James and Landau(2021: 16).

[그림 13-3] 은행 중심 모델과 지급결제 중심 모델

이터가 각 사용자들에 대한 가장 유의한 정보를 줄 것이기 때문이다. 다시 말해, '어떠한 물품을 구매'하는지가 각 개인의 특징을 가장 잘 보여 주는 데이터가 될 수 있기 때문이다. 이에 따라 미래에는 [그림 13-3]에서 보듯이 은행 중심의 금융 모델에서 지급결제 중심의 금융 모델로 이행할 것으로 전망된다.[53] 이러한 흐름 속에서 금융회사들도 빅테크에 맞서 점점 더 플랫폼 기업이 되기를 원하고, 플랫폼 제공자로서 은행의 역할과 관련하여 서비스로서의 은행업Banking as a Service 모델이 주목받고 있다. 이런 면에서 싱가포르 1위 은행 싱가포르개발은행DBS은 앱 플랫폼 개발을 바탕으로 가장 성공적인 서비스로서 은행업 모델을 보여 주는 은행이다. 싱가포르개발은행은 부동산, 주택, 교육, 여행 및 레저, 자동차, 헬스케어 등 여섯 가지 분야에서 400개 회사와 제휴를 맺고 금융과 비금융을 연계한 통합 서비스를 제공하는 '마켓플레이스' 앱을 운영하고 있다.[54] 마켓플레이스가 선정한 6개 분야는 생활비에서 70퍼센트를 차지할 정도로 일상생활과 밀접히 연계된 서비스다. 마켓플레이스 고객이 이들 서비스를 이용할 때 예약부터 결제, 지급까지 한 번에 가능하도록 구현하고 이 과정에서 카드나

대출, 보험상품 등을 연결하여 소비자와 은행이 서로 이익을 얻을 수 있는 구조다.

마켓플레이스와 같이 일상생활에 필요한 여러 서비스를 하나의 앱 안에서 한 번에 처리할 수 있는 올인원all-in-one 플랫폼을 슈퍼앱이라고 한다.[55] 슈퍼앱의 출현에 따라 은행 창구에서 대면으로 수행하는 금융거래는 급속히 감소하고 있다. 특히 코로나19로 인한 금융위기를 겪으면서 소비자들이 모바일 기반 금융거래로 대거 이동했다. 국내 주요 은행들도 이러한 추세에 발맞춰 은행, 증권, 보험, 카드, 자산관리 등 여러 금융 서비스를 통합하고 개인생활이나 기업활동과 연계할 수 있는 앱 플랫폼을 개발하고 있다. 예컨대 KB국민은행은 스타뱅킹으로 계열 서비스를 한자리에 모았고, 신한은행 역시 기존에 존재하던 신한S뱅크와 써니뱅크, 스마트실명확인, 온라인 등기 등 6개 앱을 쏠Sol 하나로 통합하여 많은 사용자를 확보했다. NH농협과 우리은행, 하나은행도 각각 금융 통합 플랫폼을 내세우고 있는데, 구체적인 현황은 [표 13-5]와 같다.[56]

[표 13-5] 국내 주요 은행의 앱 플랫폼 추진 현황

은행	통합앱	금융 서비스				생활밀착형 플랫폼 서비스					
		증권	보험	카드	자산관리	통신	주문/배달	자동차	부동산	건강	기타
국민	KB스타뱅킹	○	○	○	마이자산관리	○	○	○	○	○	예약 등
신한	신한SOL	○	○	○	머니버스	○	○	○	○	○	컵 반환 등
하나	하나1Q	○	○	○	하나합			○	○		예약 등
우리	Won뱅킹	○	○	○	우리 마이데이터			○	○		편의점 택배
농협	NH올원뱅크	○	○	○	NH 마이데이터			○			편의점 택배

자료: 차병주(2023: 15).

메타버스는 금융회사들이 빅테크들과 경쟁하는 또 하나의 중요한 플랫폼이다. 메타버스Metaverse는 초월을 의미하는 메타Meta와 세계·우주를 뜻하는 유니버스Universe가 합쳐진 말로, 가상과 현실이 상호작용하는 세상을 의미한다.[57] 메타버스는 1980년대부터 존재한 개념으로, 코로나19로 비대면 상황이 길어지면서 현실 대체수단으로 다시 주목받기 시작했다. 현재 국내외 대표적인 메타버스 플랫폼은 미국의 로블록스Roblox와 우리나라의 제페토Zepeto 등이 있다. 특히 제페토는 2018년 8월 네이버Z가 출시한 플랫폼으로, 2021년 전 세계 가입자수가 2억 4,000만 명을 넘어서며 활발하게 서비스 중이며 90퍼센트가 해외 이용자다.

메타버스의 특징 중 하나는 아바타가 현실세계처럼 메타버스에서도 경제활동을 할 수 있다는 점이다. 이곳에서 이용자는 게임을 하거나 아이템을 구입하는 소비활동뿐 아니라 자신이 메타버스에서 직접 상품이나 서비스를 제작하여 판매하는 활동도 가능하다. 또한 플랫폼 내 경제활동을 지원할 수 있는 자체 가상자산(화폐) 시스템이 마련되어 있어 아이템 등을 구매할 때 이용하고, 가상자산을 현금화해서 현실세계에서도 사용할 수 있다. 예컨대 제페토의 경우 가상자산으로 젬과 코인을 만들어 사용할 수 있는데, 젬은 사용자가 크레딧숍에서 신용카드 등 현실세계의 결제수단으로 구입하거나 제페토에서 미션을 수행하여 획득할 수 있으며, 크리에이터로서 제페토 스튜디오에서 아바타용 의류 등 가상상품을 직접 제작한 후 이를 판매하여 수익을 창출하기도 한다. 이에 따라 우리나라 금융회사들도 은행을 선두로 메타버스 활용을 모색하고 있다. 그러나 현재 대부분의 우리나라 은행은 코로나19 팬데믹으로 대면 방식 진행이 힘들었던 회의, 직원들과의 소통행사 등을 주로 메타버스 플랫폼에 가상공간을 개설해서 개

[표 13-6] 우리나라 은행의 지점 수 추이

구분	2015년	2017년	2019년	2021년	2023년
시중은행	4,314	3,861	3,784	3,316	3,011
지방은행	964	952	933	832	813
특수은행	2,003	1,976	1,992	1,946	1,928
계	7,281	6,789	6,709	6,094	5,752

자료: 금융감독원.

최하는 등 메타버스를 이해하고 경험하는 수준에서 사업을 진행하고 있는 상태다.[58]

금융기관들의 슈퍼앱과 플랫폼 개발로 다양한 온라인 서비스가 제공되면서 전통적인 은행 창구에서의 대면 금융거래는 급속히 사라지고 있다. 실제로 [표 13-6]에 나타나 있듯이 2015년 7,300개에 육박하던 우리나라 은행 지점 수가 2023년에는 약 5,700개로 감소했다.

14장

디지털 기술을 이용한 사적 화폐[1]

14.1 암호화폐

암호화폐의 왕 비트코인

비트코인Bitcoin은 가상공간에서 금을 모방하여 사토시 나카모토Satoshi Nakamoto라는 별명을 사용하는 익명의 프로그래머가 2009년에 만든 오픈소스 소프트웨어이면서 동명의 암호자산을 가리킨다. 비트코인이라는 명칭은 컴퓨터의 최소 정보 단위인 비트bit와 화폐를 뜻하는 코인coin에서 유래되었다. 사토시 나카모토는 중앙은행이 화폐를 과도하게 발행해 가치를 떨어뜨렸다고 비판하며, 기존 화폐와 달리 정부나 중앙은행의 개입 없이 개인 간P2P 빠르고 안전한 거래가 가능하며, 정부가 원하면 더 찍어 인플레이션을 유발할 수 있는 기존 화폐와 달리 최대 발행량이 한정되어 있는 암호화폐의 발행을 원했다. 따라서 2040년까지 비트코인 발행량은 2,100만 개로 제한하도록 설계되어 있는데, 2023년 9월 기준 약 1,950만 개 정도 발행되어 90퍼센트 이상 채굴된 상태다. 이에 따라 화폐 남발에 의한 인플레이션은 원천적으로 차단되어 있다. 비트코인은 중앙은행과 같은 발행기관 없이 온라인에서 발행되고 거래되기 때문에 쉽게 가짜를 만들 수 있다고 우려할 수 있으나 블록체인 기술 때문에 사실상 위조나 조작, 해킹은 거의 불가능하다. 누군가 비트코인으로 거래하면, 그 거래 내역이 하나의 블록에 기록된다. 그리고 비트코인 시스템에 참여하는 모든 사용자가 블록 추가에 대해 조정하고 합의하면 이 블록에 포함되어 있는 거래는 모든 참여자에게 전송되어 각자의 컴퓨터에 저장된 기존 장부에 추가된다. 이렇게 블록 단위로 연결된 컴퓨터 장부를 블록체인이라고 하는데, 이는 기존 은행과 같은 중개기관이 보관하는 장부가 아니라 참여자 모두가 공유하는 분산형 공동장부다. 따라서 수많은 참여자의 장부를 모두 변경하지 않는 이상 위조나 해킹을 할 수 없다.

한편 블록을 추가하기 위한 권한은 이른바 작업증명proof of work이라는 수학적 암호 문제를 가장 빨리 푸는 참가자에게 주어지며, 블록이 추가되면 해당 블록의 거래 내용을 모든 참가자에게 공개해 검증받는다. 이러한 검증 과정을 금을 채굴하는 과정에 빗대어 채굴mining이라고 부르는데, 이 과정에는 전기 등 엄청난 계산 자원이 소모된다. 따라서 이러한 값비싼 검증 혹은 채굴 과정에 참여한 사람들이 열심히 활동하도록 장려할 필요가 있다. 암호화폐로서 비트코인은 성공적인 채굴자에 대한 보상으로 발행되는 것이다. 따라서 채굴활동은 거래를 처리하고 장부에 기록하는 과정일 뿐만 아니라 새로운 비트코인을 공급하는 작업이기도 하다. 채굴자는 블록을 추가하는 데 따른 블록보상 외에 거래 내용을 블록에 보내 기록하게 하는 발신자로부터 거래수수료를 징수한다. 비트코인은 총량이 정해져 있기 때문에 채굴이 늘어나 비트코인 공급량이 한도에 이르면 채굴자들의 보상은 거래 수수료 수입으로만 구성된다. 채굴자가 아닌 개인은 법정화폐를 지불하고 비트코인을 매입하여 보유할 수 있다. 비트코인은 공개키 암호 방식의 주소 기반으로 거래가 이루어진다. 비트코인 주소는 공개키에서 파생되어 자유롭게 공유되도록 설계되어 있다. 공개키public key는 개인키private key와 한 쌍을 이루며, 비트코인으로 거래하고 싶으면 발신자의 개인키를 기반으로 하는 서명이 포함된 거래를 비트코인 네트워크에 전송한다. 그러면 누구든 개인키를 알 필요 없이 공개키 주소를 통해 거래를 식별하고 검증할 수 있다. 개인키는 지갑 파일 형태로 컴퓨터에 저장되거나 컴퓨터 외부의 별도 장치로 만들어진 지갑에 저장된다.[2]

초창기에 비트코인의 주 기능은 결제나 거래를 처리하는 수단, 즉 지급수단의 역할에 초점이 맞춰져 있었다. 실제로 2010년 5월 미국 플로리다주의 한 프로그래머가 약 40달러짜리 피자 두 판을 사면서 1만 비트코인을 지불하여 사상 처음으로 비트코인을 지급수단으로 이용한 거래가 이루어졌다. 그렇지만 시간이 흐르고 비트코인 가격이 급등하면서 비트코인을 사용하는 상황이 바뀌기 시작했다. 2011년 초 0.3달러였던 1비트코인 가격이 같은 해 연말에는 3달러 이상으로 10배 상승한 것이다. 2013년 말에는 990달러를 돌파했고, 2020년 말에는 2만 달러 이상으로 상승했으며, 2021년 11월에는 6만 3,000달러를 기록했다.[3] 피자 두 판의 가격이었던 1만 비트코인의 가치는 6억 3,000만 달러까지 오른 것이다. [그림 14-1]은 비트코인의 가격이 수천 배, 수만 배 상승하는 등 매우 높은 변동성을 나타내는 것을 잘 보여 준다.

비트코인의 높은 변동성은 화폐가 가지는 지급수단 기능은 물론

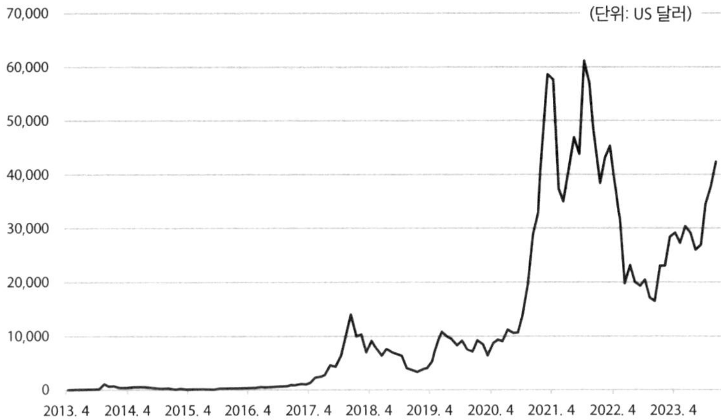

자료: CoinMarketCap.

[그림 14-1] 비트코인의 가격 변화

계산 단위나 가치저장 기능을 수행하는 데도 부정적으로 작용한다. 또한 비트코인은 공동장부 처리용량의 제한으로 인해 대기거래가 증가하고 거래기록 확정 등에도 시간이 오래 소요되며, 채굴과 관련된 과도한 전력 소비로 인해 지속 가능하지 못한 가상자산으로 인식되고 있다. 따라서 금융시장이 발달하고 지급결제 시스템 운영이 효율적인 선진 금융시장에서 비트코인을 화폐로 사용할 가능성은 매우 낮다. 다만 가치상승에 따른 이익을 대상으로 투기 혹은 투자자산, 곧 암호자산으로 수요되고 있다.

스마트 계약을 위해 창안된 이더리움

이더리움Ethereum은 블록체인 위에 스마트 계약smart contract이란 약속을 구현할 수 있도록 설계된 플랫폼이다. 스마트 계약이란 계약 당사자가 사전에 협의한 내용을 미리 프로그래밍하여 전자계약서 형태로 기록해 두고 이 계약 조건이 모두 충족되면 계약 내용이 자동으로 실행되도록 하는 시스템을 의미한다. 따라서 사용자들은 신뢰할 수 있는 제3의 기관에 의한 에스크로 서비스 없이도 스마트 계약 하나로 거래를 쉽게 완결시킬 수 있다.[4] 예컨대 보험 가입자가 보험료를 납부하고 강우량이나 온도가 특정 임계치를 넘으면 보험금이 자동 지급되는 날씨보험은 스마트 계약이 잘 활용될 수 있는 사례다.

이더리움은 2015년 비탈릭 부테린Vitalik Buterin이 개발했다. 부테린은 비트코인에 사용된 핵심 기술인 블록체인에 거래기록뿐 아니라 계약서 등의 추가 정보를 저장할 수 있다는 점에 착안하여 스마트 계약을 실행하는 가상 시스템을 고안했다. 따라서 비트코인이 지급결제를 위해 개발되었다면 이더리움은 계약서, SNS, 이메일, 전자투표 등 다양한 앱을 운영할 수 있는 플랫폼으로 개발된 것이다. 이에 따라 이더리움의 사용자들은 이른바 '디앱dApp'이라고 불리는 분산 앱decentralized application을 만들어 비즈니스를 전개할 수 있다.

실제로 이더리움을 이용한 최초의 디앱이자 가장 유명한 사례 중 하나는 크립토키티CryptoKitties라는 가상의 고양이 키우기 게임이다. 크립토키티에서 이용자는 고양이를 이더리움의 암호화폐인 이더ether로 사고팔 수 있으며 고양이 두 마리를 교배하여 부모의 유전자를 물려받은 새로운 새끼 고양이를 만들 수도 있다. 크립토키티가 선풍적인 인기를 끌어, 한때 크립토키티의 스마트 계약은 전체 이더 거래량의 15퍼센트까지 차지했다. 디앱은 개념적으로는 애플스토어에서 판매하는 앱과 동일하나 이더리움과 같은 분산 플랫폼을 사용하여 탈중앙 앱을 지향한다는 점에서, 그리고 사용료를 토큰으로 지불한다는 점에서 차이가 있다. 예컨대 애플스토어에서 애플은 자사 앱의 인앱 매출에 대해 30퍼센트에 이르는 수수료를 부과하여 많은 개발자가 불만을 산 데 비해 디앱은 스마트 계약을 통해 이러한 중개기관의 개입을 배

제할 수 있다.[5]

한편 토큰이란 본래 코인을 제외한 모든 암호화폐를 지칭한다. 즉, 코인은 비트코인이나 이더와 같은 블록체인 플랫폼의 기축통화를 의미하는 데 반해 토큰은 자체 플랫폼 없이 이더리움 블록체인상에서 구동되는 다양한 프로그램이나 디앱에서 사용되는 암호화폐를 지칭한다. 따라서 토큰은 코인과 달리 채굴되지 않고 발행자에 의해 판매되거나 무상배분되어 창출된다. 코인과 토큰은 이처럼 기술구조상 차이가 있지만 현재는 큰 구분 없이 비슷한 의미로 사용된다. 예컨대 암호화폐 거래소에서는 코인이나 토큰이 구분 없이 똑같이 거래되는데, 2021년 기준 거래되는 암호화폐 약 5,000개 중 4,000개 이상이 토큰이었다.[6]

이더리움 플랫폼의 고유 코인인 이더는 비트코인과 더불어 가장 대표적인 암호화폐다. 이더는 비트코인과 마찬가지로 블록체인 플랫폼에서 작업증명과 거래검증에 대한 보상으로 발행되었다. 즉, 사용자가 이더리움 내 디앱 중 하나에서 무언가를 바꾸고자 할 경우 이러한 변경 사항을 처리하기 위한 채굴비와 거래수수료가 이더로 지급되는 것이다. 이더리움 네트워크에서 수행되는 작업증명의 양은 보통 가스gas로 표현되기 때문에, 거래수수료를 가스 비용이라고 부른다. 다만 이더리움 플랫폼에서 처리할 수 있는 가스 총량에는 한도가 있기 때문에 거래 처리 속도가 느려지는 문제가 발생한다. 예컨대 대중적으로 사용하는 비자카드 네트워크는 초당 2,000건의 거래를 처리하는 데 비해 비트코인은 초당 7건, 이더리움은 초당 20건의 거래를 처리한다. 따라서 거래수수료가 거래당 평균 8~40달러까지 올라간다.

이더리움의 단점인 속도와 수수료 문제를 보완하기 위해 새로운 블록체인 플랫폼 솔라나Solana가 만들어졌다. 솔라나는 초당 수만 개의 거래를 처리하고 평균 수수료는 거래당 1센트 미만으로 알려졌다. 이에 이더리움 플랫폼은 2022년부터 이러한 문제를 보완하고 작업증명을 지분증명으로 전환했다. 지분증명은 더 많은 코인을 보유한 사람들에게 더 많은 보상을 주는 방식으로 블록체인을 만들 권한을 준다. 즉, 채굴자 혹은 검증자validator가 되기 위해서는 이른바 지분stake이라고 하는 일정량의 코인을 플랫폼에 예치(스테이킹)해야 하며, 성공적인 채굴자로 선택될 확률은 지분에 비례한다.[7]

이더는 비트코인의 경우와 같이 채굴에 대한 보상으로 얻어진다. 그러나 발행량이 고정되어 있는 비트코인과 달리 이더는 이론적으로 발행량에 제한이 없는 탄력적 공급 구조를 가지고 있다. 따라서 시장 상황에 따라 공급량이 조정된다. 실제 이더리움 플랫폼 출시 당시 사전 판매 및 네트워크 기여자에 대한 무상분배로 7,000만 개 이상의 이더가 발급되었다. 특히 블록체인상 코인이나 토큰을 매각하여 사업에 필요한 자금을 조달하는 스마트 계약 방식을 주식상장에 빗대어 코인상장initial coin offering, ICO이라고 하는데, 이더도 이러한 방식으로 초기 자금을 조달했다.[8] 현재 이더는 일반적인 지급수단이라기보다 스마트 계약과 디앱의 운용을 위해 더 많이 사용되는 암호화폐다. 따라서 교환수단으로서의 유용성 면에서 이더는 비트코인에 못 미친다.

한편 우리나라에서도 카카오의 자회사가 이더리움과 100퍼센트 호환되는 클레이튼Klaytn이란 블록체인 플랫폼을 개발했다. 클레이튼은 이더리움과 동일한 디앱들의 플랫폼 역할을 수행하고, 클레이튼의 암호화폐인 클레이KLAY는 이더리움에서 거래되는 이더와 동일한 기능을 한다. 한국은행의 2022년 CBDC 모의실험은 바로 클레이튼을 활용하여 이루어진 것이다.[9]

투기 대상에서 투자상품으로 바뀌는 암호화폐

비트코인 발행 이후 암호화폐의 수는 지속적으로 증가하여 2021년 1만 2,000개를 초과했고, 시가 총액은 2조 4,000억 달러에 이르렀다. 다만 시가 총액은 장기적 상승 추세 속에서 상승과 하락을 반복하며 극심한 변동을 나타냈다. 한편 비트코인은 가장 중요한 암호화폐로, 2009년 발행 이후 줄곧 시가 총액 1위를 차지해 왔다. 2023년 말 현재 비트코인의 시가 총액은 약 8,326억 달러로 전체 암호자산 시장의 약 50퍼센트를 차지했다. 이더는 비트코인에 이어 2위인데, 2023년 말 시가 총액은 2,754억 달러로 전체 암호화폐 시장의 약 17퍼센트를 차지했다.

우리나라의 경우, 2023년 말 기준으로 유통 중인 암호화폐의 수는 600개이며 시가 총액은 43.6조 원으로 조사되었다. 등록계정 수는 1,816만 개이며 이 가운데 적극적으로 가상자산을 거래하는 이용자는 645만 명에 이르는 것으로 나타났다. 국내 암호화폐 시장에서도 시가 총액 1위는 국제 시장에서와 같이 비트코인으로 나타났으며, 2위는 해외 송금용으로 개발된 리플Ripple이고, 이더는 3위로 조사되었다.[10]

비트코인과 이더는 암호화폐라고 불리지만 실제로는 화폐 기능을 하지 못한다. 이들 암호자산은 실제 거래에서 직접적인 지급수단으로 사용되지 못하고 거래 시 법화로 환전해야 하는 불편함이 있기 때문이다. 그래서 암호화폐는 지급수단보다는 투기적 성격이 강한 투자자산으로 주목받고 있다.[11] 특히 암호화폐는 다른 자산과 달리 본질적 가치가 전혀 없고 오직 자산가치 상승차익을 노린 수요에 의해 가치가 결정된다는 점에서 투기성이 높다. 반면에 은행의 예금과 채권의 경우 자산가치 상승차익이 아닌 고정적인 수익률을 추구하므로 투자성이 높고 투기성이 낮다. 특히 예금과 채권은 기업의 안정적 자금 공급원으로 기업의 생산에 기여하고, 그 대가로 일정한 이자를 제공받으며, 이에 따라 가격이 책정된다. 한편 주식의 경우 주가 상승으로 인한 차익 실현을 추구한다는 점에서, 암호화폐와 마찬가지로 투기적 투자자산의 성격을 지닌다고 볼 수 있다. 다만 주식은 기업이 공모나 증자 등을 통해 투자자금을 조달하는 중요 수단으로, 생산에 기여하고 투자자에게 배당금도 제공한다. 따라서 배당 및 기업가치 전망을 바탕으로 가격이 결정된다. 이 점에서 차익거래 외에는 수익을 확보할 방법이 없는 암호화폐와 구분된다.[12]

암호화폐 시장의 성장과 높은 수익성에 따라 금융기관이나 투자자의 관심이 지속적으로 증가해 왔다. 이에 따라 고수익을 노리고 암호화폐에 투자하는 크립토펀드cryptofund가 2021년까지 850개를 초과했고, 미국의 주요 연기금도 암호자산에 투자하기 시작했다. JP모건 등 주요 글로벌 금융사도 이미 일부 고객을 대상으로 크립토펀드를 운용하고 있다. 한편 세계 최대 자산운용사 블랙록BlackRock 등은 비트코인 현물 상장지수펀드인 ETF의 상장을 미국 증권거래위원회SEC에 신청했다. ETF는 증시에 상장해 주식처럼 거래할 수 있는 펀드로 주식이나 금, 원유 등 원자재를 비롯해 다양한 자산을 포함할 수 있다. 비트코인 ETF는 비트코인을 편입한 펀드이므로, 이를 매입하는 것은 실질적으로 비트코인을 사는 것과 같다. 최종적으로 2024년 1월 미국 증권거래위원회는 11개 자산운용사의 비트코인 ETF의 증권시장 상장을 허용했다. 그동안 가상자산 거래소에서만 가능했던 비트코인 거래가 일반 투자자들이 주식 시장에서 투자할 수 있는 상품이 되어 암호자산에의 접근성이 높아졌다. 가상화폐 혹은 암호화폐로 출범한 비트코인이 정식 투자자산이 된 것이다. 다만 우리나라 금융위원회는 비트코인 현물 ETF가 투자중개업자의 라이선스 범위를 벗어난 상품에 해당하므로, 국내 금융투자업자의 중개가 허용되지 않는다고 밝혔다. 이에 따라 비트코인은 우리나라에서 아직 '자본시장과 금융투자업에 관한 법률'(약칭 '자본시장법')에 명시된 투자상품에 해당되지 않는다.[13]

14.2 스테이블코인

법화 지위를 위협한 리브라

민간 차원에서 암호화폐 발행 시도는 계속되어 왔다. 그러나 법화로 표시되어 가치 변동성이 없는 CBDC와 달리 민간 차원의 암호자산은 높은 가치 변동성 문제로 지급수단으로는 한계가 있었다. 이에 따라 기존 통화와 안정적인 교환관계를 통해 디지털 화폐로서 역할을 하고자 스테이블코인이 출현했다. 스테이블코인은 달러화와 같은 법화로 표시한 가격이 거의 변동하지 않고 안정된 암호화폐를 의미한다. 이에 따라 스테이블코인은 지급·거래·금융 등 다양한 영역에서 법화가 가지고 있는 지급수단, 계산척도, 가치저장 기능을 수행할 수 있다.

스테이블코인의 발행 원리는 과거 주화에서 지폐(은행권)로의 이행과 유사하다. 즉, 은행권의 신뢰를 확보하기 위해 처음에 은행권이 주화를 담보로 발행되고 은행권 이용자가 언제든지 주화로 태환할 수 있었던 것과 마찬가지로, 스테이블코인도 법화와 같은 다른 지급수단을 담보로 발행된다. 가치 및 지급의 신뢰도는 여전히 법화에 비해 낮지만, 가상공간 내 활용성 및 확장성 면에서는 스테이블코인이 우월하다. 스테이블코인은 전 세계 어디서든 동일한 가치로 사용될 수 있으며, 이종 암호자산 간 거래 및 국경 간 거래에서 유용하기 때문이다.

지금은 메타Meta라고 불리는 페이스북Facebook은 2019년 6월 비자,

마스터카드, 이베이, 우버, 페이팔 등 27개 기관과 함께 리브라협회를 만들고 스테이블코인 리브라Libra를 발행할 계획이라고 발표했다. 페이스북은 중국의 위챗과 같이 소셜 네트워크를 넘어 모든 경제활동을 포괄하는 슈퍼앱을 만들고자 했다. 위챗이 중국의 슈퍼앱이라면 페이스북은 글로벌 슈퍼앱을 지향했다. 이 계획의 첫 목표는 세계 각국의 모든 사람이 쉽게 접근하고 저렴하게 이용할 수 있는 간편한 세계통화 리브라를 만드는 것이었다. 리브라의 특징은 다음과 같다.[14]

우선, 리브라는 블록체인에 기반을 둔 글로벌 암호화폐로 기획되었다. 특히 리브라 블록체인은 사전 허락이나 동의 없이 누구나 참여 가능한 비트코인 블록체인과 달리, 정해진 구성원들에 한해서만 네트워크 참여가 허용되는 허가용permissioned 블록체인이었다. 즉, 리브라협회 멤버들만 가상화폐의 발행과 소각을 결정할 수 있으며, 시스템 변경 등에 대한 투표권을 가진다. 불특정 다수의 사용자를 대상으로 한 개방형 블록체인은 탈중앙화 면에서는 매력적이지만, 안정성과 확장성에 문제가 있어 중앙화 구조가 채택되었다. 한편 리브라는 주요국 법화를 담보로 하여 내재가치를 갖는 스테이블코인으로서 달러, 파운드, 유로, 엔 등 주요국 통화 바스켓과 연동하여 교환가격이 결정되도록 하는 방식이었다. 암호화폐의 가격변동성을 낮게 유지하기 위해서는 언제든 실물 통화와 교환해 줄 준비가 되어 있다는 시장의 믿음이 중요하다. 일반적으로 은행의 경우 부분준비금제도를 활용하여 예금 총액의 일부만 준비금으로 보유하는 데 반해, 리브라는 100퍼센트 지급준비금제도를 채택했다. 이는 초기 유통 단계에서 리브라의 화폐가치에 대한 신뢰도를 높이기 위한 시도였다.

리브라는 잘 갖춰진 페이스북 네트워크를 기반으로 기존 금융산업에 큰 영향을 미칠 것으로 기대되었다. 페이스북은 1년간 메시지 플랫폼, 쇼핑, 소규모 광고주들의 광고 등을 통해 약 1,000억 달러의 거래를 처리하는 거대 빅테크 기업이기 때문이었다. 특히 리브라 사업이 추진되면 공적 금융기관에 접근하는 데 어려움이 있는 수많은 사람에게 저비용 금융 서비스라는 선물을 제공할 것으로 기대되었다. 개발도상국 출신인 사람들이 매우 싸고 편리한 해외송금 서비스를 많이 이용할 수 있었기 때문이다. 그러나 리브라 발행 계획이 발표된 후 주요국의 규제 당국 및 중앙은행으로부터 다양한 우려가 제기되면서 리브라 발행 계획은 난관에 봉착했다. 이들은 세계통화인 리브라의 사용이 각국의 통화주권을 침해하고 금융안정을 저해하는 한편, 불법자금 조달 및 자금세탁 등에 악용될 소지가 있다고 염려했다. 또한 리브라가 부실화할 경우 소비자 및 투자자 보호 문제도 제기되었다.

리브라협회는 이런 다양한 의견을 반영하여 2020년 계획을 수정했다. 가장 중요한 변경 사항은 통화주권에 대한 우려를 불식시키기 위해 리브라 달러나 리브라 유로와 같이 주요국의 개별 통화에만 연동되는 스테이블코인을 발행하는 것이었다. 개별 통화에 연동되어 리브라를 발행할 때는 발행액의 100퍼센트를 지급준비금으로 보유해야 하고, 이 중 80퍼센트는 단기 국채로, 나머지 20퍼센트는 현금 및 MMF로 구성해 환매에 안정적으로 대응할 수 있도록 했다.[15] 개별 통화 리브라가 발행된 후 다시 스마트 계약 형태로 이들을 가중평균하여 복수 통화 바스켓 기반의 글로벌 스테이블코인 발행도 계획되었다. 한편 불법자금 조달 및 자금세탁에 대한 우려를 반영하여 금융규정 준수와 위험관리도 강화되었다.

그럼에도 불구하고 리브라에 대한 주요국의 정부와 중앙은행의 부정적 시각이 불식되지 않았다. 특히 리브라는 기능적으로 은행 예금통화와 동일한데도 비은행 민간기업인 페이스북과 리브라협회가 은행업 인가 없이 아무런 규제도 받지 않고 사실상 수신(자금 수취) 행위를 하는 것이 문제로 제기되었다. 이에 따라 페이스북의 리브라 발행에 대한 허가가 계속 연기되었다. 2020년 12월 리브라협회는 페이스북과의 연계를 끊고 새롭게 발행되는 리브라의 이름을 '디엠Diem'으로 변경하는 등 스테이블코인 발행을 위해 노력했으나 성과 없이 결국 2022년 프로젝트를 완전히 종료했다. 그렇지만 리브라 발행 계획으로 촉발된 글로벌 스테이블코인의 잠재적 파급 효과에 대한 우려를 불러일으켰고, 이는 주요국들이 CBDC 발행에 보다 관심을 갖도록 하고, 리브라와 같은 스테이블코인의 규제체제 구축의 시급성을 일깨워 주는 계기로 작용했다.[16]

화폐가 되길 원하는 다양한 스테이블코인

스테이블코인은 안정된 가치를 바탕으로 현재 암호자산 생태계에서 가장 중요한 교환수단이자 암호화폐와 실물 화폐를 이어 주는 창구다. 스테이블코인은 담보의 유무에 따라 두 가지 형태로 구분된다. 첫 번째는 현재 대부분의 스테이블코인이 이용하는 형태로, 중앙중개기관이 중심이 되어 자산담보로asset-backed 발행하는 암호화폐다. 담보자산으로는 현금이나 예금, 국채와 같은 실물 자산은 물론 다른 암호자산 등이 사용되며, 중앙중개기관은 이 담보자산을 이용해 스테이블코인의 발행이나 상환 조정 역할을 한다. 이러한 스테이블코인은 다시 담보의 종류에 따라 테더Tether: USDT, USD코인USDC이나 바이낸스코인USD와 같이 법정화폐를 담보로 하는 것과 다이DAI와 같이 암호자산을 담보로 하는 것으로 구분된다. 2023년 기준 코인마켓캡CoinMarketCap에 등록된 스테이블코인은 약 150개에 달하지만, 그중 시가 총액이 1조 원 넘는 상위 코인은 위 4개를 포함한 5개에 불과하

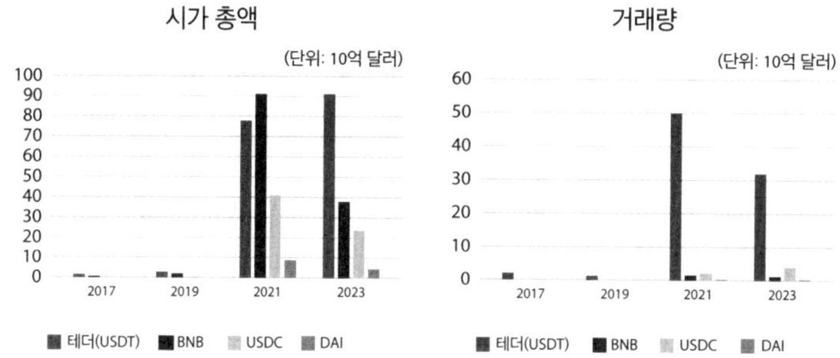

자료: CoinMarketCap(2023).

[그림 14-2] 스테이블코인의 시가 총액과 거래량

고 모두 담보형이다. 두 번째 형태는 정교한 알고리즘을 기반으로 스테이블코인의 수요와 공급량을 조정하여 가격을 안정시키는 스테이블코인이다. 이를 알고리즘 기반 스테이블코인이라고 하는데, 최근 파산한 테라Terra가 대표적이다.[17]

스테이블코인을 종류별로 살펴보면 [그림 14-2]에서 보듯이 테더가 2023년 말 기준으로 시가 총액이나 일평균 거래량 측면에서 압도적인 위상을 차지하는 것으로 나타났다. 그리고 바이낸스코인이나 USD코인이 그 뒤를 잇고 있다. 이에 반해 다이는 시가 총액이나 거래량 면에서 상대적으로 그 위치가 미미하다.

이들 주요 스테이블코인을 개별적으로 살펴보면 다음과 같다. 우선, 테더는 법화를 통한 기존 암호자산의 거래를 보다 효율적인 거래 시스템으로 바꾸기 위해 창출되었다. 테더를 발행하는 비트파이넥스Bitfinex는 그 백서에서 1테더를 발행할 때마다 1달러를 은행에 예치함으로써 비트코인 분산원장제도하에서 법화를 만드는 것이 목적이라고 밝혔다. 즉, 테더의 설계 목적이 투자 대상이 아니라 암호화폐를 거래하기 위한 기축통화를 만드는 것임을 고려할 때, 테더를 통한 결제 및 거래는 법화를 통한 거래와 본질적으로 차이가 없다고 볼 수 있다. 실제로 많은 암호화폐 거래소는 미국 달러 대신 테더를 사용하며, 낮은 수수료와 다른 블록체인과의 확장성을 고려할 때 분산원장을 개발하고 사용하는 기업에서 향후 활용 폭이 매우 클 것으로 생각된다. 그러나 현실에서는 발행된 테더보다 예치한 달러가 부족하거나 디지털 지갑이 해킹당하는 등 예치금의 불완전성과 신뢰성 문제에 대한 우려가 상존하여 지급 기능을 확대하는 데 한계를 보이고 있다.

USD코인은 암호자산 기업 서클Circle이 미국의 대표적 암호자산 거래소 코인베이스Coinbase와 함께 미국 달러화를 담보로 1USDC의 가치를 1달러에 연동하여 발행되었다. USD코인은 이더리움 기반 암호화폐로, 거래와 지불 등에 스마트 계약으로 프로그래밍이 가능한 스테이블코인이다. USD코인 운영사인 서클의 경우 재정 및 운영이 불투명한 다른 암호화폐 운영사와 달리 회계법인의 정기감사를 받는 등 투명성과 신뢰성을 높여 차별화를 강조했다.

바이낸스코인은 중국 홍콩의 암호자산거래소 바이낸스Binance가 발행하는 스테이블코인이다. 바이낸스코인은 법화로 태환되지 않고 암호자산 간 거래만 가능하다는 특징이 있다.[18]

마지막으로, 다이는 암호화폐 담보 방식의 스테이블코인으로, 사용자가 이더를 담보로 예치하면 다이가 발행되고 반대로 대출한 다이를 상환하면 담보로 맡겨 두었던 이더를 환수할 수 있다. 다이는 미국 달러화의 가치에 연동되어 있다는 점에서 테더와 유사하나 몇 가지 차이점이 있다. 먼저 다이는 테더와 달리 담보자산이 변동성이 큰 암호자산이기 때문에 100퍼센트 이상의 초과담보over-collateralization를 유지하지 않고는 통화가치를 안정시키기 어렵다.[19] 또한 테더는 암호자산의 운영을 맡고 있는 비트파이넥스라는 중앙중개기관이 파산할 경우 지급불능 위험이 존재하는 데 반해, 다이는 탈중앙화 방식으로 가격을 유지하기 때문에 이러한 위험이 없다. 다이는 이른바 디파이DeFi 라는 탈중앙화 방식 거래에서 가장 널리 사용되는 스테이블코인이다. 달러화를 예치할 필요 없이 전 세계 어디서든 이더를 담보로 발행할 수 있고, 이더리움 플랫폼을 기반으로 운영되어 금융계약과 같은 스마트 계약을 자동으로 수행할 수 있기 때문이다. 다만 다이는 암호자산을 담보로 하고 있어 암호자산 가격이 예측하지 못할 정도로 급락하는 상황에서는 초과담보제도에도 불구하고 대응하기 어렵다는 단점을 지닌다. 이는 암호자산을 담보로 삼고 있는 모든 스테이블코인의 본질적 문제라고 할 수 있다.

현재 이들 자산담보부 스테이블코인은 주로 가상공간에서 암호자산의 거래수단이나 P2P 송금, 해외송금 등의 지급수단으로 사용된다. 그런데 이들 스테이블코인은 2부에서 살펴본 바와 같이 단기 금융자산을 담보로 발행되는 MMF와 유사한 구조다. 사용자들은 스테이블코인 관리자에 미국 달러화 등을 예치하고 그 대가로 코인을 발행받으며, 필요할 경우 스테이블코인을 운영기관에 상환하여 예치금을 인출할 수 있기 때문이다. 그러나 MMF는 일반 상거래에서 지급수단으로 쓸 수 있는 화폐가 되었으나 스테이블코인은 아직 가상공간을 벗어나 실물 경제 영역에서는 사용되지 못하고 있다.

무담보형 스테이블코인 테라와 코인런coin run

테라는 담보자산 없이 수요와 공급을 조정하는 재정거래 알고리즘에 기반하여 법화와 가치를 연동하는 스테이블코인이다. 이미 살펴본 바와 같이 대부분의 스테이블코인은 담보자산과 안정적 가치 연동을 핵심으로 한다. 그러나 테라는 이러한 방식을 채택하지 않고, 담보 대신 알고리즘을 택했다. 테라의 알고리즘이 코인의 가치를 안정시키는 방식을 자세히 살펴보면 다음과 같다.

테라 시스템은 스테이블코인인 테라와 채굴 토큰인 루나Luna로 구성된다. 여기서 테라는 항상 1달러 가치를 유지하는 코인이고 가격 변동성을 흡수하기 위해 시장 상황에 따라 가치가 변동되도록 설계된 토큰이다. 이 시스템에서 투자자는 스마트 계약을 통해 루나의 시장가격에 상관없이 항상 1달러 가치의 루나와 1테라를 교환할 수 있는 권리를 갖는다. 즉, 투자자가 테라를 상환받는 경우 시스템은 루나를 소각하는 대신 테라를 신규 발행하고, 반대로 테라를 상환하는 경우 시스템은 테라를 소각하고 루나를 새로 발행하여 테라의 유통량을 조절한다. 예를 들어 테라의 수요가 하락하여 테라의 시장가격이 0.9달러로 떨어졌다고 가정하면 투자자는 0.9달러로 1테라를 구입한 후 다시 1달러 가치의 루나와 교환하고 매각하여 0.1달러만큼 차익실현을 도모하려 할 것이다. 이때 시스템은 루나를 새로 발행해 주고 상환된 테라를 즉시 소각한다. 이렇게 테라가 소각되면 시장에서 테라의 공급량이 줄어 0.9달러였던 테라의 가격을 다시 1달러로 끌어 올리는 원동력이 된다. 반대로 테라의 수요가 증가하여 가격이 1.1달러로 오르면 투자자는 시장에서 1달러어치 루나를 산 후, 이를 다시 1.1달러 가격에 테라와 교환하고 매각하여 0.1달러만큼 차익을 실현하려 할 것이다. 이때 앞서와 마찬가지로 루나를 소각하면 그만큼 테라의 공급이 늘어나 시장가격을 떨어뜨리는 것이다.[20]

얼핏 보기에는 이러한 알고리즘이 안정적으로 작동할 것 같지만 항상 그런 것은 아니다. 안정화 메카니즘은 테라의 가격하락 시 투자자들이 테라를 매입한다는 전제하에서만 작동하기 때문이다. 예컨대 테라의 대량 투매가 발생하면 테라의 가격이 하락하더라도 투자자들이 테라를 매입하는 데 불안을 느낄 수 있다. 그러면 테라의 가격은 반등하지 않는다. 곧 테라와 연동된 루나에 대한 수요가 감소하고 루나의 가격이 하락한다. 루나를 사더라도 차익 실현이 어려워지면 연쇄적으로 다시 테라의 수요가 감소한다. 이렇게 되면 알고리즘에 의해 더 많은 물량의 루나가 다시 시장에 공급되어 루나의 가치는 더 떨어지고, 결국 테라의 가격은 루나와 동반 하락한다. 이러한 상황을 방지하기 위해서는 테라에 대한 투자자들의 수요가 지속적으로 유지되어야 한다. 그래서 테라는 앵커프로토콜Anchor Protocol이라는 시스템을 도입했다. 테라를 이 시스템에 예치하면 연 20퍼센트의 이자를 받을 수 있도록 한 것이다. 그렇지만 20퍼센트 이자를 계속 지급한다는 것은 폰지사기와 같이 추가적인 신규 투자자가 유입되지 않으면 유지될 수 없다.

실제로 2022년 5월 초 익명의 투자자에 의한 테라의 대량 매도가 발생하면서 테라의 탈출 현상이 시작되어 테라의 앵커프로토콜에서 예치금 약 20억 달러가 인출되었다. 그 결과 5월 9일 테라의 1달러화 연동이 붕괴되면서 테라와 자매 코인인 루나 가격이 폭락하기 시작했다. 5월 19일 1달러에 고정돼 있어야 할 테라의 가격은 0.091달러 수준까지 급락했고, 동시에 루나의 가격도 0.00014달러 수준으로 떨어졌다. 국내 거래소에서는 10만 원이 넘는 가격에 거래되던 인기 암호화폐 루나가 1원 미만의 휴지 조각으로 전락했다. 시가 총액 기준으로 테라와 루나는 불과 일주일 사이 각각 177억 달러와 207억 달러의 가치를 상실했다. 테라가 스테이블코인 중 시가 총액 3위를 기록하던 암호화폐였기에, 이 사태는 시장에 큰 충격을 안겼다.[21] 더욱이 그 파장은 국내를 넘어 전 세계 가상자산 시장 전반에 악재로 작용했다. 실제로 시가 총액 규모로 스테이블코인에선 1위, 암호화폐 시장 전체에서는 3위였던 암호화폐 테더는 테라 사태의 영향으로 일주일 사이 약

100억 달러가 인출되는 등 이른바 코인런coin run에 직면하기도 했다. 미국의 한 암호화폐 헤지펀드 '스리 애로즈 캐피털Three Arrows Capital'은 테라 사태의 여파를 견디지 못하고 파산했다. 이와 같은 테라 사태는 2008년 글로벌 금융위기 시 발생했던 MMF에 대한 펀드런fund run 사태와 유사하게 알고리즘 기반 스테이블코인의 부실 가능성과 가격 안정화 메커니즘의 불확실성에 대한 우려를 높이고, 스테이블코인 관련 규제의 필요성을 부각시키는 계기가 되었다.

스테이블코인을 발행하는 은행들

상업은행들도 디지털 화폐의 도입을 위해 중앙은행 및 민간기업과 경쟁하고 있다. 상업은행들은 특히 은행예금을 담보로 하여 스테이블코인을 발행하는데 이와 같은 블록체인 기반 예금은 토큰화 예금tokenized deposit 혹은 예금토큰deposit token으로 불린다. 특히 블록체인 예금토큰은 중앙은행이 발행하는 CBDC의 대안으로 부상하고 있다.

JPM코인은 미국의 대형 은행 JP모건JP Morgan이 2020년 은행권 최초로 발행한 블록체인 기반 예금토큰이다. JPM코인은 이더리움 기반의 허가형 전용 블록체인을 사용한다. 허가형 블록체인은 페이스북의 리브라와 같이 승인받은 사용자만 참여할 수 있다. 누구나 거래할 수 있는 것이 아니라 고객신원 확인Know Your Customer, KYC 절차를 통과한 기관투자자와 기업만 거래할 수 있다. 따라서 누구나 참여하고 거래할 수 있는 비허가형 공공 블록체인을 기반으로 창출된 암호화폐와 구분된다.

JPM코인과 같은 토큰화 예금은 은행의 예금을 블록체인 기술을 적용하여 토큰화한 것으로, 은행계좌에 넣은 예금과 형태만 다를 뿐 동일하게 취급된다. 따라서 토큰화 예금은 예금과 같이 은행의 부채에 해당하며, 예금보험제도를 적용받는 등 예금과 동일한 수준의 규제와 보호를 받을 수 있다. 또한 은행 자체에 유동성 문제가 생기더라도 최종 대부자인 중앙은행의 도움을 받을 수 있다. 토큰화 예금은 민간 기업이 발행하는 스테이블코인에 비해 안전성 문제나 규제 위험성이 낮으며 투자자 보호 등에서 우위에 있다. 또한 기존의 암호화폐는 변동성이 높아 지급·결제·투자 등의 사용에 한계가 있었으나, 토큰화 예금은 가격 안정성 확보와 더불어 해외송금에 유용하다. JPM코인의 개발 목적도 해외 송금 시 국제통신 플랫폼 스위프트SWIFT를 통해 며칠씩 걸리던 거래를 몇 초 내에 처리하기 위해서였다. 이러한 점에서 JPM코인은 해외송금용으로 개발된 암호화폐 리플의 경쟁자라고 할 수 있다. 실제 JP모건은 JPM코인 도입 이후 이를 통해 하루 10억 달러 이상 결제를 처리하고 있다. 토큰화 예금은 향후 펀드 투자, 기업금융 등 다양한 금융 영역에서 활용이 확대될 전망이다.

다만 JPM코인은 관리자인 JP모건의 전용 블록체인에 기반을 두며, 단일은행원장single bank ledger에 기록된 은행 고객 간 거래만 가능하다는 한계가 있다. 이에 따라 다수의 은행이 컨소시엄을 구성하여 장부를 공유하면서 공공 블록체인을 기반으로 토큰화 예금을 발행하려는 시도가 나타났다. 이러한 시도 중 가장 대표적인 것이 2022년 초 미국의 뉴욕 커뮤니티은행New York Community Bank을 비롯하여 9개 민간은행이 컨소시엄을 구성하여 발행하기로 한 토큰화 예금 USDF다. USDF 컨소시엄을 구성한 은행들은 미국 내 자산 규모 40~80위권의 중견 은행들로, 이들이 발행하는 USDF는 은행 컨소시엄 참여 은행이 공용 장부를 구축하여 발행하는 토큰화 예금이라는 점에서 의의가 있다. USDF는 공용 블록체인을 기반으로 발행된다. USDF 이용자는 우선 컨소시엄 참여 은행에 계좌 개설 및 자금 예치 후 USDF를 발급받을 수 있으며, 인터넷 혹은 모바일 뱅킹 채널을 통해 USDF를 이체할 수 있다.

USDF 코인은 개인 간 혹은 기업 간 실시간 지급결제는 물론 그 외 다양한 영역에서도 사용될 수 있다. 특히 현재 많은 비용과 시간이 소요되는 국경 간 거래 및 해외송금 등에서 매우 효율적인 수단이 될 것으로 보인다. 또한 USDF 코인은 프로그래밍이 가능해 스마트 계약 등을 활용한 다양한 부가 기능 구현이 가능하다는 장점도 있다. 예를 들면 일정 조건이 충족되면 자금의 출금 및 입금이 이루어지는 에스크로 기능이나 다수의 참여자 간에 입출금이 이루어지도록 하는 다자간 결제도 스마트 계약을 통해 수행 가능하다. 그러나 이러한 장점에도 불구하고 현재 규제 당국이 관련 규제체제를 정립해 나가는 과정이어서 USDF 코인이 아직 실생활에서 크게 활용되지 못하는 상태다.[22]

우리나라에서도 2023년 10월 한국은행이 국제결제은행BIS과 협력하여 CBDC를 디지털 법정화폐로 삼고, 이를 토대로 토큰화 예금이나 다양한 토큰화폐를 발행하는 이중통화 시스템을 시험하고 있다.[23]

한편 은행이 발행하는 블록체인 예금은 은행계좌를 갖고 있는 고객들의 예금을 중심으로 토큰화될 수도 있고 은행예금과 상관없이 토큰을 소지한 사람 누구나 이용할 수 있도록 토큰을 중심으로 설계될 수도 있다. 이미 살펴본 바와 같이 JPM코인이나 USDF와 같은 토큰화 예금은 모두 은행계좌 중심의 블록체인 예금이라고 할 수 있다. 반면 토큰 중심의 블록체인 예금은 소지자가 지급 책임을 지고 은행계좌가 없어도 타인에게 양도 가능한 예금이다. 따라서 이러한 예금을 토큰화 예금과 구분하여 예금토큰으로 부르기도 한다. 예금토큰은 공용 블록체인상에서 스마트 계약을 통해 허가받은 사람들에게 발급된다. 신원 확인 절차를 거쳐 이루어지는 허가정보는 네트워크상 모든

[표 14-1] 토큰화 예금, 예금토큰, 스테이블코인의 차이

구분	단일 은행망	은행공동망	공공 블록체인 허가 스마트 계약	공공 블록체인 비허가 스마트 계약 (KYC 없음)
소지자 기반 토큰		예금토큰 (공유된 전용 블록체인상 계좌)	공공 블록체인 예금토큰: 가디언 프로젝트	스테이블코인: 테더(USDT) 혹은 USDC
계좌 기반 토큰	토큰화 예금 (전용 블록체인상 계좌): JPM코인	토큰화 예금 (공유된 전용 블록 체인상 계좌): USDF		

자료: Deutsche Bank(2023).

참여 은행이 공유하는 장부에 기록된다. 현재 싱가포르 통화 당국이 DBS은행, JP모건 등과 함께 개발하고 있는 가디언Guardian 프로젝트가 바로 이러한 예금토큰의 전형적인 예라 할 수 있다.

은행이 발행하는 토큰화 예금이나 예금토큰 등 블록체인 예금은 장부가 허가된 사람에게만 공유된다. 반면 스테이블코인은 이미 살펴본 바와 같이 모든 사람에게 장부가 공유된다. 이 점에서 공공 블록체인 예금토큰은 공용 블록체인상에서 누구나 토큰을 구매하여 거래할 수 있는 스테이블코인과 다시 차이가 난다.[24] [표 14-1]은 토큰화 예금, 예금토큰, 스테이블코인의 차이를 요약하여 보여 준다.

14.3 토큰증권

증권의 토큰화와 토큰증권 발행

한편 블록체인 기술을 기반으로 예금뿐만 아니라 주식, 채권과 같은 증권이나 부동산 등의 실물 자산도 디지털화하여 토큰증권이라는 형태의 디지털 자산을 발행할 수 있다. 이와 관련하여 일반적으로 토큰

증권security tokens과 토큰화 증권tokenized securities을 구분해서 살펴볼 수 있다. 토큰증권은 블록체인상에서 만들어진 토큰이 수익분배 등 증권과 유사한 성격을 지니는 것을 의미하지만, 토큰화 증권은 증권을 블록체인상으로 그대로 옮겨 온 것이기 때문이다. 즉, 모든 토큰화 증권은 토큰증권으로 분류될 수 있지만, 모든 토큰증권이 토큰화된 증권은 아니다. 다만 우리나라에서는 현재 토큰증권의 대표적인 사례로 조각투자 등이 언급되고 있어, 이 둘을 명확히 구분하지 않고 '토큰증권'이라는 용어로 통칭하는 경향이 있다.[25]

우선, 토큰증권의 이점을 살펴보자. 비트코인과 같은 암호화폐는 가치 연동 자산이 없는 반면, 토큰증권은 실물 자산이나 법적 권리에 기반한 기초자산과 연동되기 때문에 기존 금융 시스템에 좀 더 쉽게 통합될 수 있다. 증권 발행 기업은 토큰증권발행Security Token Offering, STO으로 다양한 자금조달수단을 활용할 수 있다. 보유자산의 토큰화는 기업이나 은행이 보유한 자산을 담보로 발행되는 자산유동화증권Asset-Backed Securities의 일종으로 간주할 수 있기 때문이다. 또한 기업은 기존의 중앙집중식 증권거래소를 통한 기업공개Initial Public Offering, IPO와 같은 복잡한 절차를 거치지 않고 스마트 계약을 통해 시간과 비용을 절감해 자금을 조달할 수 있다. 한편 투자자는 주식에 비해 조각투자를 통한 소액 단위 투자가 가능할 뿐만 아니라 증권법 등 법적 보호를 받을 수 있기 때문에 암호화폐에 비해 안정적으로 투자할 수 있다. 실제로 토큰증권이 등장하게 된 배경에는 코인 상장을 통해 발행된 암호화폐의 상당수가 사기성 코인으로 드러나면서, 투자자 보호를 강화하고, 암호화폐 사용자 측의 자율성과 규제 당국의 시장 안정 요구 사이의 이해관계를 조율할 필요가 있었기 때문이다.

토큰증권은 채권 등 금융상품은 물론 귀금속, 부동산, 예술품을 비롯한 비정형 자산도 증권화할 수 있다는 점에서 미래 신성장산업으로 부각되고 있다. 이에 따라 미국과 일본 등 주요 국가에서는 일찍부터 토큰증권 발행에 대한 규제를 정비하고 투자자 보호를 위한 환경을 구축했다. 우선, 미국에서는 2017년 증권거래위원회가 코인상장ICO을 통한 자금조달을 규제하기 시작하면서 토큰증권 발행이라는 개념이 도입되었다. 증권거래위원회는 토큰증권의 증권성에 주목해 증권법상 투자계약 요건을 충족하는 경우, 증권으로 간주해 증권과 동일한 규제를 적용한다. 다만 미국은 일률적으로 증권형 토큰을 정의하고 규제하기보다 사안별로 증권성과 규제 대상 여부를 판단한다. 이러한 환경을 바탕으로 미국에서는 시큐리타이즈Securitize 등 토큰증권 플랫폼을 운영하는 회사들이 미국 증권거래소의 허가를 얻어 부동산, 헬스케어, 예술품 등 다양한 분야에서 토큰증권의 발행과 유통을 확대하고 있다. 일본의 경우도 미국과 유사하게 토큰증권을 유가증권으로 간주하여 기존의 증권과 동일하게 금융상품거래법에 의해 금융청의 관리·감독을 받는다. 일본에서는 2020년 SBI증권이 자회사 SBI e-스포츠의 주식 1,000주를 토큰증권으로 발행하여 5,000만 엔을 조달한 것이 최초의 토큰증권 발행 사례로 알려져 있다. 2021년에는 미쓰비시UFJ은행도 SBI증권과 연합하여 부동산을 기초자산으로 하는 토큰증권을 발행했다.

우리나라는 2023년 2월 금융위원회가 토큰증권의 발행과 유통에 관한 가이드라인을 발표하고 토큰증권을 합법화했다. 이에 따르면 증권의 형태가 실물이든 토큰이든 관계없이 증권으로 인정받으면 자본시장법의 규제 대상이 된다. 이 가이드라인은 자기자본 등 일정 요건을 갖춘 경우 해당 기관을 발행인 계좌관리기관으로 지정하여 토큰증권 발행 업무를 할 수 있도록 했으며, 발행 요건을 충족하지 못할 경

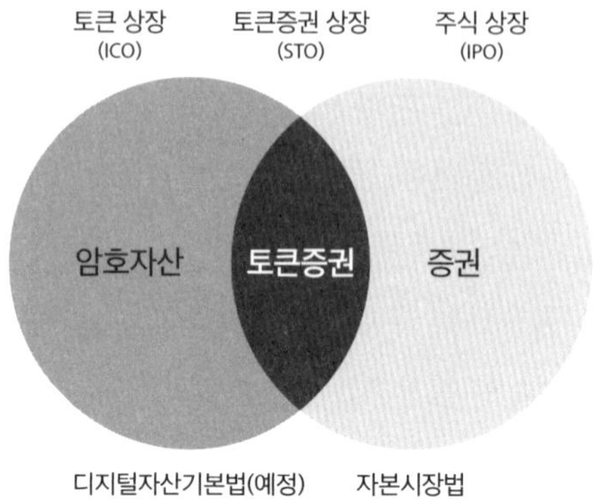

자료: 금융위원회(2023c).

[그림 14-3] 암호화폐와 토큰증권의 규율체계

우에는 발행인 계좌관리기관을 통해 위탁발행이 가능하도록 했다. 또한 증권의 유통과 관련해서는 기존의 한국거래소KRX에 디지털증권 시장을 개설하도록 하고 소규모 장외거래는 장외거래중개업을 별도로 운영하도록 했다.[26] [그림 14-3]은 우리나라 토큰증권의 규율체계를 요약하여 보여 준다.

현재 우리나라는 금융위원회 가이드라인이 마련되기 전부터 이미 카사코리아, 에이판다파트너스 등 몇몇 기업이 금융규제 샌드박스 적용을 통해 토큰증권을 발행하고 있었다.[27] 이 가운데 국내 1호 부동산 STO 플랫폼 업체로 선정된 카사코리아가 상업용 부동산을 담보로 토큰증권을 발행했는데 이 과정을 자세히 살펴보면 다음과 같다.

우선, 카사코리아는 상업용 건물을 디지털자산유동화증권Digital Asset-Backed Securities, 즉 DABS 형태로 증권으로 조각투자할 수 있는 전용 블록체인 기반의 플랫폼을 개설했다. 부동산 소유주가 이 플랫폼에 건물 상장을 신청하면 감정을 통해 건물 가격이 산정된다. 이후 KB국민은행, 하나은행, 한국토지신탁, 한국자산신탁, 코람코자산신탁으로 구성된 컨소시엄이 건물을 기초자산으로 하여 DABS를 발행한다. 투자자는 1 DABS당 5,000원에 청약할 수 있고 공모 후에는 카사의 플랫폼에서 DABS를 주식처럼 자유롭게 매매할 수 있다. 이를 부동산신탁투자회사인 리츠REITs가 건물에 투자하는 과정과 비교해 보면 리츠는 신탁회사가 특수목적법인Special Purpose Company, SPC을 설립한 후 투자금을 공모하고 투자자는 SPC에 지분투자하게 된다. 따라서 투자자들은 건물을 소유한 SPC에 간접 투자한다. 이에 반해 카사코리아는 신탁회사가 소유하는 건물을 기초자산으로 하는 유동화증권을 발행하고, 투자자는 카사의 플랫폼을 통해 이 증권에 직접 투자한다. 따라서 리츠에 비해 상장, 투자, 매매, 현금화 과정이 모두 빠르며 실시간으로 가격 변동을 확인할 수 있다.

한편 창작예술품이나 음악 저작권 등에 대해서도 이미 실험적 형태의 토큰증권이 있었으나 토큰증권 법제화를 계기로 증권사들이 플랫폼 개발, 인수합병 등을 통해 본격적으로 토큰증권 시장에 진입하고 있다.[28] 이렇게 되면 더욱 다양한 토큰증권이 발행될 것으로 보인다. 또한 창작예술품 시장의 대체 불가능 토큰Non-Fungible Token, NFT 상당수가 향후 토큰증권 시장으로 편입될 가능성도 높다. 대체 불가능 토큰이란 이더리움 블록체인 기술을 기반으로 창작물과 같은 유일 품목에 대한 소유권을 표현하는 데 사용되는 토큰을 의미한다. NFT에는 토큰에 그림이나 이미지의 주소, 토큰의 창작자, 소유자, 거래 내역 등이 기록되어 있어 특정 토큰을 동등한 가치를 지닌 다른 토큰으로 대체하는 것이 불가능하다. 따라서 NFT는 고유성을 지니며, 동일품이 존재할 수 없는 주민등록증과 같이 가상 공간에서의 진품인증서 역할을 한다.[29]

14.4 암호화폐 거래소

중앙거래소는 가상공간을 현실세계와 연결하는 창구

암호화폐 거래소는 비트코인, 이더 등의 암호화폐를 원화나 달러화 같은 법화 혹은 다른 암호화폐로 매매할 수 있는 중앙집중형 시장을 말한다. 현실적으로 온라인상의 암호화폐와 오프라인상의 법화를 연결해 주는 창구로, 암호화폐의 유통에 결정적 역할을 하고 있다. 주식시장에서 주식을 매도해 현금화하듯이 거래소에서 암호화폐를 매도해 현금화할 수도 있고, 반대로 현금을 가지고 주식이나 암호화폐를 매입할 수도 있다. 그러나 암호화폐 거래소는 주식 거래소와 달리 연중무휴 24시간 인터넷을 통해 암호화폐를 거래하고 보관한다. 다만 구매자와 판매자의 거래는 실시간으로 블록체인 네트워크에 기록되지 않는다. 예컨대 암호화폐 구매자가 현금을 주고 비트코인을 구입할 경우에는 거래소 서버에 접속하여 매수하고 이 거래 내역은 거래소의 서버에만 기록된다. 따라서 이 비트코인을 출금하거나 별도의 디지털 지갑으로 전송하지 않고 거래소에 장기간 보관하고 있으면 거래 내용은 블록체인에 기록되지 않는다. 비트코인 구매자가 이를 다른 개인에게 송금할 경우, 거래소의 공통 암호화폐 지갑에서 구매자의 개별 지갑으로 이체가 블록체인상에 기록된다. 이때 거래소는 고객 명의의 암호화폐지갑을 생성해 대여해 준다. 암호화폐지갑은 개인키와 지갑주소로 구성되는데, 지갑주소는 거래소나 타인이 암호화폐를 송금할 수 있도록 공개하고 개인키는 외부에 노출되지 않도록 사용자가 직접 안전하게 관리해야 한다. 한편 지갑은 인터넷에 항상 연결되어 있는 '핫 월렛'과 인터넷에 연결되어 있지 않은 '콜드 월렛'으로 나뉘는데, 인터넷에 연결되어 있는 핫 월렛은 실시간으로 편하

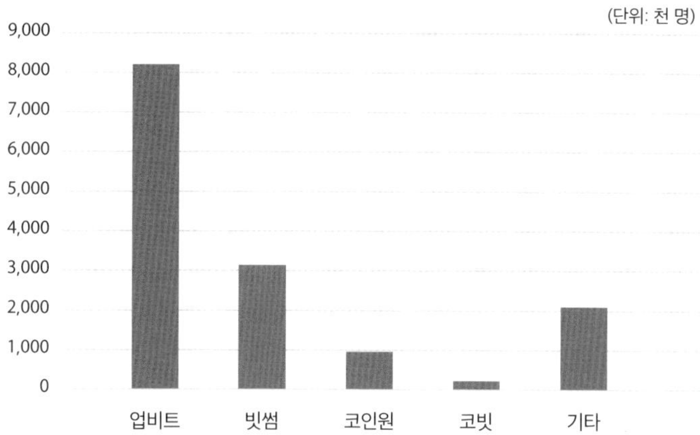

자료: 삼정KPMG(2022).

[그림 14-4] 국내 암호화폐 거래소 등록 이용자 수

게 거래할 수 있지만 해킹 등의 위험성이 높다.

현재 암호화폐 국내 거래소로는 업비트, 빗썸 등이 있으며 해외 거래소로는 바이낸스, 코인베이스 등이 있다. 국내 거래소는 원화의 입출금을 지원하기 때문에 원화를 통해 암호화폐를 사고팔 수 있다. 이들 거래소는 서버나 인력 등 거래소를 운영하는 비용을 거래 수수료 등을 받아 충당하고 수익을 창출한다. 우리나라 최대 거래소인 업비트의 경우 2021년 5월 하루 거래액이 30억 달러에 육박했는데, 이는 암호화폐 거래소 사상 최초로 나스닥에 상장한 코인베이스의 거래액 19억 5,000만 달러보다 월등히 많은 거래량이었다. 이에 힘입어 업비트를 운영하는 두나무는 2021년에는 매출 3조 7,000억 원, 영업이익 3조 2,000억 원을 기록하며 영업이익률이 무려 88퍼센트에 이를 정도로 높은 수익을 거뒀다.[30]

암호화폐 거래소를 이용하면 블록체인 네트워크상에서 직접 거래하는 것보다 편의성이 높고 거래 속도 등에서 유리하다. 특히 최근에는 암호화폐 거래소들이 중개뿐만 아니라 예탁, 대출, 스테이킹[31] 등 다양한 서비스를 제공하고 있다. 암호화폐에 투자하거나, 다른 암호화폐로 교환하려면 거래소를 필수적으로 거쳐야 한다. 실제로 이러한 편의성이 많은 투자자가 중앙거래소를 선택하는 주요 요소로 작용하지만, 몇 가지 단점도 있다. 우선, 거래소 내부의 거래가 조작되거나 해킹당할 위험성이 존재한다. 또한 전통적인 주식거래와 달리 암호화폐 거래소는 암호화폐의 유통, 상장, 결제, 예탁 등을 모두 집중적으로 수행함에 따라 고객자금 유용 및 횡령, 내부자 정보 이용 등의 문제도 생기고 있다. 이에 따라 중앙화된 거래소에 대한 대안으로 탈중앙화된 거래소decentralized exchange도 생겨나고 있다.

탈중앙화의 종착역인 디파이

디파이Decentralized Finance, DeFi는 탈중앙화된 금융으로 인터넷에 접속할 수 있는 누구에게나 개방된 금융 서비스를 의미한다. 기존의 금융 서비스와 달리 스마트 계약이 가능한 이더리움 블록체인 기술을 사용하며, 중앙기관 없이 분산화된 환경에서 누구나 자유롭게 금융거래를 할 수 있는 시스템이다. 18세기 벨기에의 안트베르펜에서 시작된 거래소는 오늘날 가상공간에서 디파이로 구현된다고 볼 수 있다.

디파이를 이해하기 위해 은행이 고객에게 예금을 제공하는 과정을 살펴보자. 우선, 은행은 약관을 작성한 다음 고객에게 예금 내용을 설명하고, 약관에서 사전적으로 정한 내용대로 고객에게 예금을 판매한다. 이 모든 과정이 은행의 자체 시스템 안에서 순차적으로 진행되며, 거래에 문제가 생기면 은행이 법적 책임을 진다. 디파이에서 금융 서비스도 서비스 규칙의 생성, 이용자 가입, 규칙 이행 순으로 진행되어 큰 틀에서는 은행의 예금과 달라 보이지 않는다. 그러나 세부적으로 보면 근본적인 차이가 있다. 우선, 디파이에서는 서비스 규칙을 정하는 주체가 특정인에 한정되어 있지 않다. 디파이에서는 누구든 원하는 대로 자신만의 서비스 규칙을 생성함으로써 예금을 비롯한 다양한 금융상품을 간편하게 개발할 수 있다. 한편 해당 규칙에 동의하는 이용자들은 서비스 개발자의 허락이나 판매 절차를 거치지 않고 서비스에 가입할 수 있다. 근본적으로 디파이가 지닌 차이점은 서비스 규칙을 이행하는 주체가 개발자가 아니라 블록체인 네트워크란 점이다. 블록체인을 유지하는 다수의 참여자는 프로그래밍 코드로 작성된 서비스 규칙을 각자 독립적으로 실행하고 서로의 결과물을 비교·검증한 후 최종적으로 블록체인에 기록한다. 그러면 서비스 규칙이 이행되며 이용자들에게 디파이 서비스가 제공된다. 이런 점에서 디파이는 분명 전통적인 금융 서비스와 차별화된다. 디파이에서는 직원을 고용하여 사무실을 운영하거나 전산설비를 구축하지 않고도 누구나 자유롭게 금융 서비스를 개발하는 것이 가능하며, 다른 한편으로 서비스 이용자는 기존 금융기관에 지불하는 막대한 중개 비용을 절감할 수 있다.[32]

디파이 거래소 시스템에 획기적 변화를 가져온 것은 2018년에 나온 유니스왑Uniswap이라는 이더리움 블록체인 기반의 앱이다. 유니스왑은 디파이 앱이기 때문에 유니스왑이라는 거래 플랫폼을 만들고 개발하는 사람들이 존재하지만, 이들이 앱에서 벌어들이는 수익을 가져가지는 않는다. 시장 참가자들이 수익을 가져가도록 하기 위해 유니스왑은 자동시장조성Automated Market Maker, AMM이라는 프로토콜을 만들었다. 어떤 시장이든 거래가 성립하기 위해서는 시장조성자market maker가 필요하다. 예컨대 한 사용자가 비트코인을 매도하고 이더를 매수하려는 스왑 거래를 원할 경우 이더를 매도하고 비트코인을 매수하려는 거래 상대방이 없다면 거래가 성립하지 않는다. 누군가가 이더를 공급하려는 사람이 있어야 한다. 시장조성자는 바로 이와 같이 유동성을 공급하는 역할을 한다. 중앙화된 시장에서 시장조성자가 되기 위해서는 모든 종류의 암호화폐를 보유하면서 유동성을 공급해야 하기 때문에 막대한 비용이 들어간다. 이러한 단점을 극복하고 누구나 시장조성자가 될 수 있도록 자동으로 암호화폐 풀을 생성하는 프로그램이 자동시장조성 프로토콜이다. 즉, 누구든 암호화폐 풀에 유동성을 예치하면 디파이 사용자는 이러한 유동성을 바탕으로 암호화폐 간 스왑 거래를 실현할 수 있고, 이때 유동성 제공자는 그 대가로 사용자로부터 소액의 거래수수료를 수취한다. 유동성 제공자가 몰리고 사용자들은 풍부한 유동성을 바탕으로 언제든 쉽게 거래할 수 있게 되면서 유니스왑은 큰 성공을 거두게 되었다.

한편 블록체인 네트워크상에서는 우리에게 익숙한 법화가 통용될 수 없어 디파이는 오직 가상자산만 취급해야 한다는 문제점을 안고 있었다. 따라서 초기에 디파이는 오직 가상자산 투자자에게만 이용이 가능했다. 그러다가 법화와 연계된 스테이블코인이 나오면서부터 디파이의 활용이 확대되었다. 이미 살펴본 바와 같이 이더는 가격변동성이 매우 높다. 스테이블코인이 법화와 가상자산을 이어 주면서 이더리움과 같은 일반적인 가상자산을 담보로 스테이블코인을 대출받거나 스테이블코인을 담보로 예치하고 가상자산을 대출받고자 하는 자금중개 시장이 창출되었다. 이에 따라 일반 가상자산과 스테이블코인의 예금과 대출을 중재하는 플랫폼이 생겨났다. 예컨대 에이브AAVE나 컴파운드Compound와 같은 디파이 앱들은 예치된 가상자산에 이자를 제공하면서, 예치된 자산을 담보로 다른 가상자산을 대출해주는 서비스를 제공한다. [표 14-2]에서 보듯이, 흥미로운 부분은 일

[표 14-2] 주요 가상자산의 달러화 예금과 대출에 대한 금리

구분	가상자산명	예치금리(%)	대출금리(%)
일반 가상자산	이더	0.01~0.07	0.36~2.70
	비트코인	0.01~0.09	0.29~3.20
스테이블코인	USDC	1.94~2.01	3.15~3.50
	다이	2.35~2.61	3.84~4.03
	테더	2.07~2.14	3.23~3.62

자료: 권민경(2022: 49).

| 2022년 2월 7일 컴파운드와 에이브 공시 기준.

반 가상자산에 대한 이자율은 거의 0퍼센트에 가까운 반면 스테이블코인에 대한 이자율은 이보다 훨씬 높다는 사실이다. 이는 일반 가상자산이 창고에 보관하는 상품과 가까운 자산인 데 반해, 스테이블코인은 원화나 달러화와 같은 법화에 가까운 화폐라는 사실을 시사한다.

14.5 사적 디지털 화폐의 편익과 잠재적 위험

2014년 마운트곡스Mt. Gox라는 비트코인 거래소는 비트코인 85만 개를 해킹 사고로 분실하면서 파산에 이르렀다. 마운트곡스는 2011년 마크 카펠레스Mark Karpelès라는 프랑스 청년이 설립한 당시 세계 최대 비트코인 거래소였다. 그러나 2014년 2월 85만 개의 비트코인을 도난당했다는 사실을 발표하고 도쿄지방법원에 파산 신청을 했고, 일본 경찰은 횡령 등의 혐의로 카펠레스를 기소했다. 그러던 중 카펠레스는 분실한 비트코인 중 20만 개를 구형 지갑에서 기적적으로 찾아냈다. 카펠레스에게 일어난 하나의 행운은 2014년 4월 파산 절차가 시작될 무렵 비트코인 가격이 급등한 것이다. 그 결과 비트코인 20만

개의 가격도 2014년 11월 약 15억 달러에서 34억 달러로 상승했다. 따라서 카펠레스는 투자자들에게 진 빚을 모두 변제하고도 남는 비트코인을 소유할 수 있었다.[33]

기본적으로 디지털 화폐가 잘 유통되기 위해서 디지털 화폐의 내재적 위험을 관리해야 한다. 특히 해킹 등 사이버 리스크로 인한 피해로부터 투자자를 보호해야 한다. 마운트곡스의 해킹에 따른 일련의 사태는 카펠레스에게 행운으로 끝났지만, 디지털 화폐의 약점을 잘 보여 준다.

그럼에도 불구하고 민간이 발행하는 사적 디지털 화폐는 확산될 것으로 전망된다. 이러한 전망에는 몇 가지 이유가 있다. 우선, 디지털 화폐는 우리 생활의 지급결제에 있어 편의성과 효율성을 증대시킬 것으로 예상된다. 현금 사용에 따른 도난 및 분실 위험을 줄이고, 빠르게 발전하는 분산원장기술의 활용을 통해 거래의 신속성 및 편의성을 높일 수 있기 때문이다. 또한 기존 전자적 거래에 취약한 금융 소외계층도 모바일 플랫폼에서 간편하게 금융서비스에 접근하여 이용할 수 있게 함으로써 효율적인 지급결제수단 기능을 할 것이다. 특히 국가 간 지급 거래에서 디지털 화폐는 높은 활용성을 지닐 것으로 예측되는데, 디지털 화폐를 통한 송금, 특히 민간 가상자산을 통한 송금은 중개은행 등을 통한 외환결제망을 필요로 하지 않아 비용 및 속도 차원에서 경쟁력을 지닐 수 있다.

기본적으로 사적 디지털 화폐를 통한 거래는 은행 간 청산 절차를 거쳐야 하는 은행 중개 거래에 비해 즉시적이며 비용을 거의 수반하지 않는다. 동시에 디지털 화폐 사용자가 늘어날수록 해당 화폐를 사용하는 데서 오는 편익이 증가하는 네트워크 효과로 인해 그 효용이 점점 더 높아질 것으로 보인다. 그럼에도 불구하고 사적 디지털 화폐는 금융 시스템이 발달한 국가에서 화폐를 직접 대체할 수는 없을 것이다. 대표적인 이유로 조세tax 시스템을 들 수 있다. 국가는 과세 목적으로 국가 내 모든 자산 및 소득에 대한 경제적 가치를 법화로 측정하고 세금을 징수한다. 이미 금융 시스템이 발전한 선진국에서는 모든 가치척도가 국가의 법화로 평가되기 때문에, 가상자산에 기반한 사적 디지털 화폐가 국가 내 모든 지급 기능을 대체할 수는 없을 것이다. 그러나 만약 가상자산에 기반한 사적 디지털 화폐가 유동성을 충분히 확보하고 각국 법화로 빠르게 전환된다면, 민간 가상자산의 실질적인 지불결제 능력이 매우 강화될 것이다. 한 예로 이미 페이팔과 같은 기업에서는 가상자산의 거래 및 결제, 은행 등 금융계좌로의 송금 서비스를 제공하기 시작했다. 따라서 국가 관련 지불결제 이외 모든 거래는 가상자산으로만 이루어지고, 국가 관련 지불결제만 페이팔 등 송금 서비스를 활용하는 혼합형 시스템도 가능해질 것이다.

결론

가장 보편적인 지급수단으로 발전하는 디지털 통화

디지털 기술의 발전은 현물거래, 선물거래를 거쳐 전자상거래 혹은 온라인 거래라는 새로운 시장을 창출했다. 소비자는 온라인으로 상품이나 서비스를 구매하고 기업은 온라인으로 이들을 판매하는 등 모든 경제활동이 오프라인에서 온라인 중심으로 급속히 전환되고 있다. 채권이나 주식 등 금융상품의 거래도 온라인상에서 전자적으로 이루어지고 있다. 이에 따라 이미 우리에게 현금 이상으로 친숙한 각종 신용카드나 직불카드는 물론 온라인 뱅킹, 디지털 지갑을 통한 간편결제, 암호자산 등 새로운 디지털 지급수단과 방법이 모두 디지털 통화로서의 경제발전을 견인하고 있다. 향후에는 디지털 현금인 CBDC도 발행되어 이러한 역할을 분담할 것으로 전망된다.

디지털 통화는 온라인 거래는 물론 오프라인 거래에서도 지폐나 수표와 같은 기존의 은행화폐처럼 사용될 수 있다. 그뿐만 아니라 디지털 통화는 기존 국민통화의 경계를 넘어 국경 제한 없이 전 세계적으로 사용할 수 있다. 이미 비트코인과 같은 암호자산은 전 세계 어느 국가에서나 통용된다. 이런 점에서 디지털 통화는 가장 보편적이고 일반적인 지급수단으로 발전할 것으로 보인다.

경제활동이 온라인 중심으로 전환하면 우리가 지금 사용하는 지폐와 같은 은행화폐는 더 이상 보편적인 지급수단이 될 수 없을 것으로 보인다. 온라인 거래를 지원하지 못하기 때문이다. 정부가 제조한 주화가 은행이 발행하는 지폐에 가장 중요한 통화의 자리를 내줬듯이 은행화폐는 디지털 통화에 밀려 제한적인 통용력만 가질 것이다. 기존의 모든 실물 지급수단이나 자산을 디지털화하여 온라인 거래로 통합하는 토큰화tokenization가 진행될수록 이러한 현상은 심화될 것으로 보인다.

디지털 통화 사용 시 통화공급의 주체로서 가장 중요한 역할을 하는 것은 정부도 아니고 금융기관도 아닌 핀테크 혹은 빅테크 등 민간 비금융 기업과 개인이다. 이들 민간 기업 혹은 개인이 다양한 플랫폼이나 암호자산과 같은 혁신적 금융 서비스나 상품을 창출하는 것이다. 암호화폐는 이들 민간 기업이나 개인들이 커뮤니케이션 네트워크에서 창조한 대표적인 사적 화폐라고 할 수 있다. 과거에는 은행이 통화공급의 대명사였다면 지금은 이른바 지급 서비스 공급자payment service provider도 통화 공급의 주체이고, 이에 따라 과거에는 은행법으로 은행을 규율했지만 지금은 전자화폐지침이나 전자금융거래법에 의해 지급 서비스 공급자를 규율할 필요가 있게 되었다.

다만 민간 기업들이 디지털 통화를 발행한다고 해서 은행 등 전통적인 금융기관의 역할이 반드시 줄어드는 것은 아니다. 금융기관들은 이들 민간 기업과 경쟁해야 하지만 필요할 때는 협력하면서 디지털 지급수단의 사용을 확대해 나갈 수 있기 때문이다. 금융기관들의 가장 큰 장점은 지폐의 사용 경험으로 축적된 소비자들의 신뢰다. 실제로 지급수단 공급 주체 가운데 가장 신뢰받는 기관은 전통적인 금융기관으로 드러났다. 중앙은행이 발행할 것으로 예상되는 CBDC도 기본적으로 발행 목적이 민간의 디지털 통화 사용을 지원하는 것이지, 민간의 디지털 지급수단을 대체하는 것은 아니다. 특히 중앙은행은 지급결제제도와 관련하여 다양한 지급수단이 서로 충돌을 일으키지 않고 현물거래나 전자상거래, 오프라인 거래나 온라인 거래, 심지어 암호자산 거래 등 모든 상거래에서 서로 연계되어 유통될 수 있도록, 디지털 인프라를 운영하고 감시할 필요가 있다.

주

11장

1 국제결제은행(BIS)에서는 CBDC를 "지불준비금 또는 결제성 예금과 구분되는 디지털 형태의 중앙은행 화폐"로 정의한다(BIS, 2018a).

2 가장 대표적인 학자로 1981년 노벨경제학상을 수상한 제임스 토빈(James Tobin)을 들 수 있다.

3 BIS(2022) 참고.

4 블록체인 등 암호화폐에 대한 자세한 설명은 본서 14장 참고.

5 Auer et al.(2021).

6 한국은행(2023c).

7 한국은행은 모의실험을 은행의 테스트 시스템과 연계해 실제 작동 여부도 점검했다. 그 결과 CBDC 유통이 정상적으로 작동하는 것으로 나타났으나 거래 처리 속도가 늦어지는 등 문제점이 노출되기도 했다. 이에 대해서는 한국은행(2023a: 25-30), 한국은행(2022f) 참고.

8 한국은행(2022b: 15-16).

9 이에 대해서는 본서 14장 참고.

10 국제금융통신망(Society for Worldwide Interbank Financial Telecommunication, SWIFT)이란 전 세계 금융기관들이 국가 간 금융거래 메시지를 교환하는 데 사용하는 통신 네트워크다. 원래는 유럽 지역 은행들이 상호 거래 메시지를 교환하기 위해 1973년 설립했으나, 이후 표준화된 메시지 형식을 기반으로 한 안정적인 서비스를 인정받으면서 글로벌 금융통신 네트워크의 표준으로 정착되었다. 본부는 벨기에 브뤼셀에 있다.

11 한국은행(2021).

12 한국은행도 2024년 4월부터 국제결제은행(BIS)은 물론 미국, 영국, 일본 등 주요국 중앙은행과 함께 도매용 중앙은행 화폐와 은행예금을 토큰화하는 이른바 아고라(Agora) 프로젝트에 참여하고 있는데, 이 프로젝트가 실현된다면 국가 간 지급서비스 속도와 투명성이 크게 제고될 것으로 보인다. 한국은행(2024) 참고.

12장

1 실시간총액결제방식은 정산일을 기다릴 필요 없이 이체 즉시 실시간으로 은행 간

정산이 이루어지는 방식을 뜻한다. 자금 이체 건별로 참가기관 간 결제를 실시간으로 처리하여 신용위험을 줄일 수 있다는 장점 때문에 스웨덴·홍콩·캐나다 등에서 이미 도입되었으며, 2023년에 미국, 2024년에 스위스에서도 이 방식을 구축하기로 한 바 있다.

2 혼합형결제방식(hybrid settlement)의 상계결제방식은 두 기관 또는 다수 기관의 지급지시를 함께 묶어 동시에 결제함으로써 실제 자금은 상계차액만 이체하는 방식으로, 총액결제방식과 비교해 결제 리스크가 축소되고 금융기관의 필요 유동성도 절약되는 장점이 있다.

3 한국은행(2024: 3-9) 참고.

4 CLS은행은 외환결제 리스크 감축에 관한 국제결제은행(BIS)의 권고에 따라 1999년 전 세계 주요 상업은행들이 미국 뉴욕에 설립한 외환결제 전문은행이다. 한국은행(2014) 참조.

5 지로(Giro)란 '원' 또는 '회전'을 뜻하는 그리스어 γύρος에서 유래하여 경제적 가치가 순환한다는 개념으로 사용되었다. 한국은행(2015: 41).

6 BIS(2021).

7 금융결제원(2021: 184-185).

8 한국은행(2015: 13-14).

9 Bradford(2020: 1).

10 Redesigning Financial Services(2022).

11 Bradford(2020: 4-5).

12 Giang, Dang and Olson(2023).

13 스테이블코인에 대한 논의는 본서 14장 참고.

14 그렇지만 다이너스클럽 카드의 탄생과 관련하여 일반적으로 알려진 이 이야기는 사실이 아니고, 당시 다이너스클럽 대변인이 카드 마켓팅을 위해 만들어 낸 이야기다. 이에 대해서는 Stearns(2007: 36-37) 참조.

15 Stearns(2007: 36-39).

16 리볼빙이란 카드 이용대금에 대해 매월 대금결제 시 카드사와 회원이 미리 약정한 청구율 혹은 청구액만큼만 결제하는 제도다. 미결제 잔액은 다음 달로 이월되기 때문에 매월 대금을 다 갚지 않아도 이용한도 내에서 카드를 이용할 수 있다.

17 Akers et al.(2005: 24).

18 이인호·박민선(2015: 35).

19 진재석(2009: 7-8).

20 EMV란 세계 3대 신용카드 회사인 유로페이, 마스터카드, 비자카드 등이 공동으로 결제하는 IC 카드 표준 규격으로, 세계 모든 결제는 EMV 규격을 90퍼센트 이상 사용하고 있다. 일본의 JCB, 중국의 은련 등 6개 기관이 회원으로 참가하면서 EMVCo란 이름으로 확대·개편되었다.

21 한국은행(2015: 75).

22 Caskey and Sellon(1994: 80).

23 금융결제원(2021: 47-48).

24 한국은행(2015: 79).

25 실제 후불교통카드를 사용하려면 작은 수준의 신용한도(대부분 10만 원 수준)를 받아야 한다.

26 금융위원회에 전자금융업자로 등록해야 하는데, 비금융 기업의 참여가 매우 활발한 편이다. 2024년 현재 등록된 전자금융업자 수는 192개다.

27 금융결제원(2021: 50).

28 다만 미국과 같은 국가에서는 가맹점이 특정 전표매입은행이나 전표 매입사와 계약을 체결하여 카드 결제를 처리할 수 있었기에 우리나라와 같이 모든 카드사와 거래하는 공동망이 필요 없었다는 차이점이 존재한다.

29 윤태길(2014: 5).

30 렌딩클럽의 성공은 우리나라 정책 당국에 영향을 미쳐 지점이 없는 인터넷 전문은행 설립을 유도한 것으로 판단된다.

31 비욘드플랫폼(2016) 참고.

32 구은영(2022: 32-39).

33 머니옥션도 2017년 투자금 출금 불능 등 사태를 겪으면서 파산절차에 들어갔다.

34 이에 비해 영국의 경우 제휴 금융회사와 연계하여 대출을 실행하는 미국과 달리 온라인 투자업자가 면허를 얻어 직접 소비자 대출을 시행할 수 있다.

35 P2P센터 홈페이지(https://www.p2pcenter.or.kr) 참고.

36 Rosenthal(2005).

37 Kallio and Vuola(2020: 224-226).

38 한아름(2023).

39 Kallio and Vuola(2020: 223).

40 크라우드펀딩협의회 홈페이지(https://www.crowdnet.or.kr) 참고.

13장

1 Sacco(2020).

2 Shrier, Canale and Pentland(2016: 10).

3 윤준탁(2022).

4 최형광(2023).

5 Levitin(2018: 305-376) 참고.

6 2015년 3월 전자금융감독규정 시행세칙이 개정되어 온라인 카드결제 시 공인인증서 의무사용이 폐지(다만 30만 원 이상의 계좌이체 시는 공인인증서 사용의무 존속)되었다가 2020년 12월 전자서명법 개정을 계기로 공인인증서 자체의 법적 효력이 상실되었다.

7 Worldpay(2023: 66).

8 김남훈(2023a).

9 Financial Stability Board(2019).

10 김정태 하나그룹 2022년 신년사. https://www.digitaltoday.co.kr/news/articleView.html?idxno=430449 참고.

11 이효섭(2023: 4-5).

12 손희현·김도훈(2022).

13 다만 이들 기관은 정식 은행이 아니기 때문에 예금보험 대상이 아니다. 이에 대해서는 박교순(2023) 참조.

14 포지티브 방식은 가능한 업무 영역을 일일이 기술하고 기술되지 않은 모든 활동은 금지한다. 이에 반해 네거티브 방식은 금지해야 하는 활동만 기술하고 규정되지 않은 활동은 모두 허용한다. 금융 자율화를 위해 네거티브 방식의 규제를 도입해야 하지만 우리나라의 현실은 이와 거리가 멀다. 김시홍(2023: 47-121) 참고.

15 박교순(2022).

16 헥토데이터(2022).

17 Johnston(2024).

18 Friedrich(2020).

19 윤준탁(2022).

20 류창원(2022).

21 이현태·서봉교·조고운(2018).

22 Klein(2020).

23 Ye, Chen and Fortunati(2023: 222-248).

24 한국은행(2023d).

25 마그네틱보안전송(Magnetic Secure Transmission)은 신용카드 정보를 담은 장치에 신용카드의 마그네틱 선이 통과하면 자기장이 발생하고, 이 자기장을 구현하여 정보를 무선 송수신하여 결제하는 기술을 의미한다. 2015년 2월 삼성전자가 인수한 미국 업체 루프페이(LoopPay)가 이 기술에 대한 특허를 보유하고 있다. 휴대폰으로 하는 삼성페이 결제가 이 방식을 적용한 사례다.

26 삼정 KPMG(2023b: 10).

27 삼정 KPMG(2023b: 24).

28 와이즈앱(2023).

29 와이즈앱(2023).

30 박진우(2023).

31 다만 애플페이의 한국 진출로 인해 향후 삼성페이도 애플페이와 같이 수수료를 부과할 것으로 전망된다.

32 김영환(2023: 6-13).

33 한국은행(2023d).

34 한국은행(2022e: 88-89).

35 김소이(2023).

36 정상적인 투자로는 수익이 나지 않아 피라미드계와 같이 한 투자자로부터 조달한 자금을 다른 투자자에게 지급하는 방식이다. 이러한 방식은 끊임없이 외부자금이 유입되지 않으면 유지될 수 없다. 미국의 우편 시스템을 악용하여 이러한 사기행

위를 벌인 찰스 폰지(Charles Ponzi)의 이름을 따서 '폰지사기'라고 부른다.
37 이효섭(2023).
38 금융위원회(2023b).
39 한국은행(2022e: 89).
40 최석민·임인아(2022: 34-41), 류창원(2022) 참조.
41 API란 운영체제와 응용프로그램 사이의 통신에 사용되는 언어나 메시지 형식을 말한다.
42 금융결제원(2021: 102-106).
43 금융위원회(2021).
44 금융결제원(2021: 179).
45 김상윤(2022: 4).
46 이재준·오세진(2021: 10).
47 이재준·오세진(2021: 7).
48 박찬규(2022: 26-33).
49 뱅크샐러드에 관한 소개는 뱅크샐러드 홈페이지(https://corp.banksalad.com) 참고.
50 Carstens et al.(2021: 3-8).
51 박훈(2021).
52 금융(金融)이라는 단어도 자금의 융통(融通), 즉 중개라는 의미를 지닌다.
53 Brunnermeier, James and Landau(2021: 15-16).
54 주성철(2021).
55 이 용어는 블랙베리의 창업자 마이크 라자르디스(Mike Lazardis)가 2010년에 처음 사용한 것으로 알려졌다. 중국의 포괄적인 앱 위챗(WeChat)이 가장 대표적인 슈퍼앱으로 알려져 있다. 2011년 출시된 위챗은 사용자가 서로 문자를 주고받는 메신저로 시작했지만, 이후 각종 생활 서비스에 접근하고, 공과금을 지불하고, 송금을 하는 등 각종 서비스가 추가되면서 무한대 확장성을 가지는 슈퍼앱으로 진화했다.
56 차병주(2023: 15).
57 메타버스라는 단어는 닐 스티븐슨이 1992년 출간한 SF소설 『스노 크래시(Snow Crash)』에서 처음 등장했다. 김옥선(2021: 31) 참고.
58 김옥선(2021: 35-36).

14장

1 이 장의 작성에 서강대학교 허준영 교수의 도움을 받았다.
2 Prasad(2021: 118-130).
3 CoinMarketCap 홈페이지(https://coinmarketcap.com/currencies/bitcoin/) 참고.
4 앞에서 설명한 바와 같이 에스크로 서비스란 상거래 시 판매자와 구매자 사이에 신뢰할 수 있는 중립적인 제3자가 중개하여 금전 또는 물품을 거래하도록 하는 것,

또는 그러한 서비스를 말한다. 거래의 안전성을 확보하기 위해 이용된다. 구매자의 구매 확인 의사(구매 결정)를 통보받은 후 판매자(쇼핑몰 등)에게 결제대금을 지급하는 결제 서비스가 대표적인 예다.

5 Mehta, Agashe and Detroja(2021: 112-113), 한나 할라부르드·미클로스 사배리·기욤 해링거(2022: 159-161).

6 한나 할라부르드·미클로스 사배리·기욤 해링거(2022: 177-192).

7 작업증명의 경우에는 기록을 장부에 저장하고 보상받는 사람들을 채굴자라고 부르지만, 지분증명의 경우에는 이들은 보통 검증자(validator)라고 부른다. 이에 대해서는 코인 트레이너(2022: 82-85) 참조.

8 Prasad(2021: 162-164).

9 「'드림팀'이 해냈다… 한은 CBDC 모의실험, 클레이튼 가능성 확인」, 뉴스1, 2022년 12월 25일. https://m.news.zum.com/articles/80319218/드림팀이-해냈다-한은-cbdc-모의실험-클레이튼-가능성-확인

10 금융위원회(2023a).

11 이런 점에서 암호화폐보다 '암호자산' 혹은 '가상자산'이라고 부르는 것이 더 정확하지만 실제로는 구분하지 않고 사용한다. 이 책에서는 이들을 모두 '암호화폐'로 통일하여 사용한다.

12 BIS(2015: 4-5).

13 최형석·유소연(2024).

14 Prasad(2021: 168-175).

15 Prasad(2021: 171-172).

16 이명활(2022: 40-41).

17 BIS(2023: 2-3).

18 Anadu et al.(2022).

19 다이와 같은 암호자산 담보형 스테이블코인의 최대 결함은 해당 스테이블코인의 가치를 뒷받침하는 담보자산이 변동성이 높은 암호자산 이더리움이라는 점이다. 따라서 가격 변동을 흡수하기 위해 과잉담보를 잡을 필요가 있다. 예컨대 1달러 가치의 스테이블코인 1개를 발행할 때, 담보가 되는 이더리움 코인 2달러 분을 예치해야 담보 코인의 가치가 50퍼센트까지 떨어져도 이를 팔아 가격을 안정시킬 수 있다.

20 오지윤 외(2023).

21 테라·루나 사태에 대해서는 Anadu et al.(2022), 김회권(2022) 참고.

22 이명활(2022: 41-44).

23 한국은행(2023e).

24 Deutsche Bank(2023).

25 키움증권(2023).

26 금융위원회(2023c).

27 금융규제 샌드박스는 핀테크 기업들이 규제부담 없이 혁신적인 금융서비스를 제공할 수 있도록 규제특례를 제공하는 제도인데, 우리나라는 2019년부터 이를 시행

하고 있다. 이에 따라 규제특례를 적용받아 카사코리아는 부동산을 기초자산으로 토큰 증권화를 제공하고 있고, 에이판다파트너스는 대출채권 등을 토큰 증권화하는 서비스를 제공하고 있다.

28 신석영(2023).

29 2014년 '퀀텀'이라는 이미지 NFT가 최초로 제작되며 태동한 NFT는 2017년 블록체인 플랫폼 이더리움상에서 이미 살펴본 바와 같이 크립토키티가 인기를 끌면서 NFT 붐이 일었다. NFT는 여러 사본 가운데 원본을 골라 가치를 증명하는 원본 증명서 기능을 하지만, 원본을 독점적으로 복제할 수 있는 저작권은 없다. 따라서 디지털 세계에서는 원본의 희소성이 낮아 원본 소유권보다 독점적으로 복제할 권한이 있는 저작권의 가치가 더 높다.

30 두나무 사업보고서(2022). 단, 2022년에는 매출액이 1조 2,000억 원, 영업이익이 8,000억 원으로 감소했다.

31 스테이킹은 은행의 적금과 같이 자신이 가지고 있는 암호화폐 일정량을 플랫폼에 맡겨 블록체인 검증에 활용하도록 하고 그 대가로 암호화폐를 받는 것을 말한다.

32 권민경(2022: 46-51).

33 김문환(2023: 25-46).

끝내는 글

주화와 지폐는 사라지는가?

현금 없는cashless 사회

최근 암호화폐와 빅테크 플랫폼 기업의 급성장을 배경으로 비대면 지급결제가 확대되고 지급수단의 디지털 전환이 급속히 진행되고 있다. 이러한 디지털화가 금속이나 종이를 이용해서 발행되던 전통적인 실물 화폐를 대체할 수 있을까?

정부가 발행하는 주화는 사람들이 일상적인 거래에서 가장 많이 그리고 가장 오랫동안 사용해 온 실물 화폐였다. 종이가 발명된 이후에는 중앙은행이 발행하는 은행권이 주화의 지급수단 기능을 이어받으면서 주화는 점차 소액 거래에만 사용되었다. 주화와 은행권을 합친 '현금'은 어느 사회에서나 '화폐'와 동의어로 사용될 만큼 가장 기본적인 실물 화폐였다. 그렇지만 현금은 지급수단으로 비효율적이다. 유럽중앙은행ECB의 한 연구에 따르면 현금을 지급수단으로 사용할 경우 사회적 비용은 GDP의 약 0.5퍼센트에 달하는데, 이는 신용카드나 직불카드 등 각종 지급카드를 사용할 경우의 사회적 비용인 GDP의

0.2퍼센트를 2배 이상 웃돈다. 더욱이 이 비용의 약 절반을 소매상인이 부담하는 것으로 나타나 현금은 소상공인에게 고비용 지급수단이다.[1] 이에 따라 점점 더 많은 상점이나 음식점에서 현금결제를 거부하는 사례가 발생하고 있다. 실제로 한국은행의 조사에서 우리나라 전체 가구의 약 7퍼센트가 현금결제를 거부당한 경험이 있는 것으로 나타났다.[2] 또한 현금은 사용 시 익명성이 보장되기 때문에 절도나 횡령 등 범죄에 악용될 가능성이 높고 탈세 등을 용이하게 하여 정상적인 경제활동의 발전을 저해할 수 있다. 이러한 이유로 많은 국가에서 일정 금액 이상에 대해 현금지급을 금지하는 등 현금 사용을 억제하는 정책을 실시하고 있다. 사실 우리나라에서 현금 사용이 감소하고 신용카드의 사용이 확대된 것도 국세청이 자영업자 등의 세원을 파악하고 지하경제를 축소하기 위한 정책을 적극 펼쳤기 때문이다.

이러한 환경 속에서 최근 디지털 기술의 발전에 따라 카드를 사용하거나 디지털 지갑을 이용하는 등 비현금결제가 증가하고 있다. 실제 지급수단별 디지털화를 살펴보면, 상업은행이 발행하는 예금화폐의 경우 수표에서 신용카드나 체크카드 등 지급카드로 지급수단이 급속히 바뀌고 있으며 인터넷은행이나 모바일 뱅킹을 통한 거래가 확대되면서 현금의 필요성이 감소하고 있다. 이러한 추세는 코로나19 팬데믹을 거치면서 더욱 가속화되고 있다.

특히 우리나라는 2001년 구축된 전자금융공동망을 통해 전자지급수단이 급속히 확산되면서 세계적으로도 현금 사용 비중이 가장 낮은 나라 중 하나로 평가받고 있다. 예컨대 우리나라는 2015년 신용카드가 현금을 제치고 소비자들이 가장 많이 이용하는 지급수단으로 대두한 이래 현금 사용 비중이 지속적으로 감소하여 2024년에는 현금 사용 비율이 약 16퍼센트까지 하락했다. 향후에도 스마트폰을 이용한

각종 페이 등 디지털 지갑의 확산에 따라 이러한 추세는 계속될 것으로 전망된다.[3]

이러한 추세로 보아 향후 현금 없는 사회로의 전환은 불가피할 것으로 보인다. 그럼에도 불구하고 중앙은행 부채로서의 현금이 사라지는 것은 아니다. 오히려 현금의 중요성은 더욱 커지고 있다. 중앙은행이 발행하는 현금은 무위험 안전자산safe asset으로서, 신용제도의 기반을 유지하고 경제 전체의 효율성을 담보하는 핵심 앵커anchor이기 때문이다. 다만 현금의 형태가 실물에서 디지털 토큰인 CBDC로 바뀔 뿐이다.

현행 금융 시스템에서 현금은 정부나 중앙은행의 권위authority를 통해 결제의 최종성을 보장받는다. 실제 중앙은행의 부채인 은행권은 정부 발행 지폐를 대신하고 정부의 권위에 기반하여 법화로 지정되었다. 반면 은행통화는 해당 금융기관의 신뢰에 전적으로 의존하여 유통되며, 신뢰 위기가 발생하면 소비자들은 금융기관의 예금을 인출하고 중앙은행의 은행권으로 갈아타려는 안전자산 선호flight to quality가 일어날 수 있다. 금융시장이 불안할수록 투자자들이 보유하던 자산을 매각하여 현금화하려는 안전자산 선호 경향은 더욱 강화된다. 민간 비금융 기업이 발행하는 디지털 지급수단이나 암호화폐는 은행과 같이 법적으로 규제되고 신뢰할 수 있는 금융기관에 의해 관리되지 않기 때문에 이러한 인출 위험에 더욱 많이 노출되어 있다. 특히 암호자산은 전적으로 커뮤니티에 대한 충성심loyalty에 의존해 가치가 유지되기 때문에 예금인출 사태는 더욱 빈번히 그리고 더욱 급속하게 일어날 수 있다. 이에 따라 금융기관과의 협력을 통해 이들 디지털 지급수단이나 암호화폐의 신뢰를 보강하기 위한 제도적 장치가 필요하다. 특히 이들 비금융 기업의 선불예탁금이나 암호화폐 거래소의 예탁금은 은행 부문에서와 같은 예금자 보호 장치가 없어 예금인출 위기에 더욱 취약하다. 따라서 은행이 공급하는 예금통화나 중앙은행이 발행하는 현금에 대한 수요는 경제활동이 오프라인에서 온라인으로 전환되더라도 사라질 수 없다. 향후 은행이 발행하는 디지털 화폐인 토큰화 예금과 중앙은행이 발행하는 디지털 현금인 CBDC 중 어느 쪽이 이러한 역할을 잘 수행할지는 명확하지 않지만 CBDC 발행의 필요성은 분명하다.

그렇다면 CBDC가 발행되면 현재 유통되는 주화나 은행권 같은 실물 화폐가 사라지고 현금 없는 사회가 도래할까? 현금 없는 사회에 대한 기존의 논의에서는 은행권과 주화를 구분하지 않았다. 이 문제를 우리나라 사례를 중심으로 은행권과 주화를 구분하여 살펴보면 다음과 같다.

우리나라 화폐 발행 상황을 권종별로 살펴보면, 2023년 현재 은행권 중에는 5만 원권이 전체 발행 화폐 금액의 약 90퍼센트 가까이 차지하고, 1만 원권이 약 9퍼센트를 차지하는 것으로 나타난다. 5만 원권은 2009년 처음 발행된 이래 1만 원권을 빠르게 대체하며 우리나라에서 가장 중요한 은행권으로 자리잡았다. 주화는 500원화, 100원화, 50원화, 10원화 4종이 발행되고 있으나, 이들을 모두 합쳐도 전체 발행 금액의 1퍼센트에 불과하다. 지난 70년 동안 우리나라 경제 규모가 급속히 확대되고 물가상승이 이루어진 점을 고려하면 이들 주화는 너무 단위가 작아서 현재 실제로는 거의 유통되지 않는다. 한편 발행 화폐를 장수(매수) 기준으로 살펴보면, 5만 원권이 전체 화폐 발행량의 약 10퍼센트를 차지하며 주화가 전체 화폐의 약 80퍼센트를 차지한다. 실생활에서 거의 사용되지 않는 주화를 아직도 이렇게 대량으로 발행하는 점은 다소 놀랍다. 향후 주화 발행의 점진적으로 폐지하는 방안이 필요해 보인다. 다만 은행권의 경우 당분간 화폐 사용 경험의 관성이 여전히 강하게 작용하고 있어, 실물 현금과 더불어 디지털 현금인 CBDC가 병행 통화로 유통될 것으로 전망된다.

동전 없는coinless 사회

지금까지 현금 없는 사회에 대한 논의는 소지 및 사용이 편리한 지폐와 그렇지 않은 동전을 구분하지 않고 전개되어 왔다. 현금을 지폐와 동전으로 나눠 살펴보면 지폐의 사용 중지에는 아직 반대 의견이 상당하고, 특히 디지털 기기 접근에 어려움을 겪는 사람들의 저항감도 크다. 그러나 동전 사용 중지에는 이러한 저항감이 적고 동전 사용은 소비자나 동전을 받는 상인들에게 불편 요소가 많은 것이 현실이다. 현재 동전은 어느 나라에서나 소액 거래에서만 사용되며, 특히 우리나라에서는 매우 작은 소액거래에서도 퇴출되어 소위 거스름돈으로만 사용되기 때문이다. 상점에서는 거스름돈을 위한 동전을 확보하여 별도로 보관해야 하고 거래 시 이를 일일이 세어 고객에게 줘야 하는 등 불편함이 매우 크다. 또한 동전은 휴대하고 다녀야 하는 불편함이 있고 소액이기 때문에 분실에 크게 신경 쓰지 않는 사람이 많다. 지폐와 달리 동전은 개수가 늘어날수록 중량과 부피가 월등히 커져 이동과 보관에 불편하기 때문이다. 특히 우리나라의 경우 통화개혁 이후 지난 60여 년간 화폐가치가 크게 하락하여 가치가 가장 작은 은행권 1,000원이 미화 1달러나 유럽의 1유로 동전의 가치에도 미치지 못한다. 이러한 상황에서 액면가치가 가장 큰 500원 동전도 실거래에서 급속히 사라지고 있다.

한편 금융기관의 경우도 동전 관리 및 회수에 많은 비용이 소모된다. 동전은 지폐에 비해 회수율이 낮아 한국은행은 매년 신규 주조에 많은 예산을 투입하고 있다. 특히 가치가 낮은 동전을 만드는 데 드는 비용이 액면가를 초과하는 경우가 많아서 주조할 때마다 손해를 보는 실정이다. 즉, 10원짜리 동전 하나를 만드는 데 대략 20원 정도 소요되며, 500원 동전을 제외하면 모두 주조 비용이 액면가치를 상회한다.[4] 지난 10여 년 동안 동전 제조 비용만으로 3,468억 원이 지출되었다.[5] 따라서 정부나 중앙은행은 '현금 없는 사회'를 목적으로 할 것이 아니라, 바로 '동전 없는 사회'를 구상할 필요가 있다. 현재 외국의 경우 이러한 구상을 구현할 인프라가 갖춰져 있지 않기 때문에 그 중요성에도 불구하고 구상 자체가 어려운 상황이다. 반면 우리나라는 신용카드망 등 전자지급결제 시스템이 잘 운영되고 있으며, 거의 전 국민이 신용카드나 직불카드를 적어도 하나씩 보유하고 있어 그러한 구상에 적합한 인프라가 갖추어져 있다고 하겠다. 이런 배경에서 한국은행은 2016년 세계에서 처음으로 동전을 디지털 결제수단으로 대체하는 '동전 없는 사회' 구축 사업을 시작했다. 이는 지폐 도입 이후에도 꾸준히 사용되어 온 주화를 완전히 퇴출시켜 주화의 시대를 끝내는 역사적 사업이다.[6]

한국은행은 2016년 전국 성인 2,500명을 대상으로 동전 사용 행태 및 동전 없는 사회에 관한 의식조사를 실시한 바에 따르면, 우리 국민의 과반수(50.8퍼센트)가 동전 없는 사회 추진에 찬성하여 반대 의견(23.7퍼센트)을 크게 앞질렀다. 잔돈 적립 수단으로는 계좌이체와 선불카드 충전 등을 선호하는 것으로 나타났다.[7] 지난 10년 동안 현금 사용 감소 추세를 고려할 때, 지금은 우리 국민 대다수가 압도적으로 '동전 없는 사회'에 찬성할 것으로 예상된다.

한국은행은 '동전 없는 사회' 구축을 위해 2017년 4월부터 기존 인프라 환경 등을 고려하여 고객이 현금으로 물품을 구매하는 경우 1단계로 선불카드에 잔돈을 충전하는 방식으로 이른바 '거스름돈 적립 서비스' 사업을 시작했다. 편의점, 대형 마트 등에서 현금거래 후 발생한 거스름돈을 매장 내에 비치된 선불카드 충전 단말기를 통해 고객이 지정한 선불전자지급수단(교통카드, 제휴사 포인트 등)에 적립해 주는 방식이다. 거스름돈 선불충전 서비스에는 네이버페이나 티머니 등 9개 선불전자지급수단 사업자와 이마트, 롯데마트, 세븐일레븐, CU 등 7개 유통업체의 약 5만 개 매장이 참여했다. 현재까지 이루어진 잔돈 선불충전 서비스 상황을 살펴보면, 전체적으로 현금 사용 감소 추세에 발맞춰 서비스 건수는 감소하고 있고 금액 면으로는 확대되고 있어 유의미한 성과를 내고 있는 것으로 판단된다.[8] 한편 2020년부터 2단계로 실물 현금카드나 모바일 현금카드를 통한 잔돈의 계좌이체도 시행하고 있다. 1회 1만 원, 최대 10만 원까지 현대백화점이나 이마트24 등 유통업체에서 잔돈 적립이 가능하다. 이러한 사업이 이미 상당히 진행되고 국민들이 동전 없는 화폐 사용 경험이나 동전 충전 방식에 익숙해지고 있어, 적어도 우리나라에서는 동전 발행을 폐지해도 큰 문제가 없을 것으로 전망된다. 동전 없는 사회는 지폐 없는 사회로 나아가는 디딤돌이다.

지폐 없는paperless 사회

다만 지폐(은행권)에 대한 수요는 중앙은행이 CBDC를 발행하더라도 당분간 지속될 것으로 보인다. 즉, CBDC는 실물 지폐(은행권)를 완전히 대체할 수 없고 디지털 지폐와 실물 지폐가 병행하여 통용될 것으로 전망된다. 이는 주화보다 편리한 지급수단인 지폐가 등장한 이후에도 주화 사용이 아직까지 없어지지 않았다는 점에서도 유추할 수 있다. 따라서 미래에도 실물 지폐는 당분간 소비자의 선택수단으로 남을 것이다. 그렇지만 지폐에 대한 수요는 지속적으로 크게 감소할 것이다. 이미 많은 나라에서 거액 거래는 대부분 전자 자금이체로 이루어지고 지폐는 주로 소액 거래에서만 통용되고 있다. 향후 CBDC가 도입되면 디지털 현금은 실물 현금인 지폐보다 편리성에서 우위를 차지할 것이다. 디지털 현금은 온라인 거래는 물론 오프라인 거래에서도 사용되는 반면 실물 현금인 지폐는 오프라인 거래에서만 사용 가능하기 때문이다. 따라서 중앙은행이 발행하는 CBDC는 급속히 지폐를 대체할 것으로 예상되며 중앙은행이 CBDC를 발행하지 않더라도 은행이 토큰화 예금을 발행한다면 이 또한 CBDC와 동일하게 실물 현금을 대체할 것으로 예상된다. 결국 실물 지폐는 동전이 하던 소액 거래의 역할만을 수행하게 되며, 그마저도 점차 제한될 것이다. 따라서 지폐의 사용이 현재 동전 사용 이상의 역할을 할 수 없는 시점이 오면 동전 없는 사회 구축의 경험에 의존하여 무리 없이 지폐 없는 사회로 이행할 수 있다고 판단된다. 정부가 발행하는 국공채의 경우 이미 많은 나라에서 실물 증권이 전자 증권으로 대체되었다. 우리나라에서도 실물 증권을 발행하지 않고 발행회사나 중앙예탁기관의 장부상에 존재하는 기록만으로 발행과 유통에 따르는 권리 이전을 하고 있다. 장부상 기록은 전자기록 형태로 존재하며 실물 증권은 중앙예탁기관에 예탁되어 유통되지 않는다. 결국 중앙은행도 현금을 디지털화해야 할 것이다.

디지털 현금이 유통된다면 당연히 실물 지폐의 발행과 회수 등에 따르는 지폐 관리 비용도 크게 절감할 것이다. 특히 디지털 현금에 따른 비접촉contactless 결제의 확대는 보건위생상 예방 효과가 매우 크다. 지폐의 경우 많은 세균이 검출되는 등 위생에 취약하다. 현금 없는 사회는 이러한 위생상 위험을 제거할 수 있다. 그럼에도 불구하고 지폐 없는 사회에 대한 우려의 시각도 존재하는데, 가장 큰 우려는 노인과 같은 현금을 선호하는 계층이나 금융 인프라가 부족한 지역 주민들의 불편함이다.[9] 따라서 현금 없는 사회로의 전환에 발맞춰 금융 소비자의 현금결제 선택권을 보장해야 한다는 주장도 있다.

그러나 디지털 통화를 오프라인에서 쓸 수 있다면 현금결제 선택권에 대한 이러한 우려는 필요 없어진다. 스마트폰, 스마트워치나 스마트카드를 이용하여 오프라인에서도 디지털 현금을 사용할 수 있기 때문이다. 예컨대 스웨덴 중앙은행이 추진하는 e-크로나는 금융 소외 계층에 의한 접근성을 높일 수 있도록 누구든 24시간 내내 모바일 전자지갑을 통해 e-크로나를 입금, 송금, 결제할 수 있고, 스마트워치, 지급카드 등 웨어러블 기기로도 결제할 수 있는 구조로 설계되어 온라인 거래 및 오프라인 거래에서도 사용될 수 있다.[10] 이처럼 CBDC를 오프라인에서 사용할 수 있다면 굳이 종이로 된 은행권을 찍을 이유가 없다. 우리나라는 현재 미국이나 일본 등과 마찬가지로 아직 면섬유로 만들어진 지폐를 사용하고 있지만 이미 많은 국가에서 겉보기에는 종이와 다름없지만 폴리머 소재의 플라스틱 화폐를 지폐와 같이 발행하여 사용하고 있다. 현재 플라스틱 화폐는 1980년대 말 호주가 최초로 도입한 이후 영국이나 캐나다 등 많은 나라에서 사용되고 있다. 이러한 플라스틱 은행권을 은행에 갈 필요 없이 어느 곳에서나 쉽게 충전해서 쓸 수 있는 스마트카드 형태로 발전시킨다면 최근 논의되는 스마트폰 기반의 CBDC가 아니라 스마트 카드 기반의 CBDC가 되겠지만 카드 사용에 익숙한 우리나라 국민에게는 큰 저항감 없이 사용될 수 있을 것으로 보인다. 실제 한국은행은 스마트폰 앱과 숫자 입력이 가능한 키패드 및 화면이 있는 스마트카드를 활용하여 인터넷이 차단되어 있는 오프라인에서 상거래 가능성을 검증하기도 했다.

이처럼 오프라인에서 상거래가 가능하면 더 이상 종이로 만든 지폐가 필요하지 않을 수 있다. 또한 지폐가 동전과 같이 소액 거래에만 사용된다면 지폐를 디지털 화폐로 대체한다고 해도 현금 없는 사회에 대한 반대 논리로 제기되는 정보유출 위험이나 디지털 화폐가 개인 감시와 통제 수단으로 악용될 수 있다는 우려도 덜 수 있다.

중앙은행이 CBDC를 발행한다고 해서 실물 지폐가 바로 없어지는 것도 아니다. 또 중앙은행이 디지털 현금인 CBDC를 발행하지 않더라도 은행이 토큰형 예금을 발행한다면 어쨌든 실물 지폐를 상당한 정도로 대체할 수 있다. 결국 실물 지폐의 역할이 급속히 축소되면 중앙은행도 CBDC를 발행하지 않을 수 없을 것으로 보인다. 이렇다면 우리나라 한국은행도 현재의 CBDC 준비 사업을 가속화하여 실물 현금의 소멸에 적극 대응하고 지폐 없는 사회의 도래를 준비하는 것이 보다 타당한 정책 방향이라고 생각된다. 특히 원화의 유통 범위가 국내에 제한되어 있다는 점을 고려하면, 국가 간 CBDC를 연계하여 글로벌 CBDC로 발전시키고 원화의 국제화를 모색하는 것도 향후 중요한 과제일 것이다.

주

1 Schmiedel, Kostova and Ruttenberg(2012).

2 한국은행(2022d).

3 한국은행(2025).

4 「제주 연못서 발견된 112만원어치 무더기 동전의 정체…한은, 새 동전 찍는데만 181억」, 『매일경제신문』, 2021. 10. 15.

5 한국은행 연차보고서 각년 호 참고.

6 이 사업은 큰 비용도 들지 않고 세계사적 의미가 있는 중요한 과제지만 불행하게도 한국은행 내에서도 그 의미를 이해하는 사람들이 얼마 안 되는 것 같다. 우리나라의 동전 없는 사회 사업에 관한 소개는 Moon(2017) 참고.

7 한국은행(2017: 37-38) 참고.

8 이에 대한 자세한 설명은 한국은행 홈페이지의 거스름돈 적립 서비스(https://www.bok.or.kr/portal/main/contents.do?menuNo=200733) 참고.

9 일본이 현금 없는 사회 진입에 오랫동안 소극적이었던 이유에는 바로 일본 사회가 디지털 기기에 익숙하지 않은 노인이 많은 초고령사회라는 점도 있다.

10 스웨덴 중앙은행 홈페이지의 e-krona(https://www.riksbank.se/en-gb/payments-cash/e-krona/) 참고.

사진 출처

p. 29 채무증서와 봉투
https://commons.wikimedia.org/w/index.php?search=clay+tablet+debt&title=Special:MediaSearch&go=Go&type=image

p. 45 크로이세이드 금화
https://commons.wikimedia.org/wiki/File:Kroisos._Circa_ 564-53-550-39_BC._AV_Stater_(16mm,_10.76_g)._Heavy_series._Sardes_mint.jpg

p. 51 테트라드라크마 은화
https://commons.wikimedia.org/wiki/File:Complete_strike_of_Athenian_tetradrachm..jpg

p. 114 8레알 은화
https://commons.wikimedia.org/wiki/File:Philip_V_Coin_silver,_8_Reales_Mexico.jpg

p. 120 미국 무역은 1달러화
https://commons.wikimedia.org/wiki/File:NNC-US-1873-1$-Seated_Liberty_(Trade_dollar).jpg

p. 124 중국 1은원
https://commons.wikimedia.org/wiki/File:1_Yuan_of_Gangxu_1904_(uncircled_dragon).png

p. 126 일본 1은엔
https://commons.wikimedia.org/wiki/File:1yen-M7silver.jpg

p. 175 1달러 미정부지폐(그린백)
https://commons.wikimedia.org/wiki/File:US-$20-GC-1905-Fr-1180.jpg

p. 180 20달러 금증서
https://commons.wikimedia.org/wiki/File:US-$1-LT-1869-Fr-18.jpg

p. 181 10달러 연방준비은행권
https://commons.wikimedia.org/wiki/File:US-$10-FRN-1914-Fr-919a.jpg

p. 225 (구)한국은행권과 한국은행권
한국은행

p. 297 한국은행이 개발·시험한 개인 CBDC 지갑 예시
한국은행

참고문헌

구은영(2022),「온라인투자연계금융업의 이해: 국내외 관련시장 동향 및 중앙기록관리 기관 업무 소개」,『Payment Insight』7, 금융결제원, pp. 32-39.

권민경(2022),「DeFi의 활용 가능성 및 규제 동향」,『Payment Insight』6, 금융결제원, pp. 46-51.

금융결제원(2021),『지급결제 A to Z』.

금융위원회(2021),「오픈뱅킹 시행 2년이 만든 디지털 금융혁신 성과」, 12월 21일 보도자료. https://www.fsc.go.kr/no010101/77097

금융위원회(2023a),「23년 상반기 가상자산사업자 실태조사 결과」, 10월 10일 보도자료.

금융위원회(2023b),「선불업자 관리 강화로 제2의 머지포인트 사태를 방지하고, 소액후불결제 허용으로 이용자 편의를 제고했습니다-전자금융거래법 개정안 국회 본회의 통과」, 8월 24일 보도자료. https://www.fsc.go.kr/no010101/80616?srchCtgry=&curPage=29&srchKey=all&srchText=&srchBeginDt=&srchEndDt=

금융위원회(2023c),「토큰증권(Security Token) 발행·유통 규율체계 정비방안」. https://www.fsc.go.kr/comm/getFile?srvcId=BBSTY1&upperNo=79386&fileTy=ATTACH&fileNo=4

김남훈(2023a),「Cashless 트렌드와 지급결제 미래」, 한국은행·금융결제원 디지털금융세미나 내부발표자료.

김남훈(2023b),「오픈파이낸스의 성공적 정착을 위한 방안」, Koscom Newsroom. https://newsroom.koscom.co.kr/37238

김동섭(2016),「분산원장 기술과 디지털 통화의 현황 및 시사점」, 한국은행 지급결제 조사자료, 2016-2. https://www.bok.or.kr/portal/bbs/B0000232/view.do?nttId=215941&menuNo=200706

김문환(2023),「일본 Mt Gox 비트코인 거래소의 파산과 반전」,『여신금융』봄호, 여신금융협회, pp. 25-46.

김병남(2004),「종이의 전래와 한지의 발달」,『전주사학』9, 전주대학교 역사문화연구소, pp. 251-274.

김상윤(2022),「마이데이터 시대, 기업이 갖춰야 할 4대 역량」,『Payment Insight』6, 금융결제원, pp. 4-9.

김소이(2023),「디지털 혁신과 지급결제의 과거와 현재: Component별로 살펴보는 혁신의 흐름과 방향성」, 한국은행·금융결제원 디지털금융세미나 내부발표자료.

김시홍(2023), 「전자금융거래법 상 전자금융업종 규제 동향과 카드업계의 대응」, 『여신금융』 봄호, 여신금융협회, pp. 47-121.
김영환(2023), 「비대면 결제를 혁신하는 모바일 청구서 '결제선생'」, 『Payment Insight』 10, 금융결제원, pp. 6-13.
김옥선(2021), 「메타버스와 금융」, 『Payment Insight』 5, 금융결제원, pp. 31-37.
김재호(2016), 『대체로 무해한 한국사』, 생각의힘.
김준경·문우식·김세현(1994), 「통화의 공급경로가 인플레에 미치는 영향」, 『한국개발연구』 15(4), 한국개발연구원, pp. 113-142.
김준산(2023), 「빅테크 금융서비스를 둘러싼 일곱 가지 오해와 진실」, KB금융지주연구소. https://www.kbfg.com/kbresearch/report/reportView.do?reportId=2000368
김호동 역주(2000), 『마르코 폴로의 동방견문록』, 사계절.
김회권(2022), 「50조 날린 죽음의 룰렛, 루나 사태 재구성」, 『주간조선』 2709호.
남종국(2015), 『이탈리아 상인의 위대한 도전: 근대 자본주의와 혁신의 기원』, 앨피.
루지아빈·창후아(2016), 『중국 화폐의 역사』, 이재연 옮김, 다른생각.
류창원(2022), 「간편결제 시장 동향과 애플페이 영향 점검」, 『하나Knowledge』 40, 하나은행. http://www.hanaif.re.kr/boardDetail.do?hmpeSeqNo=35502&menuId=MN3000&tabMenuId=N&srchNm=ALL&srchKey
리처드 폰 글란(2020), 『폰 글란의 중국경제사』, 류형식 옮김, 소와당.
먀오옌보(2018), 『돈의 탄생』, 홍민경 옮김, 현대지성.
문우식(1994), 「화폐수량설 비판: 제도적 접근」, 『경제학연구』 42(1), 한국경제학회, pp. 119-143.
문우식(2007), 「동아시아 통화블럭의 역사적 고찰」, 국제경제학회 추계학술세미나 발표자료.
문우식(2018), 『통화정책론』, 율곡출판사.
문우식(2021), 「대분기(Great Divergence)가설의 재검토: 유럽 경제는 언제 어떻게 아시아 경제를 추월하였는가?」, 『국제·지역연구』 30(4), 서울대학교 국제학연구소, pp. 1-31.
미조구치 유조(2004), 『중국의 공과 사』, 정태섭 외 옮김, 신서원.
박교순(2022), 「지급결제의 이해 및 전자금융거래법 개정(안) 관련 제언」, KB금융지주경영연구소 연구보고서. https://www.kbfg.com/kbresearch/report/reportView.do?reportId=2000321
박교순(2023), 「레볼루트의 영국 내 규제 관련 특징 및 상호비교를 통한 시사점」, KB금융지주 경영연구소 연구보고서. https://www.kbfg.com/kbresearch/report/reportView.do?reportId=2000377
박진우(2023), 「Toss: 핀테크 혁신 동향 및 미래」, 한국은행·금융결제원 디지털금융세미나 내부발표자료.
박찬규(2022), 「금융결제원 마이데이터 중계업무」, 『Payment Insight』 6, 금융결제원, pp. 23-33.
박훈(2021), 「뱅킹, 서비스로 연결하다(Banking as a Service)」, 삼성SDS 인사이트 리포

트. https://www.samsungsds.com/kr/insights/banking_as_a_service.html
비욘드플랫폼(2016), 「미국과 영국의 P2P 금융구조」, brunchstory. https://brunch.co.kr/@beyondplatform/4
삼정 KPMG(2022), 「가상자산, 금융 생태계의 새로운 패러다임」, 『Business Focus』. https://assets.kpmg.com/content/dam/kpmg/kr/pdf/2022/business-focus/kr-bf-cryptoassets-20220809.pdf
삼정 KPMG(2023a), 「디지털 금융의 최전선, 전자금융업의 진화와 주요 이슈」, 『Digital Monitor』. https://kpmg.com/kr/ko/home/insights/2023/07/issuemonitor_155.html
삼정 KPMG(2023b), 「간편결제 무한경쟁시대, 왕관을 거머쥘 승자는?」, 『Business Focus』. https://assets.kpmg.com/content/dam/kpmg/kr/pdf/2023/business-focus/kpmg-korea-mobile-payments-20231113.pdf
손희현·김도훈(2022), 「英 Revolut의 고객기반 확대요인과 시사점」, 우리금융경영연구소 연구보고서. https://www.wfri.re.kr/ko/web/research_report/research_report.php?idx=960&page_type=view&mode=view
송현아(2022), 「통계로 보는 지급결제시장 인사이트 No.5」, 『Payment Insight』, 금융결제원, pp. 70-75.
신석영(2023), 「토큰증권(ST)시대의 개막: 일상이 금융화되는 세상」, 『하나Knowledge』 7, 하나은행. http://www.hanaif.re.kr/boardDetail.do?hmpeSeqNo=35581
오지윤 외(2023), 「글로벌 주요 사건을 통해 살펴본 암호자산시장의 취약성 평가 및 시사점」, 『BOK 이슈노트』 제2023-15호, 한국은행.
와이즈앱(2023), 「네이버페이·카카오페이 앱 사용동향」. https://www.wiseapp.co.kr/insight/
윤준탁(2022), 「애플 페이? 구글 페이? 디지털 지갑이 뭔데?」, 『IT Trend』, LG CNS. https://www.lgcns.com/blog/it-trend/29717/
윤태길(2014), 「최근의 지급카드 이용현황 및 주요 과제」, 『BOK 이슈노트』 제2014-14호, 한국은행.
이명활(2022), 「準화폐적 스테이블코인과 민간의 화폐발행」, KIF 분석보고서 2022-07, 금융연구원.
이석륜(1994), 『우리나라 화폐 금융사: 1910년 이전』, 박영사.
이성규(2017), 「과학으로 만나는 세계유산: 고대 비밀 간직한 갑골문자 발상지」, 『The Science Times』, 2017. 6. 5.
이인호·박민선(2015), 「국내 신용카드 산업의 역사와 현황」, 『한국경제포럼』 8(3), 한국경제학회, pp. 19-48.
이재준·오세진(2021), 「마이데이터 국내외 현황 및 주요 해외 사례」, 『이슈분석』 784, KDB미래전략연구소, pp. 3-25.
이현태·서봉교·조고운(2018), 「중국 모바일 결제 플랫폼의 발전과 시사점: 알리바바 사례를 중심으로」, 대외경제정책연구원 연구자료 18-04.
이효섭(2023), 「빅테크의 금융진출과 금융안정」, 자본시장연구원 연구보고서 23-04.

정운찬(1995), 『중앙은행론』, 학현사.
제임스 B. 프리처드(2016), 『고대 근동 문학 선집』, 강승일 외 옮김, 기독교문서선교회.
조르주 루(2013a), 『메소포타미아의 역사 I』, 김유기 옮김, 한국문화사.
조르주 루(2013b), 『메소포타미아의 역사 II』, 김유기 옮김, 한국문화사.
조윤진(2022), 「지난해 선불충전금 총 3조원…충전금 보호 방안 마련해야」, 『서울경제』, 7월 6일. https://www.sedaily.com/NewsView/268F09HSXD
주성철(2021), 「국내외 은행의 생활밀착형 플랫폼 사례와 시사점」, 『Digital Insight』, 우리금융. https://www.wfri.re.kr/data/board/research_report/research_report_735_file2_20211122141526_787749.pdf
진재석(2009), 「카드제도의 주요 쟁점 동향 및 시사점」, 『지급결제와 정보기술』 38, 금융결제원, pp. 2-33.
차병주(2023), 「금융회사 디지털 유니버설뱅킹의 경쟁력 확보를 위한 필요조건」, 『Payment Insight』 10, 금융결제원, pp. 14-21.
최석민·임인아(2022), 「국내 빅테크사의 BNPL 서비스 동향」, 『Payment Insight』 6, 금융결제원, pp. 34-41.
최형광(2023), 「커피, 사용자 경험과 핀테크」, CIO, 5월 23일. https://www.cio.com/article/3519161/최형광-칼럼-커피-사용자-경험과-핀테크.html
최형석·유소연(2024), 「비트코인, 제도권 입성 … 주식처럼 손쉽게 거래한다」, 『조선일보』, 1월 12일. https://www.chosun.com/economy/stock-finance/2024/01/12/JOZ3JN5UJFCWNIYIPL3RKAGGFU/
카를로 M. 치폴라(1996), 『스페인 은의 세계사 1500-1800년, 아메리카의 은은 역사를 어떻게 바꾸었는가?』, 장문석 옮김, 미지북스.
코인 트레이너(2022), 『비트코인에 가려진 세상, 이더리움』, 지식오름.
키움증권(2023), 「높아진 자산 토큰화에 대한 관심」, 『Digital Asset Issue』, 키움투자정보. https://invest.kiwoom.com/inv/33796
페르낭 브로델(1996), 『물질문명과 자본주의 II-1: 교환의 세계』, 주경철 옮김, 까치글방.
펠릭스 마틴(2019), 『돈: 사회와 경제를 움직인 화폐의 역사』, 한상연 옮김, 문학동네.
한국은행(2006), 『한국의 화폐: 고대부터 대한제국 시대까지』.
한국은행(2010), 『한국은행 60년사』.
한국은행(2014), 『한국의 지급결제제도』.
한국은행(2015), 『전자금융총람』.
한국은행(2017), 『2016년도 지급결제보고서』.
한국은행(2018), 『암호자산과 중앙은행』.
한국은행(2019), 『한국의 화폐』.
한국은행(2021), 「G20 국가 간 지급서비스 개선 프로그램의 주요내용 및 시사점」, 금융결제국 지급결제조사자료. https://www.bok.or.kr/portal/bbs/B0000232/view.do?nttId=10063365&menuNo=200706&pageIndex=2
한국은행(2022a), 「2021년중 국내 지급결제동향」, 『조사통계월보』.

한국은행(2022b),『2021년도 지급결제보고서』.
한국은행(2022c),「2021년 지급수단 및 모바일금융서비스 이용행태 조사결과」, 금융결제국 지급결제조사자료.
한국은행(2022d),「2021년 경제주체별 현금사용행태 조사 결과」.
한국은행(2022e),『금융안정보고서』.
한국은행(2022f),「CBDC 모의실험 연구사업 2단계 결과 및 향후 계획」, 11월 7일 보도자료. https://www.bok.or.kr/portal/bbs/P0000559/view.do?nttId=10073660&menuNo=200690&pageIndex=49
한국은행(2023a),『2022년도 지급결제보고서』.
한국은행(2023b),『알기 쉬운 경제지표해설』.
한국은행(2023c),「최근 디지털위안화(e-CNY) 사용확대와 현지 평가」, 북경사무소 현지정보, 5월 8일. https://www.bok.or.kr/portal/bbs/P0002232/view.do?nttId=10077282&menuNo=200086&pageIndex=6
한국은행(2023d),「2022년중 전자지급서비스 이용 현황」, 3월 24일 보도자료. https://www.bok.or.kr/portal/bbs/P0000559/view.do?nttId=10076230&menuNo=200690&pageIndex=35
한국은행(2023e),「한국은행-금융위원회-금융감독원, BIS와 협력하여 미래 통화 인프라 구축을 위한 실험 공동 추진」, 10월 4일 보도자료. https://www.bok.or.kr/portal/bbs/B0000502/view.do?menuNo=201265&nttId=10079835
한국은행(2024),『2023년도 지급결제보고서』.
한국은행(2025),「2024년 지급수단 및 모바일금융서비스 이용행태 조사결과」, 금융결제국 지급결제조사자료.
한나 할라부르드다·미클로스 사배리·기욤 해링거(2022),『역사로 보는 화폐의 미래』, 백숭기 옮김, 예문.
한아름(2023),「국내 증권형 크라우드펀딩 시장 현황 및 개선 논의」,『자본시장포커스』 12호, 자본시장연구원.
허야오민(2011),『중국경제사』, 김승일 옮김, 집옥재.
헥토데이터(2022),「금융슈퍼웹의 재미있는 이야기 1탄: 페이팔(Paypal)」, Hecto Data Blog. https://blog.hectodata.co.kr/paypal/

富田俊基(2006),『国債の歴史: 金利に凝縮された過去と未来』, 東洋経済新報社.
雨宮建(2012),「古代ギリシャと古代中国の貨幣思想と経済思想」,『金融研究』 4, 日本銀行金融研究所. https://www.imes.boj.or.jp/research/papers/japanese/kk31-2-1.pdf
叶世昌(2002),『中國金融通史: 先秦之清阿片戰爭時期』, 中国金融出版社.
日本銀行(2013),「金属貨幣の発生 4: 楚の貨幣」,『中国貨幣の歴史』, 貨幣博物館. https://www.imes.boj.or.jp/cm/research/kinken/mod/gra_china5.pdf
日本銀行(2013),「開元通宝の誕生: 唐代前期の貨幣」,『中国貨幣の歴史』, 貨幣博物館. https://www.imes.boj.or.jp/cm/research/kinken/mod/gra_china17.pdf
洪葭管(2001),『中国金融史』, 西南財经大学出版社.

Adrian, T. and T. Mancini-Griffoli (2019), "The Rise of Digital Money," IMF FinTech Notes, No. 19/001. https://www.imf.org/-/media/Files/Publications/FTN063/2019/English/FTNEA2019001.ashx

Adrian, T. and T. Mancini-Griffoli (2021), "Public and Private Money Can Coexist in the Digital Age," IMF Blog. https://www.imf.org/en/Blogs/Articles/2021/02/18/blog-public-and-private-money-can-coexist-in-the-digital-age

Akers, D., J. Golter, B. Lamm, and M. Solt (2005), "Overview of Recent Developments in the Credit Card Industry," *FDIC Banking Review*, 17(3), pp.23-35. https://www.fdic.gov/analysis/archived-research/banking-review/br17n3full.pdf

Amemiya, T. (2007), *Economy and Economics of Ancient Greece*. London and New York: Routledge.

Anadu, K. et al. (2022), "Runs on stablecoins," *Liberty Street Economics*, Federal Reserve Bank of New York. https://libertystreeteconomics.newyorkfed.org/2023/07/runs-on-stablecoins/

Andolfatto, D. (2018), "Assessing the Impact of Central Bank Digital Currency on Private Banks," Federal Reserve Bank of St. Louis Working Paper 2018-26. https://s3.amazonaws.com/real.stlouisfed.org/wp/2018/2018-026.pdf

Antonetti, G. (2021), "Du louis à l'assignat," in Comité pour l'histoire économique et financière de la France (ed.), *D'or et d'argent: La monnaie en France du Moyen Âge à nos jours*, Comité pour l'histoire économique et financière de la France. https://books.openedition.org/igpde/10553?lang=en#text

Aperghis, G. (2013), "Athenian mines, coins and triremes," *Historia: Zeitschrift für Alte Geschichte*, 62(1), pp.1-24.

Aristotle (1999), *Nicomachean Ethics*, translated by W. D. Ross, Kitchener: Batoche Books.

Auer, R., J. Frost, L. Gambacorta, C. Monnet, T. Rice, and H. Shin (2021), "Central bank digital currencies: motives, economic implications and the research frontier," Bank for International Settlements Working Paper No. 976. https://www.bis.org/publ/work976.pdf

Bank of France (2018), *Payment and Market Infrastructures in the Digital Era*. https://publications.banque-france.fr/sites/default/files/media/2021/01/07/payments_market.pdf

Barrdear, J. and M. Kumhof (2016), "The Macroeconomics of Central Bank Issued Digital Currencies," Bank of England Staff Working Paper No. 605.

Bell, A. R., C. Brooks, and T. K. Moore (2015), "The 'Buying and Selling of Money for Time': Foreign Exchange and Interest Rates in Medieval Europe," SSRN. https://ssrn.com/abstract=2546003

Bernholz, P. and R. Vaubel (eds.) (2014), *Explaining Monetary and Financial Innovation: A Historical Analysis*, Cham: Springer.

BIS (2015), *Digital Currencies,* Committee on Payments and Market Infrastructures. https://www.bis.org/cpmi/publ/d137.pdf

BIS (2018a), *Central Bank Digital Currencies,* Committee on Payments and Market Infrastructures and Market Committee. https://www.bis.org/cpmi/publ/d174.pdf

BIS (2018b), "Cryptocurrencies: Looking Beyond the Hype," BIS Annual Economic Report ch. 5. https://www.bis.org/publ/arpdf/ar2018e5.pdf

BIS (2021), *Developments in Retail Fast Payments and Implications for RTGS Systems,* Committee on Payments and Market Infrastructures. https://www.bis.org/cpmi/publ/d201.pdf

BIS (2022), "Project Aurum: A Prototype for Two-tier Central Bank Digital Currency (CBDC)," BIS Innovation Hub. https://www.bis.org/publ/othp57.pdf

BIS (2023), *The Crypto Ecosystem: Key Elements and Risks*, Report submitted to the G20 Finance Ministers and Central Bank Governors. https://www.bis.org/publ/othp72.pdf

Blanc, J. (1988), "Silvio Gesell's Theory and Accelerated Money Experiments," *American Journal of Economics and Sociology*, 57(8), pp. 469-483.

Bohigas, L. (2021), "The Economic Regulation of Hammurabi: The First Businesspeople," *Revista Econòmica de Catalunya*, 84, pp. 1-14. https://www.researchgate.net/publication/356252980

Bolton, J. and F. Guidi-Bruscoli (2021), "Your Flexible Friend: The Bill of Exchange in Theory and Practice in the Fifteenth Century," *Economic History Review*, 74(4), pp. 873-891.

Bordo, M. D. and A. T. Levin (2017), "Central Bank Digital Currency and the Future of Monetary Policy," National Bureau of Economic Research Working Paper 23711.

Bouveret, A., A. Martin, and P. E. McCabe (2022), "Money Market Fund Vulnerabilities: A Global Perspective," Finance and Economics Discussion Series 2022-012, Washington: Board of Governors of the Federal Reserve System. https://doi.org/10.17016/FEDS.2022.012

Boyer-Xambeu, M.-T., G. Deleplace, and L. Gillard (1994), *Private Money & Public Currencies: The 16th Century Challenge*, London and New York: Routledge.

Bradford, T. (2020, August 12), "Neobanks: Banks by Any Other Name?," *Payment System Research Briefing*, Federal Reserve Bank of Kansas City. https://www.kansascityfed.org/documents/7600/psrb20bradford0812.pdf

Bresson, A. (2015), *The Making of the Ancient Greek Economy: Institutions, Markets, and Growth in the City-States,* Princeton: Princeton University Press.

Broadberry, S., H. Guan, and D. D. Li (2014), "China, Europe and the Great Divergence: A Study in Historical National Accounting, 980-1850," Economic History Department Paper, London School of Economics.

Broaddus, A. (1978), "Automatic Transfers from Savings to Checking: Perspective and Prospects," *Federal Reserve Bank of Richmond Economic Review*, 64(6), pp. 3-13. https://www.richmondfed.org/-/media/richmondfedorg/publications/research/economic_review/1978/pdf/er640601.pdf

Brunnermeier, M. K. and D. Niepelt (2019), "On the Equivalence of Private and Public Money," *Journal of Monetary Economics*, 106, pp. 27-41.

Brunnermeier, M. K., H. James, and J.-P. Landau (2021), "The Digitalization of Money," BIS Working Papers No. 941. https://www.bis.org/publ/work941.pdf

Bülow-Jacobsen, A. (2011), "Writing Materials in the Ancient World," in R. S. Bagnall (ed.), *The Oxford Handbook of Papyrology*, Oxford: Oxford University Press.

Bureau of Engraving and Printing (2013a), "United States Notes," BEP History Fact Sheet. https://www.bep.gov/media/1016/download?inline

Bureau of Engraving and Printing (2013b), "Gold Certificates," BEP History Fact Sheet. https://www.bep.gov/media/1086/download?inline

Bureau of Engraving and Printing (2013c), "Silver Certificates," BEP History Fact Sheet. https://www.bep.gov/media/1051/download?inline

Cahill, N. (ed.)(2010), *The Lydians and Their World*, Istanbul: Yapi Kredi Yayinlari. https://sardisexpedition.org/en/publications/latw

Cahill, N. and J. H. Kroll (2005), "New Archaic Coin Finds at Sardis," *American Journal of Archaeology*, 109(4), pp. 589-617.

Carstens, A., S. Classens, F. Restoy, and H. Shin (2021), "Regulating Big Techs in Finance," *BIS Bulletin*, 45, pp. 3-8. https://www.bis.org/publ/bisbull45.pdf

Carruthers, B. G. and S. Babb (1996), "The Color of Money and the Nature of Value: Greenbacks and Gold in Postbellum America," *American Journal of Sociology*, 101(6), pp. 1556-1591.

Cartwright, M. (2018), "Knights Templar," World History Encyclopedia. https://www.worldhistory.org/Knights_Templar/

Caskey, J. P. and G. H. Sellon (1994), "Is the Debit Card Revolution Finally Here?," *Federal Reserve Bank of Kansas City Economic Review*, 4, pp. 79-95.

Chen, Z. (2012), "Financial Strategies for Nation Building," in J. P. H. Fan and R. Morck (eds.), *Capitalizing China*, Chicago: University of Chicago Press.

Chen, Zhengping (2014), *A Brief History of Foreign Debt in China*, Paths International Ltd.

Chiu, J., M. Davoodalhosseini, and J. Jiang (2020), "Bank Market Power and Central Bank Digital Currency: Theory and Quantitative Assessment," Bank of Canada Staff Working Paper 2019-20.

Cooley, A. E. and M. G. L. Cooley (2014), *Pompeii and Herculaneum: A Sourcebook*, London: Routledge.

Davies, G. (2002), *A History of Money: From Ancient Times to the Present Day*, Cardiff:

University of Wales Press.

Davis, G. (2014), "Mining money in late archaic Athens," *Historia: Zeitschrift für Alte Geschichte*, 63(3), pp. 257-277.

Deng, K. G. (2015), "Imperial China under the Song and late Qing," A. Monson and W. Scheidel (eds.), *Fiscal Regimes and the Political Economy of Premodern States*, Cambridge: Cambridge University Press.

De Roover, Raymond (1948a), *The Medici Bank: Its Organization, Management, Operation and Decline*, New York: New York University Press.

De Roover, Raymond (1948b), *Money, Banking and Credit in Mediaeval Bruges*, Cambridge: Cambridge University Press.

Deutsche Bank (2023), "Blockchain-based money from the private sector-an overview." https://flow.db.com/cash-management/blockchain-based-money-from-the-private-sector-an-overview

Eichengreen, B. (1996), *Globalizing the Capital*, Princeton: Princeton University Press.

Feliu, G. (2018), "Money and Currency," in R. Naismith (ed.), *Money and Coinage in the Middle Ages*, Boston: Brill.

Financial Stability Board (2019), *BigTech in Finance: Market developments and potential financial stability implications.* https://www.fsb.org/wp-content/uploads/P091219-1.pdf

Fisher, D. (1989), "The Price Revolution: A Monetary Interpretation," *The Journal of Economic History*, 49(4), pp. 883-902.

Flynn, D. and A. Giràldez (1994), "China and the Manila Galleons," in John Latham and Heita Kawakatsu (eds.), *Japanese Industrialization and the Asian Economy*, London: Routledge.

Flynn, D. O. and A. Giráldez (2000), "Cycles of Silver: Global Economic Unity through the Mid-Eighteenth Century," *Journal of World History*, 13(2), pp. 391-427.

Fratianni, M. and F. Spinelli (2006), "Italian city-states and financial evolution," *European Review of Economic History*, 10(3), pp. 257-278.

Friedman, M. and A. Schwartz (1963), *A Monetary History of the United States 1867-1960*, Princeton: Princeton University Press.

Friedrich, M. (2020), *Cash App vs. Venmo: A Look Inside America's Most Popular Consumer Finance Applications*, ARK Invest Management LLC.

Frost, J., L. Gambacorta, Y. Huang, H. Shin, and P. Zbinden (2019), "BigTech and the Changing Structure of Financial Intermediation," *Economic Policy*, 34(100), pp. 761-799.

Frost, J., H. Shin, and P. Wierts (2020), "An early stablecoin? The Bank of Amsterdam and the governance of money," BIS Working Papers No. 902. https://www.bis.org/publ/work902.pdf

Garfinkle, S. J. (2004), "Shepherds, Merchants, and Credit: Some Observations on Lending Practices in Ur III Mesopotamia," *Journal of the Economic and Social History of the Orient*, 47(1), pp. 1-30.

Garnett, P. (1917), "The History of the Trade Dollar," *The American Economic Review*, 7(1), pp. 91-97.

Garten, J. E. (2021), *Three Days at Camp David: How a Secret Meeting in 1971 Transformed the Global Economy*, New York: HarperCollins.

Gelderblom, O. (2013), *Cities of commerce: the institutional foundations of international trade in the Low Countries, 1250-1650*, Princeton: Princeton University Press.

Gesell, S. (1958), *The Natural Economic Order*, translated by Ph. Pye, London: Peter Owen Ltd. http://www.silvio-gesell.de/the-natural-economic-order.html

Giang, Vivian, Mike Dang, and Carly Olson (2023), "A timeline of Silicon Valley Bank's collapse and its aftermath," *The New York Times*, March 16. https://www.nytimes.com/live/2023/03/16/business/banking-crisis-stocks-market-news#a-timeline-of-silicon-valley-banks-collapse-and-its-aftermath

Giovannini, A. (2008), "The Parthenon, the Treasury of Athena and the Tribute of the Allies," in P. Low (ed.), *The Athenian Empire*, Edinburgh: Edinburgh University Press.

Glowka, M., A. Kosse, and R. Szemere (2023), "Digital Payments Make Gains But Cash Remains," CPMI Brief No. 1. https://www.bis.org/statistics/payment_stats/commentary2301.pdf

Goetzmann, W. N. (2016), *Money Changes Everything: How Finance Made Civilization Possible*, Princeton: Princeton University Press.

Goodhart, Charles (2018), "Monetary Regimes: Then and Now," in Sheila Dow, Jesper Jespersen, and Geoff Tily (eds.), *Money, Method and Contemporary Post-Keynesian Economics*, London: Edward Elgar. http://eprints.lse.ac.uk/90195/

Gorton, G. (1984), "Private Clearinghouses and the Origins of Central Banking," *Federal Reserve Bank of Philadelphia Business Review*, Jan/Feb, pp. 3-12.

Graham, Frank D. (1930), *Exchange, Prices, and Production in Hyper-Inflation: Germany 1920-1923*, New York: Russell & Russell.

Grandjean, A. (2003), "La folle histoire des assignats." http://www.chomage-et-monnaie.org/2003/07/01/la-folle-histoire-des-assignats/

Greenewalt, C. H. (2010), "Gold and Silver Refining at Sardis," in N. D. Cahill (ed.), *The Lydians and their World*, Istanbul: Yapi Kredi Yayinlari.

Greenfield, P. (2016), "Story of cities #6: how silver turned Potosí into the first city of capitalism," *The Guardian*, 21 March. https://www.theguardian.com/cities/2016/mar/21/story-of-cities-6-potosi-bolivia-peru-inca-first-city-capitalism

Greenspan, A. and A. Wooldridge (2018), *Capitalism in America: a History*, New York: Penguin Books.

Grunwald, K. (1975), "Lombards, Cahorsins and Jews," *Journal of European Economic History*, 4(2), pp. 393-398.

Hamilton, E. J. (1934), *American Treasure and the Price Revolution in Spain, 1501-1650*, Cambridge and London: Harvard University Press.

Hao, Y.-P. (1986), *The Commercial Revolution in Ninteenth-Century China*, Berkeley and Los Angeles: University of California Press.

Harford, T. (2017), The warrior monks who invented banking, *BBC News*, January 30. https://www.bbc.com/news/business-38499883

Hayek, F. A. (1976), *Denationalization of Money*, The Institute of Economic Affairs.

Hendy, M. (1972), "Mint and Fiscal Administration under Diocletian, His Colleagues, and His Successors A. D. 305-24," *The Journal of Roman Studies*, 62, pp. 75-82.

Howgego, C. J. (1995), *Ancient History from Coins*, London and New York: Routledge.

Hudson, M. (2004), "The Archaeology of Money: Debt versus Barter Theories of Money's Origins," in L. R. Wray (ed.), *Credit and State Theories of Money*, Cheltenham: Edward Elgar Publishing.

Hudson, M. (2010), "Entrepreneurs: From the Near Eastern Takeoff to the Roman Collapse," in D. S. Landes, J. Mokyr, and W. J. Baumol (eds.), *The Invention of Enterprise: Entrepreneurship from ancient Mesopotamia to modern times*, Princeton: Princeton University Press.

Hudson, M. (2018), *... and forgive them their debts: Lending, Foreclosure and Redemption From Bronze Age Finance to the Jubilee Year*, Dresden: ISLET-Verlag.

Humphrey, T. M. (2010), "Lender of Last Resort: What It Is, Whence It Came, and Why the Fed Isn't It," *Cato Journal*, 30(2), pp. 333-364.

Iliffe, R. and S. Mandelbrote (2025), "The Mint," Newton and the Mint. https://hf-web-mint2.history.ox.ac.uk/

Irigoin, A. and B. Millmore (2021), "PIECE OF EIGHT," in M. Thurner and J. Pimentel (eds.), *New World Objects of Knowledge: A Cabinet of Curiosities*, London: University of London Press.

Johns, C. H. W. (1910-11), "Babylonian Law: The Code of Hammurabi," *Encyclopedia Britannica*, 11th ed. https://cdn.britannica.com/primary_source/avalon/ancient/hammpre.asp

Johnston, Mathew (2024), "How PayPal Makes Money," Investopia. https://www.investopedia.com/how-paypal-makes-money-5094794

Jones, A. H. M. (1950), "The Aerarium and the Fiscus," *The Journal of Roman Studies*, 40, Parts 1 and 2, pp. 22-29.

Kaldor, N. (1960), "The Radcliffe Report," *Review of Economics and Statistics*, 42(1), pp. 14-19.

Kalinowski, W. (2011), "Currency Pluralism and Economic Stability: The Swiss Experience," Veblen Institute for Economic Affairs. https://www.veblen-institute.

org/Currency-Pluralism-and-Economic-Stability-The-Swiss-Experience.html

Kallio, A. and L. Vuola (2020), "History of Crowdfunding in the Context of Ever-Changing Modern Financial Markets," in R. Shneor, L. Zhao, and B.-T. Flåten (eds.), *Advances in Crowdfunding,* Cham: Springer.

Kampmann, U. (2009), *Drachm, Dirham, Thaler, Pound: Money and currencies in history from earliest times to the euro*, Money Museum, Zürich. https://www.moneymuseum.com/en/archive/drachm-dirham-thaler-pound-285?slbox=true

Kerschner, M. and K. Konuk (2020), "Electrum Coins and Their Archaeological and Context: The Case of the Artemision of Ephesus," in P. V. Alfen and U. Wartenberg (eds.), *White Gold: Studies in Early Electrum Coinage*, New York: The American Numismatic Society.

Keynes, J. M. (1973), "General Theory of Employment, Interest and Money," in E. Johnson and D. Moggridge (eds.), *The Collected Writings of John Maynard Keynes, 7*, London: Macmillan.

Kiff, J., et al. (2020), "A Survey of Research on Retail Central Bank Digital Currency," IMF Working Paper 20/104.

Kilger, C. (2008), "Wholeness and Holiness: Counting, Weighing and Valuing Silver in the Early Viking Period," in D. Skre (ed.), *Means of Exchange: Dealing with Silver in the Viking Age* (chap. 8), Århus: Aarhus Universitetsforlag.

Kindleberger, C. P. (1984), *A Financial History of Western Europe*, London: George Allen and Unwin.

Klein, A. (2020), "China's Digital Payments Revolution," *Brookings*. https://www.brookings.edu/wp-content/uploads/2020/04/FP_20200427_china_digital_payments_klein.pdf

Kohler, T. A., et al. (2017), "Greater post-Neolithic wealth disparities in Eurasia than in North America and Mesoamerica," *Nature*, 551(7682), pp.619-622.

Kohn, M. (1999a), "Bills of Exchange and the Money Market to 1600," Working Paper 99-04, Department of Economics, Dartmouth College. http://www.dartmouth.edu/~mkohn

Kohn, M. (1999b), "Merchant Banking in the Medieval and Early Modern Economy," Working Paper 99-05, Department of Economics, Dartmouth College. http://www.dartmouth.edu/~mkohn

Kohn, M. (2001), "Payments and the Development of Finance in Pre-Industrial Europe, Dartmouth College Econ," Working Paper No. 01-15. SSRN. https://ssrn.com/abstract=291208

Konuk, K. (2012), "Asia Minor to the Ionian Revolt," in W. E. Metcalf (ed.), *Oxford Handbook of Greek and Roman Coinage*, Oxford: Oxford University Press.

Kramer, S. N. (1998), *Sumerian Mythology*, Philadelphia: University of Pennsylvania Press.

Kriwoluzky, A. and C. Kim (2019), "Public or Private? The Future of Money," Monetary Dialogue Papers, European Parliament. https://www.europarl.europa.eu/cmsdata/207653/13.%20PE%20642.356%20DIW%20final%20publication-original.pdf

Kroll, J. H. (2010), "The Coins of Sardis," in N. D. Cahill (ed.), *The Lydians and their World*, Istanbul: Yapi Kredi Yayinlari.

Kroll, J. H. (2012), "The Monetary Background of Early Coinage," in W. E. Metcalf (ed.), *Oxford Handbook of Greek and Roman Coinage*, Oxford: Oxford University Press.

Laboure, M. and C. Ainsworth-Grace (2023), "What is crypto's new normal?," Deutsch Bank. https://flow.db.com/more/technology/what-is-cryptos-new-normal

Lane, F. C. and R. C. Mueller (2020), *Money and Banking in Medieval and Renaissance Venice*, Vol. 1, Baltimore and London: The Johns Hopkins University Press.

Law, J. (1966[1705]), *Money and Trade Considered: With a Proposal for Supplying the Nation wih Money*, New York: A. M. Kelley.

Le Maux, L. (2020), "Central banking and finance: the Bank of England and the Bank Act of 1844," *Revue Economique*, hal-02854521f. https://hal.science/hal-02854521/document

Levitin, A. J. (2018), "Pandora's Digital Box: The Promise and Perils of Digital Wallets," *University of Pennsylvania Law Review*, 166(2), pp.305-376.

Maddison, A. (2003), *The World Economy: Historical Statistics*, OECD.

Mancini-Griffoli, T., M. S. Peria, I. Agur, A. Ari, J. Kiff, and A. Popescu (2018), "Casting Light on Central Bank Digital Currency," IMF Staff Discussion Notes No. 2018/008.

Mark, H. W. (2022), "Assignat," *World History of Encyclopedia*. https://www.worldhistory.org/Assignat/

Mark, Joshua J. (2015), "Cylinder Seals in Ancient Mesopotamia - Their History and Significance," World History Encyclopedia. 2 December. https://www.worldhistory.org/article/846/cylinder-seals-in-ancient-mesopotamia---their-hist/

Martin, T. R. (1996). "Why Did the Greek Polis Originally Need Coins?," *Historia: Zeitschrift für Alte Geschichte*, 45(3), pp.257-283.

Matringe, N. (2020), "Double-Entry Bookkeeping and the Use of the Bill of Exchange as a Clearing Instrument in the Early Modern Age," SSRN. https://ssrn.com/abstract=3733012

Mattingly, H. (1921), "The Mints of the Empire: Vespasian to Diocletian," *The Journal of Roman Studies*, 11, pp.254-264.

McLeay, M., A. Radia, and R. Thomas (2014), "Money creation in the modern economy," *Quarterly Bulletin*, Bank of England. https://www.bankofengland.co.uk/-/media/boe/files/quarterly-bulletin/2014/money-creation-in-the-modern-economy

Meadows, A. (2014), "The Spread of Coins in the Hellenistic World," in P. Bernholz and R. Vaubel (eds.), *Explaining Monetary and Financial Innovation: A Historical Analysis*, Cham: Springer.

Meadows, A. and K. Shipton (2001), *Money and its Uses in the Ancient Greek World*, Oxford: Oxford University Press.

Mehta, N., A. Agashe, and P. Detroja (2021), *Bubble or Revolution? The Present and Future of Blockchain and Cryptocurrencies*, Seattle: Paravane Ventures.

Merris, R. C. (1978), "Automatic transfers: Evolution of the service and impact on money," *Federal Reserve Bank of Chicago Economic Perspectives*, 4(6), pp.22-26.

Metcalf, W. E. (ed.), (2012), *The Oxford Handbook of Greek and Roman Coinage*, Oxford: Oxford University Press.

Michel, C. (2021), "What about 3D Manuscripts? The Case of the Cuneiform Clay Tablets," in J. Quenzer (ed.), *Exploring Written Artefacts: Objects, Methods, and Concept*, Berlin: De Gruyter.

Milanovic, B. (2006), "An Estimate of Average Income and Inequality in Byzantium around Year 1000," *Review of Income and Wealth*, 52(3), pp.449-470.

Miller, E. S. (2005), "Japan's Other Victory: Overseas Financing of the Russo-Japanese War," in J. Steinberg, et al. (eds.), *The Russo-Japanese War in Global Perspective: World War Zero* (Vol. 1), Boston: Brill.

Miler, R., W. Michalski, and B. Stevens (2002), "The Future of Money," in OECD (ed.), *The Future of Money*, Paris: OECD.

Mishkin, F. S. (2004), *The Economics of Money, Banking, and Financial Markets*, 7th ed., London and New York: Pearson.

Mitchell, W. C. (1897), "Greenbacks and the Cost of the Civil War," *Journal of Political Economy*, 5(2), pp.117-156.

Moisés, R. P. (2005) "The Rise of the Spanish Silver Real," *Sigma: Journal of Political and International Studies*, 23(5), pp.69-97.

Moon, W. (2017), "A Coinless Society as a Bridge to a Cashless Society: A Korean Experiment," in F. Rövekamp, M. Bälz, and H. G. Hilpert (eds.), *Cash in East Asia*, Cham: Springer.

Moon, W. (2025), *Digital Payment and Cashless Economy: Perspective from Korea*, London and New York: Routledge.

Mosselaar, J. (2012), The Primacy of Italian finance from the Middle Ages to early modern times. https://www.academia.edu/12249815/The_Primacy_of_Italian_finance_from_the_Middle_Ages_to_early_modern_times

Mosselaar, J. (2018), *A Concise Financial History of Europe*, Rotterdam: Robeco.

Munro, J. H. (1998), English 'Backwardness' and Financial Innovations in Commerce with the Low Countries, 14th to 16th centuries, Department of Economics, University of Toronto. http://www.chass.utoronto.ca/ecipa/wpa.html

Murphy, A. E. (1991), "The evolution of John Law's theories and policies 1707-1715," *European Economic Review*, 34, pp. 1109-1125.

Museum of American Financial History (1994), *America, Money and War: Financing the Civil War*.

Nagarajan, K. V. (2011), "The Code of Hammurabi: An Economic Interpretation," *International Journal of Business and Social Science*, 2(8). https://www.researchgate.net/publication/245536513_The_Code_of_Hammurabi_An_Economic_Interpretation

Nagarajan, K. V. (2018), *Money and Coinage in the Middle Ages*, Boston: Brill.

Nagarajan, K. V. (2019), "Mints, Moneyers and the Geography of Power in Early Medieval England and its Neighbours," in J. Carroll, A. Reynolds, and B. Yorke (eds.), *Power and Place in Europe in the Early Middle Ages* (chap. 19), Oxford: Oxford University Press.

Neer, R. T. (2018), *Art and Archeology of the Greek World*, London: Thames & Hudson.

Norman, B., R. Shaw, and G. Speight (2011), "The History of Interbank Settlement Arrangements: Exploring Central Banks' Role in the Payment System," Working Paper No. 412, Bank of England. https://www.bankofengland.co.uk/-/media/boe/files/working-paper/2011/the-history-of-interbank-settlement-arrangements-exploring-central-banks.pdf

OECD (2002), *The Future of Money*.

Orrell, D. and R. Chlupatý (2016), *The Evolution of Money*, New York: Columbia University Press.

Parks, T. (2006), *Medici Money: Banking, Metaphysics, and Art in Fifteenth-Century Florence*, London: Profile Books.

Peacock, M. S. (2006), "The origins of money in Ancient Greece: the political economy of coinage and exchange," *Cambridge Journal of Economics*, 30(4), pp. 637-650.

Pegler, E. (2016), "Third century Rome's inflation crisis: bad leaders or plague?" https://armchairprehistory.com/2016/10/12/third-century-romes-inflation-crisis-bad-leaders-or-plague/

Pomeranz, K. (2000), *The Great Divergence: China, Europe, and the Making of the Modern World Economy*, Princeton: Princeton University Press.

Pond, S. (1941), "The Spanish Dollar: The World's Most Famous Silver Coin," *Bulletin of the Business Historical Society*, 15(1), pp. 12-16.

Prasad, E. S. (2021), *The Future of Money: How the Digital Revolution is Transforming Currencies and Finance*, Cambridge and London: Harvard University Press.

Quinn, S. (1997), "Goldsmith-banking: mutual acceptance and interbanker clearing in

Restoration London," *Explorations in Economic History*, 34(4), pp.411-432.

Quinn, S. and W. Roberds (2008), "The Evolution of the Check as a Means of Payment: A Historical Survey," *Federal Reserve Bank of Atlanta Economic Review*, 93(4), pp.1-28.

Quinn, S. and W. Roberds (2014), "The Bank of Amsterdam Through the Lens of Monetary Competition," in P. Bernholz and R. Vaubel (eds.), *Explaining Monetary and Financial Innovation: A Historical Analysis*, Cham: Springer.

Redesigning Financial Services (2022), "The ascent of Neobanks: How digital banks are upending the traditional industry," Zurich, Switzerland. https://redesigning-fs.com/wp-content/uploads/2022/02/The-ascent-of-Neobanks.pdf

Ricardo, D. (1984[1824]), "Plan for the Establishment of a National Bank," in P. Sraffa (ed.), *The Works and Correspondence of D. Ricardo* (Vol. 4), Indianapolis: Liberty Fund.

Richardson, G. (2013), "Banking Panics of 1930-31," *Federal Reserve History*. https://www.federalreservehistory.org/essays/banking-panics-1930-31

Riordan, P. J. (1974), "Negotiable Orders of Withdrawal," *Business Lawyer*, 30(1), pp. 151-164.

Rist, C. (1966), *History of Monetary and Credit Theory from John Law to the Present Day*, New York: A. M. Kelley.

Roberds, W. and F. R. Velde (2014), "Early Public Banks," WP 2014-03, Federal Reserve Bank of Chicago. https://www.chicagofed.org/digital_assets/publications/working_papers/2014/wp2014_03.pdf

Roberts, K. (2011), *The Origins of Business, Money, and Markets*, New York: Columbia University Press.

Robinson, K. J. (2013), "Depository Institutions Deregulation and Monetary Control Act of 1980," Federal Reserve History. https://www.federalreservehistory.org/essays/monetary-control-act-of-1980

Rolnick, A. J., W. E. Weber, and B. D. Smith (2002[1998]), "Lessons from a Laissez-Faire Payments System: The Suffolk Banking System (1825-58)," *Quarterly Review*, 22(3), Federal Reserve Bank of St. Louis. https://files.stlouisfed.org/files/htdocs/publications/review/98/05/9805ar.pdf

Rosenthal, L. J. (2005), "Charitable Crowdfunding: Then and Now," For Purpose Law Group. https://www.fplglaw.com/insights/charitable-crowdfunding-then-and-now/

Rothbard, M. N. (2002), "A History of Money and Banking in the United States: The Colonial Era to World War II," The Ludwig von Mises Institute. https://cdn.mises.org/History%20of%20Money%20and%20Banking%20in%20the%20United%20States%20The%20Colonial%20Era%20to%20World%20War%20II_2.pdf

Rovelli, A. (2018), "From the Fall of Rome to Charlemagne (c. 400-800)," in R. Naismith (ed.), *Money and Coinage in the Middle Ages* (chap. 4), Boston: Brill.

Rubin, J. (2010), "Bills of exchange, interest bans, and impersonal exchange in Islam and Christianity," *Explorations in Economic History*, 47(2), pp. 213-227.

Sacco, F. (2020), "The history of digital wallets," Seven Seventeenth Credit Union. https://blog.717cu.com/resources/education/financial-education-blog/the-history-of-digital-wallets

Samons II, L. J. (1993), "Athenian Finance and the Treasury of Athena," *Historia: Zeitschrift für Alte Geschichte*, 42(2), pp. 129-138.

Sargent, T. J. (1982), "The Ends of Four Big Inflations," in R. E. Hall (ed.), *Inflation: Causes and Effects*, Chicago: University of Chicago Press, pp. 40-109.

Schaps, D. M. (2014), "War and Peace, Imitation and Innovation, Backwardness and Development: The Beginnings of Coinage in Ancient Greece and Lydia," in P. Bernholz and R. Vaubel (eds.), *Explaing Monetary and Financial Innovation: A Historical Analysis*, Cham: Springer.

Schaps, D. M. (2015), *The Invention of Coinage and the Monetization of Ancient Greece*, Ann Arbor: The University of Michigan Press.

Scheidel, W. and S. J. Friesen (2009), "The Size of the Economy and the Distribution of Income in the Roman Empire," *Journal of Roman Studies*, 99, pp. 61-91.

Schmandt-Besserat, D. (2013), "Tokens and Writing: the Cognitive Development," in *Symbols at 'Ain Ghazal'*, Ain Ghazal Excavation Reports 3, Ex Oriente, Berlin: The Free University Press. https://sites.utexas.edu/dsb/tokens/tokens/

Schmandt-Besserat, D. (2014), "Tokens: their Significance for the Origin of Counting and Writing." https://sites.utexas.edu/dsb/tokens/tokens/

Schmiedel, H., G. L. Kostova, and W. Ruttenberg (2012), "The social and private costs of retail payment instruments," Occasional Paper Series, No. 137, European Central Bank.

Schnabel, I. and H. Shin (2018), "Money and trust: lessons from the 1620s for money in the digital age," BIS Working Papers No. 698. https://www.bis.org/publ/work698.pdf

Selgin, G. (1996), "Salvaging Gresham's Law: The Good, the Bad, and the Illegal," *Journal of Money, Credit and Banking*, 28(4), pp. 637-649.

Shaw, R. (1958), "History of the Dollar," *Financial Analysts Journal*, 14(2), pp. 77-79.

Shinjo, H. (1962), *History of the Yen-100 Years of Japanese Money-economy*, Kobe: Kobe University.

Shrier, D., G. Canale, and A. Pentland (2016), "Mobile Money & Payments: Technology Trends," *Connection Science & Engineering*, Massachusetts Institute of Technology. https://www.getsmarter.com/blog/wp-content/uploads/2017/07/mit_mobile_and_money_payments_report.pdf

Sissoko, C. (2019), "The Origins of the Classical Gold Standard: A Revisionist History," SSRN. https://ssrn.com/abstract=3191289

Spallanzani, M. (1978), "A Note on Florentine Banking in the Renaissance: Orders of Payment and Cheques," *Journal of European Economic History*, 7(1), pp. 145-168.

Spufford, P. (1988), *Money and Its Use in Medieval Europe*, Cambridge: Cambridge University Press.

Spufford, P. (2014), "The Provision of Stable Moneys by Florence and Venice, and North Italian Financial Innovations in the Renaissance Period," in P. Bernholz and R. Vaubel (eds.), *Explaining Monetary and Financial Innovation: A Historical Analysis*, Cham: Springer.

Stearns, D. L. (2007), *"Think of it as Money": A History of the VISA Payment System, 1970-1984*, Ph.D. Thesis, University of Edinburgh.

Sumner, W. G. (1898), "The Spanish Dollar and the Colonial Shilling," *The American Historical Review*, 3(4), pp. 607-619.

Sutherland, C. H. V. (1945), "Aerarium and Fiscus during the Early Empire," *The American Journal of Philology*, 66(2), pp. 151-170.

Sutherland, C. H. V. and R. A. G. Carson (2018), *Roman Imperial Coinage: From 31 BC to AD 69* (Vol. 1), London: Spink Books.

Svizzero, S. and C. Tisdell (2019), "Barter and the Origin of Money and Some Insights from the Ancient Palatial Economies of Mesopotamia and Egypt," hal-02274856. https://core.ac.uk/reader/227311710

Swartz, L. (2020), *New Money: How Payment Became Social Media*, New Haven and London: Yale University Press.

Temin, P. (2013), *The Roman Market Economy*, Princeton: Princeton University Press.

Tye, R. (2019), *A History Lost: The English Tally, The Gower Initiative for Modern Money:Studies*. https://gimms.org.uk/2019/03/08/history-english-tally/

Thornton, H. (1965[1802]), *An Enquiry into the Nature and Effects of the Paper Credit of the Great Britain*, New York: Kelly.

US Mint (2025a), "History of the U.S. Mint." https://www.usmint.gov/learn/history/overview

US Mint (2025b), "The History of U.S. Circulating Coins." https://www.usmint.gov/learn/history/us-circulating-coins

Van Der Spek, R. J. (2015), *Money, Prices and Market in the Ancient Near East* [Seminar paper], Economic Department of Yale University. https://economics.yale.edu/sites/default/files/yale_money-prices-markets.pdf

Van Houtte, J. A. (1966), "The Rise and Decline of the Market of Bruges," *The Economic History Review*, 19(1), pp. 29-47.

Velde, F. R. (2003), "Government Equity and Money: John Law's System in 1720 France," Federal Reserve Bank of Chicago, WP 2003-31. https://www.

chicagofed.org/digital_assets/publications/working_papers/2003/wp2003-31.pdf
Vilar, P. (1976), *A History of Gold and Money 1450-1920,* London: Verso.
Weber, W. (2012), "Clearing Arrangements in the United States before the Federal Reserve System," Working Paper 695, Federal Reserve Bank of Minneapolis. https://www.minneapolisfed.org/research/wp/wp695.pdf
White, L. H. (1995), *Free Banking in Britain: Theory, Experience and Debate, 1800-1845,* London: The Institute of Economic Affairs.
Wicksell, K. (1965[1898]), *Interest and Prices*, trans. from Swedish by R. F. Kahn, New York: A. M. Kelly.
Williams, G. (2011), "Viking Money," BBC Ancient History. https://www.bbc.co.uk/history/ancient/vikings/money_01.shtml
Williams, J., J. Cribb, and E. Errington (1997), *Money: A History*, New York: St. Martin's Press.
Worldpay (2021), *The Global Payment Report 2021.*
Worldpay (2023), *The Global Payment Report 2023.*
Woytek (2014), "Monetary Innovation in Ancient Rome: The Republic and Its Legacy," in P. Bernholz and R. Vaubel (eds.), *Explaining Monetary and Financial Innovation: A Historical Analysis*, Cham: Springer.
Yan, Dong (2019), Sinews of Paper: Public Debt and Chinese Political Economy, 1850-1914, Ph.D. Thesis, University of California, Los Angeles. https://escholarship.org/uc/item/4p07964q
Yang, L. (1952), *Money and Credit in China*, Cambridge and London: Harvard University Press.
Ye, W. M., W. Chen, and L. Fortunati (2023), "Mobile Payment in China: A Study from a Sociological Perspective," *Journal of Communication Inquiry,* 47(3), pp. 222-248.
Young, A. N. (1971), *China's Nation Building Effort, 1927-1937*, Stanford, Calif: Hoover Institution Press.
Zingales, L. (2022), "Regulating Big Tech," BIS Working Papers No.1063, Bank for International Settlement. https://www.bis.org/publ/work1063.pdf

찾아보기

[ㅈ]